◎安徽省高校省级规划教材



# 教师口语艺术

主　　编　陈传万　何大海
副 主 编　牛春雨　林　飞　李　灵　王　华
编写人员　陈传万　何大海　牛春雨
　　　　　林　飞　李　灵　王　华
　　　　　周　敏　潘莹莹　张晓杰

合肥工业大学出版社

# 编写说明

“教师口语”是研究教师口语运用规律的一门应用语言学科，是在理论指导下培养师范生在教育、教学过程中口语运用能力的实践性很强的课程，是师范类院校各专业学生和教师职业技能训练的必修课。原国家教委师范司颁布的《师范院校教师口语课程标准》明确规定了教师口语课的任务。任务之一是贯彻国家语言文字方针政策，增强语言规范意识；任务之二是提高学生的口语表达水平，培养合格的师资；任务之三是促进人的全面发展，提高全民素质。

“教师口语”是在应用语言学指导下研究教师口语运用规律和特点的一门独立学科。它以普通话教学为基础，旨在培养和提高学生的口语表达技能和水平，是使学生掌握教师职业技能的必修课。“教师口语”虽然有着自身的理论知识，但是它不是以传授理论为目的，而是以训练为手段，培养口语运用技能、言语识别能力、言语判断力和言语应变力的能力训练课。作为安徽省高校“十一五”省级规划教材，本教材在修订过程中力求突出以下特色：一是将理论和训练材料融为一体，强调本门课程的实践性；二是提供更多的心理训练方面的内容，体现本教材的实用性；三是把教学口语艺术作为重点编入教材，突出本教材的目的性；四是编写部分口才训练方面的内容，提高本教材的实用性。

本教材是安徽省名师工作室（2015msgzs145）成果之一，由概述、普通话、教师口语技能、口才与口才学四部分组成。陈传万（安徽科技学院）编写了第一章、第二章和第十六章；何大海（滁州城市职业学院）编写了第三章、第四章、第五章和第六章；王华（滁州城市职业学院）编写了第七章和第八章；李灵（肥东县龙塘学校）编写了第九章；张晓杰、潘莹莹（滁州城市职业学院）编写了第十章；牛春雨（滁州城市职业学院）编写了第十一章；周敏（滁州城市职业学院）编写了第十二章和第十四章；潘莹莹、张晓杰（滁州城市职业学院）编写了第十三章；林飞（安徽科技学院）编写了第十五章。全书由陈传万、何大海和林飞校对、统稿并最终定稿。

限于水平，本教材虽然以多年的教学实践为基础编写，并已初具体系和特色，但仍然存在很多不足，恳请各位专家不吝指正，以便我们进一步修正、完善。

编　者

2016年12月

# 目　　录

# 导论　教师口语概述

# 第一章 口语学概说

## 一、什么是口语

口语就是以语音为载体诉诸听觉并借助各种辅助手段来表情达意的人类有声语言。但在语言学研究和具体的语用环境中,人们对口语概念的理解并不一致,《现代汉语词典》对口语的释义比较简明:“谈话时使用的语言。”《辞源》认为口语就是言语,也就是口语的使用过程。有的著述则把口语定义为“通过语音来传递意义的人类社会最直接最广泛的交际工具”。因此,科学准确地界定口语的概念及其内涵,有助于明确口语的性质、内容和范围。

口语、书面语和态势语是人类社会最基本的语言形式。态势语是口语的副语言,辅助口语传达思想,表情达意,它不能单独表达复杂的思想。口语和书面语既有联系又各成体系,有着各自的发展规律。口语是人类最早使用的语言,当这种口耳相传的语言形式已不能满足和适应社会发展的需要时,便产生了以文字符号为载体的书面语。书面语突破了原始口语在时空方面的局限,是人类超越自身的一大进步。但是,随着现代传媒和网络技术的高度发达,口语的时空局限已被极大地突破,人们可以把有声语言传播得更远,保存得更久。这些辅助手段的使用,使口语变得更有生命力。口语和书面语的最大差别就在于,以语音为载体的口语是有声的,是丰富、生动、“跳跃”的;而以文字为载体的书面语是无声的,一经形成便成为“凝固”的历史,同时文字符号相对于语音符号也是有限的。这是口语与书面语相比各自显著的特点。

口语是一种语言形式,它不同于言语。恩格斯曾说,语言是思维的物质外壳,是物化了的思维。思维物化为语言的实质是按一定逻辑规则表达的符号系统。口语就是由语音、语汇、语法组成的一整套社会约定俗成的符号系统,它包括声音和意义两部分,又可分为若干不同的语体。而言语则是口语的运用过程,即口语表达。它是把词语按照客观语境的需要和一定的语法规则表达出来,这是首要的明确表意,其次才是合乎语法。可以说,口语是从静态角度对思维的物化,是结果;而言语则是从动态过程对思维的活化,是实现结果的过程。

口语是传承人类文明的重要载体。有的语言学家认为口语是一种交际工具。不可否认,口语在人类社会的发展进程中至今还发挥着交际载体的重要功能。但口语的产生绝不是因为人的交际需要而“造”出来的交际工具,它是人类自身进步和社会发展到一定程度的历史必然。口语除具备交际载体的功能外，还有信息载体、文化载体等功能，尤其是随着信息传播现代化和全球化进程的加快，口语在现代化进程中的信息载体功能和全球化进程中的文化载体功能显得越发突出，把口语简单地定位为人们的交际工具的认识显然是偏狭的。

口语也是多层次的。口语既包括断续、零碎、粗糙的简略口语，也包括连贯、规范、经过整理的标准口语。在一些国家常把受过中等或中等以上教育的人所操持的本民族共同语叫标准口语。根据我国汉语普通话的普及和运用情况，所谓标准口语应规定为受过中等以上教育的人所操持的普通话。在教师口语中，人们运用朗诵、演讲、交谈、教学口语、教育口语等语体时，所操持的就是标准口语。

## 二、口语的特点

口语是书面语的基础，是书面语的源头。书面语是从口语的基础上发展起来的，口语和书面语的关系是源和流的关系。口语同书面语相比较，有着鲜明的特点。

### (一)载体的有声性

书面语是通过文字符号来表达语意的，尽管读者可以通过阅读欣赏来体会文字作品中丰富生动的内涵，但读者不能实时地、设身处地地体会其中人物的语调、话语中的情绪和情感以及独特的现场意境。从这个角度来讲，书面语是一种不完全语言，因为它在表意时丰富而不具象，生动而不细微，很难给人以实感，而口语载体的有声性恰在这方面体现出鲜明的特色和优势。这里，有声性包含两层意思：一是指口语以语音为载体，是有声的；二是指口语在表意的同时已把话语的语气轻重、语速快慢、语调抑扬，以及说者的神态和情感生动细微、丰富具象地展现在听者面前，而且说者可以通过语气、语调、修辞等诸多表现技巧的变化，使话语更具表现力和感染力。例如，“他是创新能手”这句话，就可以通过语气的轻重变化来体现不同的语意侧重点。

他是创新能手——强调谁是。

他是创新能手——强调他是不是。

他是创新能手——强调他是什么能手。

他是创新能手——强调他的创新能力。

这样简单的一句话，仅仅是因为语气轻重的变化而使其成为语意各有侧重的四句话。如要这句话不能把“能手”读成重音，而是故意把“能手”的音节拉长，并且用曲调的方法把它读出来，则变成了十足的“吃不着葡萄说葡萄酸”的味道。

### (二)语汇的同步性

口语是语言发展中最活跃的因素。口语的词汇实时地记录着时代的变迁，与社会发展是同步的。从信息转换的角度看，信息传达要经过“编码—发送—传递—接收—解码”的过程，作为外部语言的口语和作为内部语言的思维，它们的运动是同步的。口语表达的过程就是把思维语言迅速外化为口头语言的过程。人们不断地思考，社会也不停地发展，口语就是在这种信息同步转换中反映着社会生活中的实时变化。同口语相比，书面语在语汇的使用上要求庄重、严肃，经得起时间和表意的考验，才能成为相对“凝固”的语词，并且在使用时要严格遵守语法习惯，符合表意的逻辑规则。这一过程就造成了书面语汇的相对滞后。例如“下课”一词，即便在最新版的《现代汉语词典》中的释义也只是“上课时间结束”，但在现今生活中，“下课”已由“特指足球教练不胜任工作被解聘”的委婉代名词，延展为“泛指社会上从事某项工作不合格而被解聘”这一社会现象。在口语中，“下课”一词内涵的丰富和外延的扩展，不仅丰富了“下课”的表意功能，而且也生动、深刻地揭示了当今市场经济中优胜劣汰的竞争主题。

(三)表达的现场性

口语表达和书面语表达都具有传递信息、表情达意的功用，但两者的传递方式不尽相同。书面语表达是独语性质的，是以文字符号为载体的间接沟通。作者与读者不处在同一特定的语境下，作者把自己的思维融注到文章中，读者再从文章中感知、体味、揣摩其中的思想、情感。这种信息的间接传达往往由于作者的表达能力或者读者的理解、欣赏能力等因素而妨碍彼此的正常交流。而口语表达的信息交流是双向乃至多向的，是说者与听者之间通过口耳相传的方式进行的。所谓口语表达的现场性，就是指口语表达过程中说者与听者处在同一特定的现场语言环境下的这种现象。

表达的现场性包括三层含义：首先，口语表达总是在特定的时境中进行的，必然受时空等因素的制约，你在“此时此地”说的话到了“彼时彼地”就听不到，或者到了“彼时彼地”这句话就失去了当时的语言效果；其次，口语表达的对象是具体的、特定的，一句话对此人说有意义，而对“彼人”则失去了特定的意义。口语表达同书面语表达相比，它的言语对象更直接，更明确，更现实；再次，口语表达的信息交流是在现场语言氛围中实施的，所以口语的修改要不露痕迹是不可能的，说出的话犹如泼出去的水，想收也收不回，从这个意义上讲，口语表达是一门遗憾的艺术。为此，在口语表达过程中，说者和听者不仅要注意自己的言语是否恰当，还要观察对方言语和情态的变化，以便在内容和形式上做出适时的调整。这也就是所谓的“察言观色”。

由于口语表达的现场性特点，因而口语具有了信息传递快、易交流、直观性强、时效性强的优势。

(四)内容的及时性

语音是稍纵即逝的，也不能重复。口语表达的双方在同一现场进行交流，不可能长时间地等待、停顿，因此在口语对话中，特别要求集中注意力，迅速反应，缜密思考，以做出准确的应答。这种及时性要求口语的表达双方都要具有很强的随机应变能力，它是一个人思维能力和各方面修养的集中体现。例如中国原驻美大使李肇星在出席1999年西雅图世贸组织部长级会议期间会见记者时，有记者问："您已看到最近两天西雅图大规模的示威活动，您对美国允许在街上自由抗议有何看法?"李肇星答道："这种显示美国式民主、自由的场面，我是第一次有机会见到。一位美国朋友向石广生团长提出了同样的问题，石团长回答说，中国也主张民主和自由，但认为个人的民主和自由不能妨碍他人的民主和自由，我觉得石团长答得很实在。昨天，同其他国家和地区的代表一样，我们也失去了坐车的自由，龙永图副团长和我只得步行去会场，一会儿走地道，一会儿绕大弯，一会儿抄小巷，经过半个多小时的折腾，才在警察的指点下好不容易到了会场，可大会一推迟就是几小时，我们又不得不冒雨走回饭店。"李大使这番话既揭露了美国式民主的虚伪性、片面性，也阐明了中国政府和人民在民主、自由等人权问题上的一贯立场，可谓委婉风趣、绵里藏针。

（五）应用的广泛性

与书面语相比，口语在人际交往、信息沟通、文化交流等方面显得更为直接、迅速、方便，具有得天独厚的优势。据统计，常人每天平均说话大约一小时，而从事窗口服务、新闻播音、教育工作的人每天说话的时间就更多。随着信息处理技术的迅猛发展，机器翻译、人机对话、网络技术的出现，口语的应用范围将更加广泛。

## 三、什么是口语表达

口语表达是表达者在特定的语境下出于某种社交使命，运用规范、流畅的有声语言，并辅之以必要的态势语言来传递信息、交流思想、沟通感情的一种言语活动。

口语表达是个系统工程，包括主体要素、客体要素、内容要素和时境要素四方面。口语表达不同于说话，说话人人都会，但作为口语表达就有着更高的标准和要求。口语表达体现了一个人如何驾驭语言、适应语境需要而求得良好表达效果的能力，是一个人知识修养、思维能力、心理素质、人生阅历等方面的综合反映。人们常说的一个人口才好不好，实际上就是指他口语表达能力的强弱、优劣。所谓口才，就是指表达者善于运用纯正的、能为绝大多数人听清的口语，准确、恰当、生动地表达自己的思想、观点、感情，从而传递信息、交流思想、开展工作的能力。

口语表达能力的形成源于口语实践，是人们在工作和社交过程中形成的一种重要能力，也是一个人逐步完善自身的重要方面。没有口才的人生是喑哑的人生，没有口才的人生是不完善的人生。但口才决不是伶牙俐齿，更不是油嘴滑舌。有的人把口才理解为"口上之才"，是会说话，善于左右逢迎，这种理解未免失之于浅薄;也有的人提起口才,就认为是空泛其谈,坐而论道,这种理解又有些偏狭。会说话的人不一定有口才,但有口才的人一定会说话。评剧《花为媒》中的阮妈在她的"本职工作"上可谓是行家里手,应酬撮合烂熟于心,人情世故游刃有余,到李家称李家的姑娘一朵花,到张家称张家的小姐花一朵,但我们能说她有口才吗?因为她讲的都是饱经世事的俗话、套话,没有多少智慧,很难给人启迪。总之,一个人的口语表达能力需要长期的口语磨炼,经过多方面的能力积累才能形成。

## 四、口语表达的特点

### (一)以标准口语为载体

口语表达是以标准口语为载体的信息传达,简略口语不属于口语表达的研究范围。口语表达中的口语既保持了口语的性质,又接近于书面语,是规范了的口语。

### (二)有特定性的社交使命

口语表达是有特定社交使命的信息传达,没有社交使命而进行的说话或对话不属于口语表达研究的范围。口语表达是社交成员间交流思想、传播经验、认识并改造世界及人类自身的行为方式。

### (三)以有声语言为第一载体

口语表达是以有声语言为第一载体、态势语言为第二载体的信息表达。以态势语言为主要载体的艺术活动不是口语表达研究的范围。口语表达超越了现实口语中粗糙、简陋的形式,吸取了曲艺、戏剧等艺术活动的营养,是一种艺术性的现实活动。

## 五、口语表达的构成要素

### (一)主体要素

在口语表达中,不论是对白语体还是独白语体,都存在着说者与听者,说者就是口语表达的主体要素。主体要素在口语交流过程中发挥着鲜明的主体作用,即确立口语表达方向和目标、主导口语交流氛围、创造性地完成口语表达过程的主导作用,最大限度地实现沟通与分离信息的传播作用,根据现场语境的变化适时进行调控的应变作用。同时,表达的主体要素还要具备多方面的能力和素养,即良好的思维能力、丰厚的知识底蕴、健康的心理品质、较强的应变能力等。只有如此,表达主体才能圆满地完成口语表达的过程,取得理想的表达效果。

### (二)客体要素

客体要素就是口语表达中的听者。不同客体要素的心理状况、性别状况、文化状况、职业状况各有不同。具体地讲,其在心理方面会产生性格、气质、心境、兴趣等方面的差异；在性别方面又有年龄、阅历和性别特征的不同；在文化方面会有文化修养和受教育程度的差异；在职位方面又会突现不同职业和社会地位的各自特点。表达主体只有针对表达客体的上述特点，才能在口语表达中做到语体适用，内容得体，方法恰当。毛泽东同志曾说："射箭要看靶子，弹琴要看听众，写文章做演说倒可以不看读者，不看听众吗？"他的话就深刻地阐明了这一道理。

（三）内容要素

口语表达具有传递信息、沟通情感、交流思想的功能，这里的信息、情感、思想就是口语表达的内容要素。就信息而言，就应体现出科学性、先进性、适用性和集约性，即口语表达中的信息是科学真实的而非虚伪的，是先进前瞻的而非落后保守的，是契合适用的情感而非矫情，适度而非过度。罗曼·罗兰曾说："真实是人类最罕见的美德，只有真实才有内心的充盈和坚定的自信。"情感是口语表达中沟通的桥梁和感染的触媒，真实是情感的生命；就思想而言，就应明确、深刻、精辟，当然这和表达过程中言语的委婉含蓄、平实幽默并不矛盾。思想是表达主客体要素双方的观点及支撑这种观点的理论材料、真实材料、知识材料乃至逻辑体系的总和。因此，内容要素是决定口语表达"质量"的关键，也是衡量口语表达主客体双方知识修养、能力水平高低的重要方面。

（四）时间要素

口语表达是一种现实的社会活动，离不开具体的时空环境。从宏观角度讲，时空环境是指由时代、社会、民族、地域、文化等要素构成的社会环境。时代是社会环境的主要因素，不同的时代有着不同的政治、经济、文化生活内容和方式，不仅口语表达的言语要体现时代的变化，而且口语表达的内容也要反映时代的主题和精神。口语表达只有把握时代的脉搏，才会唤起主、客体之间的共鸣。从微观角度讲，它是指口语表达时具体的地点、人物、情境等构成的场合、环境。场合的正式与否、场面的大小、现场气氛的情感色彩甚至说者与听者之间远近疏离的关系，都直接具体地影响着口语表达。因此，表达者只有置身于时代大背景下，并结合现场语境的特点来安排内容，组织语言，运用恰当的表达技巧，才能取得特定的表达效果。

# 第二章 教师口语学概说

## 一、什么是教师口语

教师口语是指长期教育、教学实践中产生，在良好的一般口语基础上形成，用规范的普通话表达的，符合教育、教学规律，适应教育对象的心理特点、语言发展及认识规律，遵循语言的一般规律，富有时代感的从事教育教学活动的专门口语。教师口语并不是教师日常生活中的一切口语。一般交际口语是教师口语的基础，教师口语是一般口语的提高和个体化。教师职业口语一般包括教育口语、教学口语和工作口语三种语体形式。

教师口语是口语的一个重要类别。同其他职业口语相比，教师口语在教师这一特定职业的运用中有着自己特定的内涵。

### (一)教师口语有特定的交际对象

教师工作的主要对象是学生，而教师对学生的教育教学工作主要是通过口语交际来实现的。师生之间的特殊关系在很大程度上制约着教师语言表达的目的、要求、方式方法以及在交际过程中表现出来的情感特征。因此，教师在运用口语开展教育教学工作时，就要考虑青少年学生这一特定交际对象的年龄特征、个性心理特征、文化素养、生活阅历等，否则就无法达到预期的效果。

### (二)教师口语有特定的交际环境

学校是教育的场所，师生的口语交际活动主要是在校内进行的。学校这一特定的交际环境使口语交际的双方产生特定的心理效应。由于教师在学校这个特定语境中处于教育者的主导地位，教师口语就必然带有很多的权威性。有经验的教育工作者往往善于利用这个有利因素来完成教育教学工作。例如，教师在教室里进行鼓动性与激励性的谈话，可以产生较大的号召力，解除学生心中的疑团。

### (三)教师口语有特定的交际目的

教育是培养社会主义接班人的事业，教师和学生之间口语交际的目的总是同社会的培养目标联系在一起。现阶段我国教育的培养目标，就是把青少年学生培养成德、智、体、美、劳等诸多方面健康协调发展的社会主义事业的接班人。口语交际的特定目的不仅是教师口语交际的原动力，也制约着教师口语交际的内容和方式方法。无论是面对全体学生的讲话，还是个别谈心，无论是晓之以理，还是动之以情，教师都必须用口语达到启迪智慧、教化身心、促其健康成长的目的。



## 二、教师口语的特点

由于教师口语有着特定的交际对象、交际环境和交际目的，这就决定了教师口语除具有口语的一般特点之外，还具有自己鲜明的特点。

(一)科学性

科学性是教师口语的最基本要求。科学性主要体现在内容的表述和表达的方式两个方面。在内容的表述上，教师既然以传道、授业、解惑为己任，在教学中就必须做到：传道，传以真理；授业，授以真知；解惑，解以真谛。教师要把科学信息和必要的文化知识准确地传授给学生，并且努力反映本学科的最新成果；在表达的方式上，教师就要准确地运用概念，科学地进行判断，合乎逻辑地推理，绝不能用想象和猜度代替严密的阐述。比如“两条直线永不相交一定是平行线”这个判断，缺少了“在同一平面内”这个前提，就犯了知识性的错误。如此以讹传讹，就会误人子弟。

(二)教育性

教师口语的教育功能是与社会主义教育的宗旨一致的，不但表现在对学生进行思想教育中，诸如思想品德课、马克思主义原理课、邓小平理论课、班会活动等，也表现在大量的课堂教学口语中。教师要根据教材的实际和学生的思想实际，不失时机地寓思想教育于知识教学中，既要向学生传授知识，又要授之以德，对学生进行爱国主义教育、祖国优秀传统文化教育和革命理想教育，帮助他们树立正确的人生观和世界观。教师口语的教育性不仅体现在教师的“言教”方面，也体现在教师的“身教”方面，是“言教”与“身教”的统一。为此，在教育教学过程中，教师要多用鼓舞、激励学生的积极语言，不用那些生冷僵硬的消极语言，更要杜绝污言秽语、粗字脏话等语言糟粕。同时，教师还必须发挥正确的思想导向作用，不能在教学中发表有悖于党和国家大政方针的错误言论。

(三)规范性

教师口语的规范性就语言形式而言，通常体现在三个方面：一是教师说话要用普通话，做到语音准确，吐字清晰，尽可能避免方音；二是教师的遣词造句要合乎语法习惯，没有语病和“口头禅”，不讲方言土语，更不能把社会上流行的世俗语言引入课堂，以保证语言的纯洁性；三是教师的语言要讲究表达技巧，做到语流通畅，节奏明快，为学生提供良好的语言示范。

(四)针对性

教师的教育、教学活动总是受学科特点和学生差异的制约。不同的学科对教师的语言有不同的要求：文科教学要求教师善于运用语调的变化、优美丰富的词汇，使语言具有强烈的情感色彩，有鲜明的节奏感；理科教学则要求教师概念阐释要准确，定理、原理论证严密，并根据教学内容适时改变语调和语速；就学生的个性差异而言，教师在教学中就要考虑到学生的不同认知水平、知识基础和接受能力，在教育活动中取得理想的效果。

（五）启发性

教师的任务不仅仅在于传授知识，更重要的是善于运用语言充分调动学生思维的积极性，引导他们独立地获取知识。启发性的语言常有循循善诱、举一反三的作用，教师说了一部分含义或者表面的含义，就能引发学生的思维向更深层、更广阔的方向发展。这就要求教师善于提问，多问需动脑筋才能答出的问题，用自己睿智的语言去点燃学生思维的“火花”，开发他们创新的潜能。

## 三、教师口语学的内涵

教师口语学是研究教师口语运用规律的一门应用语言学科。它旨在教师口语理论指导下培养师范院校学生在即将从事的教育、教学工作中运用口语的能力，是教师职业技能训练课。普通话、口语基本技巧、教师口语常用语体三个方面构成了教师口语学内在联系的知识体系。

（一）普通话

普通话是教师的职业语言，是教师口语学的基础和前提。普通话教学不仅包括对国家语言文字方针政策的学习，还要学习语音方面的基础知识，更重要的是通过训练使学生掌握标准或比较标准的普通话，并达到国家规定的普通话等级标准。根据 1994 年国家语言文字工作委员会制订的《普通话水平测试实施办法》的规定，高等师范中文专业及中等师范学生，北方方言区应达到一级，南方方言区应达到二级甲等，南方方言区最低达到二级乙等。这对普通话训练提出了更高、更严格的要求。

（二）口语基本技巧

口语基本技巧包括发音技巧、语调技巧、表达技巧、修辞技巧、态势语技巧、语境技巧、语言色彩技巧。这些技巧是形成教师口语能力的基本功。通过口语基本技巧训练，学生不仅可以提高语音的规范性、熟练性，增强话语的表达力、感染力，还为教师口语的语体表达训练奠定良好的基础。

（三）教师口语常用语体

教师口语包括一般交际口语和教师职业口语两大类。教师职业口语是在一般交际口语基础上形成的专业口语。教师口语的常用语体包括：朗诵、演讲、论辩、交谈、教学口语、教育口语等。不同的语体有着各自的语体特点和表达规律。

总之，普通话是教师口语的前提，口语基本技巧是普通话的继续和深化，是发展教师口语的基础；教师口语常用语体是口语基本技巧的运用和发展，是在普通话和口语基本技巧基础上产生的教师专用语，是教师口语的重点。

## 四、教师口语能力的构成因素

教师口语能力是高等师范院校学生的四项教师职业技能之一。教师口语能力的构成因素包括以下几方面。

(一)讲规范的普通话是教师口语能力的语音基础

普通话是全国通用的共同语,使用普通话有利于克服语言隔阂,促进社会交往,对国家的经济、政治、文化建设具有重要作用。对个人而言,一个人是否具有语言规范意识,能否在必要的场合自觉使用普通话,是衡量他是否有国家意识、法制意识和现代意识的标志。柳斌同志曾在全国语言文字工作会议上指出:"普通话是教师的职业语言,要把会讲普通话列为合格教师的必备条件之一,把使用普通话进行教育、教学作为对教师工作的基本要求。"因此,讲规范流利的普通话,既是合格教师的基本条件,也是培养学生的教师口语能力的起点和前提。

(二)丰富的知识是教师口语能力的物质基础

思维科学告诉我们,人对外界信息的接收是以"块"和"潜知"的形式储存在大脑皮层中,"块"和"潜知"积累得越多,知识就越丰富,口语表达者的思路和视野就越开阔,认识就越深刻,表达也就越充分。这样,他们说理则纵横捭阖,滔滔不绝,匠心独运;取譬则古今中外,子曰诗云,信手拈来。庄子说:"水之积也不厚,其负大舟也无力。"一个人如果知识贫乏,胸无点墨,思想苍白,纵有伶牙俐齿,也不过如泼妇骂街。历史上蜀国名相诸葛亮,之所以能舌战群儒,说服东吴君臣联合抗曹,主要在于他以超人的智慧、渊博的学识,晓之以理,陈明利害;相反,如军阀韩复榘,身居高位,无知无识,在演讲时,虽故作斯文,却洋相百出,沦为笑柄。又如在"狮城舌战"中获胜的上海复旦大学辩论队顾问王沪宁教授所说的:"一场高水平的辩论,不仅是技巧密集的辩论,而且是知识密集的辩论……"这里有一个知识量的竞争,就像在战争中一样,手持弱势兵器的士兵是无法与拥有强势兵器的士兵作战的。这里虽说是辩论,但高师学生要具有较强的教师口语能力,更是如此,如果没有深厚的知识作为物质基础,则口语必然显得苍白无力。

(三)良好的思维品质是教师口语能力的基本保障

口语表达就是把思维转化为有声语言的过程。思维的速度、深度、广度和思维的质量都直接影响着口语表达的效果。因此培养教师口语能力的一个重要方面就是训练良好的思维品质。

1. 良好的思维品质表现为思维的条理性和缜密性

思维的条理性和缜密性是指在口语表达中思路系统,语脉清晰,话语严密,不疏不漏,富有逻辑力量。只有如此,他们在口语表达中才能目标明确、主次分明、前后有序,做清醒的表达者。思维的条理性和缜密性是口语表达者思维质量的反映。

2. 良好的思维品质表现为思维的敏捷性和应变性

口语具有现场性、及时性等特点。因此,说话者要善于摆脱常规思维方式的束缚,机智地适应瞬息万变的形势,冷静地面对现实难题,迅速找到巧妙恰当的应对、答辩途径。思维的敏捷性和应变性是口语表达者思维速度的反映。古今中外的智辩家如墨翟、纪晓岚、歌德等就是凭借这种才思敏捷、信“口”拈来的智慧,才留下了智辩佳话。

3. 良好的思维品质表现为思维的评估性和批判性

所谓评估性是指听话人能够正确地评断对方话语的内涵,不仅要把握它的表层含义,而且还要善于捕捉“弦外之音”和不见于表象的真意。所谓批判性是指在正确洞察评估了对方话语的真意后,予以准确、恰当的批驳。思维的评估性和批判性反映了口语表达者思维的深度。只有具备了良好的评估和批判品质,才能产生清醒的判断和鞭辟入里的锋利言辞。20 世纪 50 年代初,周恩来总理曾接待一名美国记者的采访。那名记者看见周总理桌上放着一支美国派克金笔,便问:“请问总理阁下,您是中华人民共和国总理,也喜欢使用派克钢笔吗?”周总理以其思维准确的评估性和深刻的批判性,立即听出记者话语的弦外之音,便平静地答道:“这不是一支普通的笔,这是一位朝鲜朋友在战场上得到的战利品,作为礼物送给我的,我觉得很有意义,就收下了贵国的这支笔。”周总理言辞锋利而又不失礼仪,这正是思维的评估性和批判性的生动体现。

4. 良好的思维品质表现为思维的广泛性

思维的广泛性是指口语表达者善于运用发散性思维,以话题为中心向四周展开联想、辐射,从而使话语的语域开阔,既博论恢宏,滔滔不绝,又紧扣题旨,收放自如。思维的广泛性是口语表达者思维广度的反映。

可见,教师口语能力与思维品质有着密不可分的关系,只有在良好的思维训练的基础上,才能锻炼出卓越的口语才能。

(四)健康的心理素质是培养教师口语能力的重要因素

一是口语表达需要有良好的心理素质——坚定的自信心、稳定的情绪、较强的心理调控能力。

自信心是建立在正确而清醒的自知基础上的对自身能力的充分肯定,是意志和力量的体现。有了坚定的自信心,表达者才会勇于发表自己的见解和主张,才能遇变不惊、遇挫不馁。坚定的自信心是良好的心理素质的核心,是形成学生的教师口语能力的心理基础。

稳定的情绪是口语表达者心理成熟的标志,是建立在坚定自信心基础上的一种稳定的心理状态。情绪过分张扬外露或大起大落是口语表达时的大忌,这不仅影响到表达者的主体形象,也直接影响到口语交际的成效。稳定的情绪有助于优化口语表达的效果,增强话语的可信度。

口语表达是主客双方心理互动的过程。心理调控能力就是口语表达者适应语境变化、迅速调适心理状态的能力。表达者只有具备较强的心理调控能力,才能适应口语表达中诸多客观因素的变化;沉着自若,心态平稳,才会收到预期的表达效果,发挥出应有的口语表达水平。

二是口语表达时要善于克服心理障碍——胆怯、自卑、患得患失心理。

胆怯是初次在陌生人面前或公众场合讲话会出现的轻微慌张与怯弱,属于正常的心理现象。胆怯一经反复、强化,就会由胆怯而恐惧,由恐惧而自卑,形成不良的心理定式。

自卑是一种不良的心理品质。有这种心理的人虽有强烈的交际渴望,却又没有自信心与他人平等、大方地进行口语交流。缺乏自信心是自卑者最显著的心理特征。

患得患失心理的最显著特征是心理状态的矛盾性、摇摆性和不确定性。在口语表达中,有这种心理的人往往没有明确的既定目标以及为之奋斗的决心和信心,常常把口语表达活动与个人的成败得失不适当、不适度地联系在一起,背上沉重的心理包袱,甚至造成心理失衡。

口语表达者只有具备了良好的心理素质,才能在口语实践中充满自信地充分发挥出自己的水平。

(五)掌握口语的基本技巧、把握教师口语的基本规律是形成教师口语能力的根本因素

规范的普通话、丰富的知识积累、良好的思维能力、健康的心理素质,对于培养教师口语能力固然重要,但这均属于基础性、素质性的,只有掌握口语的基本技巧和教师口语常用语体的基本表达规律,并切切实实地把有关口语的基本理论知识化为能力,才是形成教师口语能力的关键。

## 五、学生进行教师口语训练的意义

对学生进行教师口语能力训练是其师范性建设的重要方面,也是实现其培养目标的关键步骤。原国家教委在《关于印发〈高等师范院校学生的教师职业技能训练基本要求〉的通知》中明确指出:“学校各级领导要把加强学生的教师职业技能训练作为深化教学改革、提高师范生培养质量的重要内容来抓。”从科教兴国的高度看,加强对学生的教师口语能力训练,具有很大的现实意义和深远的战略意义。

(一)培养教师口语能力是实施素质教育的重要举措

培养学生的教师口语能力是实施素质教育的重要内容。在西方,从中世纪古希腊著名演说家奥古斯丁在学校讲授演讲术起,演讲学教学即成为中世纪教士学校的主要课程“七艺”之一。文艺复兴后,演讲学发展为社会上的学校教育的主课之一。在当代西方发达国家如美国、德国、日本等,都非常重视人才的口

才教育，仅美国就有300所大学设有“说学系”或“现代演讲系”，“说学”博士、硕士更是成千上万。

与重视口才教育的国家相比，我国也曾有过重视口才教育的历史，诸如先秦大教育家孔子的办学四科中设有“言语科”，以及南北朝开展的宗教变文演讲和唐朝开展的书院学术演讲等。但我国古代口才教育的最大缺憾在于：西方把口才教育从贵族的教士学校推向了社会的学校教育，而我国最终没有跳出“经院”“书院”而走向社会，尤其是受唐朝以后“三篇文章定终身”的科举取士制度的影响，形成了贻害至今的“重文轻语”的错误教育观念。令人可喜的是，国家从1993年开始在全国各类师范院校开设了教师口语课，并从1994年开始对师范类专业学生进行普通话水平测试。

（二）教师口语能力是培养创新人才的基本素质

在当代社会，信息传媒日益发达，人际交往愈加广泛，口语的信息载体功能、交际载体功能和文化载体功能愈显突出。对于师范院校的学生而言，他们要步入的不仅仅是三尺讲台，还是更广阔的社会舞台。他们在完成“传道、授业、解惑”的同时，还要置身于改革开放的大潮中，去迎接时代的挑战。如果一个人出言讷讷，言不及义，就很难适应改革开放的新形势。因此，人才需要口才，教师口语能力是创新人才的基本素质。

（三）教师口语能力是创造性开展教育、教学活动的需要

教育家苏霍姆林斯基对教师口语能力在开展教育、教学活动中的重要性有着精辟的论述：“教师的语言修养在极大的程度上决定着学生在课堂上的脑力劳动的效率。我们深信，高度的语言修养是合理地利用时间的重要条件。”他又指出：“教师的语言，是什么东西也不可取代的感化学生心灵的一种手段。教育的艺术首先应当包括说话的艺术——跟人的心灵打交道的艺术……”无数事实证明，一名优秀的教师正是通过娴熟睿智、富有启发性的教学口语，打开知识世界的窗口，使学生疑云消散，茅塞顿开；有的教师正是凭借充满激情的言语，点燃学生求知的热望，甚至使他们确立了一生孜孜以求的目标；有的教师正是凭着一颗爱心和循循善诱、饱含哲理的教育口语，使许多学生“顽石成金”。只有具备良好的教师口语能力，教师才能创造性地开展教育、教学工作，他们的语言才会对学生产生吸引力、感染力，才能产生春风化雨般的魅力。

# 第一编　普通话训练

# 第三章 普通话概述

## 第一节 推广普通话的意义

### 一、什么是普通话

普通话是以北京语音为标准音、以北方话为基础方言、以典范的现代白话文著作为语法规范的现代汉民族共同语,是全国通用的语言。

从语音上看,普通话以北京语音为标准音。这并不意味着北京人口语中所有的语音成分都可以作为普通话的语音标准,都要作为人们学习普通话的语音参照。这里的"北京语音"是指北京的语音系统,即北京话的声、韵、调系统,不包括北京话中带有地方色彩的语音成分。

从词汇上看,普通话以北方话为基础方言。"北方话"中的"北方",不是地理意义上的"北方",而是一个方言分区意义上的"北方"。北方话分布的区域很大,大致可以包括我国的东北、华北、西北、西南和江淮等地区,在不同的地区又形成了"次方言"。使用北方话的人口大约占汉族总人口的四分之三左右。北方话的词汇系统在各地的差异相对较小,适合作为普通话词汇的基础。

从语法上看,普通话以典范的现代白话文著作为语法规范。"白话"与"文言"相对,用白话写成的文章,遣词造句的方式和行文风格跟人们日常交际所用的口语基本上一致,语法的规范程度比口语更高,以书面的形式存在,更有利于人们学习和掌握。

### 二、推广普通话的意义

历史上,人们非常重视民族共同语的作用。早在春秋时期出现的"雅言",就带有民族共同语的性质。《论语》里记载:"子所雅言,诗、书、执礼,皆雅言也。"汉代扬雄的《方言》中提到的"通语",明清时期使用的"官话",都可以看作是当时的共同语。20 世纪初的"国语运动",实际上也是一场推广民族共同语的运动。中华人民共和国成立以后,党和政府非常重视推广普通话工作。1955 年召开了现代汉语规范问题学术会议,征求各方面专家的意见,正式确定普通话为汉民族共同语。在“大力提倡、重点推行、逐步普及”的工作方针指导下，我国推广普通话工作蓬勃开展。1986 年，为了适应改革开放、经济建设和社会发展的需要，国家把推广普通话列为新时期语言文字工作的首要任务；1992 年，把推广普通话工作方针调整为“大力推行、积极普及、逐步提高”，在强化政府行为、扩大普及范围、提高全民普通话应用水平方面提出了更高的要求。1994 年，国家语言文字工作委员会、国家教育委员会、广播电影电视部联合发出文件，要求在一定范围内对某些特定岗位人员进行普通话水平测试，并逐步实行持普通话等级证书上岗的制度，使推广普通话工作进一步走上了科学化、规范化和制度化的轨道。2000 年 10 月 31 日，第九届全国人民代表大会常务委员会第 18 次会议通过了《中华人民共和国国家通用语言文字法》。《宪法》明确规定“国家推广全国通用的普通话”。由此可见，推广普通话工作具有确凿的法律依据。

今天，在建设中国特色社会主义现代化的历史进程中，大力推广、积极普及全国通用的普通话，对社会主义经济、政治、文化建设都具有重要意义。

第一，推广和普及普通话，有利于促进人员交流和商品流通，有利于建立统一的市场，对经济建设的意义不容忽视。随着社会主义市场经济的发展，全国各地的人员和商品流动的范围、规模以及频度远远超过历史上任何时期，社会对普通话的需求日益迫切。

第二，我国幅员辽阔、人口众多，而且多民族、多语言、多方言；对外开放政策使我国的国际往来越来越多。推广和普及普通话，有利于克服语言隔阂，增进各民族各地区的交流，维护国家的统一，增强中华民族的凝聚力；有利于促进国际交往，对政治建设意义重大。

第三，语言文字是文化的重要载体。在社会主义现代化建设的新时期，文化教育的普及和提高，信息传播技术的进步和发展，计算机语言输入和语言识别问题的研究，都对推广普通话提出了新的要求。推广和普及普通话，有利于贯彻教育面向现代化、面向世界、面向未来的战略方针，提高民族文化素质和加强社会主义精神文明建设；有利于推动中文信息处理技术的发展和应用，促进科学技术的现代化，对文化和科技事业的发展意义重大。

## 第二节　推广普通话的政策和工作思路

### 一、推广普通话的政策

国家推广和普及普通话是不是要求一切人员在一切场合都只能使用普通话呢？当然不是。这需要我们全面地了解国家推广和普及普通话的政策。首先，要明确普通话是全国通用的语言，国家在全国范围内大力推行、积极普及普通话,并逐步提高全社会的普通话水平。其次,各民族语言平等共存,各民族都有使用和发展自己语言的自由。国家鼓励各民族互相学习语言。民族自治地方和少数民族自治地方需要使用汉语的场合,要推广和使用普通话。第三,在处理普通话与汉语方言的关系上,坚持社会语言生活主体化和多样化相结合的原则,一方面使公民普遍具有普通话的应用能力,并在一定场合自觉使用普通话;另一方面承认方言在一定场合有其自身的使用价值,推广普通话不是消灭方言。

## 二、推广普通话的工作思路

为实现新世纪推广普通话的工作目标,国家语言文字工作委员会(简称国家语委)坚持“一个中心,四个重点领域,三项基本措施”的工作思路。

“一个中心”,即以城市为中心。城市是一个地区的经济、政治、文化中心,科技、教育发展水平相对较高,对周边地区具有带动和辐射作用。搞好城市的普及普通话工作,对推动全社会普及普通话具有重要意义,对加强城市的文化建设、提高市民的整体素质、树立城市的良好形象也具有深远影响。

“四个重点领域”,即以学校为基础,以党政机关为龙头,以广播电视等新闻媒体为榜样,以公共服务行业为窗口,带动全社会普及普通话。推广普通话工作侧重在“四个重点领域”,最终带动全社会普及普通话,也就是通过努力,使普通话首先成为“四种语言”,并最终成为“国家通用语言”。第一,学校及其他教育机构以普通话为基本的教育教学用语,普通话水平达标的教师才能上岗。第二,机关团体、企业事业单位以普通话为基本的公务用语,在公务活动中自觉使用普通话并不断提高普通话水平,使普通话成为机关团体、企业事业单位的工作语言。第三,广播电影电视等有声传媒要以普通话为基本用语,使普通话成为新闻媒体的宣传语言。第四,提倡文化、商业、旅游、邮政、通信、交通、铁路、民航、金融、保险、卫生等行业以普通话为服务用语,使普通话成为公共服务行业的服务语言。第五,全国不同民族、不同方言区的人员在公共场合自觉使用普通话,使普通话成为国家的通用语言。

“三项基本措施”,即对城市、行业和单位的语言文字工作实行目标管理、量化评估,对特定岗位人员进行普通话水平测试,开展以全国推广普通话宣传周为中心的宣传教育活动。第一项基本措施是,对城市、行业和单位的语言文字工作实行“目标管理、量化评估”;第二项基本措施是,进行普通话水平测试。这是依据教育部、国家语委颁布的《普通话水平测试等级标准(试行)》和《普通话水平测试大纲》,评价个人掌握普通话的规范程度和运用普通话能力的一种语言考试。凡是以普通话作为工作语言的岗位,其工作人员应当具备说普通话的能力。播音员、节目主持人、影视话剧演员、教师、国家机关工作人员以及师范专业和其他与口语表达密切相关专业的毕业生,其普通话水平应当分别达到国家规定的等级标准;对尚未达到国家规定的普通话等级标准的,根据情况进行培训。第三项基本措施是,开展“全国推广普通话宣传周”活动。经国务院批准,自1998年开始,每年9月份的第三周为“全国推广普通话宣传周”。每年一度的“推普周”以多种多样的宣传教育活动,动员社会各界和广大人民群众积极参与推广普通话工作,在语言文字规范化建设中发挥了积极的促进作用。



## 第三节　怎样学好普通话

要想学好普通话,必须有决心和勇气,还得有学习方法。

首先得过“面子关”,特别是成年人学说普通话,不能因为怕别人笑话、碍于面子而不敢开口。要敢于开口说第一句普通话,他们一开始可能说得磕磕巴巴的,但只要坚持说,就会从不熟练到流利再到轻松,最后能说一口纯正漂亮的普通话。

其次要讲究学习方法。总的来说,学习普通话包括学习普通话的语音、词汇、语法三方面。就各地的方言来讲,语法差别很小,词汇差别虽然较大,但凡是有文化的人都会使用普通话的常用词汇,因此学习普通话的重点和难点都在语音上。第一,掌握普通话语音的基本知识。只要掌握了理论知识,经过训练,就可以把不自觉的方言发音动作变成自觉的普通话发音动作。学习语音的基本知识,可以扬长避短,事半功倍地掌握普通话的语音系统。第二,学好《汉语拼音方案》。《汉语拼音方案》是推广普通话的有效工具。第三,积极掌握和自觉利用语音对应规律。方言和普通话之间的差异往往有比较整齐的对应规律。掌握对应规律后,可以成批地记忆常用字的读音,比逐字记音的效率高得多。第四,苦练发音、听音、辨音的基本功,有意识地多听多练。普通话是口耳之学。一般来说,凡是自己的方言中有的音,就容易听得清、发得准;而自己的方言中没有的音,就不容易听得清,难以发准。因此,必须反复听辨那些自己方言中没有的音,经过多次练习,才能纠正方音。同时还要掌握普通话的音变、轻声、儿化及语调,我们说话时是一句句地连续发音的。许多字音会受上下字的影响发生读音变化,语调也会因思想感情和语言环境的不同而有所不同,否则即使声韵调都正确,听起来也不像地道的普通话。这就要求我们在日常生活中有意识地多听多模仿。收听电台广播、电视播音,练习朗读和演讲,和周围普通话说得好的同志交谈,都是学好普通话的有效手段。

总之,学习普通话,既要注意学习普通话语音的基本知识,又要注意在理论指导下进行语言实践活动,这样才能准确掌握、熟练运用普通话,从而生动地表达自己的思想感情。

# 第四节　普通话水平测试



## 一、普通话水平测试的性质和意义

普通话水平测试测查应试人的普通话规范程度、熟练程度，认定其普通话水平等级，属于标准参照性考试。它是由政府专门机构主持的国家级资格证书考试，是我国为加快推广普通话的进程、提高全社会普通话水平而设置的一种语言测试，旨在检测、评估受测人的语音标准化水平和词汇语法的规范化程度。这项考试注重测查应试人运用普通话的语言水平，不是普通话系统知识考试，不是文化水平的考核，也不是口才的评估。

普通话水平测试的意义主要表现在以下两方面：

其一，普通话水平测试有利于加快推广普及普通话工作的进程。

普通话是我国各行业的规范语言，是各民族、各方言区的通用语言。国家对某些部门和行业的工作人员进行普通话水平测试，并逐步实行有关岗位人员持普通话等级证书上岗制度，就必然会促使有关人员更全面、更深入地了解和学习普通话，从而使推广和普及普通话工作进一步走向规范化、制度化、科学化，对我国语言文字工作的健康发展具有重要的保障作用。

其二，普通话水平测试有利于提高人们的普通话水平。

随着普通话在我国逐步普及和普通话水平测试工作的开展，人们对普通话的认识已经不再是根据语感判断，而是进行科学的等级定性，量化评分，这必将促使人们按照科学的普通话水平标准不断地学习，努力提高自己的普通话水平。

## 二、普通话水平测试等级标准

1988 年，国家语委成立课题组，开始研究制定“普通话水平测试等级标准”；1991 年，该标准通过专家论证，1992 年由国家语委原普通话推广司印发给各省、自治区、直辖市试行；1997 年，国家语委将《普通话水平测试等级标准（试行）》作为部级标准正式颁布。该标准将普通话水平分为三级六等：“三级”是首先将普通话水平分为一级、二级和三级，一级可以称为标准的普通话，二级可称为比较标准的普通话，三级可称为一般水平的普通话；“六等”是指在每一级中进一步分出的甲等和乙等。各个等级的普通话水平具体描述如下：

（一）一级

一级甲等：朗读和自由交谈时，语音标准，词语、语法正确无误，语调自然，表达流畅。测试总失分率在 3% 以内（即 97 分及 97 分以上）。

级乙等.朗读和自由交谈时,语音标准,词语、语法正确无误,语调自然,表达流畅。偶然有字音、字调失误。测试总失分率在8%以内(即92分及92分以上但不到97分)。

(二)二级

二级甲等:朗读和自由交谈时,声韵调发音基本标准,语调自然,表达流畅。少数难点音(平翘舌音、前后鼻尾音、边鼻音等)有时出现失误,词语、语法极少有误。测试总失分率在13%以内(即87分及87分以上但不到92分)。

二级乙等:朗读和自由交谈时,个别调值不准,声母、韵母发音有不到位现象。难点音(平翘舌音、前后鼻尾音、边鼻音、fu-hu,z-zh-j不分,送气不送气、i-ü不分,保留浊塞音和浊塞擦音、丢介音、复韵母单音化等)失误较多。方言语调不明显。有使用方言词、方言语法的情况。测试总失分率在20%以内(即80分及80分以上但不到87分)。

(三)三级

三级甲等:朗读和自由交谈时,声母、韵母发音失误较多,难点音超出常见范围,声调调值多不准。方言语调较明显。词语、语法有失误。测试总失分率在30%以内(即70分及70分以上但不到80分)。

三级乙等:朗读和自由交谈时,声韵调发音失误多,方音特征突出。方言语调明显。词语、语法失误较多。外地人听其谈话有听不懂的情况。测试总失分率在40%以内(即60分及60分以上但不到70分)。

《普通话水平测试等级标准(试行)》是全国统一的标准,是制定《普通话水平测试大纲》的重要依据。

## 三、普通话水平测试的方式、内容和范围

(一)测试方式

普通话水平测试以口试的方式进行。

普通话水平测试方式的演变。国家普通话水平测试,以1994年10月30日国家语言文字工作委员会、国家教育委员会、广播电影电视部颁布的《关于开展普通话水平测试工作的决定》为标志,在全国范围内开始实施。从测试方式来看,可以分为两个阶段:第一阶段是人工测试,就是两个测试员面对一个应试人现场测试,现场打分。从2009年开始,进入第二阶段,就是计算机辅助普通话水平测试。说得简单一点,这项测试就是读单音节字词、读多音节词语、朗读短文三项,由国家语言文字工作部门认定的计算机辅助普通话水平测试系统评定分数,命题说话项由测试员通过管理平台在线评定分数。

(二)测试内容

普通话水平测试的内容包括普通话语音、词汇和语法。由于汉语各方言和普通话的区别主要表现在语音方面,因此在测试中重点对应试人的语音水平进行测查。

(三)测试范围

普通话水平测试的范围是由国家普通话水平测试中心编制的《普通话水平测试实施纲要》所确定的内容,其中包括《普通话水平测试用普通话词语表》《普通话水平测试用朗读作品》《普通话水平测试用话题》等内容。

【附录】 普通话水平测试用样卷

(一)单音节字词

飞 决 雪 怯 猜 耳 搜 贼 板 破
马 剃 沟 头 块 谎 沾 触 刷 尼
丢 龙 网 翁 位 军 握 全 笑 惹
搓 寺 早 罢 疲 命 塘 梗 糠 魂
植 踹 爽 捏 定 侣 遥 泛 求 价
胸 如 册 森 在 憋 雷 敏 宽 孩
妥 隔 夸 枕 趁 幽 脸 动 浊 欢
法 匠 躯 寻 让 穷 心 日 辞 酸
怒 品 毛 考 宙 层 倦 冰 纵 佛
润 篇 水 撑 顺 搞 酿 雅 扬 点

(二)多音节词语

挂号 勇敢 乡村 窗口 状态
损坏 没落 塞车 给以 薄弱
尺度 儿童 赔偿 进修 平等
商量 祖先 年龄 宁静 排列
下课 外卖 亲密 恰当 抢救
房子 摧毁 边界 豆角儿 迥然
语文 风筝 许诺 确实 蕴藏
宣传 找碴儿 苦恼 饲料 群众
开春儿 锐利 鞋带儿 嘈杂 乐团
标准化 国务院 奋不顾身

(三)朗读短文:请从15号和22号两篇作品中任选一篇。

(四)命题说话:请从话题"我喜欢的季节"和"谈谈电视节目"两题中任选一题(时间三分钟)。

## 第五节 方言

由于地理、历史、政治、经济等诸多条件的影响,虽然普通话已经确立了它在汉民族中的共同语的地位,但方言在许多地方仍然不同程度地存在。

中国社科院和世界语言研究组织亚太地区语言研究小组根据最新分区法，将我国方言区由原来的八大方言区划分为十大方言区。



## 一、全国方言分区

(1)官话区[①] 也称北方方言区，分布在我国长江以北，包括云南、贵州、四川三省及重庆市的广大地域。北方方言内部一致性强，各地方言可以通行。

(2)晋语区 分布在我国山西省境内及相邻的内蒙古、河北、河南、陕西的部分地域。晋语区虽然地处我国北方，但还保留着带喉塞音尾的入声，因而与周边的北方方言(官话)有明显的区别。

(3)吴语区 分布在江苏省东南、上海市，以及浙江省及相邻的赣东北、闽北地域。

(4)徽语区 分布在安徽省南部、浙江省西部和江西省东北等地域。

(5)赣语区 分布在江西省中部和北部，湖南省东部和西南部，湖北省东南部，以及安徽省南部、福建省西北部的部分地域。

(6)湘语区 分布在湖南省中部湘江、资水、沅江流域，以及湘江上游广西的东北角等地域。

(7)闽语区 分布在福建、台湾、海南三省的大部分地域，以及广东省东部潮汕地区和雷州半岛一带地域。

(8)粤语区 分布在广东、广西的珠江三角洲一带地域。

(9)平话区 是广西中部一带的汉语方言，主要分布在桂林、柳州、南宁之间的交通要道一带地域。

(10)客家话区 分布在广东、广西、福建、江西、四川、湖南、台湾、海南等地域，比较集中的是广东省东部、中部，福建省西部和江西省南部。

## 二、安徽方言分布

在安徽，尤其是皖东南、皖南的方言特别复杂。

(1)中原官话区——淮河以北和淮河以南的凤阳、蚌埠、寿县、霍邱及金寨的北半部。

(2)江淮官话区——江淮之间大部分地区、长江沿江地带及长江南岸若干不连接的地区。

(3)徽语区——新安江流域的安徽省旧徽州府。

(4)赣语区——安徽西南部九个县市。

(5)吴语区——安徽南部十四个县市。



① 官话区包括东北官话区、北京官话区、冀鲁官话区、胶辽官话区、中原官话区、兰银官话区、西南官话区、江淮官话区。

(6)闽语区——安徽南部。

另外，在安徽南部还零星分布一些方言，如广德东部的河南移民官话，宁国、宣州、广德、郎溪交界的大片地带的湖北移民官话，还有更为零星的湘语、闽语、客家话和畲话等。

# 第四章　语音和发音

## 第一节　普通话语音系统

### 一、学习普通话重点是学习语音

#### (一)普通话的语音特征

语音是由人的发音器官发出的能表示一定意义的声音。它同自然界其他声音一样,产生于物体的振动,但又有着自己鲜明的特征。

(1)普通话语音是声、韵、调的有机结合。声母使每个字音清晰响亮、界限分明,韵母则使字音圆润悦耳,声调使每个字音有高低直曲的变化。三者以不同的方式组合,形成普通话富于音乐性和节奏感的语音特征。

(2)普通话里轻声、儿化现象比较多,有的用来区别意义,有的用来表达感情,它使一连串的语音显得轻松活泼、柔美生动,增强了普通话语音的音乐性和节奏感。

(3)普通话中有大量的象声词,如:叽里咕噜、稀里哗啦、噼里啪啦、丁零当啷、叽叽喳喳、乒乒乓乓、咿咿呀呀、咕咚、滴答、吧嗒、咣当等等。恰当地运用象声词,可以使表述生动形象,也可以让人享受到语音的优美。

(4)普通话中还有丰富的重叠词,如:妈妈、哥哥、等等、听听、常常、天天、一个个、一双双、排排坐、暖洋洋、白生生、亮晶晶、开开心心、轻轻巧巧、干干净净、湛蓝湛蓝、好想好想。重叠词的丰富使用,增强了普通话音节的节奏感和表意的生动性。

#### (二)普通话语音系统

1. 音节

音节是语音的基本单位,也是自然感到的最小语音片断。每一个音节的发出,就是发音部位肌肉的一次紧张。一般来说,一个汉字的读音就是一个音节①。



① 儿化词例外。儿化词是把两个字读作一个音节,例如:“花儿”读作“huār”,“玩儿”读作“wánr”。

2. 音素

音素是从音节中分析出来的最小的语音单位。音素可以分为辅音和元音两大类。

(1)辅音　气流在口腔或咽头受阻碍而形成的音叫辅音。

(2)元音　气流振动声带,在口腔、咽头不受阻碍①而形成的音叫元音。

3. 声母、韵母、声调

一个汉语音节结构包含声母、韵母、声调三个要素。声母是指音节开头的辅音;韵母是指音节中声母后面的部分;声调是指音节中具有区别意义作用的音高变化。这些将在下一章中具体介绍。

4. 普通话音节特点

(1)一个音节最多有四个音素,最少有一个音素。例如:音节"霜(shuāng)",是由 sh(辅音,声母)+uāng(元音+元音+辅音,韵母)+声调(阴平)组成,包含四个音素。而音节"俄(é)"则只有一个音素。

(2)元音在音节中占优势。一个音节中至少有一个元音,如"俄(é)";最多可以出现三个元音,如"咬(yǎo)"。

(3)一个音节中可以没有辅音,如"俄""咬"。辅音只在音节的开头或末尾出现,如"霜"。

(4)普通话音节中不能没有声调。

## 第二节　发音技巧

### 一、什么是发音技巧

发音技巧是口语表达过程中的一项基本能力。一般来说,它包括两个层次:

一是基础层次,即读音清晰、语音纯正,能熟练地运用规范的普通话准确地表达思想,声音圆润响亮,有较强的表现力。

二是高层次,即在说一口流利、规范的普通话的基础上,讲究发音的技巧,强调声音的质量和个性色彩。

高层次的发音技巧有很高的操作难度,必须经过长期、系统、科学的发音训练方能掌握,对于学生来说,是比较难以做到的。但是,经过较为严格的基础层次的发音技巧训练,以使发音准确、声音纯正,则是完全必要而且是极有可能的。

① 但受唇形圆展、口腔开合的制约。

## 二、发音技巧的基本要求和训练方法

要使发音准确、清晰、饱满、圆润、纯正、流畅，必须从呼吸方法、吐字归音、正字正音和流畅度四个方面着手训练：

(一)掌握胸腹式呼吸方法

“气息”是发音的动力，稳定而充足的气息是发音的根本，它能使声音具有立体感。

**训练模式**

(1)胸腹式呼吸，是利用深呼吸迫使横膈膜下压的方法扩展胸腔，增加气容量，把横膈膜作为气柱的支撑点，从而使整个发音有了根基。

(2)同时尽力收紧小腹，利用小腹收缩的力量控制气息，使其保持在肚脐眼的上下各三厘米左右的宽度、环腰部一周的呼吸带中，然后让气息慢慢地从这里对外释放。这就是通常说的“气沉丹田”。

呼吸训练可采取以下三个步骤：

第一步是吸气吐气——“吸气两条线”，关闭口腔通道，用鼻子均匀地把气吸满，然后，用嘴巴小幅度地开阖，让气息缓缓地流出来，做短促的“噗、噗、噗”无声吐气训练，即“吐气一小片”。注意声带不要振动，保持腹部饱满，小腹收紧。

第二步是单音发声——吸气至满后，作“a、i、u、m”的单音长音发音练习，腹部感觉同上。

第三步是朗读练习——吸气至满后，做单句朗读练习，腹部感觉同上。

**训练说明**

(1)吸气要快而柔和，用鼻子不要用嘴巴，用嘴巴吸气会有声音而给人气喘吁吁的感觉；呼气要均匀平缓，尽可能地延长使用每一口气。

(2)吸气的感觉就好像面对一朵怒放的鲜花，鼻子凑上去深深吸气去闻香味儿。同时注意要逐步使呼吸带胀满，并收紧小腹。

(3)呼气时要保持犹如两手搬动重物时的腹部的紧张感觉，把气对外呼。

(4)防止训练中出现双肩上耸、脖子硬直、双目圆瞪、胸部过分前挺、全身紧张等现象，除小腹外，身体其他部位都相对放松。

**练　习**

(1)请同学们早晨或晚上在比较安静的处所进行呼吸练习，要按照要求的动作要领和练习步骤去完成。

(2)朗读郭沫若的《凤凰涅槃(节选)》。

茫茫的宇宙,冷酷如铁!
茫茫的宇宙,黑暗如漆!
茫茫的宇宙,腥秽如血!
宇宙呀,宇宙,
你为什么存在?
你自从那儿来?
你坐在那儿在?
你是个有限大的空球?
你是个无限大的整块?
你若是有限大的空球,
那拥抱着你的空间
他从那儿来?
你的外边还有些什么存在?
你若是无限大的整块?
这被你拥抱着的空间
他从那儿来?
你的当中为什么又有生命存在?
你到底还是个有生命的交流?
你到底还是个无生命的机械?

昂头我问天,
天徒矜高,莫有点儿知识。
低头我问地,
地已死了,莫有点儿呼吸。
伸头我问海,
海正扬声而呜咽。

啊啊!
生在这样个阴秽的世界当中,
便是把金刚石的宝刀也会生锈。
宇宙呀,宇宙,
我要努力地把你诅咒:
你脓血污秽着的屠场呀!
你悲哀充塞着的囚牢呀!

你群鬼叫号着的坟墓呀!
你群魔跳梁着的地狱呀!
你到底为什么存在?

我们飞向西方,
西方同是一座屠场。
我们飞向东方,
东方同是一座囚牢。
我们飞向南方,
南方同是一座坟墓。
我们飞向北方,
北方同是一座地狱。
我们生在这样个世界当中,
只好学着海洋哀哭。



(二)要发音准确,正音正字

1. 读准字音

字音发得准确与否直接影响口语表达的效果。要发准字音应当注意以下两点:

第一,发准普通话的声母、韵母、声调。要按照发音方法和发音要领,将每个声母、韵母发得准确无误,同时,还要把握住阴阳上去这四种声调的调值,并根据声韵调的拼合规律,读准字音、字调。

第二,要正确地掌握普通话中的轻声、儿化、变调等语流音变现象,并能熟练地运用。

2. 正音正字

汉语的词汇很丰富,有些字、词的发音和字形比较接近,只有把文字正确地转化为声音,也就是做到正音正字,才能使人们正确地理解其意义,不至于发生歧义。要做到正音正字,应注意以下三个方面:

第一,要明了并掌握普通话中一字多音和多义多音现象。如"蒙",作欺骗、昏迷解时,音为"mēng"(欺上蒙下、蒙骗);作遮盖、承受、蒙昧解时,音为"méng"(蒙蔽、蒙难、启蒙);作蒙古族解时,音为"měng"(蒙古族、蒙古、内蒙古)。要选择正确的读音。

第二,要防止错读。有些汉字字形非常相似,稍不注意就会误认。如"亓""谌""甪""翟""昝"分别与"开""湛""角""瞿""咎"等字形相似。要避免错读,就必须注意字形,不能把"似曾相识"的字轻易认定,要通过工具书作出定论。

第三,不要用偏旁来推测读音。现代汉字中有些形声字是可以用声旁来判断读音的，但有许多形声字的声旁与读音不同，不能望“形”生音。如“踝”，不能读作“kē”或“luǒ”，发音错了，就会使受话人莫名其妙。



## 训练目标

发准单音节、双音节字词的读音，正音正字。

## 训练模式

（1）教师选定一个双音节词语，让学生依次有节奏地粘连。如“校园”：第一位学生可以粘为“校园的园呀，园艺的艺呀”，后面的学生在重复前面同学发音的基础上继续粘连。第二位学生可粘为“校园的园呀，园艺的艺呀，艺术的术呀”，第三位可粘为“校园的园呀，园艺的艺呀，艺术的术呀，术语的语呀”，以此类推。

（2）要求发音准确，节拍稳定，粘连及时。

（3）也可使用“我看见了□□就想到了□”“数青蛙”（一只青蛙/一张嘴/两只眼睛/四条腿/扑通/跳下水）等模式练习。

## 训练说明

（1）训练主要是讲究发音的准确性，因此，不能随意用谐音粘连，若用谐音，也必须是同音。

（2）双音节词语该读轻声或儿化的要正确读出，其后的单音节可以不用轻读、儿化。如“姑娘的娘呀”“心眼儿的眼呀”。

（3）要求后面的同学粘连的词语不能重复前面已经粘过的双音节词语。

## 练　　习

（1）找出你经常听到别人读错的字词或自己曾错读的字词 20 例。

（2）读准十个容易读错的字：

款识　识①字多音，此处读“制”音（zhi 四声），读作款“实”是错误读音；

绯闻　绯字读“非”音（fei 一声），读作“匪”闻是错误读音；

嫉妒　嫉字读“及”音（ji　二声），读作“记”妒是错误读音；

① 《现代汉语词典》（第 6 版）将与“标志”音义相同的“标识”合并词条，而另立一个词条“标识”（biāoshí），其动词义为“标示识别”，名词义为“用来识别的记号”。

潜力　潜字读“钱”音(qian 二声),读作“浅”力是错误读音;

勾当　勾字多音此处读“够”音(gou 四声),读作“沟”当是错误读音;

慰藉　藉字多音此处读“借”音(jie 四声),读作慰“记”是错误读音;

连累　累字多音此处读“磊”音(lei 三声),读作连“类”是错误读音;

卑鄙　鄙字读“比”音(bi 三声),读作卑“必”是错误读音;

撒贝宁　撒字多音此处读“洒”(sa 三声),读作“萨”贝宁是错误读音。

情不自禁　禁字多音,此处读“今”(jin 一声),读作情不自“近”是错误读音。

【附录】　　容易读错的字一览

A——1. 挨紧　āi　2. 挨饿受冻　ái　3. 白皑皑　ái　4. 狭隘　ài　5. 不谙水性　ān　6. 熬菜　āo　7. 煎熬　áo　8. 鏖战　áo　9. 拗断　ǎo　10. 拗口令　ào

B——1. 纵横捭阖　bǎi hé　2. 稗官野史　bài　3. 扳平　bān　4. 同胞　bāo　5. 炮羊肉　bāo　6. 剥皮　bāo　7. 薄纸　báo　8. 并行不悖　bèi　9. 蓓蕾　bèi lěi　10. 奔波　bō　11. 投奔　bèn　12. 迸发　bèng　13. 包庇　bì　14. 麻痹　bì　15. 奴颜婢膝　bì xī　16. 刚愎自用　bì　17. 复辟　bì　18. 濒临　bīn　19. 针砭　biān　20. 屏气　bǐng　21. 摒弃　bìng　22. 剥削　bō xuē　23. 波涛　bō　24. 菠菜　bō　25. 停泊　bó　26. 淡薄　bó　27. 哺育 bǔ

C——1. 粗糙　cāo　2. 嘈杂　cáo　3. 参差　cēn　cī　4. 差错　chā　5. 差劲　chà　6. 病差　chài　7. 搽粉　chá　8. 猹　chá　9. 刹那　chà　10. 差遣　chāi　11. 谄媚　chǎn　12. 忏悔　chàn　13. 羼水　chàn　14. 场院　cháng　15. 一场雨　cháng　16. 赔偿　cháng　17. 徜徉　cháng　18. 绰起　chāo　19. 风驰电掣　chè　20. 瞠目结舌　chēng　21. 乘机　chéng　22. 惩前毖后　chéng　23. 逞能　chěng　24. 驰骋　chěng　25. 鞭笞　chī　26. 痴呆　chī　27. 持家　chí　28. 豆豉　chǐ　29. 踟蹰　chí chú　30. 奢侈　chǐ　31. 整饬　chì　32. 炽热　chì　33. 不啻　chì　34. 叱咤风云　chì　zhà　35. 忧心忡忡　chōng　36. 憧憬　chōng　37. 崇拜　chóng　38. 惆怅　chóu chàng　39. 踌躇　chóu chú　40. 相形见绌　chù　41. 黜免　chù　42. 揣摩　chuǎi　43. 椽子　chuán　44. 创伤　chuāng　45. 凄怆　chàng　46. 啜泣　chuò　47. 辍学　chuò　48. 宽绰　chuò　49. 瑕疵　cī　50. 伺候　cì　51. 烟囱　cōng　52. 从容　cóng　53. 淙淙流水　cóng　54. 一蹴而就　cù　55. 璀璨　cuǐ　56. 忖度　cǔn duó　57. 蹉跎　cuō tuó　58. 挫折 cuò

D——1. 呆板　dāi　2. 答应　dā　3. 逮老鼠　dǎi　4. 逮捕　dài　5. 殚精竭虑　dān　6. 虎视眈眈　dān　7. 肆无忌惮　dàn　8. 档案　dàng　9. 当年　dàng　10. 追悼　dào　11. 提防　dī　12. 瓜熟蒂落　dì　13. 缔造　dì

14. 掂掇 diān duo 15. 玷污 diàn 16. 装订 dìng 17. 订正 dìng 18. 恫吓 dòng hè 19. 句读 dòu 20. 兑换 duì 21. 踱步 duó

E——1. 阿谀 ē yú 2. 婀娜 ē nuó 3. 扼要 è

F——1. 菲薄 fěi 2. 沸点 fèi 3. 氛围 fēn 4. 肤浅 fū 5. 敷衍塞责 fū yǎn sè 6. 仿佛 fú 7. 凫水 fú 8. 篇幅 fú 9. 辐射 fú 10. 果脯 fǔ 11. 随声附和 fù hè

G——1. 准噶尔 gá 2. 大动干戈 gē 3. 诸葛亮 gě 4. 脖颈 gěng 5. 提供 gōng 6. 供销 gōng 7. 供给 gōng jǐ 8. 供应 gōng yìng 9. 供认 gòng 10. 口供 gòng 11. 佝偻 gōu lóu 12. 勾当 gòu 13. 骨朵 gū 14. 骨气 gǔ 15. 蛊惑 gǔ 16. 商贾 gǔ 17. 桎梏 gù 18. 粗犷 guǎng 19. 皈依 guī 20. 瑰丽 guī 21. 刽子手 guì 22. 聒噪 guō

H——1. 哈达 hǎ 2. 尸骸 hái 3. 稀罕 hǎn 4. 引吭高歌 háng 5. 沆瀣一气 háng xiè 6. 干涸 hé 7. 一丘之貉 hé 8. 上颌 hé 9. 喝彩 hè 10. 负荷 hè 11. 蛮横 hèng 12. 飞来横祸 hèng 13. 发横财 hèng 14. 一哄而散 hòng 15. 糊口 hú 16. 囫囵吞枣 hú lún 17. 华山 huà 18. 怙恶不悛 hù quān 19. 豢养 huàn 20. 病入膏肓 huāng 21. 讳疾忌医 huì jí 22. 诲人不倦 huì 23. 阴晦 huì 24. 污秽 huì 25. 浑水摸鱼 hún 26. 混淆 hùn xiáo 27. 和泥 huó 28. 搅和 huo 29. 豁达 huò 30. 霍乱 huò

J——1. 茶几 jī 2. 畸形 jī 3. 羁绊 jī 4. 期年 jī 5. 犄角 jī 6. 无稽之谈 jī 7. 跻身 jī 8. 通缉令 jī 9. 汲取 jí 10. 即使 jí 11. 开学在即 jí 12. 疾恶如仇 jí 13. 嫉妒 jí 14. 棘手 jí 15. 贫瘠 jí 16. 狼藉 jí 17. 一触即发 jí 18. 脊梁 jǐ 19. 人才济济 jǐ 20. 给予 jǐ yǔ 21. 觊觎 jì yú 22. 成绩 jì 23. 事迹 jì 24. 雪茄 jiā 25. 信笺 jiān 26. 歼灭 jiān 27. 草菅人命 jiān 28. 缄默 jiān 29. 渐染 jiān 30. 眼睑 jiǎn 31. 间断 jiàn 32. 矫枉过正 jiǎo 33. 缴纳 jiǎo 34. 校对 jiào 35. 开花结果 jiē 36. 事情结果 jié 37. 结冰 jié 38. 反诘 jié 39. 拮据 jié jū 40. 攻讦 jié 41. 桔梗 jié 42. 押解 jiè 43. 情不自禁 jīn 44. 根茎叶 jīng 45. 长颈鹿 jǐng 46. 杀一儆百 jǐng 47. 强劲 jìng 48. 劲头 jìn 49. 尽管 jǐn 50. 痉挛 jìng 51. 抓阄 jiū 52. 针灸 jiǔ 53. 韭菜 jiǔ 54. 内疚 jiù 55. 既往不咎 jiù 56. 狙击 jū 57. 咀嚼 jǔ jué 58. 循规蹈矩 jǔ 59. 矩形 jǔ 60. 沮丧 jǔ 61. 龃龉 jǔ yǔ 62. 前倨后恭 jù 63. 镌刻 juān 64. 隽永 juàn 65. 角色 jué 66. 口角 jué 67. 角斗 jué 68. 角逐 jué 69. 倔强 jué jiàng 70. 崛起 jué 71. 猖獗 jué 72. 一蹶不振 jué 73. 诡谲 jué 74. 矍铄 jué 75. 攫取 jué 76. 细菌 jūn 77. 龟裂 jūn 78. 俊杰 jùn 79. 崇

山峻岭 jùn 80. 竣工 jùn 81. 隽秀 jùn

K——1. 同仇敌忾 kài 2. 不卑不亢 kàng 3. 坎坷 kě 4. 可汗 kè hán 5. 恪守 kè 6. 倥偬 kǒng zǒng 7. 会计 kuài 8. 窥探 kuī 9. 傀儡 kuǐ

L——1. 邋遢 lā ta 2. 拉家常 lá 3. 丢三落四 là 4. 书声琅琅 láng 5. 唠叨 láo 6. 落枕 lào 7. 奶酪 lào 8. 勒索 lè 9. 勒紧 lēi 10. 擂鼓 léi 11. 羸弱 léi 12. 果实累累 léi 13. 罪行累累 lěi 14. 擂台 lèi 15. 罹难 lí 16. 潋滟 liàn 17. 打量 liáng 18. 量入为出 liàng 19. 撩水 liāo 20. 撩拨 liáo 21. 寂寥 liáo 22. 瞭望 liào 23. 趔趄 liè qiè 24. 恶劣 liè 25. 雕镂 lòu 26. 贿赂 lù 27. 棕榈 lǘ 28. 掠夺 lüè

M——1. 抹桌子 mā 2. 阴霾 mái 3. 埋怨 mán 4. 耄耋 mào dié 5. 联袂 mèi 6. 闷热 mēn 7. 扪心自问 mén 8. 愤懑 mèn 9. 蒙头转向 mēng 10. 蒙头盖脸 méng 11. 靡费 mí 12. 萎靡不振 mǐ 13. 静谧 mì 14. 分娩 miǎn 15. 酩酊 mǐng dǐng 16. 荒谬 miù 17. 脉脉 mò 18. 抹墙 mò 19. 蓦然回首 mò 20. 牟取 móu 21. 模样 mú

N——1. 羞赧 nǎn 2. 呶呶不休 náo 3. 泥淖 nào 4. 口讷 nè 5. 气馁 něi 6. 拟人 nǐ 7. 隐匿 nì 8. 拘泥 nì 9. 亲昵 nì 10. 拈花惹草 niān 11. 宁死不屈 nìng 12. 泥泞 nìng 13. 忸怩 niǔ ní 14. 执拗 niù 15. 驽马 nú 16. 虐待 nüè

O——1. 偶然 ǒu

P——1. 扒手 pá 2. 迫击炮 pǎi 3. 心宽体胖 pán 4. 蹒跚 pán 5. 滂沱 pāng tuó 6. 彷徨 páng 7. 炮制 páo 8. 咆哮 páo xiào 9. 炮烙 páo luò 10. 胚胎 pēi 11. 香喷喷 pèn 12. 抨击 pēng 13. 澎湃 péng pài 14. 纰漏 pī 15. 毗邻 pí 16. 癖好 pǐ 17. 否极泰来 pǐ 18. 媲美 pì 19. 扁舟 piān 20. 大腹便便 pián 21. 剽窃 piāo 22. 饿殍 piǎo 23. 乒乓 pīng pāng 24. 湖泊 pō 25. 居心叵测 pǒ 26. 糟粕 pò 27. 解剖 pōu 28. 前仆后继 pū 29. 奴仆 pú 30. 风尘仆仆 pú 31. 璞玉 pú 32. 匍匐 pú fú 33. 瀑布 pù 34. 一曝十寒 pù

Q——1. 休戚与共 qī 2. 蹊跷 qī qiāo 3. 祈祷 qí 4. 颀长 qí 5. 歧途 qí 6. 绮丽 qǐ 7. 修葺 qì 8. 休憩 qì 9. 关卡 qiǎ 10. 悭吝 qiān 11. 掮客 qián 12. 潜移默化 qián 13. 虔诚 qián 14. 天堑 qiàn 15. 戕害 qiāng 16. 强迫 qiǎng 17. 勉强 qiǎng 18. 强求 qiǎng 19. 牵强附会 qiǎng 20. 襁褓 qiǎng 21. 翘首远望 qiáo 22. 讥诮 qiào 23. 怯懦 qiè 24. 提纲挈领 qiè 25. 锲而不舍 qiè 26. 惬意 qiè

27. 衾枕　qīn　28. 倾盆大雨　qīng　29. 引擎　qíng　30. 亲家　qìng　31. 曲折　qū　32. 祛除　qū　33. 黢黑　qū　34. 水到渠成　qú　35. 清癯　qú　36. 瞿塘峡　qú　37. 通衢大道　qú　38. 龋齿　qǔ　39. 兴趣　qù　40. 面面相觑　qù　41. 债券　quàn　42. 商榷　què　43. 逡巡　qūn　44. 麇集　qún

R——1. 围绕　rào　2. 荏苒　riěn rǎn　3. 稔知　rěn　4. 妊娠　rèn shēn　5. 仍然　réng　6. 冗长　rǒng

S——1. 缫丝　sāo　2. 稼穑　jià sè　3. 堵塞　sè　4. 刹车　shā　5. 芟除　shān　6. 潸然泪下　shān　7. 禅让　shàn　8. 讪笑　shàn　9. 赡养　shàn　10. 折本　shé　11. 慑服　shè　12. 退避三舍　shè　13. 海市蜃楼　shèn　14. 舐犊之情　shì　15. 教室　shì　16. 有恃无恐　shì　17. 狩猎　shòu　18. 倏忽　shū　19. 束缚　shù fù　20. 刷白　shuà　21. 游说　shuì　22. 吸吮　shǔn　23. 瞬息万变　shùn　24. 怂恿　sǒng yǒng　25. 塑料　sù　26. 簌簌　sù　27. 虽然　suī　28. 鬼鬼祟祟　suì　29. 婆娑　suō

T——1. 趿拉　tā　2. 鞭挞　tà　3. 叨光　tāo　4. 熏陶　táo　5. 体己　tī　6. 孝悌　tì　7. 倜傥　tì tǎng　8. 恬不知耻　tián　9. 殄灭　tiǎn　10. 轻佻　tiāo　11. 调皮　tiáo　12. 妥帖　tiē　13. 请帖　tiě　14. 字帖　tiè　15. 恸哭　tòng　16. 如火如荼　tú　17. 湍急　tuān　18. 颓废　tuí　19. 蜕化　tuì　20. 囤积　tún

W——1. 逶迤　wēi yí　2. 违反　wéi　3. 崔嵬　wéi　4. 冒天下之大不韪 wěi　5. 为虎作伥　wèi chāng　6. 龌龊　wò chuò　7. 斡旋　wò　8. 深恶痛绝　wù

X——1. 膝盖　xī　2. 檄文　xí　3. 狡黠　xiá　4. 厦门　xià　5. 纤维　xiān wéi　6. 翩跹　xiān　7. 屡见不鲜　xiān　8. 垂涎三尺　xián　9. 弦歌　xián　10. 鲜见　xiǎn　11. 肖像　xiào　12. 采撷　xié　13. 叶韵　xié　14. 纸屑　xiè　15. 机械　xiè　16. 省亲　xǐng　17. 不朽　xiǔ　18. 铜臭　xiù　19. 星宿　xiù　20. 长吁短叹　xū　21. 自诩　xǔ　22. 抚恤金　xù　23. 酗酒　xù　24. 煦暖　xù　25. 眩晕　xuàn yùn　26. 炫耀　xuàn　27. 洞穴　xué　28. 戏谑　xuè　29. 驯服　xùn　30. 徇私舞弊　xùn

Y——1. 倾轧　yà　2. 揠苗助长　yà　3. 殷红　yān　4. 湮没　yān　5. 筵席　yán　6. 百花争妍　yán　7. 河沿　yán　8. 偃旗息鼓　yǎn　9. 奄奄一息　yǎn　10. 赝品　yàn　11. 佯装　yáng　12. 快快不乐　yàng　13. 安然无恙　yàng　14. 杳无音信　yǎo　15. 窈窕　yǎo tiǎo　16. 发疟子　yào　17. 耀武扬威　yào　18. 因噎废食　yē　19. 揶揄　yé yú　20. 陶冶　yě　21. 呜咽　yè　22. 摇曳　yè　23. 拜谒　yè　24. 笑靥　yè　25. 甘之如饴　yí　26. 颐和园　yí　27. 迤逦　yǐ lǐ　28. 旖旎　yǐ nǐ　29. 自怨自艾　yì　30. 游弋　yì　31. 后裔　yì　32. 衣布衣　yì　33. 络绎不绝　yì　34. 造诣　yì　35. 友

谊 yì 36. 肄业 yì 37. 熠熠闪光 yì 38 一望无垠 yín 39. 荫凉 yìn 40. 应届 yīng 41. 应承 yìng 42. 应用文 yìng 43. 应试教育 yìng 44. 邮递员 yóu 45. 黑黝黝 yǒu 46. 良莠不齐 yǒu 47. 迂回 yū 48. 向隅而泣 yú 49. 愉快 yú 50. 始终不渝 yú 51. 逾越 yú 52 年逾古稀 yú 53. 娱乐 yú 54. 伛偻 yú lǚ 55. 舆论 yú 56. 尔虞我诈 yú 57. 囹圄 yǔ 58. 参与 yù 59. 驾驭 yù 60. 家喻户晓 yù 61. 熨帖 yù 62. 寓情于景 yù 63. 鹬蚌相争 yù 64. 卖儿鬻女 yù 65. 断瓦残垣 yuán 66. 苑囿 yuàn yòu 67. 头晕 yūn 68. 允许 yǔn 69. 晕船 yùn 70. 酝酿 yùn niàng

Z——1. 扎小辫 zā 2. 柳荫匝地 zā 3. 登载 zǎi 4. 载重 zài 5. 载歌载舞 zài 6. 怨声载道 zài 7. 拒载 zài 8. 暂时 zàn 9. 臧否 zāng pǐ 10. 宝藏 zàng 11. 确凿 záo 12. 啧啧称赞 zé 13. 谮言 zèn 14. 憎恶 zēng 15. 赠送 zèng 16. 驻扎 zhā 17. 咋呼 zhā 18. 挣扎 zhá 19. 札记 zhá 20. 咋舌 zé 21. 择菜 zhái 22. 占卜 zhān 23. 客栈 zhàn 24. 破绽 zhàn 25. 精湛 zhàn 26. 战栗 zhàn 27. 高涨 zhǎng 28. 涨价 zhǎng 29. 着慌 zháo 30. 沼泽 zhǎo 31. 召开 zhào 32. 肇事 zhào 33. 折腾 zhē 34. 动辄 zhé 35. 蛰伏 zhé 36. 贬谪 zhé 37. 铁砧 zhēn 38. 日臻完善 zhēn 39. 甄别 zhēn 40. 箴言 zhēn 41. 缜密 zhěn 42. 赈灾 zhèn 43. 症结 zhēng 44. 拯救 zhěng 45. 症候 zhèng 46. 诤友 zhèng 47. 挣脱 zhèng 48. 脂肪 zhī 49. 踯躅 zhí zhú 50. 近在咫尺 zhǐ 51. 博闻强识 zhì 52. 款识 zhì 53. 质量 zhì 54. 脍炙人口 zhì 55. 鳞次栉比 zhì 56. 对峙 zhì 57. 中听 zhōng 58. 中肯 zhòng 59. 刀耕火种 zhòng 60. 胡诌 zhōu 61. 啁啾 zhōu jiū 62. 压轴 zhòu 63. 贮藏 zhù 64. 莺啼鸟啭 zhuàn 65. 撰稿 zhuàn 66. 谆谆 zhūn 67. 弄巧成拙 zhuō 68. 灼热 zhuó 69. 卓越 zhuó 70. 啄木鸟 zhuó 71. 着陆 zhuó 72. 穿着打扮 zhuó 73. 恣意 zì 74. 浸渍 zì 75. 作坊 zuō 76. 柞蚕 zuò

(三)要吐字归音,使口语发音清晰、饱满、圆润、响亮

吐字归音是中国传统说唱艺术特有的一种发音方法,它能使声音更加清晰、饱满、圆润,增强语音的表现力。吐字归音要求做到"咬住字头,发响字腹,收全字尾"。

1. 咬住字头

字头就是汉语音节中的声母和介母,是字音的始端。咬住字头就是把握好声母的发音部位和发音方法,并迅速与韵头结合。发音时要蓄足气流,干净利落而富有弹性。只有依靠这一阶段的"蓄势",才能带动韵腹韵尾的响度,使声音更加响亮清晰。

2. 发响字腹

字腹即韵腹。一个字的声音是否响亮饱满，主要体现在字腹的发音上。发响字腹关键要注意两点：一是口形舌位要标准，口腔开合要适度；二是气息要足，共鸣要强。关于第一点，我们在学习声母、韵母发音时都是这么要求的；至于第二点，我们前面已经训练过的胸腹式呼吸方法，正是使气息充足的一种重要途径。而“共鸣要强”，我们还要进行训练。只有达到这两个标准，才能保证字音清晰响亮。

3. 收全字尾

字尾就是韵母，是字音的收尾。收全字尾就是“归音到位”，其关键是唇形、舌位要送到位，发音时唇形舌位的趋向要鲜明、干净利落，也就是要“交代清楚”，既不能不到位，发音含糊，也不能留有“尾巴”，不够干净。收音是否恰当，是能否“字正腔圆”的重要环节。

【共鸣训练】

## 训练目标

追求声音的集中、圆润、明亮，具有一定的穿透力。

## 训练模式

共鸣训练可分两个步骤，即发声训练和吐字训练。

1. 发声训练在呼吸训练的基础上进行“哼鸣”音的训练：先闭口发出“呣”音，注意闭口发音时，让气流通过软腭后部（软腭上升）进入头腔。这时，如果气息流向正确，可发出较明亮的“呣——”音，然后逐渐张开口，如果能做到“呣——”音不随嘴巴的开合而出现较明显的音色明暗变化，则位置正确。

2. 吐字训练要求保持以上状态，力求吐字正确、干净、坚实，归音到位，即“字正腔圆”，要防止出扁。

## 训练说明

1. 共鸣腔一般分为三处：头腔、口腔、胸腔。头腔是指硬腭、软腭以上部位（包括鼻腔），这部分属于高频泛区，它使声音高亢、响亮；胸腔是指喉头以下部位，这部分属于低频泛区，它使声音雄浑、低沉；口腔是指硬腭软腭以下、胸腔以上部位（含咽腔），这部分属于中频泛区，它使声音丰满、圆润、庄重。

2. 我们的训练，意在将声音集中在“口腔”和“头腔”的共鸣区。要注意在软腭提升时既不能下坍，也不宜过分上挺，要适度。下巴不能前伸，也不能过于内收,颈项姿态要放松。

3. 能有效地运用共鸣发声,可以使音色明亮、圆润,富有感染力,而且能持久不沙哑;反之,不仅音量小,音质差,也难以持久。

## 练　习

1. 在本班中找一名同学做搭档,各自慢速朗读一篇约五百字的文章,互相找出声母发音的错缺并记录下来。搭档最好是来自于不同地域的,一南一北。

2. 练习使用口腔、头腔共鸣,寻找感觉,力争能够自觉运用共鸣区。

3. 词组练习:

中气要顶足,共鸣腔打开,发音要求声母、韵母交代清楚(吐字归音),一字一顿,不要连读:

满园春色　风调雨顺　山清水秀　身强体壮
一诺千金　四海为家　光明磊落　心直口快

4. 朗读高尔基的《海燕》:

在苍茫的大海上,狂风卷集着乌云。在乌云和大海之间,海燕像黑色的闪电,在高傲地飞翔。

一会儿翅膀碰着波浪,一会儿箭一般地直冲向乌云,它叫喊着,——就在这鸟儿勇敢的叫喊声里,乌云听出了欢乐。

在这叫喊声里——充满着对暴风雨的渴望!在这叫喊声里,乌云听出了愤怒的力量、热情的火焰和胜利的信心。

海鸥在暴风雨来临之前呻吟着,——呻吟着,它们在大海上飞窜,想把自己对暴风雨的恐惧,掩藏到大海深处。

海鸭也在呻吟着,——它们这些海鸭啊,享受不了生活的战斗的欢乐:轰隆隆的雷声就把它们吓坏了。

蠢笨的企鹅,胆怯地把肥胖的身体躲藏到悬崖底下……只有那高傲的海燕,勇敢地,自由自在的,在泛起白沫的大海上飞翔!

乌云越来越暗,越来越低,向海面直压下来,而波浪一边歌唱,一边冲向高空,去迎接那雷声。

雷声轰响。波浪在愤怒的飞沫中呼叫,跟狂风争鸣。看吧,狂风紧紧抱起一层层巨浪,恶狠狠地把它们甩到悬崖上,把这些大块的翡翠摔成尘雾和碎末。

海燕叫喊着,飞翔着,像黑色的闪电,箭一般地穿过乌云,翅膀掠起波浪的飞沫。

看吧,它飞舞着,像个精灵,——高傲的、黑色的暴风雨的精灵,——它在大笑,它又在号叫……它笑些乌云,它因为欢乐而号叫!

这个敏感的精灵，——它从雷声的震怒里，早就听出了困乏，它深信，乌云遮不住太阳，——是的，遮不住的！

狂风吼叫……雷声轰响……

一堆堆乌云，像青色的火焰，在无底在大海上燃烧。大海抓住闪电的箭光，把它们熄灭在自己的深渊里。这些闪电的影子，活像一条条火蛇，在大海里蜿蜒游动，一晃就消失了。

——暴风雨！暴风雨就要来啦！

这是勇敢的海燕，在怒吼的大海上，在闪电中间，高傲的飞翔；这是胜利的预言家在叫喊：

——让暴风雨来得更猛烈些吧！

（四）要连字成句，语流连贯、畅达

在口语表述中，在每个章节准确、清晰、饱满、圆润的基础上，还要流畅，也就是要求在这个基础上做到连贯、畅达，不吞音，不丢音，不改音，不复音，不增音。要达到这个要求，不很容易，它需要发音器官动作准确灵巧，协调熟练。

锻炼发音器官的准确性、灵巧性、熟练性，通常采取急速念读的方法：

在正常情况下，汉语的语速是每分钟200至250个音节，而速读要达到每分钟400字以上，并且要做到“快、准、清、连”。速读要具备两方面条件，一是思维敏捷，二是发音器官灵巧、准确。

【急速念读训练】

## 训练目标

视觉扫描的准确度，发声的快捷度，信息传导的灵敏度的综合训练。

## 训练模式

教师事先准备好念读材料，要求每人读一个小自然段。

自然段可选三行（约80字）以上容量，要求学生一口气急速念出，不受语调、语气、语法及标点符号的限制约束，在吐字基本清晰的基础上要求尽可能快捷。

评定标准：一口气阅读的字数问题及误读率，以字数越多，误读率越低为佳。

## 训练说明

材料可由易读到难读渐进，即由容易上口到比较拗口的。

开始可让学生反复阅读,熟练后测试;再到不预先准备,接到材料就进行。

教师引导学生急速念读技巧,即必须视、读不同步,视觉超前扫描法,让学生实践、体会。



## 练　习

1. 绕口令

(1)出东门,奔西门,过大桥,大桥底下一树枣,红的多,青的少,一个枣,两个枣,……九个枣,十个枣,九个枣……两个枣,一个枣(79)。一共是两万四千六百零八个枣(92),唉,数枣累坏了我石三嫂。

(2)有一个喇嘛,手里提着一个蛤蟆;有一个哑巴,腰里别着喇叭。手里提着蛤蟆的喇嘛要拿蛤蟆换哑巴腰里别着的喇叭,腰里别着喇叭的哑巴不肯拿喇叭换喇嘛手里提着的蛤蟆;手里提着蛤蟆的喇嘛打了腰里别着喇叭的哑巴一蛤蟆,腰里别着喇叭的哑巴也打了手里提着蛤蟆的喇嘛一喇叭。

练习绕口令时,首先以中等语速读念,要注重发音的准确性,然后在此基础上逐渐加快,以达到较为流畅的目的。

我们在普通话训练时所运用的绕口令,均可作为练习速读的材料,只有经常练习,才能有效地提高话语的流畅度。

2. 做口腔操

口腔操是以练习舌、唇为主的一套实用操,经常练习,不仅会不断提高我们发音器官尤其是舌头的灵巧性、准确性,还可以使脸部肌肉得到锻炼,健体美容。

# 第五章　声母和方言声母辨正



## 第一节　声母概述

### 一、声母的含义

声母，是指一个音节开头的部分。可能是辅音，也可能是元音或元音的变体。若是辅音，则称为辅音声母，如“声”（shēng）这个音节里的 sh；若是元音或元音的变体，则称为零声母，如“昂”（áng）和“扬”（yáng）。

声母和辅音不是一个概念。在普通话中，声母是由辅音充当，但不是所有的辅音都能用作声母，如辅音 ng[ŋ]就只作为韵尾，不做声母。而辅音 n 既可做声母，也可作为韵尾。

### 二、声母的分类

普通话有 21 个声母，不同的声母是由不同的发音部位和发音方法决定的。因此，正确地发出一个声母，首先需要掌握正确的发音部位和发音方法（具体情况参看下面的《普通话声母表》）。

（一）声母的发音部位

声母的发音部位，主要包括唇、齿、舌、上腭。根据发音部位的不同，可以将声母分为七种：

（1）双唇音　是指上唇和下唇阻碍气流而形成的音。有 b、p、m 三个。

（2）唇齿音　是指上齿和下唇阻碍气流而形成的音。只有一个 f。这里需要注意的是，w 是唇音，不是唇齿音。

（3）舌尖前音　是指舌尖抵住或接近上齿背而发出的音。有 z、c、s 三个。

（4）舌尖中音　是指舌尖抵住上齿龈，阻碍气流而发出的音。有 d、t、n、l 四个。

（5）舌尖后音　是指舌尖抵住或接近硬腭前部、阻碍气流而形成的音。有 zh、ch、sh、r 四个。

（6）舌面音　是指舌面前部抵住或接近硬腭前部，阻碍气流而形成的音。

有 j、q、x 三个。

(7)舌根音　是指舌根与软腭相贴或接近、阻碍气流而形成的音。有 g、k、h 三个。

**普通话声母表**

| 名称 | 发音部位 | 塞音 清音 不送气音 | 塞音 清音 送气音 | 塞擦音 清音 不送气音 | 塞擦音 清音 送气音 | 擦音 清音 | 擦音 浊音 | 鼻音 浊音 | 边音 浊音 |
|---|---|---|---|---|---|---|---|---|---|
| 双唇音 | 上唇 / 下唇 | b | p | | | | | m | |
| 唇齿音 | 上齿 / 下齿 | | | | | f | | | |
| 舌尖中音 | 上齿龈 / 舌尖 | d | t | | | | | n | l |
| 舌根音 | 软腭 / 舌根 | g | k | | | h | | | |
| 舌面音 | 硬腭前 / 舌面前 | | | j | q | x | | | |
| 舌尖后音 | 硬腭前 / 舌尖 | | | zh | ch | sh | r | | |
| 舌尖前音 | 上齿背 / 舌尖 | | | z | c | s | | | |

(二)声母的发音方法

关于发音方法,可以从三个方面来讨论。

1. 构成和消除阻碍的方式

(1)塞音　两个发音部位在发音开始时先完全闭合,阻住气流,同时,软腭堵塞鼻腔通路,气流猛然冲破阻碍,爆发成声,有 b、p、d、t、g、k 共六个字母。

(2)擦音　两个发音部位在发音开始时很靠近,只留下窄缝,同时,软腭堵塞鼻腔通路,气流从窄缝中挤过,摩擦成声,有 f、h、x、sh、r、s 共六个字母。

(3)塞擦音　两个发音部位在发音开始时先完全闭合,再由气流冲开一道窄缝从中通过,是由两种破阻方式形成的一个音,有 j、q、zh、ch、z、c 共六个字母。

(4)鼻音　两个发音部位在发音开始时完全闭合,迫使气流从鼻腔通过而形成的音,有 m、n 两个字母。

(5)边音　发音时,舌头向上弯起,使舌尖与上齿龈接触,同时软腭堵塞鼻腔通路,气流从舌两侧通过而形成的音,只有一个字母 l。

2. 声带是否颤动

(1)清音　发音时,声带不颤动,只有气流消除阻碍时的轻微声音,有 b、p、f、d、t、g、k、h、j、q、x、zh、ch、sh、z、c、s 共十七个字母。

(2)浊音　发音时,声带颤动而成声,有 m、n、l、r 共四个字母。

对于清音与浊音的比较,练习者可以将手放在声带部位,发音时能感觉到明显振动的是浊音,感觉不到振动的是清音。

3. 口腔气流强弱的不同

(1)送气音　发音时,口腔呼出的气流较强,有 p、t、k、q、ch、c 共六个字母。

(2)不送气音　发音时,口腔呼出的气流较弱,有 b、d、g、j、zh、z 共六个字母。

对于送气音与不送气音的比较,可以将掌心放在嘴前,发送气音时,掌心能明显感觉到气流的冲击,发不送气音时则感觉微弱。

这样,就可以从不同方面对每个辅音进行描述,同时,这也成为每个辅音不同于其他音的特征。

## 三、训练

### (一)训练的要求

根据《普通话声母表》,准确发出每一个声母。

### (二)同声母词组发音练习

1. 双唇音练习

b——摆布　斑驳　褒贬　奔波　壁报
　　辨别　彪炳　冰雹　布帛　包庇

p——排炮　批评　铺排　澎湃　匹配
　　偏颇　品评　评判　乒乓　泼皮

m——麻木　麦苗　茂密　门楣　梦寐
　　弥漫　渺茫　泯灭　明媚　牧民

2. 唇齿音练习

f——发奋　反复　芳菲　肺腑　吩咐
　　风范　佛法　浮泛　仿佛　丰富

3. 舌尖中音练习

d——达到　带动　抵达　奠定　调度
　　跌宕　顶点　兜肚　笃定　对待

t——谈天　唐突　淘汰　通途　体态
天堂　挑剔　疼痛　吞吐　拖沓
n——奶牛　南宁　恼怒　内难　能耐
袅娜　捏弄　扭捏　农奴　泥泞
l——来历　褴褛　磊落　莅临　量力
凛冽　玲珑　笼络　绿林　罗列
4. 舌根音练习
g——改观　尴尬　果敢　高贵　更改
公关　骨干　瓜葛　观光　桂冠
k——开垦　坎坷　慷慨　苛刻　空旷
可靠　夸口　宽阔　旷课　亏空
h——海涵　含混　和缓　横祸　洪荒
呼唤　黄昏　辉煌　浑厚　祸患
5. 舌面音练习
j——加剧　坚决　疆界　焦急　进军
荆棘　究竟　拒绝　狷介　倔强
q——崎岖　恰巧　牵强　强求　乔迁
窃取　亲切　请求　蜷曲　确切
x——喜讯　现象　寻衅　消息　新鲜
行星　雄心　休闲　虚心　喧嚣
6. 舌尖后音练习
zh——债主　招致　褶皱　真正　终止
周章　助长　转轴　装帧　追逐
ch——查处　拆穿　铲除　超长　车床
城池　充斥　惆怅　传抄　戳穿
sh——杀伤　闪烁　伤势　少数　设施
神圣　声势　树梢　甩手　顺水
r——扰攘　忍让　仍然　容忍　柔软
如若　软弱　闰日　荏苒　濡染
7. 舌尖前音练习
z——咂嘴　再造　造作　赃赃　藏族
曾祖　自尊　总则　走卒　罪责
c——猜测　残存　仓促　草丛　参差
层次　葱翠　粗糙　璀璨　措辞
s——洒扫　瑟缩　僧俗　思索　松散
搜索　诉讼　酸涩　琐碎　色素

# 第二节 方言声母辨正

## 一、分清舌尖前音 z、c、s 和舌尖后音 zh、ch、sh

普通话里“字”“词”“丝”读 z、c、s,“志”“迟”“诗”读 zh、ch、sh,区分得很清楚。但在很多方言(如吴、赣、徽、闽、粤、客家及东北、西南等地区)中,却都读为舌尖前音 z、c、s。在安徽境内很多地方的方言声母系统中,也不同程度地存在这种问题。舌尖前音与舌尖后音的混淆,因其普遍性而成为我们学习普通话的一个难点。但是,只要我们在思想上重视正音,掌握发音方法,就一定能读准这类音;而且,正音要循序渐进、坚持不懈。

### (一)掌握正确的发音方法

*1. 熟练地掌握两组声母的发音方法,学会正确的发音*

由于在两组声母中,一般是把舌尖后音发成舌尖前音,因此,舌尖前音的发音是没问题的,问题在于没有舌尖后音的方言区如何掌握正确的发音方法。

发舌尖前音时,舌尖抵在上齿背,舌面较平展,因此,舌尖前音又叫平舌音。发舌尖后音时,舌尖上翘抵住或靠近硬腭前部,因此,舌尖后音又叫翘舌音。这里需要注意的是:用舌尖感觉一下口腔上部,在硬腭和上齿龈之间,有几道横的波浪纹,舌尖抵住或靠近其中最高的那道横纹,发出来的翘舌音最标准。

**练 习**

(1)读准双音节词语

| | | | | | |
|---|---|---|---|---|---|
| zh——z | 渣滓 | 章则 | 转载 | 著作 | 准则 |
| | 制造 | 职责 | 种族 | 振作 | 知足 |
| z——zh | 载重 | 赞助 | 杂志 | 增长 | 尊重 |
| | 佐证 | 族长 | 自治 | 宗旨 | 奏折 |
| ch——c | 差错 | 车次 | 纯粹 | 揣测 | 陈词 |
| | 炒菜 | 船舱 | 春蚕 | 冲刺 | 储存 |
| sh——s | 上司 | 膳宿 | 哨所 | 胜诉 | 绳索 |
| | 时速 | 输送 | 守岁 | 世俗 | 神算 |
| s——sh | 桑树 | 扫射 | 松鼠 | 算术 | 私塾 |
| | 损伤 | 唆使 | 宿舍 | 素食 | 搜身 |

(2)对比辨音

山势—三世　主力—阻力　善心—散心
树苗—素描　初步—粗布　世界—四届
说写—缩写　诗人—私人　收集—搜集
舒适—苏轼　使者—死者　熟人—俗人
纯货—存货　师长—司长　找到—早稻
超重—操纵　支援—资源　商业—桑叶
打闪—打伞　技术—寄宿　铁狮—铁丝
上树—上诉　香椿—乡村　推迟—推辞
鱼翅—鱼刺　木柴—木材　形式—形似

(3)朗读诗歌

**春　望**

杜　甫

国破山河在,城春草木深。
感时花溅泪,恨别鸟惊心。
烽火连三月,家书抵万金。
白头搔更短,浑欲不胜簪。

**行路难**

李　白

金樽清酒斗十千,玉盘珍馐值万钱。
停杯投箸不能食,拔剑击柱心茫然。
欲渡黄河冰塞川,将登太行雪满山。
闲来垂钓碧溪上,忽复乘舟梦日边。
行路难,行路难!多歧路,今安在?
长风破浪会有时,直挂云帆济沧海。

(4)绕口令练习

① 狮子山上狮山寺,山寺门前四狮子。山寺是禅寺,狮子是石狮。狮子看守狮山寺,禅寺保护石狮子。

② 四是四,十是十,十四是十四,四十是四十,十四不是实事,四十不是事实。谁说十四是时事,轻者造成误会,重者耽误大事。

2. 认读汉字

掌握了正确的发音方法还不够,还要能判断出该字母是发舌尖前音还是发舌尖后音。有下面几种办法可以帮助我们:

(1)声旁类推法

汉字中有大量的形声字,记住声旁的读音,就可以判断一组字的声母读音。

这种方法在大多数情况下是可行的。

(zh)主——注 蛀 柱 驻 拄

中——忠 盅 钟 衷 肿 种 仲

(z)卒——萃 啐 悴 翠 粹

叟——溲 搜 馊 艘 锼 嫂 螋(瘦属例外)

(2)借助声韵配合规律进行分辨

① 韵母 ua、uai、uang 只与翘舌音相拼,不与平舌音相拼,例如"爪、耍、拽、摔、庄、床、双、帅、刷"等字的韵母。

② en 与平舌相拼的字很少,只有"怎、岑、涔、参(差)、森"五个字,其他都是与翘舌音拼;以 eng 做韵母的字,只有"层"和含有"曾"部首的少数字是平舌声母外,其他都是翘舌声母。

③ 以 ou 做韵母的字,除了"凑、奏、揍"等几个字外,其余都是以 zh 为声母。

④ 在以 uen 做韵母的字中,sh 声母的只有"吮、舜、瞬、顺"四个字,其余均是 s 声母;

⑤ ong 只与平舌 s 相拼,不与翘舌 sh 相拼。

熟记以上声韵配合的规律并在模棱两可时做出判断,对学习普通话正确的发音大有好处,可以起到事半功倍的效果。

(3)记少余多

在汉字中,平舌声母的汉字较少,常用字有 264 个;翘舌声母的汉字多,常用字有 625 个,可以记少余多。

## 二、分清鼻音 n 和边音 l

普通话中 n、l 声母分得很清楚,例如"男"的声母 n 是鼻音,"蓝"的声母 l 是边音。但在有些方言中却是 n、l 不分,例如闽、湘、赣、西南官话等方言区;安徽的明光、天长、来安、滁州、全椒、合肥、六安、霍山、舒城、庐江、桐城、枞阳、安庆、巢湖、马鞍山、当涂、芜湖、黄山等地方言中两者混淆。这样"男的"和"蓝的","女的"和"铝的","泥地"和"犁地"就成了同音词,导致语言中受话人理解障碍,甚至造成歧义。因此,辨正方音成为达成良好交际效果的必要基础。

### (一)掌握正确的发音方法

1. 从听觉上辨识发音

听力测试:听读音,写声母

纳 劳 梨 泥 拉 庐 奴 女 旅 龙

兰 男 农 宁 料 闹 老 牛 刘 拿

对听力不过关的同学,作为重点纠正对象,先练习 l 与开口呼韵母组合、n 与齐齿呼韵母组合而成的音,夸张地发两种音,以找出两者的区别。

2. 辨析发音部位

体会n、l发音时发音部位感觉上的区别：发n音时，舌尖及舌侧与上齿龈形成完全封闭，阻塞气流通过口腔，迫使气流从鼻腔通过而形成鼻音。声音比较滞重。发l时，舌身向上弯曲，舌尖与上齿龈的接触面积极小，气流从舌两侧通过，随着声音的发出，舌头自然弹开，形成轻松的边音。

3. 学会发n音的方法

不会发n音的同学，可以练习以下发音方法：软腭提升，保持状态，舌面铺平放松，舌尖贴在上齿龈，先发出鼻音，然后舌尖轻轻离开上齿龈，发出"ne"音。

4. 学会发l音的方法

不会发l音的同学，可以练习以下发音方法：捏住鼻孔，使之不能通气，保持这种姿势，发"拉、拉、拉"，以此来寻找边音的发音感觉。

(二)练习读音

1. 读准单音节词语

(1)发n音

拿——拿劲的拿　女——女士的女　南——南京的南

闹——闹市的闹　能——能够的能　你——你们的你

年——过年的年　鸟——鸟枪的鸟　牛——奶牛的牛

宁——宁静的宁　嫩——嫩白的嫩　蛹——蛹子的蛹

(2)发l音

拉——拉车的拉　来——起来的来　烂——破烂的烂

牢——牢房的牢　龙——恐龙的龙　力——吃力的力

脸——洗脸的脸　刘——刘邦的刘　乱——战乱的乱

掠——掠夺的掠　谅——原谅的谅　雷——雷雨的雷

2. 读准双音节词语

(1)发n—l音

奶酪　年龄　暖流　女篮　能量

鸟类　奴隶　尼龙　农历　年老

脑力　南岭　内陆　嫩绿　年轮

那里　能力　纳凉　凝练　浓烈

(2)发l—n音

烂泥　落难　辽宁　老娘　雷鸟

老衲　拉牛　冷暖　李宁　靓女

历年　龙脑　林农　老年　路南

3. 对比辨音

褴褛—男女　榴梿—流年　隆重—浓重

旅客—女客　无赖—无奈　留恋—留念

铃木—凝目　老人—恼人　茑萝—袅娜

4. 朗读诗歌

**绝　句**

**杜　甫**

两个黄鹂鸣翠柳，一行白鹭上青天。
窗含西岭千里雪，门泊东吴万里船。

**问刘十九**

**白居易**

绿蚁新醅酒，红泥小火炉。
晚来天欲雪，能饮一杯无。

**横　塘**

**范成大**

南浦春来绿一川，石桥朱塔两依然。
年年送客横塘路，细雨垂杨系画船。

5. 绕口令练习

(1)老农戏老龙，老龙气老农。老农恼怒闹老龙，老龙恼怒闹老农。老农恼，老龙怒，农恼龙怒农更怒，农怒龙恼龙怕农。

(2)男旅客穿着蓝上衣，女旅客穿着呢大衣。男旅客扶着拎篮子的老大娘，女旅客搀着拿笼子的小男孩。

(3)念一念，练一练，n、l 的发音要分辨。l 是边音软腭升，n 是鼻音舌靠前。你来练，我来念，不怕累，不怕难，齐努力，攻难关。

(三)认读汉字

在掌握了正确的发音方法的基础上，还要能判断出应该读鼻音还是边音。可以用以下方法来记忆：

1. 声旁类推法

内——讷　呐　衲　纳　钠

奴——孥　怒　驽　弩　努

剌——喇　剌　辣　瘌　濑　赖　癞　懒

令——伶　玲　蛉　铃　聆　冷　泠　龄　零　怜

2. 记少余多

鼻音明显少于边音，对照词表反复练习，多读多记。

## 三、分清舌尖前音 z、c、s 与舌面音 j、q、x

在普通话中，齐齿呼(ia、ie、iou)和撮口呼(ü、üe、üan、ün、iong)只跟舌面音声母j、q、x相拼,不与古尖音声母z、c、s、d、t、n、l、zh、ch、sh、r相拼。但在一些方言中,却存在齐齿呼、撮口呼与平舌音相拼的现象,形成"尖音"。此外,在安徽合肥及其周边地区方言中,将普通话中舌面音声母j、q、x与i相拼的一部分字读成了近似z、c、s的声母。如"鸡、齐、西、地、梯"等。总之,这种情况较为复杂,在学习普通话中必须注意纠正过来。辨正方法如下:

(一)掌握平舌音声母和舌面音声母的正确发音方法

(1)相同点　舌尖前音z、c、s和舌面音j、q、x在发音方法上构成和消除阻碍的方式是一样的,同属清塞擦音或清擦音。

(2)不同点　两组声母主要区别在于发音部位不同,舌尖前音是舌尖抵住或靠近上齿背,舌面音是舌面前部抵住或靠近硬腭前部。

(二)练习读音

1. 读准词语

新鲜　想象　情绪　齐全　湘绣
清静　消息　聚集　俊俏　秋千
新兴　清洁　序曲　鲜血　选举
简讯　嘉奖　决绝　兴趣　间接

2. 朗读诗词

**同儿辈赋未开海棠**

元好问

枝间新绿一重重,小蕾深藏数点红。
爱惜芳心莫轻吐,且教桃李闹春风。

**念奴娇·过洞庭**

张孝祥

洞庭青草,近中秋,更无一点风色。王鉴琼田三万顷,着我扁舟一叶。素月分辉,明河共影,表里俱澄澈。悠然心会,妙处难与君说。

应念岭表经年,孤光自照,肝胆皆冰雪。短发萧骚襟袖冷,稳泛波浪空阔。尽挹西江,细斟北斗,万象为宾客。扣舷独啸,不知今夕何夕。

3. 绕口令练习

七巷一个漆匠,西巷一个锡匠。七巷漆匠偷了西巷锡匠的锡,西巷锡匠拿了七巷漆匠的漆。七巷漆匠气西巷锡匠拿了漆,西巷锡匠讥七巷漆匠偷了锡。请问漆匠和锡匠,谁拿了谁的锡,谁偷了谁的漆。

## 四、分清唇齿音f与舌根音h

普通话中唇齿音f与舌根音h是两组不同的声母,但在方言中,有些地区根本没有f声母,凡是f声母的音节都读成h声母;而有些地区则恰好相反。这样一来,"发生"和"花生","废话"和"会话"就成了同音词。就全国而言:粤语、闽语、赣语以及湘语区这种情况分布较广。就安徽而言,六安的霍邱、寿县,淮南的凤台,阜阳的阜南、颍上等地区较为集中。辨正方法如下:

(一)掌握两组声母的正确发音

1. 比较 f 与 h 的异同

同:两者都是清擦音,即发音方法相同;

异:发音部位不同,即 f 是唇齿音,是下唇轻触上齿;h 是舌根音,舌面后部隆起,与软腭成阻。

发音要领:发 f 音时不能圆唇,舌根部位不要抬高;发 h 时唇与齿不要接触参与发音。

2. 练习读音

(1)读准双音节词语

| | | | | | |
|---|---|---|---|---|---|
| f—h | 发挥 | 防护 | 饭盒 | 繁华 | 绯红 |
| | 风寒 | 丰厚 | 凤凰 | 烽火 | 复活 |
| | 发货 | 分化 | 附会 | 废话 | 放火 |
| h—f | 耗费 | 何妨 | 横幅 | 混纺 | 划分 |
| | 恢复 | 洪福 | 花粉 | 盒饭 | 护法 |
| | 化肥 | 荒废 | 黄蜂 | 虎符 | 会费 |

(2)对比辨音

| | | |
|---|---|---|
| 放荡—晃荡 | 复句—沪剧 | 幅度—弧度 |
| 发布—花布 | 复学—互学 | 反击—缓急 |
| 废气—晦气 | 福利—狐狸 | 西服—西湖 |
| 饭票—换票 | 犯忌—换季 | 分房—昏黄 |

(3)朗读诗歌

春 雪

韩 愈

新年都未有芳华,二月初惊见草芽。

白雪却嫌春色晚,故穿庭树作飞花。

村 居

高 鼎

草长莺飞二月天,拂堤杨柳醉春烟。

儿童散学归来早,忙趁东风放纸鸢。

(4)绕口令练习

① 会糊粉红荷花,来糊粉红荷花。不会糊粉红荷花,不要胡乱糊糊坏了粉红荷花。

② 粉红墙上画凤凰，红凤凰，粉凤凰，粉红凤凰黄凤凰。

(5)认读汉字

① 形声字偏旁类推

弗——佛　拂　沸　费

方——芳　防　妨　房　仿　访　纺　放

胡——湖　蝴　瑚　瑚　糊

回——蛔　茴　徊

② 记少余多

以唇齿音 f 为声母的字比以舌根音 h 为声母的字少，记住日常生活中用得较频繁的一部分，就可以大胆推测另一部分的读音。

## 五、防止给零声母音节加辅音声母

普通话中有一部分汉字是没有辅音声母的，这种没有辅音声母的字称为“零声母”，如“爱(ài)”“欧(ōu)”“鹅(é)”“我(wǒ)”“衣(yī)”等。虽然实验语音学证明，零声母音节的起始方式具有一定的辅音性质，就是说带有轻微的摩擦成分。由于这种成分不具有辨义作用，也比较轻微，因而其通常可以忽略不计。但是，如果加上辅音 n 或 ng 或 r，就已经超出了“不计轻”的范围，因为它已经违背了零声母音节的发音规律，且易于导致对字、词意义的误解。例如，皖西、江南等把“爱、安、袄”等字读成 ng 声母；合肥地区把“爱、安、藕”等字读成 r 声母；潜山、怀宁、歙县、祁门等地又把“宜、语、仰”等字念成舌面前的鼻音[ȵ]声母。这些情况都要注意改正。

(一)读准双音节词语

a——傲岸　哀怨　昂扬　暗语　安庆

　　遨游　熬夜　安慰　阿姨　安徽

o——欧姆　沤肥　讴歌　欧蚁　殴打

　　海鸥　呕吐　偶然　莲藕　怄气

e——恩惠　阿胶　婀娜　讹诈　俄顷

　　莪蒿　蛾眉　鹅黄　恶心　厄运

w(u)——洼地　女娲　瓦刀　歪曲　外貌

　　　　蜿蜒　妄言　逶迤　温润　瓮城

y(i)——崖岸　演员　遥远　夜莺　抑扬

　　　　氤氲　盈余　拥有　月晕　愉悦

(二)朗读诗词

### 雨过山村

王　建

雨里鸡鸣一两家，竹溪村路板桥斜。

妇姑相唤浴蚕去，闲着中庭栀子花。

**早发白帝城**

李　白

朝辞白帝彩云间，千里江陵一日还。
两岸猿声啼不住，轻舟已过万重山。

**登鹳雀楼**

王之涣

白日依山尽，黄河入海流。
欲穷千里目，更上一层楼。

**水仙子·夜雨**

徐再思

一声梧叶一声秋，一点芭蕉一点愁，三更归梦三更后。落灯花，棋未收，叹新丰孤馆人留。枕上十年事，江南二老忧，都到心头。

（三）绕口令

（1）山前有个颜远眼，山后有个袁眼圆，两个人爬上山头来比眼，也不知是颜远眼的眼比袁眼圆的眼看得远，还是袁眼圆的眼比颜远眼的眼生得圆。

（2）水上浮着一只鹅，水下游着一条鱼，白白的鹅，银色的鱼，鹅咬住鱼的尾巴，鱼张开它的嘴巴。

## 六、区别送气音和不送气音

“牌”和“白”、“泰”和“代”、“愧”和“贵”、“桥”和“娇”、“才”和“在”在普通话里是有明确的送气与不送气的区别，但在一些方言，如吴方言、徽方言、闽方言、晋方言等方言中，还存在着混淆现象。对此，要按照普通话读音进行辨正。

（一）读准词语

| | | | | | |
|---|---|---|---|---|---|
| b—p | 被迫 | 奔跑 | 表皮 | 背叛 | 鞭炮 |
| | 摆谱 | 报批 | 编排 | 变频 | 补品 |
| p—b | 旁边 | 蓬勃 | 排版 | 配备 | 喷薄 |
| | 屏蔽 | 普遍 | 漂泊 | 破败 | 喷薄 |
| d—t | 当天 | 大体 | 地图 | 倒退 | 动态 |
| | 导体 | 打探 | 顶替 | 渡头 | 吊桶 |
| t—d | 态度 | 特点 | 推动 | 停顿 | 妥当 |
| | 头等 | 停当 | 坦荡 | 腾达 | 荼毒 |
| g—k | 赶快 | 功课 | 概括 | 港口 | 感慨 |

| | | | | | |
|---|---|---|---|---|---|
| | 广阔 | 甘苦 | 管窥 | 高亢 | 过客 |
| k—g | 客观 | 宽广 | 凯歌 | 开锅 | 刻骨 |
| | 空格 | 苦瓜 | 开工 | 口供 | 髋骨 |
| j—q | 机器 | 坚强 | 加强 | 技巧 | 减轻 |
| | 郊区 | 惊奇 | 军区 | 假期 | 甲壳 |
| q—j | 契机 | 期间 | 前进 | 秋季 | 奇迹 |
| | 迁就 | 全局 | 起劲 | 强健 | 亲家 |
| z—c | 自从 | 再次 | 总裁 | 座次 | 杂凑 |
| | 造次 | 早操 | 字词 | 自裁 | 杂草 |
| c—z | 存在 | 操作 | 村子 | 惨遭 | 词组 |
| | 嘈杂 | 错字 | 擦澡 | 草泽 | 测字 |
| zh—ch | 支持 | 正常 | 真诚 | 争吵 | 章程 |
| | 追查 | 衷肠 | 征尘 | 挣揣 | 咫尺 |
| ch—zh | 沉重 | 成长 | 沉着 | 垂直 | 城镇 |
| | 超重 | 车辙 | 沉渣 | 诚挚 | 叱咤 |

(二)给唐诗标注声母并朗读

凉州词

王　翰

葡萄美酒夜光杯，欲饮琵琶马上催。
醉卧沙场君莫笑，古来征战几人回？

送元二使安西

高　适

千里黄云白日薰，北风吹雁雪纷纷。
莫愁前路无知己，天下谁人不识君？

(三)绕口令

(1)白猫黑鼻子，黑猫白鼻子。黑猫的白鼻子，碰破了白猫的黑鼻子。白猫的黑鼻子破了，剥个秕谷皮儿补鼻子；黑猫的白鼻子不破，不必剥秕谷皮儿补鼻子。

(2)车上放着一个盆，盆里放着一个瓶。乒乒乒，乓乓乓，瓶碰盆，盆碰瓶，不知是盆碰坏了瓶，还是瓶碰坏了盆。

(3)吃葡萄不吐葡萄皮儿，不吃葡萄倒吐葡萄皮儿。

(4)哥挎瓜筐过宽沟，赶快过沟看怪狗，光看怪狗瓜筐扣，瓜滚筐空哥怪狗。

# 第六章 韵母和方言韵母辨正

## 第一节 韵母

### 一、韵母的含义

韵母,就是汉语音节中声母后面的部分,由元音和元音或元音和鼻辅音构成。

### 二、韵母的分类

普通话的39个韵母可以从两个不同角度进行分类:

(一)根据元音的发音口形分类

根据韵母开头元音的发音口形,把韵母分为“四呼”。

(1)开口呼 凡韵母不是i、u、ü,或不以i、u、ü开头的韵母,称为开口呼;

(2)齐齿呼 韵母是i和以i为韵头的韵母,称为齐齿呼;

(3)合口呼 韵母是u和以u为韵头的韵母,称为合口呼;

(4)撮口呼 韵母是ü和以ü为韵头的韵母,称为撮口呼。

(二)根据韵母内部结构成分分类

根据韵母内部结构成分的不同,把韵母分为单韵母、复韵母、鼻韵母三类。三类韵母的发音状况不完全相同,下面分别讲述:

1. 单韵母

(1)定义 单韵母,是指由一个元音音素构成的韵母,又叫单元音韵母。普通话有10个元音,都可以充当单韵母。其中,a、o、e、ê、i、u、ü是舌面元音,-i[ɿ]、-i[ʅ]是舌尖元音,er是卷舌元音。

(2)特征 在发音过程中,唇形不变,舌位不变。这一点是单元音区别于复元音的主要特征。

(3)发音方法 单韵母的不同音色是由三方面造成的,一是舌位的前后;二是舌位的高低,与开口度的大小成反比;三是唇形的圆展。

(4)词组练习

a——妈妈 打发 大厦 砝码 哈达

沙发　喇叭　蛤蟆　拉杂　挞伐

o——伯伯　婆婆　默默　薄膜　磨破　磨墨

e——客车　隔阂　合格　色泽　割舍

特色　折射　舍得　哥哥

i——集体　利益　习题　笔记　地理

礼仪　激励　积极　奇迹　希冀

u——瀑布　图书　服务　鼓舞　住宿

输入　姑苏　互助　出路　陆路

ü——区域　雨具　女婿　旅居　豫剧

序曲　伛偻　须臾　语句　絮语

-i（前）——字词　自私　四次　孜孜　子思

子嗣　刺字　恣肆　此次

-i（后）——支持　指示　致使　实质　制止

史诗　日食　值日　知识　执事

er——儿童　耳朵　二胡　而且　洱海

鱼饵　偶尔　遐迩　尔后　耳目

2. 复韵母

（1）定义　复韵母就是由两个或两个以上的元音构成的韵母，又叫复元音韵母。普通话有 13 个复韵母。

（2）特征　发音时由一个元音到另一个元音的舌位、唇形是逐渐变动的，气息自然连贯；其中的元音受前后音素的影响，实际音值与单元音不同，发音时不要拘泥于单元音的舌位、唇形。

（3）构成　我们以 uai 为例，简单介绍一下复元音的构成。

u 的发音只是起到过渡作用，时值较短，我们称之为韵头；

a 的发音最为响亮、饱满，时值较长，我们称之为韵腹；

i 的发音只是起到收口形的作用，时值较短，我们称之为韵尾。

（4）分类　就 ai 和 ua 而言，前者没有韵头，后者没有韵尾，但都有韵腹。

ai 一类的韵母第一个要素就是韵腹，发音最为响亮，被界定为前响复韵母，共有四个：ai　ei　ao　ou。

ua 一类的韵母，最后一个要素才是韵腹，发音最为响亮，被界定为后响复韵母，共有五个：ia　ie　ua　uo　üe。

uai 一类的韵母中间一个要素是韵腹，发音最为响亮，被界定为中响复韵母，共有四个：iao　iou　uai　uei①。其中，uei 在与 d、t、z、c、s 相拼时被相当一

① iou 和 uei 两个韵母与声母拼合时，省去中间的“o”和“e”，按后响复元音书写，调号标在后一个元音上。

部分方言区的人省去韵头 u，发成 dei、tei、zei、cei、sei，需要特别注意纠正。

（5）词组练习

| | | | | | |
|---|---|---|---|---|---|
| ai—— | 白菜 | 海带 | 买卖 | 灾害 | 晒台 |
| | 爱戴 | 彩排 | 外债 | 海派 | 摆开 |
| ei—— | 蓓蕾 | 黑煤 | 北美 | 配备 | 肥美 |
| ao—— | 草帽 | 跑道 | 高潮 | 报告 | 号召 |
| | 操劳 | 抛锚 | 毛桃 | 牢靠 | 骚扰 |
| ou—— | 欧洲 | 喉头 | 收购 | 抖擞 | 口授 |
| | 守候 | 兜售 | 绸缪 | 漏斗 | 露头 |
| ia—— | 假牙 | 下家 | 加压 | 恰恰 | 下嫁 |
| ie—— | 结业 | 贴切 | 姐姐 | 铁鞋 | 谢谢 |
| ua—— | 娃娃 | 花袜 | 挂画 | 抓花 | 耍滑 |
| uo—— | 啰唆 | 骆驼 | 火锅 | 错落 | 过错 |
| | 阔绰 | 懦弱 | 蹉跎 | 硕果 | |
| üe—— | 雪月 | 约略 | 雀跃 | 月缺 | 绝学 |
| iao—— | 巧妙 | 叫嚣 | 娇小 | 逍遥 | 吊销 |
| | 笑料 | 萧条 | 飘摇 | 苗条 | 秒表 |
| iou—— | 牛油 | 幽囚 | 求救 | 酒友 | 优秀 |
| | 绣球 | 悠久 | 秋游 | 琉球 | 优游 |
| uai—— | 外踝 | 乖乖 | 摔坏 | 怀揣 | 外快 |
| uei—— | 水位 | 崔巍 | 尾随 | 摧毁 | 鬼祟 |
| | 汇兑 | 荟萃 | 翠微 | 回味 | 归队 |

3. 鼻韵母

（1）定义　鼻韵母是指由元音和鼻辅音韵尾构成的韵母，又叫鼻音尾韵母。普通话有 16 个鼻韵母。

（2）特征　鼻辅音决定了这类韵母具有一定的鼻音色彩。

（3）构成　普通话的鼻辅音韵尾有两个，即：舌尖中浊鼻音 n 与舌根浊鼻音 ng。带鼻音韵尾 n 的韵母简称前鼻音，有 an、en、in、ün、ian、uan、uen、üan 共 8 个。带鼻音韵尾 ng 的韵母简称后鼻音，有 ang、eng、ing、ong、iang、uang、ueng、iong 共 8 个。

（4）前后鼻韵母的发音方法　前鼻音韵母的发音方法：前鼻韵尾 n 与声母 n 发音部位相同，即舌尖抵满上齿龈；区别在于声母 n 要除阻，韵尾 n 不除阻。即把气流由口腔挤向鼻腔的过程，鼻音无须延长，点到即可。

后鼻音韵母的发音方法：后鼻韵尾 ng 与声母 g、k、h 发音部位相同，即舌根抵住软腭；区别在于 ng 是浊鼻音，发音时软腭下垂，气流振动声带从鼻腔通过，没有除阻过程。

(5)词组练习

an—— 安然 汗衫 漫谈 勘探 灿烂
参赞 阑干 难看 橄榄 谈判
en—— 根本 认真 深沉 门诊 振奋
人参 分神 审慎 愤恨 愤懑
in—— 林荫 拼音 殷勤 濒临 信心
近邻 金银 贫民 新亲 仅仅
ün—— 军训 芸芸 均匀 循循 逡巡
ian—— 简练 变迁 惦念 眼帘 鲜艳
连绵 天线 先前 见面 蹁跹
uan—— 贯穿 宦官 婉转 软缎 换算
转弯 万端 传唤 专款
uen—— 温顺 春笋 馄饨 昆仑 混沌
滚轮 困顿 伦敦 谆谆 蠢蠢
üan—— 全权 圆圈 渊源 源泉 玄远
拳拳 轩辕 涓涓
ang—— 苍茫 长廊 行当 帮忙 螳螂
eng—— 风筝 丰盛 整风 吭声 逞能
更正 蒙城 升腾 征程
ing—— 宁静 评定 命令 明星 倾听
姓名 清醒 刑警 性情 零丁
ong—— 葱茏 工农 轰动 公共 松动
洪钟 从容 隆重
iang—— 响亮 两样 强项 踉跄 江洋
向阳 想象 泱泱
uang——状况 狂妄 双簧 矿床 往往
ueng——嗡嗡 蓊郁 瓦瓮 老翁 蕹菜
iong—— 汹涌 穷凶 熊熊 炯炯 茕茕

## 第二节 方言韵母辨正

### 一、辨正卷舌韵母 er



卷舌韵母 er 的问题几乎是舌尖后音,即翘舌音的问题同时共存的,凡是没有翘舌音,或平翘舌音混淆的方言区,卷舌韵母的发音也多不正确。发成“阿”

“袄”“爱”“蛾”或加上声母“l”等等，情况各有不同。要纠正这一错误或缺陷，首先要有卷舌意识。语流中该卷舌的要卷舌，使语言听起来圆熟流畅，极富传统美感；同时，卷舌韵母使语言表达显得轻松亲切，给人以良好的印象。如果该卷舌的卷不起来，语音听起来则显得很生硬；不该卷舌的卷起舌头，又显得滑稽可笑。因此，卷舌音要发音准确、恰当。

### （一）掌握正确的发音方法

卷舌韵母 er 的发音，与声母中的翘舌音相近：

（1）相同点　两者的舌位相同。

（2）不同点　发翘舌音时，舌尖与硬腭前部有接触；发卷舌音 er 时，开口度略大，舌尖不接触上腭，且发音自始至终口形与舌位不变。

因此，对于这个音的纠正，要与翘舌音的纠正同步。同时，因为这一问题存在的范围较广，纠正起来也有一定的难度。要解决这个问题，就必须经常练习，增强舌部肌肉的灵活性。

### （二）认读字词

（1）卷舌韵母字较少，较常用的只有儿、尔、迩、耳、饵、贰、而、二等字。因此，可以将这些字熟读，以改变平时的发音习惯。

（2）因为字少，组成的词也很有限。将常用词熟读，既是掌握正确的发音方法，也可以作为练习舌部肌肉灵活性的一种方式。

而且　然而　而今　而后　儿子

女儿　儿童　儿歌　健儿　幼儿

耳机　耳朵　耳环　耳光　二胡

第二　二心　十二　初二　尔后

偶尔　尔曹　莞尔　儿化　婴儿

### （三）绕口令

（1）一是一，二是二，十二二十二十二，谁能一口气，数二千二百二十二亿二千二百二十二万二千二百二十二点二二二二二。

（2）儿子不是蛾子，耳朵不是袄朵，老二不是老爱，偶尔不是偶阿。说好儿耳二尔，舌头要向两边分开。再说儿耳二尔，舌头不要松开。连说儿耳二尔，音要自然出来。儿耳二尔，尔二耳儿。

（3）安二哥家一群鹅，二哥放鹅爱唱歌，鹅有二哥不挨饿，二哥喜爱大白鹅，大鹅小鹅二百多，伸脖张望找二哥。

## 二、辨正前后鼻音

在普通话语音系统中，前后鼻韵母大多是成对的。前后鼻音韵母的问题，一般表现为相当一部分的前后鼻韵母相混或某部分缺失：有一部分集中在 en—eng、in—ing 系列上，南方方言区的人除此之外，an—ang 系列问题也比较严重。

因此,首要问题是掌握发音方法。

(一)掌握发音方法

(1)对镜自练　前鼻音发音部位靠前,舌根压低,舌位向前运动,舌面较宽展;后鼻音发音部位靠后,软腭抬高,舌根隆起,舌尖向后收缩,类似打哈欠。

(2)后字引衬　在前鼻韵母字的后面,加一个用 d、t、n、l 做声母的音节,两字连读。因为发音部位都是舌尖与上齿龈,后字可引衬前字的前鼻韵母归音准确。例如以下几个词:

温暖　心得　看哪　安娜　村头

在后鼻韵母字的后面,加一个用 g、k、h 做声母的音节,两字连读。因发音部位都是舌根,后字可引衬前字的后鼻韵母归音准确。例如以下几个词:

唱歌　疯狂　灯火　捧个场　送过信

(二)读准词语

1. 词组对比练习

an—ang

安放　繁忙　肝脏　南方　反抗

赞赏　弹唱　返航　蚕桑　毡房

ang—an

傍晚　畅谈　方案　钢板　唐山

当然　航班　房产　账单　长衫

en—eng

本能　人称　神圣　文风　真正

人证　真诚　奔腾　深更　人生

eng—en

冷门　承认　政审　等人　诚恳

城镇　省份　征尘　缝纫　胜任

in—ing

民警　聘请　银杏　心灵　新兴

引擎　阴影　金星　品名　尽情

ing—in

灵敏　挺进　迎新　影印　领巾

倾心　平民　清贫　经心　定音

2. 词语对比练习

反问—访问　开饭—开放　心烦—心房

铲子—厂子　清真—清蒸　伸张—声张

瓜分—刮风　终身—钟声　禁地—境地

临时—零食　民生—名声　信服—幸福

勋章—胸章　运费—用费　亲近—清静

(三)朗读诗词

**题西林壁**

苏　轼

横看成岭侧成峰,远近高低各不同。
不识庐山真面目,只缘身在此山中。

**定风波**

苏　轼

莫听穿林打叶声,何妨吟啸且徐行。竹杖芒鞋轻胜马,谁怕?一蓑烟雨任平生。

料峭春风吹酒醒,微冷,山头斜照却相迎。回首向来萧瑟处,归去,也无风雨也无晴。

(四)绕口令

(1)东洞庭,西洞庭,洞庭山上一根藤,藤上挂个大铜铃,风起藤动铜铃响,风停藤定铜铃静。

(2)三月三,小三去登山。上山又下山,下山又上山。登了三次山,跑了三里三。出了一身汗,湿了三件衫。小三山上大声喊:“离天只有三尺三!”

(3)老程捧着一个盆,路过老陈干活的棚。老程的盆碰了老陈的棚,老陈的棚碰了老程的盆,棚倒盆碎棚碎盆。老程要赔老陈的棚,老陈要赔老程的盆。老程帮着老陈修棚,老陈陪着老程买盆。

## 三、辨正 en 和鼻化 ei、un 和鼻化 ui、üe 和 üo

普通话中,这组语音问题,在淮河以北很多地区方言中存在。因其发音部位差别较小,纠正起来难度很大。因此,对这组音的纠正,要有耐心和细心。

(一)掌握发音方法

en 和 un 的正确发音方法是:舌头居于口腔中部,舌尖微微上翘,舌面中央往下凹;而鼻化 ei 和 ui 在发音时,舌尖压在下齿背,舌面中央往上略微凸起。整个舌面形状和正确的发音正好相反。因此,对于这组音的纠正,主要是注意舌位。

避免把 üe 发成 üo,则要注意舌头的运动方向。发 üe 时,舌尖抵住或靠近下齿背,保持这一位置不变;发 üo 时,舌尖有一个明显往上翘的变化过程。因此,纠正这组音,只要保证舌位不变即可。也可以用前字引衬法找到正确的发音舌位。因为 i、ü、üe 舌位相同,可以用 i—ü—üe 连读的方法找准舌位,然后反复连读,使正确的发音方法固定,之后再加上声母,练习读字或词。

（二）读准词语

en—un　沉沦　衬裙　匀称　分寸　闷棍
　　　　珍闻　人伦　忍俊　认准　神魂

un—en　文本　蠢笨　昏沉　顺臣　春分
　　　　存根　纯真　军人　屯垦　浑身

üe—　决绝　绝学　略略　雀跃　乐阕

（三）朗读诗词

**送元二使安西**

王　维

渭城朝雨浥轻尘，客舍青青柳色新。
劝君更尽一杯酒，西出阳关无故人。

**［双调］驻马听吹**

白　朴

裂石穿云，玉管宜横清更洁。霜天沙漠，鹧鸪风里欲偏斜。凤凰台上暮云遮，梅花惊作黄昏雪。人静也，一声吹落江楼月。

**水调歌头·登甘露寺多景楼望淮有感**

程　珌

天地本无际，南北竟谁分。楼前多景，中原一恨杳难论。却似长江万里，忽有孤山两点，点破水晶盆。分借鞭霆力，驱去附昆仑。望淮阴，兵冶处，俨然存。看来天意，止欠士雅与刘琨。在捎当时顽石，唤醒隆中一老，细与酌芳尊。孟夏正须雨，一洗北尘昏。

## 四、辨正 o 和 e，注意复元音 ai、ei、ao、ou、uo 的发音

有些方言中把韵母 o 发成 e。两者的发音情况大体相同，区别在于 o 发音时唇形是圆的，e 发音时唇形不圆。此外，要注意普通话韵母 o 只跟 b、p、m、f 相拼，而韵母 e 不与 b、p、m、f 相拼（“么”字除外）。

把复元音 ai、ei、ao、ou、uo 发成单元音，主要是由于懒惰心理造成的，形成习惯后，发音部位肌肉僵化，纠正起来有一定的难度。因此，改变这种情况，一是要端正思想，发音时注意口形和舌位的变化；二是要勤做口腔操，让发音部位肌肉灵活有力。

# 第七章　声调和方言声调辨正

## 第一节　声调

### 一、声调的含义

声调是音节中具有区别意义作用的音高变化，例如 chāng（昌）、cháng（长）、chǎng（厂）、chàng（唱），四个音节的声母和韵母都相同，但其声音的变化方式不同，因而具有不同的意义。声调的音高是相对的，不是绝对的；声调的升降变化是滑动的，不像从一个音阶到另一个音阶那样跳跃式地移动。

汉语的声调可以从调值和调类两方面来理解。

调值是指音节的高低、升降、曲直、长短的变化形式，也就是声调的实际读法。普通话有四种调值，用五度标音法标记如下：

| 第一声 | 第二声 | 第三声 | 第四声 |
|---|---|---|---|
| 阴平 | 阳平 | 上声 | 去声 |
| 55 | 35 | 214 | 51 |
| 妈 | 麻 | 马 | 骂 |

| （平） | （升） | （曲） | （降） |
|---|---|---|---|
| 春天 | 人民 | 理想 | 创造 |

调类是指声调的种类，就是把调值相同的字归纳在一起所建立的类。一种语言或方言中有几种基本调值，也就有几个调类。

### 二、声调的分类

普通话的全部字音分别属于四种基本调值，按传统的习惯，我们将这四种调值分别称为阴平、阳平、上声、去声，统称“四声”，即四种调类。

## 三、训练

（一）四声训练要领

阴平调，起音高高一路平；阳平调，由中到高往上升；上声调，先降后升曲折起；去声调，高起猛降到底层。

（二）双音节练习

1. 阴平的四声搭配

| | | | | | |
|---|---|---|---|---|---|
| （1）阴+阴 | 芭蕉 | 参差 | 江山 | 珍惜 | 哀伤 |
| | 开心 | 花开 | 春天 | 清风 | 讴歌 |
| （2）阴+阳 | 奔流 | 蹉跎 | 端详 | 观察 | 诙谐 |
| | 精华 | 生活 | 光荣 | 牵连 | 参谋 |
| （3）阴+上 | 松果 | 飘洒 | 清早 | 歌咏 | 光彩 |
| | 先导 | 稀罕 | 争吵 | 包裹 | 珍宝 |
| （4）阴+去 | 激励 | 波浪 | 称赞 | 尖锐 | 机智 |
| | 刚毅 | 钦佩 | 高尚 | 风暴 | 欢乐 |

2. 阳平的四声搭配

| | | | | | |
|---|---|---|---|---|---|
| （1）阳+阳 | 严格 | 传达 | 驰名 | 环球 | 无穷 |
| | 黎明 | 结局 | 蓬勃 | 文学 | 翱翔 |
| （2）阳+阴 | 长期 | 集中 | 良师 | 迎接 | 研究 |
| | 阳光 | 黄山 | 回家 | 雄姿 | 长江 |
| （3）阳+上 | 成果 | 传统 | 联想 | 文采 | 豪爽 |
| | 拂晓 | 田野 | 寻找 | 言语 | 没有 |
| （4）阳+去 | 牢固 | 辽阔 | 明净 | 前哨 | 评价 |
| | 留恋 | 融洽 | 肥沃 | 旋律 | 强壮 |

3. 去声的四声搭配

| | | | | | |
|---|---|---|---|---|---|
| （1）去+去 | 现代 | 意义 | 毕业 | 固定 | 事迹 |
| | 救济 | 热爱 | 魅力 | 荡漾 | 伴奏 |
| （2）去+阴 | 诞生 | 复苏 | 乐章 | 构思 | 客观 |
| | 进军 | 汽车 | 事先 | 用心 | 至今 |
| （3）去+阳 | 蜡梅 | 热情 | 笑容 | 化合 | 现实 |
| | 富饶 | 特别 | 沸腾 | 浪潮 | 练习 |
| （4）去+上 | 碧海 | 创举 | 知晓 | 鉴赏 | 驾驶 |
| | 进取 | 记者 | 剧本 | 电影 | 将领 |

（三）四音节练习

1. 同调相连四音节练习

江山多娇　居安思危　忧心忡忡　声东击西

卑躬屈膝　贪天之功　春天花开　微风飘香
文如其人　竭泽而渔　含糊其词　洁白无瑕
闻名全球　穷极无聊　人才难得　和平繁荣
爱护备至　变幻莫测　万事俱备　对症下药
去恶务尽　上蹿下跳　见利忘义　自怨自艾

2. 四声顺序练习

光明磊落　山明水秀　花红柳绿　心直口快
瓜田李下　千锤百炼　风调雨顺　胸无点墨
雕虫小技　山盟海誓　因循守旧　花团锦簇

3. 四声逆序练习

刻骨铭心　妙手回春　墨守成规　调虎离山
热火朝天　异口同声　背井离乡　四海为家
耀武扬威　一往情深　兔死狐悲　大显神通

4. 四声交错练习

班门弄斧　虚怀若谷　心领神会　心有余悸
身体力行　花好月圆　孤陋寡闻　车载斗量
挥汗如雨　箪食瓢饮　集思广益　人心所向
眉飞色舞　和风细雨　别有天地　桴鼓相应
言简意赅　昂首望天　梁上君子　明目张胆
耳聪目明　感激涕零　浩如烟海　豁然开朗
落花流水　卧薪尝胆　马到成功　虎背熊腰
语重心长　苦尽甘来　画龙点睛　抱残守缺

## 第二节　声调辨正

普通话声调与方言声调有着很大的差异。一是声调种类的多少不同。方言中声调少的只有三类，如河北滦县话；多的有十类，如广西玉林话。各地方言声调情况各有不同。二是声调的读音不同。如普通话阴平是高平调(55)，西安话阴平为中降调(31)，安徽阜阳话阴平调则为降升调(214)。

就安徽方言的声调与普通话声调的差异来说，存在着同样的问题。首先是调类不等同：安徽方言中除阜宿方言与普通话一样，分四种调类以外，其他地区有五个调类的，有六个调类的。肥芜方言比普通话多一个入声；潜怀方言内部很不统一；安庆市有五个调类，也多一个入声；而其他地方有将去声分阴阳的，如潜山、望江等县，还有的去声分阴阳后仍多一个入声的，如岳西、宿县等；歙祁方言多为六个调类，但各地具体调也不相同。

其次，就调值来说，各地方与普通话差别就更大了。因此，进行声调辨正，要注意以下问题：



## 一、阴平要高平

阴平调是55值，调形平且属高平。如果读的读音比实际读音低2度则为错。要注意起音的相对高度为5度，并始终保持这个相对音高才可。

## 二、阳平不能读平，也不能降调

阳平调值是35值，中升调，中度起点且升往最高。在阜宿方言、淮北、六安地区以及凤阳、怀远、石台、太湖等一些地方方言中，人们将调值发成普通话的55值阴平调。除马鞍山、芜湖、青阳、安庆、潜山、泾县及皖东的来安、滁州、全椒、明光等地阴平调比较正确外，其他地方方言要么是低升调（如纵阳24，桐城34）；要么是低平调（如庐江11，铜陵11，黟县33）；要么就是中降调（如旌德42、无为21）。尽管低升调也是升调，但起止高度都有些差别。

## 三、上声调后扬不够

尽管上升调在安徽方言中具体调值各种各样，有降升的，有低升的，也有低平的，还有半降的，但在学习普通话时，纠正起来常遇到两种问题：一是后扬不够高度；二是后扬带尾音。

后扬不够高度往往发成了调值为212或213的降升调，后半部没能扬上去即停止发音了，后扬带尾音变成了近似214或35值。尤其是存在后扬高度不够的错缺，纠正起来要下一点功夫。

## 四、去声不能半降

去声51值，从高点降到低点，为全降调。安徽方言中多半存在方言去声读成半降53调的问题，也有一些地方读成低升调或平调的。因此，务必记住要降到最低点。

## 五、入声问题

普通话里没有入声。古汉语“四声”（平、上、去、入）又按声母的清浊分为阴阳，实为八类。这八类发展至今，在普通话，已“平分阴阳，浊上归去，入派三声”了。而在安徽方言中，除阜宿方言区入声已消失，其他地区大部分都不同程度地保留着古入声，尤其是江淮方言中较普遍地存在这个问题，且多为一个调类。



古入声字读起来短促下降。古入声字已归入普通话去声的，要读全降，其他归入阴、阳、上三声的，要发准普通话的调值。

辨正方法如下：

1. 入声字词语练习

割裂　毕业　格律　职责　特别　特质　克服　策划　作业　魄力　默读　寂寞

摘录　白铁　薄膜　脉搏　角色　急剧　角落　西药　激越　阅历　活跃　剥削

2. 固定名词练习

郭沫若　百日咳　百折不挠　络绎不绝　欲速则不达

# 第八章 普通话语流音变

人们在口语表述过程中，不是孤立地一个一个音素或一个一个音节单发的，而是把许多音节组成词汇和句子连起来说的。在实际语流中，部分声调的调值和音节的发音方法会发生一定的改变，这种改变就是语流音变。

语流音变可以分为声调音变和音节音变。声调音变包括上声音变、“一”“不”音变、轻声；音节音变包括“啊”的音变和儿化。下面我们就进行具体介绍。

## 第一节 上声音变与“一”“不”音变

### 一、上声音变

在语流中，上声在其他声调前，会改变原来的调子，叫作上声音变。

（一）上声音变的规律

1. 两个上声音变的规律

上声音变有两个规律：一是两个上声连读时，前一个上声调变成类似于阳平，即35调。例如以下词语：

永远　简短　海水　撇嘴　扭转

苦果　仅仅　委婉　统领　偶尔

二是上声在非上声前变为211调，即降调，例如以下词语：

美观　惋惜　皎洁　晚霞　点缀

访问　远方　袅娜　有趣　柳林

2. 三个上声音变的规律

三个上声连读时，按照词的组成结构，先变关系紧密的两个字。可分为两种情况：

（1）单双式

例如以下词语：

好领导　小老虎　有本领

变调时先变关系紧密的两个字，如先将“好领导”分解为“好”“领导”，“领导”作为一个独立词，就可以依照前面所讲的两个变调规律来进行变调，将“领”变为阳平（35），再在前面加上“好”字，则成了上声“好”在非上声“领（35）”前，变为降调，读作“好（21）领（35）导（214）”。“小老虎”和“有本领”同样变化。

（2）双单式

例如以下词语：

展览馆　老虎岭　水彩笔

变调时同样先变关系紧密的两个字，如先将“展览馆”分解为“展览”“馆”然后再按照两个变调规律，将“展览”的“展（214）”变为35调，后面再加上“馆”，则“览”（214）在“馆”（214）前，又变为35调，最后就读成“展（35）览（35）馆（214）”。“老虎岭”“水彩笔”也依此变调。

3. 一连串上声变调

一串上声连读时，仍然依据上述规律进行变调。

（二）练习读音

1. 双音节词

（1）上—阴　老师　火车　打开　普通　广播
武装　法规　冷清　惋惜　体贴

（2）上—阳　语文　果然　检查　典型　主持
草原　品行　晚霞　表扬　启蒙

（3）上—去　宝贵　美丽　反对　脸色　眼泪
可爱　紧凑　渴望　古代　点缀

（4）上—上　美好　粉笔　理解　水果　友好
洗脸　赶紧　海岛　产品　永远

2. 三音节词

展览馆　草稿本　洗脸水　演讲稿　水彩笔
纸老虎　厂领导　小保姆　很美好　老厂长

3. 四音节词

辗转往返　岂有此理　尺有所短　老有所养

4. 一串上声

我很了解你。
咱俩永远友好。
请你给我买几把小雨伞。
展览馆里有好几百种展览品。

## 二、“一”“不”的音变

### （一）“一”“不”的音变规律

“一”的原调读阴平，“不”的原调读去声。但在普通话的日常读法中，这两个字却常常不读原调。关于这一点,我们首先来读一组词。

一心　一天　一边　不拘　不听　不吃

一条　一行　一齐　不行　不妨　不时

一场　一缕　一口　不可　不理　不忍

一样　一块　一度　不去　不善　不会



大部分同学都能正确地读出变调后的读音。我们仿照上声变调的规律概括法,给“一”“不”的变调规律进行归纳,结果是:

(1)在去声前变阳平。

(2)在非去声前读去声。

(3)当“一”“不”位于重叠词之间时,读作轻声,例如以下词语:

试一试　看一看　静一静

干不干　好不好　去不去

(4)“一”“不”读原调的条件:一是当它们单独出现或在词句末尾出现时;二是当“一”出现在基数词或序数词时;三是当“不”在非去声前时。

(二)“一”“不”的音变练习

一心一意　一五一十　一丝一毫　一朝一夕

一蹴而就　一针见血　一言为定　一表人才

一事无成　一见如故　一成不变　一帆风顺

不伦不类　不即不离　不干不净　不尴不尬

不可思议　不知所措　不寒而栗　不速之客

不共戴天　不谋而合　不翼而飞　不毛之地

## 第二节　“啊”的音变

“啊”作为独立成分在句子中的时候,根据语气可以发成 ā、á、ǎ、à,还可以读成轻声。但如果直接跟在另一个音节后面,必然跟前一音节最后一个音素相拼而发生音变。

### 一、“啊”音变的规律

(一)前一个音节是 a、o 时的音变

前一个音节的最后一个音素是 a、o(除 ao、iao 外)、e、ê、i、ü,“啊”读作“ya”,也可以写作“呀”。例如以下句子:

你说的就是他啊!

快广播啊!

给我这么多啊!

天气好闷热呀！

这可是他毕生的心血呀！

小鸟快快飞呀！

真有趣呀！

（二）前一个音节是 u、ao、iao 时的音变

前一个音节的最后一个音素是 u、ao、iao 时，“啊”读作“wa”，也可写作“哇”。例如以下句子：

你在哪儿住哇？

房间里布置的真好哇！

这种构思真巧妙哇！

（三）前一个音节是 n 时的音变

前一个音节的最后一个音素是 n 时，“啊”读作 na，也可写作“哪”，例如以下句子：

多么美丽的黄山哪！

来人哪！

过马路要小心哪！

她的发音真准哪！

（四）前一个音节的韵尾是 ng 时的音变

前一个音节的韵尾是 ng 时，“啊”读作“nga”，仍写作“啊”。例如以下句子：

姐妹俩长得多像啊！

千万别出声啊！

好好听啊！

礼轻情意重啊！

他才算是真正的英雄啊！

（五）前一音节的韵母是-i[ɿ]的音变

前一个音节的韵母是-i[ɿ]时，“啊”读作[zA]，仍写作“啊”。例如以下句子：

写的是什么字啊！

用的哪个词啊！

你在吃瓜子啊！

（六）前一音节韵母是-i[ʅ]的音变

前一个音节的韵母是-i[ʅ]或卷舌韵母 er 时，或在儿化的后面时，“啊”读 ra，仍写作“啊”。例如以下句子：

多么高贵的品质啊！

随便吃啊！

这是什么事啊！

今天是星期二啊！

多么可爱的小金鱼儿啊！



## 二、"啊"音变练习

(1)她的眼睛真大啊！她的头发真长啊！

他长得可真帅啊！好厚的一张纸啊！

这双鞋好便宜啊！你倒是快点啊！

这双手可真巧啊！那是一头牛啊！

(2)为自己和相邻同学的姓名的每一个字后加上"啊"，探寻和巩固"啊"的音变规律。如张三，张啊 nga，三啊 na。

(3)鸡啊，鸭啊，猫啊，狗啊，一块儿水里游啊。

牛啊，羊啊，马啊，骡啊，一块儿进鸡窝啊。

狼啊，虫啊，虎啊，豹啊，一块儿街上跑啊。

兔啊，鼠啊，大人啊，小孩儿啊，一块儿上窗台啊。

# 第三节　轻声和儿化

## 一、轻声

普通话的每一个音节都有自己固有的声调，可是在话语中，有些音节往往失去了原有的声调，变成了一种又轻又短的调子，这就是轻声。轻声是一种特殊的变调现象。

(一)轻声的调值

轻声的调值高低不同，其音节的读音取决于前一个音节的声调，如果前一个音节的声调不同，变读轻声的高低也就不同。具体情况如下：

(1)在阴平、阳平字音后边的轻声字读中调，即三度(—13)，类似短促的去声，例如以下词语：

鞍子　八哥　巴结　搭理　答应　甘蔗　杆子　哈欠　叽咕　机灵

拉扯　拍子　鼻子　池子　柴火　嘀咕　和尚　合同　黄瓜　活泼

觉得　牢靠　菱角　凉快

(2)在上声字音后边的轻声字读半高调，即四度(—14)，好像短促的阴平，例如以下词语：

褶子　指头　指甲　主意　椅子　哑巴　响动　晚上　瓦匠

妥当　数落　属相　赏钱　洒脱　暖和　蛐子　买卖　苤蓝

(3)在去声字音后边的轻声字读低调，即一度(—11)，例如以下词语：

漂亮　簸箕　簿子　错处　大意　动静　队伍　奉承

故事　护士　坏处　晃悠　进项　戒指　架势　记得　忌妒　浪头

(4)在轻声字的后边的轻声字,读得更轻些,例如以下词语:

请进来　走出去　笑起来　说下去

(二)轻声的规律

在普通话中,一般来说,变读轻声是有一定规律的,例如下列情况多读轻声:

(1)语气词"吧、吗、呢、啊"等等,例如:

走吧　懂吗　他呢　是啊

(2)助词"的、地、得、着、了、过",例如:

谁的　慢慢地　好得很　站着　跑了　去过

(3)名词的后缀"子、儿、头、们",例如:

帽子　女儿　锄头　我们　同学们

(4)某些量词"个、些、张"等:

五个　买张票　写封信　某些人　喝口水

(5)方位词或语素,例如:

东方　屋里　桌上　后边　床底下

(6)用在动词、形容词后面表示趋向的词"来、去、起来、下去"等,例如:

起来　回去　唱起来　好起来　说下去

(7)叠音词及重叠词的后一个音节,例如:

姥姥　猩猩　妹妹　想想　试试

(8)一些常用的双音节词,第二个音节习惯上读轻声,例如:

葡萄　萝卜　棉花　粮食　衣服　大夫　窗户　东西

太阳　月亮　快活　凉快　玻璃　含糊　姑娘　商量

(三)轻声的作用

(1)轻声的存在,可以使话语显得抑扬顿挫,富于音乐的美感。

(2)汉语中,有一些词,轻读与不轻读具有不同的意义,这丰富了词汇的内涵,例如:

地下　地道　兄弟　东西　大方　人家　合计　造化

## 二、儿化

普通话里的单韵母 er 常常和别的音节连成一个音节,从而改变了原来音节韵母的发音,成为一种卷舌韵母,这种现象叫作"儿化",被"儿化"的韵母称"儿化韵"。如:"花儿 huar","尖儿 jiar"等。

关于儿化,要注意这几个要点:"儿"指卷舌动作;"化"是说卷舌动作应柔软地融化在前一个音节上;儿化韵听觉上是一个音节。

(一)儿化的作用

(1)区别词性词义:盖/盖儿、白面/白面儿

(2)感情色彩的体现:小孩儿、小狗儿(可爱、小巧)

(3)能否发儿化音在一定程度上反映出说普通话的水平。

(二)儿化发音的基本规则

儿化发音的基本规则,取决于韵母的末尾音素是否便于卷舌。具体地说,有以下几种情况:

1. 便于卷舌的音

它是指韵母的末尾音素是舌位较低或较后的元音(a、o、e、ê、u)。儿化时原韵母不变,直接卷舌。ia、ua、ao、ou、uo、ie 和 iao、iou

如:小花儿、豆芽儿、打杂儿、酒窝儿、大伙儿、高个儿、打嗝儿、皮球儿、裤兜儿、白兔儿

2. 不便于卷舌的音

它是指韵母的末尾音素是前、高元音(i、ü)、舌尖元音(-i)或鼻韵尾(n、ng),末尾音素的舌位与卷舌动作发生冲突。儿化时要对原韵尾进行处理再卷舌。

(1)i、ü 儿化后在原韵母之后加上 er,例如:

小米儿 xiǎomǐr　读作 xiǎomǐer

有趣儿 yǒuqùr　读作 yǒuqùer

(2)韵母-i(前、后)儿化后失去原韵母,加 er,例如:

戏词儿 xìcír　读作 xìcér

果汁儿 guǒzhīr　读作 guǒzhēr

(3)以 i 或 n 为韵尾的韵母,儿化后丢掉韵尾,主要元音后面加 r 或 er,例如:

一块儿 yīkuàir　读作 yīkuàr

树根儿 shùgēnr　读作 shùgēr

饭馆儿 fànguǎnr　读作 fànguǎr

冰棍儿 bīnggùnr　读作 bīnggùr

手印儿 shǒuyìnr　读作 shǒuyìer

花裙儿 huāqúnr　读作 huāqúer

(4)以 ng 为韵尾的韵母,儿化后丢掉韵尾 ng,主要元音鼻化,同时在鼻化元音后加上 r 或 er,例如:

瓜瓤儿 guārángr　读作 guārár

板凳儿 bǎndèngr　读作 bǎndèr

花瓶儿 huāpíngr　读作 huāpíer

(三)练习

1. 读准儿化音节

浪花儿　山坡儿　带头儿　台阶儿　一块儿

小孩儿　一点儿　没准儿　电影儿　门缝儿

花瓶儿　打鸣儿　眼皮儿　小鸡儿　树枝儿

**2. 绕口令练习**

(1)进了门儿,倒杯水儿,喝了两口儿运运气儿,顺手拿起小唱本儿,唱了一曲儿又一曲儿,练完嗓门练嘴皮儿。绕口令儿,练字音儿,还有快板儿对口词儿,越说越唱越带劲儿。

(2)有个小孩儿叫小兰儿,口袋里装着几个小钱儿,又打醋来又买盐儿,还买了一个小饭碗儿,小饭碗儿,真好玩儿,红花绿叶镶金边儿,中间儿还有个小红点儿。

**3. 对话**

## 老朋友相遇

甲:那不是张师傅吗?好久没见了!

乙:哦,是李师傅!我们家搬城外边儿去了。就在羊市口儿东边儿的小梅村儿。

甲:你们家里有花儿吗?

乙:有啊!花园儿里种着茶花儿,花盆儿里养着菊花儿,花瓶儿里还插着梅花儿!

甲:哟!要是有空儿,能上你们家玩儿玩儿,一边儿赏花儿,一边儿聊天儿,那该多好哇!

乙:非常欢迎!等下了班儿,咱俩一块儿去。先去农贸市场绕个弯儿,我买点儿小葱儿、豆角儿、土豆儿、豆芽儿,还有小白菜儿什么的,回去好做饭哪。

甲:别这么麻烦了。咱俩下了班儿,上对门儿小饭馆儿,买一斤锅贴儿,带上点儿爆肚儿、蒜瓣儿,再弄二两白干儿,到你家慢慢喝。

乙:行!哦,差点儿忘了,还得买点儿豆瓣儿酱,外加两盒烟卷儿。

甲:咳!想不到你们这儿环境挺不错的。地里是饱满的麦穗儿,小鸟儿在树枝儿上唱歌儿,河里的小鱼儿在水上吹泡儿。你看!那儿还有一条小船儿呢。小船儿上那老头儿拿着钓鱼竿儿,是在钓鱼吧?

乙:要说美,咱们村儿可真美,早半天儿电影厂的人还在这儿拍电影儿哩!

# 第二编　教师口语技能

# 第九章　教育口语

## 第一节　教育口语概述

苏霍姆林斯基指出:“教育的艺术首先包括说话的艺术。”教师应把“教书”和“育人”两种责任统一起来,寓思想教育于教学和活动之中,时刻注意捕捉“育人”的契机,促使学生形成正确的人生观和价值观,给学生以道德、理想、情操的引导与培育。

### 一、教育语言的定义和特征

教育语言的定义:从形式上看,教育语言包括口头教育语言与书面教育语言,这里阐述的是口头教育语言,也可称作教育口语。

教育语言具有两个特征:第一,它是教师的职业语言,它不仅有特定的对象,还有特定的内容和语境。第二,它具有明确的目的性。它是教师依据培养目标对学生进行教育时所运用的语言,其内容主要涉及思想道德情操、行为习惯规范等方面。教师在对学生进行思想品德教育的过程中,应当充分发挥自身的主导作用,通过有效的教育内容和教育方式,给学生以积极的影响,讲究教育口语的语言艺术,使之产生应有的感染力,以取得较好的教育效果。

### 二、运用教育口语的原则

(一)民主、平等性原则

第一,教师与学生的地位是平等的。新课程理念把单向的“传递—接受”的学习模式,转变为研究性学习、合作性学习、体验性学习,把“流水线”和“一刀切”式的育人模式转变为尊重、适应每个学生不同发展的“全人教育”。在与学生进行思想沟通与交流的过程中,教师平等地对待学生,尊重学生的价值和尊严,是学生应该享有的人格权利。

第二,教师不是完人。在民主、平等的教育活动中,教师不应当具有话语“霸权”,只应当是“平等中的首席”,只能为学生的言行提供一种参考,以情感人、以理服人,以语化人。在信息化时代,学生们的思想活跃、开放,教育活动的内容比以往任何时候都更加丰富、更加复杂。因此,教师一方面要加强学习;另一方面,要学会认真倾听学生的心声,最大限度地发挥教育的功能。教师要敢于及时反思自身的不足或失误,勇于承认自己的不足与错误,不断地超越和提升自己。

第三,教育活动是互动性的,具有生成性的特点。在教育活动中,教师与学生是共同成长的。苏霍姆林斯基说过:"只有能够激发孩子去进行自我教育的教育,才是真正的教育。"教师必须摒弃传统的教育模式——单向转递"一言堂",发挥学生的主体作用,更多地实现师生对话、生生对话,让学生参与到教育过程中来,在师生互动交流中,使学生的思想、道德和情感不断得到提升。

(二)积极情感性原则

教育口语要求教师以积极、健康、富有激励性的口语去启迪学生的心灵,陶冶他们的情操,塑造他们的灵魂,培养他们成为社会所需要的各类人才。一个学生的优良思想品德的形成绝非一朝一夕可以完成的,要靠教师长期地耐心引导,晓之以理,动之以情,付出辛勤的劳动。

运用教育语言,教师首先要"动之以情"。这"情"便是指积极情感,包括平等、真诚、信任、爱护和关心等等。几乎每一个教师对学生的要求都是出自良好的愿望,但不是每个教师的好心都能被学生理解和接受,这在很大程度上取决于教育语言是否带有积极情感。教育事业之所以伟大,因为它渗透着爱的情感。在教育活动中,爱是一种伟大而神奇的力量。

(三)针对性原则

教育口语的运用,具有一定的时效性和针对性。教育口语的运用对象是一个个鲜活的学生,因此,只有针对不同类型、不同年龄和不同的心理特点,运用不同的教育性语言,才能取得良好的教育效果。

(四)艺术性原则

教育语言的运用是一门艺术,不是光凭良好的愿望就能把话说好、说得动人,就能达到效果。它需要教师的刻苦修炼,不断升华自我,才能够取得理想的效果。

教育语言的艺术性体现在能够抓住教育时机,巧设情境。教育时机分为两种,一种是已有的,需要教师及时捕捉,加以利用;另一种是原本没有的,需要教师主动创设的教育情境。

【示例】

一个星期五的下午,我一向遵守纪律的学生突然不安心学习了。我故意朝门外观看、看桌下、看橱柜。当学生问我在找什么时,我说:"我在寻找那个我一向遵守纪律、安心学习的班级,因为我敢断定现在这个乱糟糟的班肯定不是我的。”学生对我的幽默心领神会，马上转回到自己的学习上，认真地学习起来①。

【评析】

这位老师教学语言的艺术性体现在敏锐捕捉教育时机，善于巧设情境。周末的下午，学生情绪波动，不安心学习，这是已有的情境，并且是合乎情理的；老师的高明在于他没有发火、没有责备学生，而是立即创设了一个教育情境：老师四下观望、寻找，吸引了学生的注意力，然后提出了委婉的批评。老师是艺术的、幽默的、宽容的，学生是聪明的、上进的，效果是良好的、显著的。

【示例】

有一个私塾先生，特别偏爱一个学生，同时，特别讨厌另一个学生。有一天，两个学生读书时，读着读着就都趴在课桌上睡着了。先生看见他喜欢的学生趴在书上睡着了，笑眯眯地说：“多好的孩子啊，连睡觉都想着读书。”他转身看见他讨厌的学生也趴在书上熟睡时，气得大骂：“一读书就睡觉，真是孺子不可教也。”

【评析】

这是一个经典的教育案例。私塾先生的失误在于偏心，失去了公正与民主。对于同样“趴在书上睡着了”的两个学生，竟然会给出截然相反的评价，这样的老师必然会使学生对他失去信任。这是我们每个教师要引以为戒的。

## 第二节　沟通和调解语的技能与训练

### 一、沟通语

(一)沟通语的定义和意义

当今时代已是一个沟通的时代。沟通是教育的前提和基础，真正的教育需要师生之间有效的沟通，沟通不是为了消除差异，而是尊重和理解差异的存在，促进沟通双方的共同成长。研究表明，在教育工作中有70%的错误是教师不善于沟通造成的。

沟通语就是师生在交谈、交流过程中，为了建立起平等的对话关系，为了创设和谐的教育情境，教师使用的一种教育语言。比如说为了消除学生对教师的心理隔阂、取得他们的心理认同，或者是要了解学生的真实想法，交换对某些问题的看法，或者是促进学生之间的了解，帮助他们消除误会等等而使

① ［美］C M Charles&GallW Senter. 小学课堂管理［M］. 吕良环等译. 北京：中国轻工业出版社，2003：153.

用的语言。

(二)运用沟通语的要求

沟通语承载的是师生双方人格与精神的相遇、感染、碰撞和交流。教师在使用沟通语时,应当以理解为前提,在倾听的过程中表达。教师传递给学生有说服力的信息,及时收集学生的反馈信息,这是成功运用沟通语的两个关键因素。

1. 尊重学生,自由沟通

教师在与学生沟通时,应当避免两种毛病:一种是居高临下,一种是扮演“完人”。

在沟通活动中,每一名学生都有权利要求得到教师的理解和尊重。如果在沟通开始时,教师能对学生以礼相待,这就能给学生一种心理暗示:自己是被尊重的,在即将开始的谈话中,自己是有说话和表达的自由的。自由宽松的氛围是实现沟通的前提。

2. 学会倾听,开启心扉

倾听是最有效的沟通技巧。教师要主动给学生说话的权利和机会,在他们解释、说明、回答时,要认真仔细地倾听,注意观察学生对自己话语的感受和反应,并且对此做出反应,使学生感到教师是与他们平等地交流,是在意他们的感受的。这样,学生才能把真实的想法告诉老师,也才能听得进老师的意见。

3. 抛弃成见,师生同理心理

教师在倾听时,要暂时放弃自己的价值观,要抛弃自己的偏见与主观判断,站在学生的立场,以学生的视角来观察,以学生的心灵来感受,以学生的观点来思考,才能真正走进并体验学生的内心世界,实现与学生心灵的沟通和共鸣。

总之,尊重是使用沟通语的前提,倾听是运用沟通语时应有的态度,理解和认同是沟通的保证。

(三)沟通语的类型及训练

按沟通的目的可将沟通语分为以下三种类型:

1. 教师了解和引导学生的沟通语

这是师生交往中最常见的一种类型。教师在与学生交谈中了解情况,并准确理解他们的想法,提出教师的建议,或引导学生自己找出解决问题的办法。

【示例】

**沟通需要相互理解**

我带的是初二(1)班(班主任)。一天,班上有一名学习成绩及各方面表现都较好的女同学来找我,要求老师允许她到学校集体宿舍住宿。我感到很奇怪,这名学生家住市里,上学方便,况且家庭住宿条件也很好,自己有一个单独的小房间,为什么要从家里搬出,到学校来住呢?通过进一步的谈话我了解到,原来,她和父母产生了矛盾,父母对她生活方面照顾得很周到,并规定了她每晚的学习时间，不准她搞得太迟，晚上九点半准时关灯。为此，她曾偷偷地打着手电筒看书，甚至将台灯拿到被窝里看书。后来被父母发现了，干脆到时间就关电闸。对此，她很反感，认为父母对自己管得太死，太不自由，跟他们说理又说不通，所以想搬到学校来和同学住在一起。

听了学生的叙说，我联想到很多。父母在子女的教育方法上有一定的问题，他们不了解初中生已具有较强的自尊自主意识，不希望别人依然把他们当成孩子看待，这一年龄段的学生与父母常常发生矛盾，对父母的话很反感，这就形成了所谓的"代沟"。要解决这个问题，只有从两方面做工作。我先耐心地劝说这名学生："父母这种做法当然有些欠妥，但他们都是出于对你的关心和疼爱，你应当理解他们，尊重他们，耐心地向他们说明延长学习时间的理由，不能因此与父母闹僵，这样他们会多伤心啊！"接着，我又从生活上的点点细节询问了父母对她的态度，引导她用心去体会父母的感情。最后她悔悟地流下眼泪，承认自己太任性，不能理解父母。几天之后，我又去了这名学生家，找她父母谈及此事。当他们听说自己的女儿想离家到学校去住宿，十分想不通，认为他们事事为女儿着想，处处都关心她，怎么能这样不理解父母的心呢?！于是，我又耐心地给他们分析了中学生的独立意识及心理特点，并指出父母与子女间互不理解的症结所在。听了我的分析，他们不由得点头称是。

在我的劝导下，她的父母最终意识到了自己在管教孩子方面的问题，不再限制晚上九点关灯了，这个学生也不再提住校问题了。由于思想沟通了，矛盾也就化解了，这个学生的学习劲头也更足了，以后考上了重点高中。

【评析】

这位教师出于对学生的关心、爱护，以及对工作的认真负责，在学生与家长两方面都做了较细致的思想工作，使双方都达到了情感与认识的沟通，从而化解了矛盾，排除了学生的思想障碍，有效地促进了学生的进步和健康发展。作为教师，就应当熟悉和了解学生的心理特点，关心他们的成长，发现问题及时解决，这样就能化消极因素为积极因素。

2. 教师帮助学生理解自己的沟通语

在教育的过程中，学生出现的一些问题常常是由于不了解或不理解教师内心的真实想法和感受而造成的。因此，师生之间的沟通，教师既要打开学生的心灵之窗，了解学生的内心世界，又要敞开自己的内心世界，实现平等的沟通。教师将自己真实的内心世界、所思所想、经历经验、情绪感受、观点态度等适时适度地、自然真实地与学生沟通，使学生感受到教师对自己的信任和平等，才能够真正理解教师，接受教师传递的教育信息。

【示例】

张老师上课连续两次碰上令她不悦的事：黑板擦放在黑板上头。凭她那矮矮的个子了，怎么也够不着。板书后不能擦掉，真叫她既尴尬又生气。

今天，张老师去上课，情况依然。

她微微一笑，对同学们说："在讲课前，我给大家讲一个有关我个人的故事。前天，我碰上了一位大学时的好朋友，她现在和我一样当教师。在大学，我们特别要好，为什么呢？因为我们有一个共同的特点——个子矮，并且矮得一样有水平：1.51米。这，你说是'物以类聚'也行，说'同病相怜'也未尝不可。这一次我见了她，第一句话就问：'你工作顺利吗？'她答：'顺利呀！''有人，比如，有学生给你为难吗？'她不解地望着我：'没有哇！'我一下子感到委屈，差点掉下泪来。'可是我的学生老是与我为难，比如有人老是把黑板擦放在高处，我写了字没办法擦……'我满以为我的好朋友会同情我，狠狠地斥责那个与我为难的学生一顿。谁知，她竟反问我说：'这说明什么？说明你和学生们的关系还不融洽。你想想，你真心爱你的学生吗？如果你真心爱他们，他们——尽管幼稚，也会尊敬你。哪有与自己所尊敬的老师处处为难的学生呢？'朋友的话一直在我的耳畔回响着。我仔细想想，我对大家关心爱护的确不够，甚至还有伤害同学们的言语。比如，我曾经讥讽个别同学为'四肢发达，头脑简单'……这，这哪里有一点爱心？"

自从张老师说了这番话之后，每次上课，黑板总是被人擦得干干净净，黑板擦也总是在课桌上放着①。

【评析】

老师对学生的"为难"没有指责批评，而是坦诚地与学生沟通，借介绍与朋友相遇的情况，真诚地检讨了自己对同学不够爱护关心的缺点。情真意切的话语沟通了师生的心灵，化解了师生间的矛盾。试想，如果张老师勃然大怒训斥学生，或者向校领导汇报请领导来批评学生，都是失败的沟通，会使师生间的矛盾更加激化。

3. 教师帮助学生互相理解的沟通语

学生在相处中，总会发生一些矛盾和纠纷；当他们自己不能解决问题的时候，就会到老师那儿告状。这时就需要老师帮助他们互相沟通，引导学生互相了解对方的想法，学会理解他人，解决问题。

【示例】

**调组风波**

一次语文课上，老师布置同学们按学生小组进行讨论。但小明那个组却闹起了矛盾，要分组。玲玲委屈地对老师说："不是我不愿意在组里交流，而是他们不想听我发言，总说我又引用书上的话来显示自己了不起，所以我才不想和



① 郭启明，赵林森．教师语言艺术[M]．北京：语文出版社，1998：191-192.

他们说了。"小组的其他同学则说:"每次发言的时候,玲玲只想我们听她说,我们发言的时候她从不认真听。而且,她经常影响我们小组得五星。所以,我们不希望再和她一个组。"

老师看出他们之间的矛盾已经很深了,说:"既然你们已经不愿意在一个组,我可以同意,只是有一个条件。"听到老师居然爽快地同意他们分组,同学们都很惊讶。老师接着说:"我不希望看到你们带着对别人的抱怨分开。因此,只要你们说出对方三个以上的优点,我就给你们另外调组。"话音刚落,他们都轻松地舒了一口气,觉得这个条件太容易了。小明抢先说:"玲玲读书多,知道的知识多,值得我们学习。""玲玲的想法经常很独特,也值得我们学习。"……大家争先恐后地说了很多玲玲的优点。老师看见玲玲的眼睛里闪过一丝惊喜,有一些泪花在涌动。她的声音有些颤抖:"我以为自己在你们心目中肯定很糟,没想到……其实我觉得这个组也很好。比如小明的数学很好,值得我学习;而丁丁的电脑特棒,真让我羡慕……老师,我现在希望不离开这个小组了。"这时,小明他们都明白了,其实他们这个组的每个成员都是多么优秀,都说不分组了。

"好啊,你们自愿不分开了,那你们上课时该怎么合作呢?"组长小明说:"老师,您不总说以实际行动来证明吗?您就看我们的表现吧!"①

【评析】

学生要求调组是出于对其他同学的不满,老师答应其要求,但反其道而行之,以"说出对方三个以上的优点"作为分组条件,引导同学通过赞扬他人实现理解和沟通。果然,在说的过程中,孩子们看到了别人的长处,同时也从中感受别人对自己的肯定和赞扬,对立的情绪化解了。这位老师的沟通艺术真是高明!

【示例】

### 爱护·细致·耐心

期中考试后的一个课外活动时间,我在办公室分析各科老师送来的成绩册。突然,门被推开了,小芳同学啜泣着向我走来。看她那委屈的样子,我随手拉过一张椅子,让她坐下来慢慢说。"他们说我考数学偷看,成绩不真实……"噢,原来是这么回事。我立即翻看了一下全班数学考试成绩表,小芳 94 分,全班第一。我问:"谁说你偷看?"她气愤地说:"章晓革带的头!"

我安慰了小芳几句,让她回去了。

次日中午放学时,我有意与晓革同路。学生最善于从老师的举止神态来进行"信息判断"。我和晓革并排走了一段路,她一句话也没有。"晓革,考试后你听到班上有什么反映没有?"我用平静的声音打破了沉默。





① 陈德电,廖海娟. 沟通是合作的前提[J]. 基础教育研究,2003,1(2):19-20.

“小芳考数学作弊。”她回答说。

我有意装作不解地问:“是真的吗?”

她不假思索地说出了几条“根据”,什么小芳考试时用手捣前座的同学啦,这个同学回头给小芳递过一张纸条啦,等等。她还说:“小芳小学时算术就差,她代数作业经常不会做,还问过我呢。”

从她的回答里,我感到晓革的推理不仅片面,而且还流露出一些嫉妒的意思,这是更应加以注意的。我想,在这种情况下,应该让晓革在事实面前去自我认识。于是我要晓革课外活动时到我办公室来。

按约,晓革来得很准时,但神情却十分胆怯。我递给她一支钢笔,让她坐在我的对面,我用询问的口气说:“让你来帮我汇总全班期中考试成绩,好吗?”

她点了点头,好像舒了口气。

我报,她写,不过半个钟点,汇总完了。我看着她缄默地坐在那里,就问她:“晓革,坐在小芳前面的同学只考了48分,小芳让她递小纸条给自己抄,有可能吗?”我想,在事实面前,她大概会自己起来推翻自己不正确的结论的。相反,她却顶了我一句:“那个同学又不是一题都不会做。”我真没想到,我的论据不足,让她给反驳住了。幸好,在期中考试后,我曾布置过一次专题周记,题目是“我与老师谈谈心里话”。我找出小芳前座同学的周记,又找出小芳的周记,递给了晓革,让她自己去阅读。

小芳前座同学在周记里这样写道:“……考数学时,我给小芳拾起落在地上的草稿纸,趁递给她之机偷看了她文字题第二题的答案,这是可耻的,请老师将我的第二题分数扣除,我保证……”

小芳的周记有这样一段话:“……考试前,爸爸给我买了本《初二数学习题集》,我做完了上边的大部分练习题。一天,章晓革看见了,向我借,我没借给她。正巧,这次考试有两道题就是这本书上的,我真高兴。虽然这次我的数学考了全班第一,这不能算是真本事。尤其是我不该对晓革保密。老师说过,一花独放不是春,万花齐放春满园。一个人固然要努力学习,取得好成绩,但更应该使大家都取得好成绩……”

看着看着,晓革的脸红了,嘴唇微微地颤动,似乎想说什么,好久才说出一句话来:“老师,我错了。”接着,羞愧的泪水流了出来。

【评析】

当发现晓革与小芳的矛盾,主要根源是由于晓革的狭隘和嫉妒后,老师为了帮助心高气傲的晓革认识错误,精心地安排晓革参加汇总全班考试成绩、阅读小芳及小芳前座同学的周记。这样,创造了一个有利于开展教育的情境,沟通了情况,也使晓革在事实面前领悟了道理,认识到自己的问题,从而心服口服,羞愧、认错,消除了与小芳之间的隔阂,化解了矛盾。

## 二、调解语

### (一)调解语的定义和意义

调解,是指排解纠纷,使矛盾双方重归于好。

中学生思想单纯,认识片面,争强好胜,喜欢斗嘴、抬杠,常常引发出各种各样的矛盾,致使同学关系紧张,影响了同学之间的正常交往和学习情绪。教师要从中调停、撮合,帮助他们化解矛盾,协调关系,努力创造一个宽松、和谐、友谊、奋进的学习和生活的环境,以利于学生的健康成长。

### (二)调解的言语策略

1. 正视问题,化解矛盾

对于学生之间的矛盾或纠纷,教师应当引导矛盾双方从根子上寻找冲突的原因,化解矛盾。从双方分歧产生的原因着手,教师要耐心地分析、开导,使双方认清什么是错的,需要改正,什么是误会的,需要加强沟通,不要整天为一些鸡毛蒜皮之类的小事争执不休或比个高低,不要因为对方误会了你或言语出了格,就斤斤计较、耿耿于怀。双方可以通过谈心、交换意见来加深了解、消除隔阂。

2. 暂避锋芒,淡化矛盾

当矛盾双方都处于愤怒、激奋的情绪之中,教师应用暂时回避矛盾的方法,要求双方先克制、忍让,避开锋芒,或者限制双方的某些举动,采取分离的办法减少冲突,待双方恢复理智后再着手解决问题,这样便能达到"冷却降温"的目的,以缓解、淡化矛盾。如果这时教师操之过急,乱加训斥,调解则变成了"火上加油",往往会引起学生当着教师的面竭力申辩、相互指责,最后导致争吵愈加激烈,不可收拾。

3. 公平公正,化解矛盾

学生之间的纠纷和矛盾,有时很难分清谁对谁错,有时则是双方都有一定的责任。这时,教师应以自身的权威介入冲突之中,对等地将双方"各打五十大板",都给予一定的批评教育,特别是矛盾纠纷的双方都在现场时,更应如此。否则,一方会误以为老师偏袒另一方而"不服气",或一方会误以为老师轻视另一方而更加盛气凌人。用公平法,当着双方的面批评教育,能速战速决地化解矛盾,使双方都从纠纷当中清醒地认识自己的所作所为的过失,从而进行自我批评和检讨,消除怨气,达到和解的目的。

4. 敞开心扉,交换意见

"冰冻三尺,非一日之寒",同学之间有的矛盾、隔阂是日久积累下来的,靠一两次的批评或谈话不能解决问题。对此,教师只有做好长期的说服、劝导工作。运用谈心的方法,推心置腹、循循善诱,晓之以理,情理兼通才能达到"精诚所至,金石为开"的目的,使双方敞开心扉,把郁积于心中的积怨、看法倾吐出来。待情绪趋于平稳后，教师再根据具体情况进行具体的分析、开导，逐步化解矛盾，消除成见。



（三）调解的方法

1. 冷却法

当矛盾双方处于激动的情绪中，教师应当利用权威，要求双方克制、忍让，避开锋芒，进行“冷却降温”，将双方分离开，缓解、淡化矛盾，待双方恢复理智后再着手解决问题。

【示例】

学生甲和乙在课外活动时，为了争抢一张乒乓球桌而吵了起来，甲在情绪激动时竟动手打了乙一耳光。旁边的同学立即上前拉开。乙认为自己被打了耳光，既丢了面子又吃了亏，十分恼怒，便从地下捡了块石头，准备寻机报复。班主任立即让同学把乙带到办公室休息，并让甲和乙好好反思，第二天再处理这件事。第二天早上，甲主动找老师承认了错误，很后悔自己当时的不冷静，并且诚恳地向乙同学道歉；这时的乙已经心平气静，接受了甲的道歉，反思了自己的不冷静，并且感谢老师的帮助和点拨。

【评析】

甲和乙情绪激动，矛盾面临进一步激化。班主任及时采取了冷却法，将双方分离开，先缓解矛盾，让甲和乙进行自我反思。一夜之后，双方恢复理智，问题就很顺利地解决了。

2. 公平法

冲突和纠纷的双方，很难分清对错，都有一定的责任。教师对等地将双方“各打五十大板”，当着双方的面批评教育，使双方清醒地认识自己的过失，进行自我检讨，达到和解的目的。

【示例】

小李下课回到寝室，将茶杯里的凉水从楼上窗口顺手泼了出去。正巧，小王经过楼下，新买的衬衫被浇湿了，“缺德，烂手烂脚啊！”小王张口便骂了起来。小李听见了，伸出头，两人开始了一番舌战。张老师赶到现场，迅速制止了舌战，问清情况后，马上指出：“小李不该从窗口泼水，小王不该张口就骂人。反思一下，自己都有什么错。”过了一会儿，小李不好意思地对小王说：“对不起，我不该往外泼水。”小王马上认错：“我也不对，不该张口骂人。”“战火”平息了，两人和好如处。

【评析】



小李、小王因为这点小事发生冲突，很明显，双方都有责任；张老师采用了公平法，将双方各打五十大板，很快化解了矛盾。

## 运用与训练

1. 刘莉和肖玲原是一对好朋友，最近，由于刘莉的入团申请没被通过，因此而责怪身为班长的肖玲没有“帮忙”，好几天都不搭理肖玲。肖玲也为此感到苦恼。请你以班主任的身份找刘莉谈一次话，使她端正认识，消除误会。

2. 分析下面例子中教师的沟通语，看看他是如何使自己摆脱尴尬，同时又教育学生的。

**老师扣错了扣子**

一位数学老师，这天与往常一样去给同学上数学课。他一走上讲台，同学们突然大笑起来。他被笑声弄得有点不好意思，但不知道学生究竟为何发笑。这时一名坐在前边的女同学小声说：“老师，您的扣子扣错了。”老师自己一打量，果然发现他外衣的第四个扣子竟扣在第五个扣眼里。

学生仍在哄笑，这位老师却坦然自若地说：“同学们，你们别笑我，我是有理由的！第一，我起床的时候想心事，一直琢磨着怎样给你们上好今天的这堂课。这不，一想好就急匆匆地走进了课堂。第二，我们班有一名同学运用数学公式总是张冠李戴，他不比我更好笑吗？你们只笑我一个，这公平吗？”同学们又笑开了，但笑的含义已经不同。老师还没罢休：“尽管我很委屈，但我还是要向大家承认错误，因为扣错扣子毕竟不是一件光彩的事。通过这件事儿，我想告诉大家一个道理，就是‘一心无二用’。不论做什么事都要专心致志才不会出错。我向大家保证，今后绝不扣错扣子！你们呢？那位爱张冠李戴的同学呢？”①

3. 缪老师精神抖擞地走进教室，给新班级上第一堂课。他先作自我介绍。“同学们，我姓缪……”他正要在黑板上写“缪”字时，不知哪个座位上传出一声“喵……”于是全班哄堂大笑②。

如果你是缪老师，碰到上面这种情况，你会怎样说？

4. 一名同学连续三天都迟到，班主任老师决定在放学前与他进行一次谈话。

（1）请你根据运用沟通语的要求，设计班主任的教育语言。

（2）请你与人合作模拟这个谈话。

5. 一位优秀班主任接了一个纪律不太好、但体育成绩突出的班级。班上几个差生商量着要给这个新班主任来个下马威。

---

① 郭启明，赵林森．教师语言艺术（修订本）[M]．北京：语文出版社，1998：221.

② 唐思群，屠荣生．师生沟通的艺术[M]．北京：教育科学出版社，2001：83.

根据以上教育情景设计下列两段沟通语：

（1）班主任在班级的第一次讲话。

（2）班主任与这几个学生的个别谈话。

## 第三节　说服和启迪语的技能与训练

### 一、说服语

说服教育是教育活动的一种重要形式，是教师通过摆事实讲道理，借助言语、事实和示范，把外在的社会角色规范内化为说服改变对象的道德认知，从而改变其态度或使其行为趋于预期目标行为的活动①。

（一）说服语的定义

20世纪80年代以来，说服教育方式经历着由传统的“注入—征服”模式，到“传递—信服”模式，再到“选择—诚服”模式的演变。这种方法的演变昭示着人们说服教育观念的变革：即从忽视被说服者的道德主体性，或忽略被说服者的道德动机，到强调被说服者在说服教育中的主体作用，重视被说服者道德内化的过程②。

说服语的定义是：教师在教育活动中，讲述生动的事例，阐明正确的道理，影响、改变学生原来的观念和态度，引导其行为趋向预期目标的语言。

（二）运用说服语的要求

1. 值得信赖的人格是“最有效的说服手段”

教师良好的人格是“最有效的说服手段”。学生对教师的品格、素质和动机是否信赖，决定着说服能否成功。现代说服学的“寻因理论”认为：被说服者总是在寻找说服者的动机，“为什么说服我”，“为什么这样说”，被说服者总是首先从动机上理解说服行为，据此判断说服的真实用意，是善意的还是恶意的，从而决定是服从还是拒绝。在教育实践中，一个学识上为学生所推崇、师德受到学生尊敬、对学生充满爱心的教师，他的说服教育就容易为学生所接受。

2. 了解、理解学生是“说服”的前提

说服就是协商，目的是要双方达成共识，是师生互相影响的过程。教师必须了解、说服对象的情况和心理，设身处地地理解说服对象，了解说服对象的需要和接受理解的方式，主动满足其需要，采用适应其接受理解特点的说服方式。

在说服过程中，必须给予学生“说”的权利和机会，只有学生把他的“不服”也“说”出来，教师才会进一步“说”，甚至通过双方论争，使学生“服”。正所谓



① 陈维嘉．说服技能[J]．佛山大学学报，1997，15(6)：104.

② 孙俊三．从说服到沟通——90年代德育新模式[J]．高等师范教育研究，1996，(6)：53-55.

“话不说不明，理不辩不清”。

3. 就事论理，以理服人

说服的主要方法是摆事实讲道理，通过就事论理，以理服人。这个“理”可以是道理、事理、思想，也可以是见解、认识。“说服”中的“说”不是说教、指责，而是劝说，感化，以此使学生明理、达理，最终“服”“理”。总之，要从以情感人的角度入手，达到以理服人的目的。

（三）说服语的类型

1. 直接说服

直接说服就是说服时正面摆事实讲道理，不绕弯子。

【示例】

**给孩子出道选择题**

学生向老师请假去参加表姐的婚礼。老师问道：“告诉老师，你去能给表姐帮什么忙？抬东西吗？要不就是管理事情？”看着学生直摇头，老师温和地说：“老师知道，去吃你表姐的喜糖是你盼望已久的事情。如果她在节假日结婚，我们不上课，能去当然好。可现在情况不同，明天数学、语文都学新课，连你们的活动老师也说，明天活动课上还要搞小制作比赛。你要是不来上学，那损失有多大呀！假如你只是想去凑热闹，那太不划算了；想吃好东西，可以让你爸爸、妈妈给你多捎些回来。”学生站在老师面前，眼睛里有泪珠在滚动。“这样吧，老师已帮你把事情分析了，对你请假的事，老师不说‘行’，也不说‘不行’。至于怎样办，你今晚可以回家再好好考虑一下。”①

【评析】

在这个例子中，老师就学生请假一事进行说服。首先，老师开门见山地向学生提问，让学生明白，他去参加婚礼帮不了什么忙；接着对学生想参加婚礼的心情表示完全理解。然后老师一一细数明天的学习任务。在摆清两方面事实的基础上，老师进一步通过假设分析了请假的后果：学习上有很大的损失，不划算，说明了不同意的道理。至此，事实摆了，道理也说了，但为了让学生接受说服，老师非常有人情味地用“让爸爸、妈妈捎些好吃的回来”这个主意安慰他。而学生，虽然没有继续坚持要请假，但眼睛里的泪珠表明他还未被说服，这时老师并没有强迫学生接受说服，而是给了学生继续思考、自主选择的权利。

2. 间接说服

间接说服就是在说服时，不正面摆事实讲道理，而是言彼意此，将道理寓于其中，让学生自己感悟，或者教师在最后点明。

① 张玉梅．给孩子出道选择题[J]．山东教育，2003，(13)：19.

【示例】

### 他改变了主意

王芳是个好学上进的学生，今年刚考上高中。可是，她的父母不打算让她读高中，认为她是女孩子，读那么多书没什么用，不如在家做点副业，或者出去打工，还能增加收入。为此，王芳哭哭啼啼地来找我这个初中老班主任诉苦。

可是，要想说服王芳的父母改变主意，并不是件容易的事，王芳的父亲是村里有名的老倔头，性格暴躁，搞不好会碰一鼻子灰。但是为了学生王芳的前途，我还是准备试试。

一天，我来到了王芳家，王老汉正在院子里编竹席，见了我，他不冷不热地招呼我："坐。"

我端个板凳坐在老汉身旁，拉开了家常话。我先从竹席的买卖行情谈起，又谈到竹席的花样设计，王老汉听着，听着，来了兴趣，与我一起探讨了起来。最后，他感叹地说：

"你们读书先生就是有本事，啥事都想到咱前头……"

我看时机已到，便接着说："这算啥，你家王芳这孩子挺聪明，如果继续读高中，学问深了，她也能想出许多点子，成为咱乡里的能人。"

"唉！可惜那孩子是个女娃，将来还不是人家的。"

原来如此，老汉头脑里"重男轻女"思想还挺严重哩！

我接着问："你看东乡的王武老汉，他家四朵金花可都有出息？人家王武就是有眼光，宁可勒紧裤腰带，也要让孩子上学，长本事，这不，个个都成了才。他三女儿玉兰，是咱乡远近闻名的女能人，承包了乡造纸厂，几百号乡亲就了业，在她的操持下，规模越来越大，效益越来越好……"

王芳父亲一声不吭地听着，最后终于说了一句话："还是有文化好，依你，明天就让咱芳儿去读高中。"

【评析】

这位班主任说服学生家长，很注意方法，先由对方感兴趣的话题导入，创造一个谈得拢的气氛，接着顺着情势逐步引入正题，开展说服活动，通过举例、说明，让家长口服心服，转变了态度。

## 二、启迪语

### （一）启迪语的定义和意义

启迪语，就是教师在教育活动中用来启发学生自我教育的积极性与主动性，引导和促进学生积极主动地进行自我教育的语言。

启发式的教育思想是我国教育思想中的精华。运用启迪语的意义在于：一方面，表现了教师对受教育者的尊重和信任，即相信学生有自我完善的需要，有在教师的引导下进行自我教育的能力;另一方面,也为在教育活动中能够更好地发挥学生的主体作用,调动学生进行自我教育的主观能动性创造了条件。

说服语和启迪语的相似之处是:运用语言教育学生认同某个道理;区别是:在教育活动中,运用说服语时,主要是教师在“说”,把道理“说”好“说”透,“说”得让学生“服”;运用启迪语时,是教师通过富有启发性的语言引导学生“感悟”,把“道理”“悟”出来的是学生自己。

(二)启迪语的类型

1. 设问引导法

这是师生对话活动中最常用的形式。教师依据教育内容,设计出一系列问题让学生思考,启发引导他们通过自我感悟明辨是非,实现自我教育。

【示例】

**两把椅子与一根炉柴**

一次校会,邻班同学损坏了我班一把椅子,虽经修理后还能用,但一不小心它就嘎嘎吱吱地“呻吟”。这天全校锯炉柴,操场上摆满了各班的椅子。回到教室作劳动总结时,老师发现那把坏椅子不见了,而多了一把新椅子。同学都推说不知道,班长也支吾。老师明白:一定是同学趁机用坏椅子换了邻班的新椅子。

老师正在琢磨该怎么教育同学时,一年级的小同学拖着一根炉柴进来了。“老师,这是你们班的炉柴,我们班的同学不小心拖错了,现在给你们送来。”老师心里一动,连忙拉住她问:“你为什么要把炉柴送回来呀?”“因为炉柴是你们班的,我们不能要。”老师故意问:“假如我们班的同学从前故意拖过你们班的炉柴,现在你们发现错拖了我们班的炉柴后,你们还会把炉柴送回来吗?”“那样我们也会把炉柴送回来的。”“为什么呢?”“因为……因为我们应该这样做。”她大声回答。于是我转向我们班的同学:“大家说她回答得好不好?”“好!”教室里响起一片掌声。一些同学此时明白了老师的用意,不自然地低下头。下课后,班长和几位同学一起搬起那把新椅子,向四班教室走去①。

【评析】

这个例子中的老师,发现问题后没有批评学生,而是在“琢磨该怎么教育同学”,一个“琢磨”就显示出老师的智慧。果然,他借用小同学还炉柴的机会,向她提出了三个启发性的问题,而小同学的回答恰好成了老师教育本班同学的材料。在此基础上,老师反问大同学“她回答得好不好”,不着痕迹地让本班学生在肯定小同学行为的同时否定了自己先前的做法。不用批评的方法,没有长篇大论的说教,就在与小同学的问答中,启迪本班同学用实际行动改正了自己的

① 米子永. 两把椅子与一根炉柴[J]. 河北教育,1997,(1):19-20.

缺点。

如果教师要进行的教育内容对班级同学具有普遍意义，这种启迪引导也可以利用班队活动，采用班集体讨论的形式进行。

2. 类比启迪法

利用小学生爱形象思维的特点，依据教育内容，或选择有针对性的小故事，或用生活中一些生动的例子打比方，启迪教育他们，这就是类比启迪法。

【示例】

**搬掉石头**

阿楠给罗刚起外号，罗刚把阿楠的书包扔在地上。为此老师找罗刚谈话。

老师对他说："一个人走路时被路边的石头绊了一跤，脚好痛。他生气极了，又用脚狠狠向石头踢去。你看他聪明吗？"罗刚说："傻瓜一个！""他傻在哪里？""脚已经痛了，再踢不是更痛吗？""那怎么办？""绕开走不就得了，""别人也会被绊跌跤啊，最好的办法是什么？"罗刚想了想，说："把石头搬到墙脚或垃圾箱里。""对！这样做，脚既不痛，又做了好事。"

过了一会儿，沉思后的罗刚说："老师，阿楠给我起外号是错的，好比石头绊了我的脚。我扔他的书包，就好像踢石头。这样既伤害了他，又伤害了我自己。我去找阿楠谈心，共同把这块'石头'搬掉！"①

【评析】

许多男生容易意气用事，遇事不够冷静和理性，逻辑思维能力还不强，所以在对他们进行启迪引导时，应当尽量避免哲理性太强的抽象的说教语言，而用类比方法，道理就很容易为他们所接受，这被实践证明是一种很有效的方法。

3. 榜样暗示法

榜样暗示法也要通过举例比较进行引导教育。区别在于，榜样暗示法所举例子肯定都是正面的，教育者的观点是隐含在榜样的言行中的。这种方法常常用在对一些自尊心特别强而心理又比较敏感的学生的谈话中，可以保护他们的自尊，不致引起他们对教育的抵触情绪。

【示例】

《列子》上有个薛谭学艺的故事，薛谭跟秦国著名歌手秦青学艺，过了一段时间他觉得自己学得差不多了，便要辞师而归。秦青在野外设宴为他送行。席间，秦青引吭高歌，声震林木，响遏行云，薛谭幡然悔悟，终身不敢言归。

【评析】

故事里的秦青很善于启发教育，他明知辞归的徒弟学业未成，有心劝告挽



① 郭启明，赵林森．教师语言艺术（修订本）[M]．北京：语文出版社，1998：274.

留，却不直言，而是在设宴送行时以事实教育他，使薛谭在榜样力量的感召下自己悔悟过来。这样，既合情理，又做得巧妙。

4. 自我思考法

教师对学生的启迪教育有时可以将问题提出后，容学生事后自己思考和感悟。这种方法的好处是可以使学生感受到教师对自己的一种信任，因此能更好地发挥自己的主观能动性，在更大程度上实现自我教育。例如下面的例子：

【示例】

吃饭时，一名农村来的学生将一只肉包子一掰两半，啃掉肉馅，"咚"的一声随手扔进泔水桶里便扬长而去。班主任找他个别谈话："这个周的周记你就写你丢包子这件事。如你感到难写，我建议你想想下面几个问题再下笔：(1)你当时是怎么想的，过后有没有想过这件'小事'；(2)这个肉包子是你花钱买的，但这买包子的钱是哪来的；(3)你父母是农民，如果他们看到了你刚才丢包子的情景，将会做出什么反应；(4)我今天建议你写这篇周记，你认为是否必要。"①

【评析】

运用自我思考法必须具备两个条件：一是教育对象出现的问题不及时处理并不会产生很大的危害和造成不好的影响；二是教育对象具有自我教育的感悟能力。

由于自我思考式的教育效果当时不能显现，所以实际上教师提出问题请学生思考后，这个教育活动并未真正完成，因此，教师还需继续关心学生的思考结果。像上面的例子，学生思考的结果是要通过周记反映出来的，那么班主任就要对学生交上来的周记认真阅读，检验教育的效果。

有时，老师只是提出一些问题让学生思考，并不要求学生将思考的结果用书面的形式呈现，那么老师就要关注学生发展，从点滴细微之处看学生是否发生了预期的变化，由此判断教育的效果。

## 运用与训练

1. 朗读下面例子中教师的说服语，你认为丽丽能被老师说服吗？为什么？

低年级女生丽丽患胃痛病，经治疗好转后，家长一让她上学，她就喊痛，家长发现她有时是真痛，有时是思想病。

一天，老师见到她，轻轻地把她拉到自己跟前，半揽在怀中，关切地问："丽丽，你总是哪里痛啊？"她指给老师看了看。老师抚摸着她的胃部说："现在痛不

① 毛可敏．师生口才的训练术[M]．长春：东北师范大学出版社，1991：294.

痛啊?”孩子看着老师微笑的面庞腼腆地说:“现在不痛!”老师说:“现在不痛了,说明你的病有好转,老师真为你高兴。我想你一个月来一人待在家里,多没意思啊!来学校多好,能和许多小伙伴一块学习,一块玩耍。我看你不痛的时候还是来上学吧。上课时痛起来,就马上告诉我,我让你到我的办公室休息。如果你痛得坚持不下去了,我就马上打电话让你妈妈来接你回去看病,你看怎么样?”①

2. 下面的例子中老师的说服语运用了哪种修辞手法,请说说运用它的好处。

有名转学的同学作业潦草,老师把他叫到办公室,拿出一本字迹工整的作业递给他说:“你看这名同学的作业写得怎么样?”这名同学看了一眼,没说什么。老师又拿出一本字迹不工整、错误较多的作业给他看,再问他:“你看这本怎么样?”这位同学看了后说:“跟我差不多。”“你再看看两本作业的名字。”这回同学疑惑了:“都是李林的?”老师抓住时机,诚恳地说:“差的一本是李林以前的作业,另一本是他现在的作业。”老师亲切地说:“你现在的作业和去年李林的作业差不多,但这不能说明你永远是这样。李林同学经过半年的努力后,写出工整漂亮的作业,老师相信你一定会像李林一样,用不了多长时间就能将作业写好。”②

3. 请你将下面这位老师的话设计成说服语。

寒假前,老师对学生进行安全教育。老师说:“过新年同学们会放鞭炮,但放不好就会崩瞎眼;现在一些同学开始学骑自行车,弄不好也会摔破头、跌断腿。谁要想试试的话,他只好做‘独眼龙’‘铁拐李’了!”

## 第四节　表扬和激励语的技能与训练

### 一、表扬语

#### (一)表扬的定义

表扬是指在教育活动中,对学生个体或群体所表现出来的良好的思想品质、言语行为给予肯定性的评价。目的是强化被表扬者的良好表现,将这些言语行为巩固起来,也为全体同学树立榜样。

在学校教育中,教师能以欣赏的态度、发展的眼光去看待学生,充分运用表扬这种教育方式,必将促进学生的健康成长。所以有人说:好学生是夸出来的。

---

① 张景. 例谈教师说服学生的技巧[J]. 中小学教师培训,2000,(11):58.

② 郭启明,赵林森. 教师语言艺术(修订本)[M]. 北京:语文出版社,1998:229-230.

（二）运用表扬语的要求

1. 热情中肯，给学生以动力

学生都具有较强的自尊心，希望能得到别人的重视，博得他人的称赞，内心都具有超先进、争上游的欲望。如果教师能因势利导，满足学生的需要，就能使学生产生积极的情感，从表扬中获得前进的动力。教师的表扬要做到热情、中肯，要从关心、爱护学生的真挚感情出发，去强化学生良好的行为动机，刺激学生的兴奋点。教师亲切的话语、赞许信任的目光，饱含了对学生的期望，能给予学生极大的鼓励。

2. 要抓住时机，促进学生转变

时机，往往是事物发展的连接点和转化的关节点，教师善于抓住时机对学生进行表扬，往往能有效地促进学生的转变，取得事半功倍的教育效果。

要抓准时机，教师必须善于发现学生身上的闪光点，了解他们细微的进步，及时而适度地给予表扬，这样才能使良好的思想、行为得到强化。如果表扬过晚，时过境迁，良好的思想、行为不仅会因得不到及时的强化而消退，而且还会因教师的疏忽，对刚刚有所进步的后进生形成一个无声的打击，不利于促进学生的转变。

及时还有另一层意思，就是能敏锐地发现那些平时没有突出成绩而此时有了哪怕一丁点儿突出表现的同学，甚至是一直比较落后而现在有了哪怕一丁点儿进步的同学，及时给予大张旗鼓的表扬。比如："你的回答与众不同"；"我很欣赏你表现出来的信心"；"我很喜欢你的实话实说"；"你们认真倾听别人发言时的神态，真让我感动"；"虽然你回答错了，但是你敢于发表自己的观点，这让我很欣赏"；等等①。

3. 要有理性的分析，给人以启示和鼓励

表扬的目的是帮助学生发扬成绩，不断进步。因此，在表扬的过程中。教师应避免空泛而谈，以"廉价表扬"来"哄"学生进步，而应当摆事论理，既有具体、实在的内容，又有理性的分析。这样，才能使全体学生知人知事，从别人良好行为中理解其行为意义，从而获得真、善、美的启迪。表扬中的理性分析，还能帮助学生认识一个人的行为价值，从而提高思想认识，达到树立榜样、鼓励先进、带动后进的目的。

4. 表扬要因人而异，分寸适当

学生大都喜欢受到表扬，然而，表扬过多或过分，都会适得其反，产生"负效应"。例如，有的学生受表扬太多，再受表扬他反而会心中不安，其他学生也会因此而不服气，产生逆反心理。要避免出现"负效应"，在使用表扬语时须把握好分寸，不任意拔高，不说过头话。教师可以根据学生的不同特点，采用不同的

① 曹爱卫．超越表扬和奖励[J]．教学与管理，2003，(1)：22-23.

方式:当面表扬或背后表扬,口头表扬和书面表扬,个人表扬和集体表扬,点人表扬和点事表扬,等等。此外,教师还可以采用表扬谈心法,在谈心中充分肯定学生的成绩,同时也指出存在的问题和缺点,给予殷切的期望和鼓励,表扬因人而异,才能收到较好的效果。因此,教师在使用表扬语时,应当注意以下两点:

(1)表扬要公正合理,实事求是。教师对学生的表扬,绝不能凭个人的好恶、感情随心所欲或信口开河,而应当实事求是,一视同仁。特别是对差生,教师不能抱有成见、冷落、歧视;相反,应给予他们公正的评价,热情的关怀,并要善于发现他们身上点滴的进步,及时表扬。这样就会使他们感到老师不是门缝里看人,从而激发他们的上进心。

(2)表扬不是吹捧。不能为表扬而表扬,如果抓住学生身上一些芝麻大的小事就随意夸大,捧过了头,就会使学生产生骄傲自大、藐视别人的心态,不利于学生的健康成长。

【示例】

李红是少先队中队长,不仅学习好,工作也很出色,深得同学、老师信任,并时常受到班主任王老师的表扬。可是不知从什么时候开始,李红的工作变得平平了,人也失去了以往的开朗和干练。王老师想,也许是李红需要鼓励和鞭策了,于是表扬得更勤,规格也更高了。直到有一天,李红跟王老师说:"请您不要再当众表扬我了。"王老师感到奇怪:"不表扬你,难道你愿意听我批评不成?"李红为难地说:"您总表扬我,别的同学都不理我了。"原来,王老师对这个中队长过度赏识,而忽视了其他班干部的作用。有的同学就对李红说,我们干得再好王老师也看不见,以后有什么事你就自己干吧!也有的同学说李红就会自己逞能。王老师万万也没有想到对李红的表扬却把她孤立了起来,挫伤了更多学生的积极性①。

【评析】

这个例子提醒我们,表扬是把双刃剑,运用表扬语时切忌因为表扬一个或几个同学,而挫伤了那些未被表扬的同学的积极性。

(三)表扬的类型

表扬从内容来看,一般有:表示你的满意,描述学生的正确行为,解释表扬的原因等。从形式上看,有以下三种:

1. 当众表扬

当众表扬是指在公开的场合当着众人的面进行的表扬。这是最常用的表扬形式。一般说来,当众表扬因为受众多,影响大,更能使受表扬的学生产生一



① 关颖.表扬孩子的必要性、科学性、艺术性[J].少年儿童研究.2003,(10):11.

种荣誉感；特别是当受表扬的是差生时，更能帮助他们找回自尊，树立自信心。当众表扬也能为其他同学树立榜样，激励作用能得到充分发挥。

【示例】

### 一次表扬之后

我接任班主任时，前任班主任老师告诉我："男生小冯是这个班最差的学生，光知道贪玩，对学习根本没兴趣，成绩糟透了；还好恶作剧，经常和别人闹意见，老师怎么批评帮助也不听。"

不久，我也觉得这个学生是够典型的了。我第一次找他谈话，他就说："我早就知道你得找我。""你怎么知道？""我咋不知道。我们班今年换了四个班主任，没有一个不找我的，没有一个说我好的，要批评就讲嘛！"尽管我再三解释这不是批评，是谈心，他仍执意不肯跟我谈。家访时，他家长说："这孩子既不好好学习，又淘气，真拿他没办法，老师你也不要在他身上费心了。"

怎么办呢？以往的经历告诉我，再调皮的学生，也有自己的优点和特长。初中生喜欢别人把他当大人看待，有很强的自尊心，希望在众人面前受到表扬。关键在于教师要像探测金矿一样去寻找他们身上的闪光点，对他们每一点微小进步都予以热情的鼓励。我决心开始细心观察小冯的一言一行。

一次，学校开始了运动会的准备工作，安排我们抬土垫操场，我把任务分配到四个小组。结果，小冯所在小组最先完成任务。任务完成后，他们组有的同学喝水去了，有的玩去了，而小冯却跟在几个同学后面继续帮助其他小组干。劳动总结会上，我突出地表扬了小冯。当时他并没有什么明显的反应，可自那以后，凡遇劳动，他就抢着干脏活、累活。

小冯进步了，我这个做班主任的不知有多高兴。为使他的优点发扬光大，我开始有意识地安排他下课擦黑板，打扫班级卫生，做为大家提开水等服务性劳动，并号召同学们学习他的劳动态度。有时我感觉他活干得不入门，就做个样子给他看；有时他干得不顺手，也腼腆地来请教我。慢慢地，师生关系开始发生了变化，这时我想，怎样才能把他的学习积极性也调动起来呢？

一天，自习课上，我把批改完的数学作业发给了学生，让他们自己看看有哪些错误，找找原因。不一会儿我发现小冯面对自己的作业本，满脸怒气地在自言自语地说着什么。又不一会儿，他把两页作业扯了下来，狠狠地撕成碎片。周围的同学不解地看着他。刚批过他的作业，我心里是有数的，觉得这是帮助他的一次好机会。我对大家说："同学们，小冯同学今天作业没做好，他自己很不满意，决心撕了重做。我们都要学习他这种认真对待学习的态度。"在个别辅导中，我帮小冯查找错误的原因，他当堂就弄懂了这几道题。后来我找他谈心时，他说出了埋在心底的话："谁不想好哇！可是，以前在学校、在家里，谁也不说我一句好。"接着他说，"老师，今天撕作业时，我是对您给我打那么多×不满意，也对自己学习不好不满意。现在，我只对自己不满意了。"

师生感情上有了交流，事情就好办了。在学习上、纪律上、生活上，我时时向他提出较高的要求。并安排了一名各方面都比较好的学生和他同桌，以便互相帮助。后来，他成了班上的一名学习进步最快、各方面表现都较好的学生。

【评析】

要转变和教育差生，确实不容易。这位教师像“探测金矿”似的去寻找那名过去不接受教师和家长教育的学生身上的“闪光点”，对于差生每一点微小进步都给予热情的鼓励和表扬，使之优点逐步发扬光大，开始转化。在师生建立了相容的、友好的关系的基础上，教师又进一步对学生提出最低要求，并以此逐步提高，循序渐进，终于使这名差生在老师的帮助下，取得了很大的进步。

2. 个别表扬

个别表扬就是在非正式场合，或与学生个别交谈时进行的表扬。

为了更好地了解学生、帮助学生、与学生沟通，老师常常与学生单独相处，就学生的学习、生活等话题，与学生进行交流。这时从表扬入手，学生就会特别感动，交流沟通也会更加顺畅。

【示例】

一名同学在全校卡拉OK比赛中获得第一名。比赛一结束，老师立即找到他谈话，赞扬他说：“你唱歌真棒！在许多方面同样也很有天赋，只要你努力，将来肯定有出息！”这名同学就很开心。

3. 随时夸奖

教师在与学生的频繁接触中，会随时看到学生言行中的闪光之处，这时老师及时表扬他们的点滴进步，能够强化学生的意识，巩固这些好行为，培养学生形成良好的习惯，而不必拘泥于在正式的集体场合表扬。

例如，看到学生把掉在地上的黑板擦捡起来，或离开教室时主动关灯，可以对他说：“你能爱护公物，注意节约，同学们都应当像你一样”；又如，有同学利用休息时间帮助生病的同学补课，或辅导学习差的同学做作业，可以对他说：“你主动帮助同学，我很感谢你”，等等。

## 二、激励语技能及训练

### （一）激励语的定义

激励，就是激发和鼓励。在学生思想教育的过程中，激励是“进取”的动力，是“向上”的能源。教师应当学会利用学生的需要，发掘出学生内在的潜力，从而激发学生的干劲和热情，调动学生自身的积极因素，促其奋发向上、全面成长。



中学生的一般特点是，情感起伏变化较大，不够稳定。他们勤于学习，勇于进取，积极向上，但是，一遇到挫折和困难时，也容易产生自卑感，甚至自暴自弃，走下坡路。因此，在对学生进行思想教育工作中，教师用激励的语言教育学生，能使他们焕发出积极向上的情绪，从而自觉地为实现奋斗目标而努力。

（二）运用激励语的策略

1. 思想引导，立定志向

崇高的理想、远大的志向，能激发学生积极向上。教师要弘扬主旋律，不断激励学生在政治思想上的进步，热爱集体，热爱生活，勇于克服困难。教师应当善于发现学生身上的"闪光点"，及时予以肯定、鼓励，促其思想上进步因素的扩展与稳定。教师的正确引导，能使学生产生强大的精神动力，改掉坏毛病、坏习惯，胸怀大志，立足现实，不断进取。

2. 目标激励，引导行动

人的行为都是有目的性的，教师要了解学生的需要，帮助学生确立奋斗的目标。一个毫无目标、毫无追求、浑浑噩噩地生活的人，终将一事无成。教师要督促学生确定目标，并且坚定地付诸行动，帮助学生正确地对待挫折，百折不挠，勇往直前；激励学生为实现奋斗目标而努力拼搏，发掘出他们内在的潜力和热能。

3. 榜样鞭策，激发上进

榜样，能影响学生的思想和行为，对学生能产生巨大的感染作用；榜样，还可以成为学生自我对照的一面镜子，在与榜样的对照中找出自己的差距，能引起学生的自愧和内疚，从而自觉地去克服缺点，纠正不良行为。教师应当根据学生中存在的问题，向学生提供榜样，树立正面典型，用具体、生动的事例去影响学生的思想、品德和行为，运用典型示范方法，使思想教育工作形象化，把空洞的说教变成样板示范，激发学生模仿和追赶的愿望。

4. 关爱有加，融洽感情

教师的情感直接影响学生的思想和学习情绪。关心、爱护学生，就会使其产生欢乐愉快的情感，增强学生前进的动力；反之，厌恶、训斥学生，就会激起学生消极的、不愉快的情感，对老师疏远、灰心、对抗，教师的教诲就不易被学生接受。因此，良好的感情基础，是学生接受思想教育、转变行为的必要条件。教师满怀深情的话语，往往能使学生产生直觉的情绪体验，在和谐融洽的气氛中谈话，无论讲道理还是提要求，效果一般都很好。教师经常关心学生，了解学生的需要，帮助学生解决实际问题，就会使学生产生亲近感，愿意向老师诉说心里话，并主动地加快前进的步伐。教师对每一名同学的微小进步都给予关注，并适时地表扬和鼓励，就能增强学生进取的信心，调动他们的积极性、主动性和创造性。

（三）激励语的类型

1. 夸奖式

教师通过夸奖学生的某方面长处，唤起他们的自信，从而激励他们向着某一目标迈进。

【示例】

于永正老师借班上公开课，请到一名叫何超的同学朗读课文。何超不是丢字就是添字，不是读错就是把句子读断。但他不怕错、不气馁，当着那么多听课老师的面，竭尽全力地去捕捉每个字，大声地念每个字，在于老师的指导下，终于读下来了。于老师说："何超，你真是好样的，有了这种顽强的精神，何愁超不过别人。"课间，何超坐在位子上，一字一字地大声读课文，于老师劝他"放松放松"，他说："我要读书。"第二节课，于老师又给了他一次朗读的机会，他竟然较流畅地朗读完了①。

【评析】

在公开课上，无意中请到一个朗读能力很差的学生，把好端端的文章读得支离破碎，老师不批评他已经是很有涵养了。而于老师却能从学生的态度中找到肯定的因素，并且幽默地用他的名字来激励他。何超后来的表现，证明了教师激励语对学生进步成长的巨大激励作用。

2. 启发式

启发式是教师通过分析，激发学生自我行动的愿望，从而去实现目标。

【示例】

全国各阶层人士捐钱捐物为贫困山区的孩子献爱心。为了使学生理解"希望工程"的意义，激发学生刻苦学习的精神，老师组织学生举行了"希望在我心中"主题队会。主题队会结束时，辅导员老师说：

同学们，"希望工程"是对我们贫困山区孩子的关怀，我们中队有60名队员被列为救助儿童，对这件事我既高兴又难过：高兴的是有了这些资助，同学们能够安心学习了；难过的是，我在想，为什么我们这里这样贫困，自然环境不好是一个原因，但还有一个重要原因就是文化教育落后。文化教育落后造成各方面的落后，导致贫困。因此我殷切地希望你们要发愤学习，多掌握科学知识，将来为摆脱贫困做贡献，用实际行动来回报全国人民对贫困地区孩子的关心、爱心②。

【评析】

在这个例子中，学生被资助而能继续学习，这是一件高兴的事，为什么辅导员会难过呢？当他把难过的原因之一——文化教育落后导致贫困分析出来后，再要求同学发愤学习，就容易被学生内化为自己的目标。

---

① 于永正．教海漫记[M]．徐州：中国矿业大学出版社，1999：144-145.

② 李守歧．"希望在我心中"主题队会[J]．宁夏教育，1955，(1)：17.

3. 激将式

这是用刺激性的话或反面的话激励学生去做原来不愿做或不敢做的事。

【示例】

江苏海门东州小学仇汉江老师班上有一名学生特别喜欢下象棋,但英语成绩却一直不如人意。他多次和仇老师较量棋艺,但从未赢过。有一次,仇老师故意输给了他,他的信心倍增,说他还能赢。仇老师说:“你能下出这样的好棋,就一定能学好英语,等你的英语成绩上来了,我再和你下。”他表现出畏难情绪,仇老师又鼓励他说:“一个能下好棋的人,就一定是聪明人,而一个聪明人就一定能学好英语。以前你是没有把学英语当成一回事,所以你没有学好,现在你把学象棋的劲用到学英语上去,还有学不好的道理吗?”后来他果真把对下象棋的自信心迁移到学习英语中去,英语成绩有了很大的提高①。

【评析】

“等你的英语成绩上来了,我再和你下。”这句话从表面上看是老师拒绝了学生下棋的请求,实质是利用其爱下棋的心理进行刺激,激发他提高英语成绩。

4. 号召式

集体活动中,教师布置任务或总结工作时,用富有激情和鼓动性的语言,对学生提出希望和要求,激励大家不断进步。

【示例】

**一席话点燃一团火**

在学校开展的“学雷锋、学英雄,争做四有接班人”的活动中,班主任对全班同学作了这样的动员讲话:

“同学们,我们这个战斗的集体就是一支即将起航的舰队,我们将它命名为‘雷锋号’舰队。舰队的宗旨是‘学习英雄,团结奋进’。今后,我们的队员在学习和生活上碰到了困难,就像在海上行驶中遇到了风浪,大家要以英雄为榜样,齐心协力去战胜它。同学们,我们‘雷锋号舰队’征途无港湾!让我们开足马力,扬起风帆,勇往直前,驶向那金色的海岸!”

老师这番话点燃了学生心中的一团火,全班同学群情振奋,斗志倍增,在活动的开展中取得了可喜的成绩。

【评析】

这位教师用充满感情的、带有激励性的话语点燃了学生心中的一团火,增添了班集体的凝聚力和战斗力,从而有效地激发起学生奋发向上和勇于进取的精神,具有较强的号召力和感染力。



① 高谦民,吴立德. 小学班主任实施素质教育指南[M]. 南京:南京师范大学出版社,1999:190.

## 运用与训练

1. 自由结合两人一组，先想想对方有什么优点，然后夸夸他。

2. 有一位母亲，诚恳地要求他孩子的班主任："您别总是批评他，他有什么做得好的，您也表扬表扬他吧。"这位老师后来找到这个孩子的父亲说："他母亲让我表扬他，可他什么好的地方都没有，让我怎么表扬他呀？"

其实，这个孩子在班里曾要求过擦黑板，班主任老师鄙视地说："这儿没你的事儿，用不着你！"他也曾想干其他好事儿，老师却不屑一顾。久而久之，孩子也就真不知自己身上还有什么可表扬的了①。

(1)请根据上面片断的内容，模仿那位班主任的语气读一读他的话，让大家说说听后的感受。

(2)如果你是这位班主任，听到这样的恳求后，应如何回答？

3. 有一名同学期中考试六门功课中有三门不及格，班主任找他谈话，下面是两种谈话内容。你认为哪一种谈话内容能收到较好的效果，请说明理由。

(1)"期中考六门功课，你竟有三门不及格！上课开小差，作业不肯交，我看你根本不是读书的料。如果期末仍然考不好，那你就干脆不要再读下去了！"

(2)"这次你三门功课没有考好，真出乎我的意料。有人说你天资低下，我认为并非如此。恰恰相反，你反应很快，就是舍不得用功。一次考试失败了并不可怕，可怕的是无动于衷，自甘落后。我相信你一定能吸取这次的经验教训，发挥你的聪明才智，在期末考试时打个翻身仗，让事实证明你是好样的！"②

# 第五节　批评的技能与训练

## 一、批评的定义和意义

批评，是对学生的错误思想和不良行为给予的否定的评价。

批评的目的在于"育人"，帮助学生认识错误、改正错误，制止错误思想行为的发展，把学生从错误的道路上拉回来。准确恰当的批评，能使学生知道自己的缺点与不足，并及时地得到纠正，还可以起到教育全体学生、明辨是非、防止重犯类似错误的作用。

批评可以提高学生对是非、美丑、善恶的辨别、判断能力，激发学生的上进

---

① 顾虞华．表扬与批评的心理学思考[J]．南通师专学报(社会科学版)，1997，3(4)：108.

② 毛可敬．师生口才的训练术[M]．长春：东北师范大学出版社，1991：293.

心，促进学生健康地成长。

## 二、运用批评的原则

### (一)诚心诚意，尊重、热爱学生

在批评教育的过程中，要有“爱人之心，助人之意”，教师要从情感入手，尊重、热爱学生，诚心诚意地帮助学生，对缺点错误耐心分析，使其明白道理。只有达到情理统一，才能打开心灵的窗户，使学生心悦诚服地接受批评，知错而改错。

教师如果对学生缺乏感情，批评就会停留在表面，往往不是就事论事，而是借题发挥，陈芝麻烂谷子都掀了出来，伤害了学生的自尊。有时，在冷漠、厌恶的情绪作用下，对学生尖刻的数落或粗暴的训斥，常常还会导致学生反感，口服心不服，甚至破罐子破摔，造成师生之间关系紧张。因此，只有热爱学生，使学生真切地感受到教师的关怀和善意的批评，达到双方心理相融，批评方能奏效。

【示例】

有位教师上课时发现一个女生低头在看一本杂志，当该生知道老师注意到她时，慌忙把杂志塞进课桌里。下课后，老师叫她到办公室去一趟，可老师在办公室左等右等却不见她的身影，只好返回去找她，结果，发现她局促不安地站在楼梯口。老师把她叫到一边，问她：“为什么不到办公室去?”她对老师说：“怕你当着那么多老师批评我。”望着这名女生涨得通红的面孔，这位老师改变了主意，不再坚持要学生进办公室了。于是，在楼梯口，老师同她进行了交谈，使她认识到了自己的错误，下决心改正①。

【评析】

上面的例子告诉我们，学生是很在意教师批评自己时的场合的，因为这关系到他们的自尊。所以老师对学生进行批评时，能不在教室、办公室这些地点就尽可能不在，能不当着全体同学和其他教师的面进行批评的就尽量选择无其他人在场的场合，能不点名的就不指名道姓。给学生留面子，是尊重学生的体现，能更好地发挥批评的作用。

### (二)因人而异，把握分寸

批评教育学生应当因人而异，依照学生的个性特点，采取不同的批评方式，并注意掌握分寸，正确引导，才能收到好的效果。对于自尊心较强而又性格内向的学生，教师宜用温和而含蓄的语言，采用渐进式的批评，逐步深入，帮助他们分析错误，查找原因，耐心开导，使他们易于接受，转变认识；对于聪明机灵的学生，教师的批评可采用间接地提醒或暗示的手法，委婉地转达教师的意见，使

① 李祥东．学校批评教育的“六要”“六防”[J]．泰山学院学报，2003，25(1)：117－120.

之一点就通，点到为止；对于脾气暴躁、个性刚强的学生，教师对他们要一分为二，辩证分析，诚恳地指出问题，提出希望和要求；对于积习难改或犯了错误抱有侥幸心理的学生，可用是非明确、感情强烈的批评，认真、严肃地指出问题，用较为尖锐的措辞，来触及他们的思想，将他们从浑浑噩噩的状态中唤醒过来，使之受到震动。

（三）讲究语言艺术，注重批评效果

讲究语言艺术的批评，往往会收到事半功倍的效果。批评作为一种教育手段，运用时的效果如何，很大程度上取决于教师批评的方式和批评语言的选择。俗语说得好，“良药苦口利于病，忠言逆耳利于行”。注意和讲究批评的方式和批评语言的选择，就是要在这苦口的良药外加上一层糖衣，使学生们愿意吃；就是要让“忠言”变得顺耳，使学生愿意听。这是一种柔性批评的方法，是语言艺术，它带有弹性、情谊性、可比性和知识性，运用得好，可以收到比直接批评更好的效果。

## 三、批评的类型

下面介绍一些批评的具体方法。

（一）以褒代贬法

这种方法，先不直陈学生的缺点和错误，而是分析表扬学生的某些优点，然后再指出其不足之处。这样，有助于消除学生的逆反心理，增强对批评的承受力和改正错误的信心；还能使学生在褒扬中品味出言下之意和弦外之音，又不会感到难堪，给学生一个改过的机会，激发学生的自尊和上进心。

【示例】

**错，让学生自己“认”**

——从“不是我”到“我来捡”

李老师走进教室后，发现纸篓旁有许多很小很小的碎纸片。她边往讲台前走，边随口问一句：“是哪个同学撕的废纸？”顿时，同学们的目光不约而同地集中在小博身上。“老师，废纸是小博撕的。”“不是我！”“老师，刚才我们在教室玩时，亲眼看见他撕的！”“我也看见了，就是他撕的！”“你们胡说，我根本就没有撕！”教室里这下热闹起来，你一言，我一语，吵得不可开交。

李老师把目光投向全班，平静地说：“谁扔的纸片并不重要，更重要的是大家都要自觉地保持班级的环境卫生，哪一个同学愿意做环境小卫士，把纸片捡干净？”老师话音刚落，几乎全班同学都把小手举起来。李老师说：“大家这么爱集体，关心班级，老师很感动，你们愿意做好事的精神真值得老师学习。这么多同学举手，该让谁来做呢？”这时，小博连忙站起来大声说：“老师，让我去捡吧？”李老师笑着对他点点头说：“好！”他马上跑到纸篓前把地上的废纸片捡得干干净净，李老师用赞许的目光看着小博，然后对大家说：“小博真能干，为了班级的环境卫生，他不怕脏、不怕累，一个人把纸片捡干净，为班级做了好事，给大家做出了榜样。我们每个少先队员都要养成自觉保持卫生的好习惯。”

下课后，李老师刚回到办公室，小博就来到她身边，低着头，不好意思地说：“老师，这纸片是我扔的，我以后再也不随便乱扔东西了。”看着他那天真而又自责的样子，李老师轻轻地抚摸着他的头，脸上不由得露出欣慰的笑容①。

【评析】

在这个以褒代贬的例子中，李老师首先没有去追究这纸到底是不是小博撕的，而是通过提醒“大家都要自觉地保持班级的环境卫生”，含蓄地否定了撕纸行为；接着对全体同学提出了一个要求：“哪一个同学愿意做环境小卫士，把纸片捡干净？”这就指出了改正缺点的途径，也暗暗为小博改正缺点创造了条件；最后，在众多同学都争着要捡纸片时，老师决定让小博来捡，把改正缺点的机会给了他，并且通过表扬，让他能够用行动来证明自己已认识到错误并改正了错误。

（二）榜样法

这是一种正面引导的方法。或者通过表扬那些做得好的同学，或者教师自己用行动来示范，为同学提供榜样，从而间接地批评错误的言行，促进他们自我纠正。

【示例】

### 以身作则背课文

在师范上学的时候，我任学习班长。在学完《岳阳楼记》这篇课文后，教文选的王俭老师对我们说，这篇古文语句优美，要求大家把课文背下来。第二天上文选课时，王老师说：“昨天要求同学们把《岳阳楼记》背下来，下面我进行检查，能背下来的同学请举手。”同学们你看看我，我看看你，都低下了头，谁也没有勇气举手，因为我们都没有完成这个作业。我心想：这顿批评肯定躲不过去了。完全没想到——王老师稍停了一会说：“请大家打开书本听我背一遍。”于是王老师一字不差地把这篇古文背诵了一遍，那抑扬顿挫的声音深深地印在我们的心里。我惭愧至极，深为自己是一个学习班长没有带头完成作业而懊悔。课后，同学们议论纷纷：王老师这种没有责骂的批评太让人服气了，以后我们一定按时完成作业②。

【评析】

例文中的教师在学生未按照要求完成背诵时，自己作了示范背诵。虽然对学生未说一句批评的话，但这琅琅的书声就是最好的教育语。

另外一种情况是，教师在对学生进行批评时主动承担责任，这样也有利于

---

① 傅道春．新课程中教师行为的变化[M]．北京：首都师范大学出版社，2001：189-190.

② 韩慧萍．批评的艺术[J]．教育艺术，1999，(8)：8.

学生认识自己的缺点和错误,及时改正。如学生作业出现了错误,老师可以说:“你要吸取教训,当然我也有责任,如果我及时提醒的话,你就不会出错了。”

(三)幽默法

采用幽默的方法进行批评,可以避免直接针对学生的错误而产生的负面影响,同时也可以使学生更加乐意接受老师对其错误言行的批评,更好地改正错误。

【示例】

“沙土呼救”活动

有一天,李大同老师发现同学们玩沙子堵住了胡同的路面,他决定抓住这件事对学生进行教育。如何教育呢?

第二天早上早操后,他集合同学,对大家说:“昨天,大队部收到一封信,是谁寄来的呢?写的什么呢?我打开一看,是小沙子写来的……”学生们会心地笑了,他们明知小沙子不会写信,却十分盼望知道信的内容。操场上很安静,李老师接着大声读出信的内容:“亲爱的少先队员们,我们是一群小沙子,工人叔叔把我们运来,堆放在胡同里,是准备让我们参加社会主义建设的。可是很多小朋友到沙子堆上来玩,挖工事、扔手榴弹,把我们很多兄弟扔到马路上,行人踩、车轮轧,我们很多兄弟都没命了,怎么还能参加社会主义建设呢?少先队员们,快来救救我们吧。”信读完后,李老师只说了一句话:“沙土向我们呼救了,让我们赶快行动起来去救救他们吧!”中午放学后,三年级一个中队就行动起来了,队员们拿着小铲、小桶、扫帚、簸箕……把散落的沙子堆回原处,还在沙子堆上插上木牌,上面写着:“爱护公物,人人有责。”队员们乐呵呵地干着这件事,好像在做一个游戏,沙土呼救了,我们来救命,多有意思①!

【评析】

这是20世纪60年代初,李大同老师组织的一次“沙土呼救”活动。李老师是非常懂得孩子心理的,他未说一句责备的话,而是运用拟人的修辞手法,非常形象地借沙子之口批评了孩子乱玩沙子的做法,构思“沙土呼救”的活动,由此取得了直接批评难以取得的效果。可以设想,如果李老师的教育讲话不是采用幽默这种风趣的方式,而是大讲沙子的用途,大谈爱护国家财产的意义,再严肃地指出学生行为的错误,最后布置学生们去劳动。这样孩子们感到自己受了批评,心里灰溜溜的,再去参加劳动,怎么会“乐呵呵地干着这件事,好像在做一个游戏”呢?又怎么会有“沙土呼救了,我们来救命,多有意思”这种愉快的感情产生呢?



① 李大同. 小学德育浅谈[M]. 北京:北京教育出版社,1992:94.

（四）宽容法

这是采用宽大的方式，理解和原谅学生的缺点和错误，促使其自觉改正的批评形式。

宽容是人性的一种美德。金无足赤，人无完人，当然也没有不犯错误的学生。教师对学生的缺点错误要能容忍，不能一看到学生出现了点问题，就恨铁不成钢，横眉冷对，张口指责。实践证明，对犯错误的学生采用适当宽容的批评方法，有利于学生改正缺点和错误。

【示例】

**捧起一颗摔碎在地上的自尊心**

一名六年级的女生，成绩平平，为了能在期末考试时一鸣惊人，让老师同学对自己刮目相看，她想事先得到一张试卷，便在放学后打开办公室窗户跳进去找试卷。

一位老师听到声音后，在敲不开办公室门的情况下，也从窗户爬了进去并拉亮了灯。女孩用双手紧紧地把脸藏起来，顽强地守护着自己最后一点可怜的自尊。这位老师没有拉下她的手，而是问她："小姑娘，你是在这学校念书吗？"女孩点了点头。"你不要露出你的脸，也不要说话。你回答我的问题只点头或摇头就行。你来这儿，是要找一件你想要的东西吗？"女孩点点头。"这东西属于你吗？"女孩摇头。"不属于我们的东西，不管它的价值如何，我们都不应该拿，对不对？"女孩又点了点头。"记住我的话，你走吧，小姑娘。明天你来上学的时候，依然是个天真可爱的孩子。"

许多年过去了，那个女孩如今回到母校为人师表了。每当她想起当年把她那一不小心摔碎在地上的自尊心轻轻捧起、抚平，然后又温柔地交给她的那位老师时，女孩总是一如既往地被感动着①。

【评析】

学生在考试前居然敢爬进办公室偷试卷，大多数老师遇到这种情况都会大惊失色，对这名学生声色俱厉、严惩不贷。事例中的这位老师面对捂着脸的学生，能够尊重她的自尊，心平气和地对她进行启迪教育，体现了对学生深厚的爱和博大的胸怀。

这位老师用宽容的批评方法教育学生能够奏效，一是采用宽容方法时，向犯错误学生传达的是对其改正错误的充分信任，"明天你来上学的时候，依然是个天真可爱的孩子"；二是在宽大地容忍犯错误的学生时，并不宽大、容忍学生犯的错误，对她的错误进行分析教育，指明了如何改正，"不属于我们的东西，不管它的价值如何，我们都不应该拿"；三是老师在进行批评教育时，语言非常得



① 傅道春．教学优秀案例分析——教师行为研究［M］．北京：教育科学出版社，2001：41-42.

体,不用“偷”字而是用“找”字、“拿”字,保护了学生的自尊。

可见,宽容是手段而不是目的,宽容并非纵容。运用宽容法需要以对学生的充分了解作为前提,需要选择合适的时机,比如:学生初次犯错时,学生偶然犯错时,学生能够改正错误时。

## 运用与训练

1. 这是教育家孙敬修爷爷的一则教育故事,请你有感情地读一读,然后谈谈孙敬修爷爷是运用什么手法对小朋友进行批评教育的,这种方法的好处是什么?

### 我在听小树的哭声

有一次,教育家孙敬修爷爷看到几个小朋友在折树枝,他便走到他们身边,弯下腰将耳朵贴到树枝上认真地聆听。孩子们好奇地问:“爷爷,您在听什么?”孙爷爷说:“我在听小树的哭声。”孩子们更奇怪了:“小树也会哭吗?”“是啊,你们折它的胳膊,它当然要哭了。它还说,它和伙伴们绿化我们的城市,长大后为建设祖国服务,好孩子都应当爱护它们。”孩子们听了以后,脸红了。后来他们自动组织起护林小组①。

2. 下面是特级教师丁榕老师处理过的一起学生偷笔事件。请分析丁老师的话,说说其中所包含的内涵。

丁老师发现某个同学拿了别人的笔后,没有声张,而是专门买了一支笔,送给这名学生,说:“我知道你需要笔。”老师的爱和宽容使这位同学声泪俱下地承认了自己的错误,将偷来的笔还给了同学②。

3. 请你也试着用幽默的语言调解两名同学打架。

### 幽默也能化干戈

有两个同学在教室里打架,他们互相抱着头,瞪着眼,喘着粗气,憋足了劲,像两只斗架的公鸡,准备较量。

看着他俩那样子,老师风趣地说:“喂,你俩干什么呢?是在亲热拥抱吧!”“哈哈哈……”同学们一阵哄堂大笑。他俩松开了手,脸红了,互相瞅瞅也笑了③。

4. 请你指出下面这位数学老师的批评语错在哪里?请你就学生上课走神的教育情景,设计批评语,最好能采用暗示法。

数学课上,老师发现一名学生走神了,就把粉笔头砸了过去,还批评说:“就

① 叶昭秀. 精心设计批评[J]. 四川教育,1999,(Z1).
② 张全喜. 名师批评艺术谈[J]. 教学与管理,2002,(8):21.
③ 张国中. 幽默也能化干戈[J]. 河北教育,1995,(9):44.

你那数学成绩，还不认真听！拉了大家的后腿，把全班的脸都丢尽了！”从此，这名学生患上“数学恐惧症”，数学成绩一落千丈。

## 第六节 评价和应急语的技能与训练

### 一、评价语的定义和意义

评价，是对学生的思想行为或目前的发展状况，通过褒贬的形式所作的总结和评判。

评价，是促使学生思想行为按正确方向发展的一种强化手段，教师给予学生准确而深刻的评价，就像一面镜子，可以照见学生的风貌；同时，它又像一块路标，指引学生前进的方向。通过评价，使学生能够正确认识自己、约束自己，明确今后的努力方向，从而形成良好的规范行为。

中学生正处在自尊、自爱意识迅速发展的时期，特别敏感，很注重别人对自己的评价，并从这些评价中来了解自己，感受自己的实际价值。因此，教师对学生公正而客观的评价，将对学生产生重大的影响。教师的评价，不仅是教育学生和鼓励学生的重要手段，也是激发学生上进的精神食粮。

### 二、评价的言语策略

（一）充分肯定，激发进取精神

教师能够充分肯定学生的成绩和优点，同时也指出缺点和存在的问题，倡导先进，批评落后，就能有效地激发学生的荣誉感和羞耻感，从而发扬优点，克服缺点，奋发向上，调动学生进取的积极性。因此，教师对学生的评价，应当以肯定为主，对好人好事、先进思想公开表扬，并从事实中提炼出精神，小中见大，以此鼓励先进，激励后进，树立正气。教师评价学生，还应当注意态度，做到和颜悦色，话语亲切，尽量把一些本来要批评的意思转换为肯定的评定语言，例如，“我相信你，只要改掉这个毛病，就一定能取得进步”等等，这样，便能启发学生发扬优点，克服不足。有时，教师三言两语的鼓励，会给学生带来意想不到的思想激励，并由此转化为蓬勃向上的动力。

（二）客观公正、实事求是

学生的可塑性较强，教师应针对他们的实际情况，给予公正客观的评价，对于学生思想品质方面暴露出来的问题，教师应严肃认真地指出，及时提醒并限期改正，以引起本人的重视，约束自己的行为；对于各方面表现较优秀的学生，教师应当在充分肯定和赞扬的基础上，提出进一步的希望，或以惋惜之心评析其某些不足，以推动学生的进一步发展。教师只有评价在理，实事求是，才会令学生信服。

教师在评价时要掌握好"度",对某一学生赞扬过多,会滋长学生骄傲自满,使其他学生感到老师在偏爱而产生逆反心理;对某一学生否定过多,又会使学生萎靡不振,觉得受到歧视,产生自卑或引起内心的不平之感。因此,评价必须公正客观,才能达到最佳效果。

(三)比较、分析,确定进取目标

评价学生要善于比较:从同学之间的比较,找出差距,发现优点;从同一学生不同时期的比较,找出进步快慢的原因;从学生在校内外表现的比较中,更为全面地了解学生。比较,能促使学生鉴别自己,规范和完善自己的行为;能够提高学生的自我认识,在比较中取长补短、发展自己,进而提高学生进取的目标。教师对不同层次的学生,提出不同层次的要求:启发优秀学生树立远大理想,要高标准严要求;诱导中间层次的学生努力进取,严格要求,逐步向优秀学生过渡;帮助后进学生确立较易实现的近期目标,让他们感到有奔头,逐步向好的方向转化。这样,才能使学生充分挖掘出自身潜在的能力,调动进取的积极性。

## 三、评价的方法

(一)肯定法

这种方法是对事实进行分析,挖掘出其中值得肯定之处,激起同学自我认识的心理动机,从而使其获得重塑的内驱力,自觉地认识缺点和错误,进行纠正。

【示例】

**"四块糖果"**

陶行知在育才小学当校长的时候,有一次看到一个叫王友的同学用泥块砸班上的男同学,当即制止了他,并让他放学时到校长室来一趟。放学后,陶行知来到校长室时,看到王友已经等在门口准备挨训了。不想陶行知从口袋里掏出一颗糖递给王友说:"这是奖给你的,因为你按时到了,而我却迟到了。"王友惊异地接过糖果。随之,陶行知又掏出一块糖果放到他手里,"这第二块糖果也是奖给你的,因为当我不让你再打人时,你立即就住手了,这说明你很尊重我,我应该奖励你。"王友更惊异了。陶行知又掏出第三块糖果塞到王友手里,"我调查过了,你用泥块砸那些男生,是因为他们不守游戏规则,欺负女生。你砸他们,说明你很正直善良,且有跟坏人作斗争的勇气;应该奖励你啊!"王友感动极了,流着眼泪后悔地喊道:"陶……陶校长,你打我两下吧!我砸的不是坏人,而是自己的同学啊……"陶行知满意地笑了。他随即掏出第四块糖果递给王友,"为你正确认识错误,我再奖你一块糖果,只可惜我只有这一块糖果了。我的糖果完了，我看我们的谈话也该完了。”①

【评析】

在这个真实的故事中，陶行知先生在与学生谈话前，通过调查了解学生动手的起因，从中看到学生具有正直善良的品行；他从学生按时来到办公室愿意接受教育的行动中，看到了学生愿意改正缺点的良好本质，给以充分的肯定；他并不认为学生是犯了错误来接受教育的就歧视他，而是平等对待，以礼相待。他处处发现学生身上的闪光点，所以一再地肯定他的优点，加以表扬，激发出学生改正缺点的自觉要求。

（二）实事求是法

这种方法要求教师在评价时要虚怀若谷，不抱成见，实事求是，对表现优秀的学生，能够清醒地看到他的缺点和不足，而不是一味表扬；对表现不够理想的学生，能够清醒地看到他的优点和长处，而不是一味批评和指责。评价必须公正客观，才能达到最佳效果，才会令学生信服。

【示例】

**是不是个“省油灯”**

我刚接任初三(1)班的班主任工作时，原任班主任向我介绍情况，专门谈到了班上的小唐：“害群之马，最能挑刺闹事，总是给老师和班干部出难题。”并且告诫我：“对这样的学生，就得严厉，决不能客气！”

就在我接班主任工作后的第四天上午，我去上课，刚走进教室，班长还未喊“起立”，小唐就一本正经地举手报告：“李老师，报告你一个‘阶级斗争新动向’：今天早晨我来后，看见有几条板凳甩得乱七八糟，地下还有纸屑！”他的话音还未收尾，便引起了哄堂大笑。几个干部气得咕嘟着嘴，我也被弄得很尴尬，心想：果真不是个“省油灯”！本想批评他几句，而且批评的词语，诸如“小题大做”“大惊小怪”“夸大其词”“故作惊人”“故意找事”之类，已经到了嘴边。但是一转念：既然他故意出难题，他就不会怕，也总有点事实根据，简单的批评解决不了问题。于是，我强忍住了。说：“好吧，这件事下午班会解决。”

下课后，我把几个班干部找来询问。原来他们昨晚下自习后，临时决定开班委会，商量向兄弟班挑战的问题，并且立即起草挑战书。执笔者写了撕，撕了又重写。因时间太晚了，走时没有把板凳摆好，地下也丢了几片纸屑。这时我更冷静了，想了想说：“既然小唐的话不是没有一点根据，就不要计较人家的话太刺激了。下午班会上，你们应该检讨。”

这种处理办法，大概他们很少经历过，当时，正、副班长就受不了，一脸委屈。经我反复讲明道理，才说服了他们。

① 张全喜．名师批评艺术谈[J]．教学与管理，2002，(8)：21.

下午班会上，班干部就此事做了检讨。我在总结时说："既然班上定了制度，要保持整齐和清洁卫生，就应该人人遵守。昨晚，班干部们违反了制度，检讨是应该的。今后吸取教训，再不能这样了！小唐同学反映问题反映得好，是关心集体的表现。不过'新动向'一词说得不合适，哪能什么都往阶级斗争上拉扯？再说，这话也太过时了。"这时同学们又笑了起来，小唐不好意思地低下了头。以后，小唐虽然好说好动，但再也没闹出过像"新动向"之类的事来。

【评析】

原任班主任对学生小唐的评价，使用了贬义词，看法较偏颇，不利于促进学生的转化，而新任班主任能看到小唐"关心集体的表现"，并给予肯定，收到了良好的教育效果。这说明，对学生的评价依赖于教师对每一名学生的热爱，以及对问题的看法和处理的公正、合理，教师只有做到不偏爱、不歧视学生，对学生都一视同仁，客观公正、实事求是，才能在学生面前说话有分量，才能赢得学生的心。

## 四、应急语

### (一)应急语的定义和意义

同学之间、班级与班级之间、学生与教师之间、学生与工友之间常常会因某一触媒而引发出种种矛盾或酿成较大的事件。教师处理这种突然发生的紧急情况时使用的语言就是应急语。面对这种情况，教师必须保持清醒和冷静，在最短时间里解决"怎么办"的问题，临场机敏地应付处理，要审时度势，见机而行。并且快速有效地运用语言来平息事态或抑制事态的发展，使之朝正确的方向发展。

### (二)应急的言语策略

1. 可用威慑法，抑制事态的发展

当事态有可能继续发展和扩大时，教师必须采取有力的措施，用果断的语气及时断喝双方，制止事态的发展，抑制冲突。此时，教师的应急语必须干脆有力，毫不含糊。对于一些跟着瞎起哄、赶热闹和盲目冲动的学生要义正词严。预示事态发展的后果，话语中应含有警告和提醒，具有猛击一掌的力度，使其感到震慑而却步，从而有效地抑制住事态的继续发展。

2. 宜用说理分析法，唤醒对方的理智，以达到促使其收敛的效果

当"风云突变"，意想不到的事情发生时，教师首先自己要能理智地控制住自己的情绪，以冷静的头脑去思考，并做出准确迅速的判断，而后向学生分析说理，晓以利害，从消极和不利方面去推想事情发展的后果。针对学生思维相对比较简单、行为容易走极端的弱点，引导他们学会从不同角度看待问题，站到对方立场来思考问题"如果……该怎么办?"这样，唤起学生的理智，使之头脑清醒，怒火平息，以减少冲突，从而使双方各做退让，相互收敛，缓和紧张的气氛，为日后的进一步调解做铺垫。

3. 用机智幽默法趋时而变，灵活处理

对于偶发事件、紧急事态的处理，教师要表现出一定的灵活性，因时、因地、因人和因事而变化。有时以退为进，暂时做出缓和的姿态或让步，使其情绪稳定下来，这样就为下一步的调解创造了有利条件；有时可顺势反问，先不反驳对方，而是承认其合乎情理的一面，使原来剑拔弩张的气势慢慢消退，并由此掌握或引出他们的真正动机，而后反问，用其之矛攻其之盾，使其哑口无言、自知理亏；有时可用诙谐幽默的语句、开玩笑的方式，显露出教师对事情所持的态度，或者把严厉的话说得十分宽松，为学生日后自我纠正错误创造条件，使其能够"回转"。

（三）应急语的类型

1. 威慑法

面临事态可能继续发展和扩大时，教师果断、及时地喝断双方，制止事态的发展。教师的应急语必须干脆有力，能够预示事态发展的后果，具有猛击一掌的力度，使其感到震慑而却步。

【示例】

两个学生为一点小事由争吵发展到动拳脚，分别纠集了一帮人在校外打群架，有人还带着刀子和棍子，斗殴一触即发；班主任及时赶到，走到两帮人中间，一声断喝："住手！听我说两句话，你们之间有什么深仇大恨？谁想触犯法律被判刑坐牢的，就动手吧！"听了班主任的话，两帮人开始松动、后退，班主任找来带头的两个学生，让他们立即把人带回去，明天再处理此事。

【评析】

这是典型的使用威慑法的应急语。两个当事人因为不冷静，各自纠集一帮人打群架，并且还有人带了凶器，事态很严重；老师的应急语果断简洁、干脆有力，抓住了两点要害：一是斗殴双方本来没有什么矛盾，只是鸡毛蒜皮的小事；二是斗殴可能产生的后果，触犯法律，受到严惩。班主任的话如当头棒喝，使当事人猛醒，望而却步；有了转机，班主任立即把双方分开、带走，一场危机被化解了。

2. 说理法

面对意想不到的事情，教师理智、冷静，向学生分析说理，晓以利害，从消极和不利方面去推想事情发展的后果。从而唤醒学生的理智，双方各做退让，缓和紧张气氛，促使事态的良性发展。

【示例】

**这时需要"分而治之"**

年轻的张老师刚接了一个新班。这天是劳动课。当张老师布置了劳动任务，要求大家到指定地点参加劳动的时候，一个意外的事件发生了：全班同学一动不动，张老师尽管三令五申，同学们好像都成了聋子和哑巴，没有一个人离开座位走出教室。

原来，这个班有一个号称“敢死队”的小集团，把班级闹得乌烟瘴气。原任班主任正是对他们一筹莫展才自动辞职的。新班主任到任，这个小集团经过研究，决定给他一点颜色看看。这不，在他们的恫吓之下，全班同学真的按照他们说的，谁也不敢离开教室一步。

出现这种局面的原因，张老师已猜到了几分。他心里着实上火，但是他想，这几名同学与班主任之间裂痕较深，要他们马上转变思想是不可能的，靠发火和训斥不会有好效果。眼下需要的是打破僵局，完成今天的劳动任务。其他问题，以后从长计议。想到这里，只见他严肃而镇定地说：

“同学们，今天的劳动任务是必须完成的，这是我们做学生的义务。我不相信哪个同学这样害怕劳动，我也不会相信一名正义、勤奋、积极追求进步的同学会由于某种不良的外力而竟然不敢履行自己神圣的职责和义务！下面我要检验一下。”

同学们见老师说得有理有力，斩钉截铁，不觉胆壮了几分。老师接着讲道：“愿意维护团徽荣誉的团员同学，请率先离开教室。”十多个团员全部出去了。“要求保留干部资格的班干同学请离开教室。”七八名班干也走出教室。

“愿意追求进步的和不愿意与我这个新班主任对着干的同学，请离开教室。”许多同学都站了起来。“敢死队”的几名同学眼见到势孤力单，也不太情愿地跟大家一起走出教室，到劳动工地去了。

【评析】

学生中普遍存在一种“从众”的心理现象，特别是在学生心理素质不成熟的情况下，往往会出现某些具有小团体性质的现象，不少学生在不自觉中表现出顺从或屈从，遇事“随大流”。面对班上“调而不动”的紧急情况，张老师没有采取简单、粗暴的做法，而是非常冷静地压住了怒火，分析说理，晓以利害，采取了“分而治之”的方法，将多数人与少数准备调皮捣蛋的学生区分开来，“分化瓦解”“动摇军心”，并以坚定的语气，柔中寓刚，毫不含糊地表明了老师的明确态度，从而扶正压邪，使消极从众因素难以扩散，进而推动消极从众者向积极从众转化，收到了良好的教育效果。

3. 幽默法

用诙谐幽默的语句，开玩笑的方式，显露出教师对突发事情所持的态度，或者把严厉的话说得十分宽松，为学生自我纠正、自我反思错误创造条件。

【示例】

**今天不是愚人节**

作为一个新老师，初次上课，心情本来就很紧张，害怕出意外。上课铃声响过之后，我捧着教案兴冲冲走进教室。一推开门，一把扫帚和一盒粉笔灰当头落了下来，教案被打落在地，头上落满了粉笔灰，全班同学哄堂大笑。我显得狼狈不堪，觉得面孔涨得发疼，激起了满腔怒火，但很快地冷静了下来。教室里的几十双眼睛正在审视着我表情的变化，我意识到，这是同学们在看我对这张学生给老师出的试卷持什么态度。急、怒，都可能给课堂造成紧张、沉闷的气氛，而且，今后师生之间又该如何相处呢？

笑声还在持续。可是，就在这短短的一瞬间，我平静下来了，平静得像是没有发生任何事情一样。这意想不到的平静，使学生们猜不出我将如何处理这场扰乱课堂秩序的小乱子。笑声戛然而止。在大家期待、探询的目光中，刘老师问道：

“今天是几月几日？”“9月5日。”同学们大声回答。“噢，今天不是愚人节。感谢同学们提前给我过愚人节。”说完，我稍事收拾，打开教案，立即开始讲课。

这堂课，我格外努力，力求讲得绘声绘色，吸引了全班同学的注意力。正当大家听得入神的时刻，下课铃响了，我的课没讲完。我惋惜地合上书，轻声说：“时间不够用了。”言外之意，讲课前那场小乱子损失了我们大家的时间。

【评析】

新教师初次上课，就遇到这件意外事情。面对如此的窘况以及全班学生的哄笑和混乱的场面，这位教师能很快地镇定自己的情绪，没有大发雷霆，没有训斥、处罚学生；相反，十分泰然地进行了“冷处理”，“今天不是愚人节”，幽他一默，从而很快地平息了课堂风波，恢复了课堂秩序。这种幽默表达了老师的宽容、理性和智慧，可以让学生在宽松的气氛中自我反思、自我纠正自己的错误。

## 运用与训练

1. 班上同学反映，班长总喜欢自以为是，主观武断，还经常训人。班主任提醒他注意，他感到非常委屈，认为干部工作吃力不讨好，想辞职不干了。你如何通过谈话，对他的工作、表现给予客观的评价，使他能正确地对待群众意见。

2. 对同寝室的每一名同学做一个评价，然后征求其他人的意见，看看是否准确，符合实际。

3. 两个学生为一点小事由争吵发展到动拳脚，分别纠集了一帮人在校外打群架。班主任及时赶到，应当如何去制止和处理矛盾？请设计事情发生、发展、结局的全过程。

4. 期中考试之后，教师在班上对全体同学的考试情况进行了分析总结。这时，只见一个平时表现较差的学生突然在座位上气势汹汹地将自己的试卷撕得粉碎。同学们一下子都屏住了呼吸，望着老师。你如果是这位教师，如何运用机智和恰当的语言，使这名学生的情绪很快地平静下来？

## 第七节 教育口语的综合运用

### 一、教育语言综合运用的要求

教育语言的综合运用，就是针对特定的教育对象，根据特定的教育内容，结合具体的教育环境，通过两种以上形式教育语言的组合运用，开展教育活动。

教育语言综合运用的意义在于：一方面避免了教育活动中教育形式的单一枯燥；另一方面又能将各种教育语言的优势进行整合，产生一加一大于二的教育效果。

在综合运用教育语言时，有以下几点要求：

第一，灵活性原则。教育语言的综合运用是一种艺术。教师必须针对教育对象的变化，灵活地调整自己的教育方式，灵活地运用各种教育语言，使教育活动最大限度地发挥作用。

灵活性要与规律性相结合。在教育活动开始时，教师应运用沟通语了解情况。

在教育活动的过程中，运用启迪、说服、表扬乃至批评的方式，及时用沟通语了解学生的反应，灵活变换教育形式；在教育活动结束时，应尽量使用激励语，激励学生，以保证教育活动产生积极的效果。

第二，肯定评价为主的原则。教育实践证明，给予肯定性的评价，对于学生树立自尊与自信、促进他们的健康成长意义重大。特别是在运用批评语时，要结合运用启迪语加以引导，还应运用激励语进行激励。

### 二、教育语言综合运用的类型

教育语言的综合运用，按照谈话对象分为个别谈话与集体谈话两种形式。

（一）个别谈话技能及训练

个别谈话，是指为了实现一定的目的而同谈话对象面对面地进行思想和情感交流的口头表述方式，它是教师向学生进行思想教育的重要手段。

教师找学生个别谈话，是为了了解情况，疏通思想，加深感情，便于学生提高认识，扫除前进中的障碍。谈话，是班主任工作的一个重要组成部分，谈话要谈到学生心坎上，使学生乐于接受教诲，以取得较好的教育效果，这就必须讲究谈话的技巧。

对单一学生谈话要注意以下言语策略：



1. 个别谈话要把握谈话的适当时机与场合

谈话具有较强的针对性，要取得预期的效果，就必须把握谈话的最佳时机。

首先,教师在谈话前要了解学生行为的变化、心境的现状和环境的影响等方面的情况,从中洞悉学生的心理,做到心中有数,抓住时机才能谈到点子上,切实掌握学生的真实思想,“对号开锁”解决问题。如果谈话的时机未到,情况不明,教师就急于“出击”,常常会使学生在心理上产生戒备和疑虑,反而背上思想包袱。有时,甚至会出现学生顶牛僵持的局面,不利于教师把握住谈话的方向。其次,要把握时机,就要注意谈话的场合、地点,要根据谈话的内容与目的来加以选择。一般情况下,在办公室里与学生谈话居多。但这种场合谈话,往往给人的感觉比较严肃、认真,谈话也往往变成了单向表述式的老师一个人说话、学生“听话”的局面。因此,这种场合只适宜布置工作、交代任务,或者对犯有错误的学生严肃批评,指出问题,让他们认识到问题的严重性。而如果想接近学生、了解学生,可以随时随地地选择场合,例如:在校园里与学生一边散步一边谈话;在课间,与学生随便闲聊;在校外与学生相遇,谈上几句……这种个别谈话,场合随便,学生感觉也轻松,无拘无束,常常会在随意闲谈中流露出他们的忧愁与欢乐,便于教师从中捕捉学生隐存的思想问题和隐秘的心理活动。

2. 消除学生的紧张心理

一般学生在老师谈话前都有一种惴惴不安的紧张心理。如果这种情绪不消除,师生之间的谈话就会导致一问一答式的“审问”,造成被动,气氛不融洽。要消除学生的紧张心理,教师谈话的态度很重要,态度的好坏直接影响学生的情绪,进而影响谈话的效果。有的教师把学生叫进办公室,让学生坐在一个角落里,自己端坐在公办桌后面,冷冷地说道:“今天,找你来是要谈一个问题……”这种谈话的开场方式,势必会使学生感到压抑和紧张。

因此,教师必须注意谈话的开场,要以诚恳的态度、和缓的语气了解情况、启发思想或从学生的兴趣爱好、家庭情况等方面谈起,渐渐解除学生防御、紧张的心理状态,通过平等的思想交流,使学生感到自己的人格受到尊重,从而消除自卑感,淡化约束感,最后乐于跟教师谈出自己的心里话,使个别谈话达到应有的效果。

3. 感情真挚,寓理于情

一个优秀的教育工作者,总是把自己的感情倾注在与学生的谈话之中,将说理和抒情结合起来,以此打动学生、感染学生。教师对学生要有信任感、尊重感、真诚感、同情感:当学生有了进步时,及时给予鼓励;当学生有了缺点时,诚恳地进行批评帮助;当学生遇到困难时,深切地表示同情。这样,感情渠道畅通,就能使谈话进入学生的心灵,产生积极效应;同时,也为双方建立了和谐的关系和融洽的谈话气氛,在这种氛围中进一步“晓之以理”“寓理于情”,就能使学生获得思想上的收益。

4. 因人而异,注意方式方法

谈话作为开启学生心扉的钥匙,应当什么样的锁用什么样的钥匙开,因人因事而异,方式方法灵活。在与学生个别谈话中,教师应当根据学生不同的性格、气质、兴趣、心理等特点，选择最合适的有效方式。一般说来，个别谈话有以下几种主要形式：

(1)接近性谈话　为增进师生之间互相了解而进行的谈话。

(2)了解性谈话　为了解某一问题或某一方面的情况而进行的谈话。

(3)启发性谈话　针对学生某一问题，在谈话中，进行启发诱导，使之在思想认识上提高一步的谈话。

(4)鼓励性谈话　对学生的成绩、优点、长处给予肯定、表扬或对其进步给予鼓励的谈话。

(5)慰问性谈话　当学生遇到困难、疾病、灾祸等，给予安慰、问候和予以帮助所进行的谈话。

(6)解疑性谈话　为了消除某种误会、隔阂、疑虑而进行的谈话。

(7)预防性谈话　发现了问题苗头，把问题解决在萌芽状态，并防患于未然而进行的谈话。

【示例】

### 出奇制胜　以柔克刚

临近高考，高三各门课都在抓紧复习。教语文的李老师自然也把“弦”绷得紧紧的。可不少同学心里却希望多点自由支配的时间，对老师的管头管脚，死“卡”、硬“卡”颇为不满。

一次，李老师收作文时，一名同学不但不交，还对他发火：“现在还做啥作文？烦死人啦！”可李老师当时只低声提醒他：“你别嚷嚷了，等会儿再同你谈。”

下课后，李老师叫他到办公室来。他一进门就犟头犟脑，一副不服气的样子。怎么跟他谈呢，李老师见办公室有只凳子空着，就端来请他坐下，先舒缓气氛。然后，李老师便和颜悦色地跟他谈开了：

“……你和我一样，是在农村长大的。高中读书三年寒窗，你远离父母寄宿在校，生活上、学习上吃了不少苦头，我衷心希望你在高考中取得好成绩。但你历来总是语文这条腿短，作文更差，再不多下功夫，总分就会被拉下一截。老师是为你好，但可能对你压抑过甚，你偶然发发火，从你那头来看，也是自然的。我请你到办公室来，只想跟你交交心，如果你现在愿意跟我谈谈，那当然好；如果你一时想不通，立马起身就走也无妨……”

那名同学原来是摆足架势、准备顶牛的，现在被李老师这番入情入理的话深深感动了。他噙着热泪说：“李老师，我错了……”

【评析】

李老师的这番话，贵在能以情感人，掏出自己的心里话又说到学生的心里去。谈话开始，他先讲两人的相同点：都从农村出来，吃过苦，彼此目标又是一致的，使对方在精神上卸下包袱。这里，没有凌厉、凶狠的训斥，有的是和煦的春风;没有居高临下的征服,有的是心平气和的交流。

李老师能在学生气不顺、言不善时,仍怀着一腔热忱,待之如友,以柔克刚,收到了好的谈话效果。

(二)集体谈话技能及训练

集体谈话面对的是群体对象,它同个别谈话一样,都是有目的性的,是思想情感交流的又一种形式。集体谈话常常是为了解决某些带有倾向性的问题,或为了开展集体活动而进行的讲解、分析、宣传、动员。因此,集体谈话具有很强的针对性和时效性。在学校班主任工作中,经常运用集体谈话的形式,进行正面的宣传教育,引导学生明确方向,提高认识,增强辨别是非的能力,从而形成正确的集体舆论,扶正压邪、鼓舞士气,树立起良好的风尚。

集体谈话要注意以下几点言语策略:

1. 集体谈话要摸准情况,有的放矢

集体谈话要取得最佳效果,首先就必须调查研究、摸准情况,这样才能针对班集体中的思想倾向、存在的问题等实际情况有的放矢地进行思想教育。

在集体谈话之前,首先要做好充分准备,确定谈话的主题,明确谈话的目的和要求,然后收集情况,分析、归纳、突出重点。有了这样的准备,就能避免在集体谈话时东拉西扯或大话、空话连篇,避免带有片面性。

集体谈话,要多联系学生的实际,多列举与学生有关的、身边所发生的实例,去启发教育学生,揭示生活中的矛盾或反常现象,并对此加以分析、推理,这就能使谈话起到正面引导的作用。

2. 集体谈话要抓住时机,沟通心理

有效的集体谈话能产生巨大的影响,能化消极因素为积极因素,有利于形成健康的集体舆论和良好的班级风貌。因此,有经验的班主任都十分注重抓住谈话的时机,加以启迪、引导、宣传、鼓动。例如,一般学生对新学期、新的开始,或多或少会产生新的希望,这时教师抓住这一转机,进行富有激励性的集体谈话,就能促使学生群体焕发精神,以新的姿态迎接新学期;在学校开展的学雷锋、学英模活动中,一般学生都有较高的热情和表现欲,而这时教师利用这一活动的开展进行集体谈话,大力表扬好人好事,介绍先进,提供榜样,就能有效地树立新风,扶持正气;在期中、期末考试前夕,教师利用集体谈话,进行有力的动员,鼓舞士气,往往能唤起学生高昂的斗志,调动内在的积极情绪,促使其全力以赴地投入紧张的复习迎考中去;当发现学生中出现带有典型性或倾向性的问题,需要引起全体同学注意时,教师应及时地进行集体谈话,分析开导,辨明是非,晓以利害,统一认识,抑制不良现象的发展,倡导良好班风的形成。

以上这些集体谈话的时机,只要结合在学生的"兴奋点"上,与学生的心理相沟通,就能收到集体谈话的实效。

3. 集体谈话要情为先导

情为先导,就是要求教师有热爱学生的情感。学生的心灵是向一切美好的东西敞开的，他们幼稚、纯洁的心灵渴望能得到教师的爱与理解，如果教师用炽烈的情感与群体学生谈话，就能打动他们的心灵，引起共鸣；教师设身处地地为学生着想，理解学生的需求，就能赢得学生的信任，缩短谈话的心理距离。学生方面，就会借助教师的这种情感的触动与催化，从而把教师的希望和要求变成每个人对自己的要求和行动。

在建立情感的基础上摆事实、讲道理，就容易入耳、入心，而最终要达到相互的共识，教师谈话还必须注意话语的启发性与诱导性，通过谈话揭示出学生没有留意到的或者虽留意了、但还不知其中奥秘所在的深层本质的东西，这样调动学生的思维，边听边想，使他们在听中受到教育，在想中受到启发，从而与教师统一思想，达成共识。

4. 集体谈话要语言准确、生动、分寸恰当

在集体谈话中，教师的语言准确、生动，才会引人入胜，产生感染力和吸引力，才会使学生从中感受到真理的力量。因此，教师在集体谈话时，应力求每句话都符合实际情况，准确地选词用句，科学地推理、判断，尽量避免讲“假大空”的道理，多给予正面的表扬和鼓励，对于不良现象的批评要注意：既不能用严词诘问、大声训斥和咄咄逼人的强硬语气，也不能像大人教育小孩那样唠唠叨叨、黏黏糊糊，而应当言辞恳切，诱导说服，以谆谆的告诫使他们懂得是非善恶：什么是应该提倡和鼓励的，什么是应该反对和制止的。这样，分寸恰当，有理有节，不仅能给予学生理性的思考，还能营造一种轻松、愉快的谈话气氛，使学生从谈话中有所获益、得到启迪。

【示例】

### 流动红旗被夺走后

因周六值日小组工作马虎而被扣3分，红旗被别的班级夺走了。班主任没有责怪学生，在班会上，却感情真挚地对大家说：“值日生不认真，影响了班级荣誉，他们心里也很难过。不过，我从他们眼神里看出，他们憋足了劲，要与兄弟组挑战，为班级争荣誉。”接着，班主任问：“你们敢不敢向全班同学挑战？”回答是肯定的。效果呢，是理想的。

【评析】

教师教育学生，针对具体问题巧妙地采用激将式的语言，触动学生的心灵，使他们群体激奋，一鼓作气，迎头赶上，收到了较好的效果。

## 运用与训练

1. 班上一名同学在考试中作弊，学校给予他处分，他很不服气，认为现在考试作弊现象较普遍，作弊就能提高成绩，太老实就是傻子。这是竞争意识。你如何通过谈话，使这名学生认识错误并纠正作弊行为？

2. 班上一名女同学性格内向，自卑怯懦，对班级活动从不积极主动地参加，你如何运用谈心的方式，使她热爱集体，关心集体，积极参与集体活动。

3. 教室的一块窗玻璃，在课外活动时突然被击碎，谁是肇事者呢？班主任了解情况，竟无人出来说明原因和承担责任，在现场的知情者也没有人如实地向老师反映情况。请你就这种护短行为在班上做一次集体谈话，指出护短于己、于人、于集体的危害性，引导学生开展批评与自我批评。

4. 下面是一则个别谈话教育的例子，读后请思考。

（1）请分析李老师是如何综合运用教育语言对学生小光进行教育的。

（2）请与人自由组合，先讨论李老师教育语言应如何说，然后模拟李老师与小光的谈话活动。

学生小光期中考试才考30分，可李老师没批评他，反而在吃饭时跟他聊足球、排球、乒乓球等话题，谈个没完，临走时才拍着他的肩膀，用几乎只有他俩才能听到的声音，低声而又深情地说："小光啊，你脑袋也不笨，怎么几次考试老不及格呢？是不是光顾玩球了？真太可惜了！如果这样下去，将来出校怎么办呢？你就长长志气，来股学劲，撵撵他们。小光，从明天开始鼓劲，有啥困难找我，好吗？"小光不好意思地低下了头，半天没吱声。李老师继续说："小光，我就不信你这球王，在学习上迈不动步，我等你下次及格！"

第二天，快放学了，小光才拿着作业本，不好意思地来到李老师身旁。李老师抬头微笑地看着小光，连声说："好！好！"就把作业本放在桌上，让小光回去了，小光刚走出办公室，李老师就急匆匆地起身，在路上追上小光，肩并肩地走着，热情地说："小光，这不交上作业了吗？太叫我高兴了。我就知道你不会叫我失望的！小光，今天作业可交晚了，明天早点，按时交，能做到吧！"小光使劲地点点头，深情地望了李老师一眼，便一溜烟似的跑了。

不久一次小考，小光考了个63分，这是全班最低分。可李老师乐呵呵地把小光带到办公室，着实鼓励了他一番："小光，你要是真不行，上次我就不批评你了。批评不批评都不会进步的人，你批评他干啥？你的素质不错，不少同学都羡慕你脑瓜好使，我最羡慕的是你的毅力。打球你有毅力，你这回学习上也有了毅力，我就放心了。这次及格了，首创纪录，不错！下次争取再提5分，5分，能办到吗？"小光很快地点点头，乐颠颠地跑回班级[①]。

---

① 韩玉琳，王贵．班主任工作艺术60例[M]．哈尔滨：黑龙江少年儿童出版社，1988：57-60.

# 第十章　教学口语

## 第一节　教学口语概述

### 一、教学口语的含义与作用

教学口语，是指教师根据教学任务，针对学生的心理特征，使用特定的教材，按照科学的理论和方法，在有效的时间里为达到某种预期的效果而使用的工作用语，是一种有声语言的艺术。教师是凭借教学口语传递知识、指导训练、启迪智慧、陶冶情操的，因而教学口语的优劣，直接关系到教学活动的成败。精心设计的、优秀的教学口语能让学生快乐学习、有效学习，因此不管是已经站在讲台上的教师，还是即将走上讲台的教师，都得勤奋练习，练就过硬的教学口语技能。但必须明白，语言艺术是用汗水浇灌而成的，毛泽东曾经说，“语言这东西不是随便就可以学好的，非下苦功不可”；俗话也说，“三年胳膊两年腿，十年练不好一张嘴”。

我们认为，在课堂上，口语与体态语或其他教学手段结合在一起使用，一定会产生良好的效果，但本书重点谈教师口语的训练，因此其他教学手段本章将不作介绍。比如有的教师口语教材在说到实验导入时，举了这样一个例子：上课时，老师拿了一张白纸，一个玻璃杯子。老师把杯子放在纸上，用慢速在讲台上拖动白纸，杯子随着白纸一起被拖动；拖到讲台边时，老师迅速抽动白纸，杯子没有随着白纸运动，而是停在讲台边上。做完这个实验后，老师说：“你们想知道其中的奥秘吗？学过今天的课我们就知道了。”我们认为这个导入很成功，因为这个惊险的实验激发起学生对本堂课教学内容浓厚的学习兴趣，但这种效果不是老师运用语言得到的，而是借助其他手段得到的。它不是口语研究的内容，而属于教学法研究的内容。

苏霍姆林斯基说：“教师的语言修养在极大程度上决定着学生在课堂上的脑力劳动的效率。”叶圣陶先生也说：“凡是当教师的人决无例外地要学好语言，才能做好教育工作和教学工作。”教师掌握、提高教学口语有无比重要的意义和作用，具体表现在：一是能有效地提高教学的效率和质量。教师的语言准确流畅、简洁清晰、音量适中、快慢有致、难易适度、针对性强，并善于化抽象为具体，化枯燥为有趣，化深奥为浅显，化平淡为神奇，就能使学生爱听、乐听，这样，既可提高教学质量，让学生有效地学习，又可消除学生的紧张感，让学生快乐地学习。二是能有效地激发起学生的思维力和创造力。教师的教学目的主要是发展学生的智能、激发学生的思维力和创造力。成功的教学语言，或巧置矛盾，适时点拨；或迂回曲折，引而不发；或欲露先藏，曲径通幽；或故设迷津，暗中指点等等，总是能有效地诱导学生积极思维，使学生主动地、创造性地完成学习任务。三是能给学生学习语言提供示范。中小学阶段，正是学生学习、掌握祖国语言的重要时期，他们在学习语言的过程中模仿能力极强，教师的语言自然也成为他们模仿的对象。如果教师的教学语言发音正确，吐字清晰，用词精当，言之有序，表达顺畅，生动优美，不但提升了老师在学生心目中的位置，而且老师的艺术化口语也成为学生模仿的材料，让他们自己有自觉说好话的强烈愿望，会在这方面积极主动地训练自己，从而让自己受益一辈子。

## 二、教学口语的要求

教学口语不同于一般的口语，它应是经过精心设计的、优化的口语。教师要在有限的时间里完成有一定数量和一定质量要求的教学任务，对使用的语言必须进行设计、优化，使之言之有物，言之有理，言之有序，言之有情，言之有趣。因此，要想提高教学效率，必须注重锤炼我们的教学语言。教师的语言应该符合准确性、生动性、教育性、针对性、启发性等要求。

### （一）准确性

准确性包括三方面内容：一是用标准的普通话；二是教学内容准确；三是语言符合逻辑。

标准的普通话是指教师的教学口语必须遵循普通话的语音、语汇、语法的规范，这就要求老师对自己读不准的字音，理解不了的词语，一定要去查字典、词典，或请教其他人，等弄准确了之后再去读或说。对普通话语言发音不准、方音很重的老师来说，更要花大气力训练，提高普通话水平，不然的话，就会把“这名同学，我问（wèn）你”说成“这名同学，我吻（wěn）你”；把“一对老夫妻住在一个小木棚（péng）里”，读成“一对老夫妻住在一个小木盆（pén）里”。诸如此类的笑话，是不应该出现在教学口语中的。

老师在课堂上应该准确传授知识内容，不能出现知识内容方面的错误。不管是自己教的本门课的专业知识，还是与自己教学有联系的其他学科知识，都得等弄明白、搞清楚之后再说，决不允许想当然，信口胡说。例如，一个老师在讲“滔”字的意义时说：“滔，它的本义是水大，你们看一下这个字形，它左边有三点水，上面有四点水，这么多水，你们说水大不大？”实际上，这个教师的解释是错误的。这个“滔”是形声字，左边三点水表示这个字与水有关系，右边“舀”表示这个字的读音,与这个字表示的意义没有关系。

教学语言还应该具有严格的逻辑思维结构。做到紧扣中心,抓住重点,注重表述的层次性、条理性以及语句组织的严密性、关联性。例如,一位老师在教"异面直线所成角"的概念时是这样讲的:

我们知道,两条相交直线的相互位置关系,可以用角的数量来描述,但是两条异面直线并不相交,我们又怎样用数量对它们的相互关系作进一步的描述呢?我们是不是也能用角的大小来描述呢?假如要用角的大小来描述的话,那么关键在于如何将两条异面直线转化为相交直线,而根据前面学过的"空间等角定理",可通过平移来实现转化的愿望……

另外,准确的教学口语还应该是纯净的,要避免出现口头禅,要杜绝污言秽语。

(二)生动性

形象生动、新鲜活泼、富有情趣的语言能有效地激发学生的学习兴趣,提高他们学习积极性,从而收到良好的教学效果。

生动的教学口语应该是富有激情的。教学过程中,感情是激励学生学习的起点,更是学生汲取知识、转化能力、陶冶灵性、形成信念的终点感情贯穿于教学的全过程。苏霍姆林斯基曾说:"如果在教师的讲课里,没有真正的由衷的情感……那么,学生的心灵对于知识的感触就是迟钝的。"教师必须让自己的语言浸透情感的色彩,借助情感的魅力感染教育对象,引起他们内心世界的共鸣。教师应该根据不同的教学内容、现场不同的气氛及自己流动着的情绪,用富于变化的语调,表达出或坚定,或兴奋,或深沉,或热情,或愤怒,或痛苦等不同的情感。一位老师在讲《卖炭翁》"面对官吏的抢劫,卖炭翁是什么态度"的问题时,老师富有感情地说:

一个"惜"字尽在不言中。一车炭重千余斤,要多少柴才能烧成?这柴又要多少天的翻山越岭才能砍得?又要多少天的烟熏火燎才能烧成?这车炭是他辛勤劳动的果实,是他全家的生活来源,是他的希望所在,他怎能不惜?这个"惜"字,表明他心肠欲碎,他的满腔愿望化成泡影破灭了;这个"惜"字,蕴含着对当时最高统治者的血泪控诉,寄托了诗人对劳动人民深切的同情。

老师的话激起学生的正义感,使他们的感情和着课文的节拍起伏跳荡,让他们既学知识,又受教育,懂道理,明人生。而用平淡的、念经式的语调上课,只能让学生昏昏欲睡。

用语直观形象,能唤起学生的想象和联想,充分调动他们的感觉器官去进行形象感受,让知识在他们头脑里留下深刻的印象。使语言取得生动效果的方法多种多样,但主要是借助汉语中的一些修辞手法。例如,有位女教师在教朱自清《春》中的"春花图"一段,在同学们思考议论的基础上是这样小结的:

同学们,朱自清先生笔下的"春花图"多么美妙:春花开放了,春光烂漫!远看,花团锦簇,桃花怒放,红彤彤的像火在燃烧;杏花绽放,粉晶晶的像朝霞灿烂;梨花吐蕊,"千树万树梨花开",白净净的像雪花般纯洁!它们争奇斗妍,"你不让我,我不让你"地争春!近看,花丛中蜜蜂、蝴蝶飞舞,它们在闹春!从上看,花海一片;往下看,野花遍地,像星星,像眼睛,春意盎然,生机勃勃。作者多角度地描绘春花美不胜收。

在这个小结语里,教师综合运用了比喻、引用、排比等修辞手法,把美妙的"春花图"勾勒在学生眼前,让大自然的春花在学生心中怒放。

还有,语言风趣幽默也能增强语言的生动性。我们可适当运用逸闻趣事、幽默笑话、相声小品语言等,或者介绍一些相关的最新研究资料和信息,使教与学都处于轻松活跃、和谐亢奋的状态中。

一位老师在针对学生对离子化合物与共价化合物的电子式容易混淆的现象时说:"离子化合物中的成键电子是'私有制'(归阳离子所有),因此用'篱笆'(括号)围住,同时标出'贫富'(得失电子数目);共价化合物中的成键电子是'股份制',合股经营,围不得'篱笆',分不出'贫富'。"这样的语言,联系实际,用幽默的语言把抽象的理论变为形象的感知,激发起学生学习的兴趣。

(三)教育性

课堂教学的目的不仅仅在向学生传授知识,在传授知识的同时,更要注重人的健康成长、人的全面发展。我们应该围绕"三个维度"目标——知识和能力,过程和方法,态度、情感和价值观组织教学。教师的教学语言应充分体现着教育教学规律、原则和方法,对学生应该多用肯定、期待、表扬、鼓励、督促和指导的语言,即使批评也应该以满腔的热情去关心和爱护,循循善诱,以情感人,以理服人,而不用讽刺、责骂、侮辱等伤害性话语。

(四)针对性

针对性是指根据不同的教育对象、教学内容运用不同的语言,即因材施教的意思。教师的教学语言应根据不同学科、不同学生的年龄特征、心理需求、知识水平、精神面貌等,准确把握时机、场合、背景等因素,使学生容易领悟、乐于接受,才能取得良好的教学效果。教师在教学中,要事先了解学生,了解教材,注意观察、了解学生的接受程度,依据从已知到未知、从易到难、从简单到复杂等规律进行教学。对小学生、初中生讲的话,要尽可能浅显、明朗、形象;而对高中生讲的话语,则要求严密、深刻、富有哲理。

(五)启发性

所谓启发性,是指教师的语言能诱导学生思考并有所领悟。新的教学理念主张教师在教学中不要把知识全部正面地、从头到尾地塞进学生的头脑里,而是要用恰当而巧妙的话语给学生以启迪、开导和点拨,随机渗透,适时设疑,调动学生学习的主动性、积极性,自己探索得出结论,发展学生智力。提问是启发诱导的重要形式,它能把学生引进一种力所能及的、能收获到成功快乐的脑力劳动当中去。提问的实质是激疑,而激疑的目的则是引发学生思维。善于启发者,必然是善于提问者。另外,教师的讲述和引例能举一反三,引起学生的联想,也是富有启发性的表现。



## 第二节　教学口语的分类

教学口语分类不尽相同,我们根据教学口语的作用把它分为导入语、讲析语、提问语、总结语、解答语、应变语等几类。

### 一、导入语

(一)导入语的含义和作用

"导"有指引、带领、启发的意思,"入"是进入的意思。导入语就是教师为了引导学生进入教学内容当中而精心设计的一段简练的教学语言。导入语,是教师在讲新课之前的一个引子,不宜太长,一般情况下,短则一两分钟,长不过五六分钟。

导入语的主要作用是营造一个良好的教学氛围,把学生注意力集中起来,学习热情调动起来,学习兴趣激发起来,学生的思维诱发起来,新旧知识沟通起来,让学生有效地学习、快乐地学习。

(二)导入语的要求

一是灵活多变,新颖独到。有新意、形式新颖才能激发学生的求知欲;平淡无奇,会使学生失去兴趣,影响教学效果。教师在教学中应根据不同的教学内容、不同的学生、不同的教学环境精心设计导入语,不能盲目地一概套用,要根据教学目标,因文而定,因人而用,因时而变,讲求实效。

二是短小精悍,简明扼要。导入是于课堂教学的开始阶段,用较短时间引入正题的一个教学环节。它既不能长篇大论地向学生作讲演,也不能海阔天空地夸夸其谈。要简明扼要,不可拖沓,导入的时间最好控制在 5 分钟以内。

三是注入情感,诱导启发。导入语的设计,目的是采用最佳的方法,启发学生快速地进入教学情境当中去。因此教师本人首先要投入情境中。教师只有用自己有感染力的精彩的语言和真挚的情感去影响学生,才能使学生和教师产生强烈的思想共鸣,真正做到启发与投入相结合,达到预期的目的。

(三)导入语的类型

根据教师设计导入语要达到的目的,我们把导入语大致分为以下四类:

1. 激情的导入语

激情的导入语是指运用抒情性语言激发学生的情感以引入新课的导语。

著名教育家第斯多惠指出:"教学的艺术不在于传授本领,而在于激励、唤醒、鼓舞。"一上课老师用富有感情色彩的语调动情地说一段,无疑会对学生的心灵产生极大的震撼,学生带着这种被激发起来的情感学习课文,学习效果一定是很理想的。当然,老师说的内容要与教学内容有很紧密的联系,老师导入语的感情基调与这堂课教学内容的感情基调应该是一致的。

请看全国语文特级教师于漪教《人民英雄纪念碑》一课时的导入语:

我在一个阳光洒满天安门广场的上午,瞻仰过人民英雄纪念碑。啊!巍峨啊,它有十层楼那么高,看到它,先烈们的高大形象如在眼前;坚硬啊,花岗石,汉白玉,那样庄严,那样雄伟,象征着革命先烈意志如钢。站在纪念碑前,忆中国革命所经历的艰苦岁月,看现在获得解放的幸福生活,崇敬之情油然而生。

庄重的情感,富有想象力的语言,句式的参差有致而产生的抑扬顿挫的节奏,加上老师调控得当的音量及柔和自然的音质,综合形成一种动人的音乐,入耳入心,给学生以美的享受,感染了学生,激发起学生学习课文的情感。

再看一位老师上《祝福》的导入语:

大雪漫天,狂风怒吼,爆竹声声。在现代文学人物画廊里,艰难地走出一位衣衫褴褛、面容憔悴、神色悲哀、白发蓬松、目光呆滞的四十上下的女人。那又瘦又长的左手提着一个装着只破碗的竹篮,干枯的右手拄着一根下端开裂的长竹竿。她,就是祥林嫂——鲁迅著名小说《祝福》中的主人公,一个惨遭封建宗法思想和封建礼教迫害的旧中国农村劳动妇女的典型形象。

这则导入语,用工笔刻画出祥林嫂的形象,展示了一个生动的场景,激起了学生对祥林嫂命运的同情、关注和对封建宗法思想、封建礼教的痛恨,充分调动了学生的情感,使学生很自然地进入了课文的境界中。

使用激情导入语时,教师一定要避免矫揉造作、故作姿态,一定要从真情实感出发,这样,即便语言上粗糙一些,导入的效果也会是很好的。若能做到语情兼美,那么学生的学习情感就能得到最大程度的调动。

2. 激趣的导入语

激趣的导入语是指用诙谐、风趣、幽默的语言构成的导入语。使用这种导入语既能活跃课堂气氛,又能迅速抓住学生的心,吸引学生去学习新内容,并能在趣味中引导学生抓住学习重点,真正做到寓教于乐。

如一位教师在讲授《陌上桑》时,就先讲了一则外国的小幽默:

一位农夫的女儿长得奇丑,父亲让她去地里看玉米,乌鸦见了她,吓得不仅不敢偷吃她家的玉米,而且还把前几天叼走的玉米都送了回来。

学生听了自然哈哈大笑,兴趣盎然。然后教师又从描写手法方面引导学生,指出这则幽默使用的是反衬手法,这也是《陌上桑》这课的学习重点。

又如，一位教师讲莫泊桑的小说《项链》时，使用了这样的导入语：

同学们，平时大家常听到一些歇后语，如“癞和尚戴花——疯美”“厕所里开风扇——出臭风头”“睡在棺材里搽粉——死爱脸”等等。今天，我给大家讲些新的。这些歇后语就叫“路瓦栽夫人借项链——穷出风头”；“路瓦栽夫人丢项链——乐极生悲”；“路瓦栽夫人赔项链——自讨苦吃”。这些都是我杜撰的。但是这些话有没有一定的道理呢？大家已经预习了这篇小说，你对那位巴黎少妇有什么看法？

这位教师采用编歇后语的方法来批评路瓦栽夫人的爱慕虚荣的思想，同时也对她的命运寄予了同情，在笑声中巧解了课文难点，加深了学生对课文内容的理解。

教师在设计趣味导入语时，可用谐音或某些词的联想意义来设计；可用歇后语、对联来设计；可用小故事、小笑话、小幽默、奇闻逸事来设计等等。所设计的导入语内容应与新授内容有联系，包含着新内容的重点或难点，不能喧宾夺主。使用趣味导入语要注意分寸，笑话或小幽默不能太粗俗。否则，不仅不能起到引导学生的目的，反而会让学生生厌，甚至误导学生。同时，趣味导入语的设计和运用也要求教师必须具有幽默感。教师只有以诙谐、有趣、生动的语言来讲述趣味导入语，并配以适当的表情，才能真正吸引学生的注意力，才能真正发挥趣味导入语的作用。

3. 激疑的导入语

激疑性导入语是教师紧扣教材、布设疑障、诱发学生积极思考以引入新课的语言。如果教师要引发学生思维，而且是向更深更远的方向引发，那么，在开讲时，最好就使用激疑性导入语。因为学起于思，思起于疑，疑才会多思，多思才能调动学生的积极性和创造力。这类导入语往往采用提问题或设置悬念的方式来设计。

一位教师在教《为中华崛起而读书》时，就通过设计问题导入新课的：

同学们，你们都了解周恩来总理是个伟人，那么，你们知道他少年时代的生活与他日后成为伟人存在什么样的关系吗？少年周恩来有怎样的志向？为什么他会有这样的志向？我们今天将要学习的《为中华崛起而读书》这篇文章将告诉我们答案。

再如一位化学教师在讲甲苯时，采取设置悬念的方式：

1912、1913 年间，德国在国际市场上大量收购石油，并且专门购买婆罗洲石油，然后急急忙忙运到德国本土去。由此看来德国人必然是别有用心的。德国人究竟想搞什么鬼名堂？揭开这个谜的不是政治家，而是化学家。

化学家在对婆罗洲石油的化学成分进行分析后，马上警告世人说：‘德国人准备发动战争了！’化学家凭什么证据破了这个谜？得出这样的结论？（教师停顿，让大家思考片刻）大家要想知道这个谜底，学好了今天的新课就会知道的。

采用这种导入语，可以激发学生的求知欲，能收到很好的课堂效果。激疑性导入语运用得好坏，关键在于问题设计得巧与拙。所提问题应是本课要解决的重点，既要有趣味、有想头，又要让学生思考后能答得出来，否则，便不能收到预期的教学效果。

4. 沟通的导入语

导入语的“沟通”有两层意思：一是心理沟通。“亲其师，信其道”（《学记》）。有经验的教师登上讲台，往往不匆匆开讲，而是用亲切的目光、关切的询问或提示，架设信任、理解的桥梁。师生之间的情感缩短了，轻松、愉快、和谐的课堂气氛就被创造出来了，教学双方就能积极投入教学活动当中，就能提高教学效率。二是教学内容的沟通。教师紧扣本节课的教学目的，运用联想，在学生掌握的知识中找到与新旧知识有联系的东西，让学生有一种亲切感，引发学生兴趣。一些老师在讲《挺进报》时，就先从《自白书》说起；讲《观沧海》时，先从学生熟悉的曹操开讲；讲《木兰诗》，先从花木兰开头。

从背景材料（写作背景及文章的时代背景）、作者生平、作者的写作意图等说起，也是为了架设一条通往教学内容的桥梁，可缩短学生与陌生人物的感情距离和时代距离，也属于沟通。如一位老师在讲授蔡元培《就任北京大学校长之演说》一课时，是从作者介绍导入的：

让我们来认识一个人。毛泽东曾赞誉他为“学术泰斗，人世楷模”。周恩来则高度概括了他一生的历史功绩，“从排满到抗日战争，先生之志在民族革命；从五四到人权同盟，先生之行在民主自由”。他是我国近代教育事业的奠基人，是我国成就卓著、影响深远的美学家和美育实践家。他就是蔡元培。今天我们就来学习蔡元培先生的一篇演讲词《就任北京大学校长之演说》。

再如一位老师在讲授《荆轲刺秦王》时，是从背景材料导入的：

“风萧萧兮易水寒，壮士一去兮不复还”，说的是荆轲刺秦王的故事，这个故事发生在战国末期的公元前227年。当时，秦已经于公元前230年灭韩，又于公元前228年破赵，秦统一六国的大势已定。地处偏远北方弱小的燕国，当初，为了结好秦国，曾将太子丹交给秦国做人质，而秦“遇之不善”，太子丹于公元前232年逃回燕国。为了抵抗强大秦国的大举进攻，同时也是为报“见陵”之仇，太子丹想派刺客去劫持秦王，“使悉反诸侯之地”；或者刺杀秦王，使秦“内有大乱”，“君臣相疑”，然后联合诸侯共同破秦。荆轲刺秦王的故事，就是在这样的背景下发生的。荆轲刺秦王失败之后，秦大举攻燕，于公元前226年破燕，公元前222年灭燕。下面我们就来学习《荆轲刺秦王》这一课。

另外，从解题导入，或利用中心句、重点段或人物语言导入，都属于沟通。

(四)导入语示例与简评

1. 一位教师讲授苏轼《赤壁赋》一课的导入语:

苏轼确实是位少见的旷世奇才,他是豪放派词风的创始人。他的词豪放高旷,情浓意远,我们学过的《念奴娇·赤壁怀古》就是这一风格的代表作。

他是唐宋八大家之一。他的散文情理交融,汪洋恣肆,当时就有“苏氏文章擅天下”的美誉。

中国古代楷书有“颜、柳、欧、苏”四大流派,这里的“苏”,就是苏轼,可见他在中国书法史上的地位之高。同学们,请欣赏苏轼的墨宝(出示临摹的苏轼书法)。苏轼因“乌台诗案”被贬黄州期间,每次游览人们传说的古战场赤壁,都不免触景生情,发出惊世浩叹。由此,中国文学史上就增添了《前赤壁赋》《后赤壁赋》两篇精妙绝伦的散文。他写成《前赤壁赋》时,展纸挥毫写了一幅长卷,这幅长卷写得尤为成功。传到明代,董其昌看到真迹后,倾慕万分,说苏轼的书法力透纸背,全用正笔中锋,每波划尽处,常有聚墨痕,如黍米珠。董其昌作过一段著名的跋语:“东坡先生此赋,楚骚之一变也;此书,‘兰亭’之一变也。宋人文字俱以此为极则。”

这是对苏轼的《赤壁赋》及其书法最为深切而崇高的评价。今天让我们伴随著名播音员夏青的朗诵,步入苏轼为我们构筑的文学和哲学的殿堂,来领略苏轼那卓绝的雄风。

简评:一开始介绍苏轼在词、散文、书法方面成就卓著,目的是引起学生对作者的兴趣;引起对作者的兴趣,目的是引起学生对这篇作品的兴趣。这个导入语属于沟通的导入语。

2. 一位教师讲授《寻找时传祥——重访精神高原》的导入语:

有人说现在是知道“周迅”的人越来越多了,知道“鲁迅”的人越来越少了;知道“关之琳”的越来越多了,知道“卞之琳”的越来越少了;知道“马克”的越来越多了,知道“马克·吐温”的越来越少了;知道“比尔”的越来越多了,知道“保尔”的越来越少了;知道“景岗山”的越来越多了,知道“井冈山”的越来越少了;知道“爱情”的越来越多了,知道“艾青”的越来越少了;知道“就要发”的越来越多,知道“九一八”的越来越少了。一提起时传祥,同学们你是不是也有些茫然,那么,请你跟随老师的脚步,去寻找时传祥,了解时传祥……

简评:这位老师把学生熟知的人与事,和应该知道但实际上不知道的人和事通过语音的关联进行对比,充满了趣味性,引起学生“去寻找时传祥,了解时传祥”的兴趣。这个导入语属于激趣的导入语。

3. 一位教师在上“现代汉语”课“语言概说”一节时的导入语:

世界上有一种神奇的,充满魔力的东西,它随着人类社会的产生而产生,随着人类社会的发展而发展,也将随着人类社会的消亡而消亡。

有了它,孙悟空逃不出如来佛的掌心;有了它,阿里巴巴得到了山洞里的财宝;有了它,有些人甚至认为能消灾祈福、呼风唤雨、降妖伏魔。

它究竟是什么东西呢?人们该怎样去认识它、把握它呢?这就是我们这节课所要讨论的问题——语言。

简评:这位老师通过设置悬念及提问来激发学生的求知欲望。这个导入语属于激疑的导入语。

4. 于漪老师在教《茶花赋》一课时的导入语:

这篇课文是一首歌颂伟大祖国的赞歌。祖国,一提起这神圣的字眼,崇敬、热爱、自豪的感情就会充盈胸际,奔腾欲出。我们伟大的祖国有几千年的古老文明,有九百六十万平方公里的辽阔土地,有无数令人神往的名山大川,还有以勤劳勇敢著称的各族人民。每当提起这些,我们心中就会激荡起热爱祖国的感情……

简评:于老师用洋溢着浓厚的爱国主义情感的语言激发学生,引起他们对新课文的兴趣。这个导入语属于激情的导入语。

5. 一位物理老师在讲"热传递的利用和防止"一课时的导入语:

南宋时,在陕西省伊阳县的小镇上,住着一位名叫张虞卿的书生。一天他从土中挖出一只陶制的古瓶,他很高兴,将古瓶里灌满了水养花,后来他惊奇地发现,在三九严寒的冰雪天里,瓶中的水竟然不会结冰,将热水灌入瓶中能长时间不冷,此后,他外出郊游,总要带着古瓶,休息时,将瓶里的热水倒出来泡茶。张虞卿很奇怪,视古瓶为"魔瓶"。后来,古瓶打碎了,这才看到瓶的底部有一个两寸厚的夹层。为什么有这么个夹层就能保温呢?学了这一课就会明白了。

简评:一个导入语不一定只采用一种方法,在实际使用中,往往综合运用多种方法,起到多种作用。这个导入语运用了一个很有趣味的故事,制造了一个很大的悬念,吸引学生与老师一起去寻找谜底。这个导入语,既属于激趣的导入语,又属于激疑的导入语。

(五)导入语练习

1. 根据明确的目的(激情、激趣、激疑、沟通),自选教学内容,为其设计导入语并进行试讲。

2. 到图书馆或阅览室查找有关导入语的教学论文或课堂实录,摘录两三个精彩的例子进行赏析。

3. 分析一下下面几个导入语的优点和特点。

(1)一位老师在上《综合探究:做好就业与自主创业的准备》一课时,设计了以下的导入语:

曾经有位哲学家这样说过:人是为理想而生活的。没有理想的生活,就像一潭死水,没有生机,没有欢乐。理想是大海的航标,指引你前进的方向;理想是闪闪的明灯,照亮你前进的航程;理想是生命的动力,帮助你战胜困难。下面请欣赏A同学自己创作的一首诗《追梦》。

(多媒体展示,根据内容配置画面和音乐,内容逐行出现,老师朗诵。)

我的脚步已与过去拉开距离/我的思绪常与未来相通/梦的精灵舞动着双翼/天使头顶的光环隐隐现现/细沙掩藏着金色驼铃/百慕大的上空蓝雾迷离/月隐,星没/成长的梦等待实现的一天/雪花蕴藏着的魔力必定要融化北欧坚固的冰墙/蔷薇丛中/萤火虫找寻着自己的精神家园/心是亘古的战场/梦是不灭的传奇/理想在奋飞中放光/生命在追求中永恒/

同学们,我们每人都有许许多多的理想,今天就让我们畅谈自己的职业理想吧!

(2)有位数学老师教《比较分数的大小》的导入语:

同学们,我先给大家讲个故事:话说唐僧师徒一行四人前去西天取经,走近火焰山热得要命。这时候,猪八戒到一户人家要来一个西瓜,大家十分高兴。八戒心想:这个西瓜如果四个人平均分,我只能吃到这个西瓜的四分之一。因为我多跑了路,应多吃一份。于是提出给他五分之一的要求。悟空一听哈哈大笑,满口答应。谁知八戒分到五分之一的西瓜后,嘟着长嘴气极了。八戒为什么这样气?今天我们学习比较分数的大小后就知道了。

4. 有位老师在上小学语文第十册课文《琥珀》时,说了下面的导入语,请你对其进行评价,之后请你设计一段导入语。

师:同学们,琥珀是古代松柏树脂的化石,成分是$C_{10}H_{16}O$。淡黄色、褐色或红褐色的固体,质脆,燃烧时有香气,摩擦时生电。它可以用来制造琥珀酸和各种漆,可以做装饰品,也可以入药。好,下面我们就来学习《琥珀》这一课。

## 二、讲析语

### (一)讲析语的含义和作用

讲析语,是指教师系统、连贯地向学生讲解教材、传授知识、发展智力、陶冶性情的教学语言。它是课堂教学中最基本最常用的语言表达形式,是语言教学的主体。教学的基本内容主要是通过讲析的方式传授给学生的。讲析语的作用是,让教师充分发挥教学的主导作用,使学生在较短的时间内掌握较多的、系统的知识。

新课标指出:"阅读是学生的个性化行为,不应以教师的分析来替代学生的阅读实践。"于是,有的老师就谈"讲"色变,似乎一讲就违背了新课标的精神。其实,在课堂教学中,在遇到学生理解不准、感悟不到或不深的时候,是需要老师来分析讲解、甚至直接告知的。例如鲁迅在《风筝》中写道:"我倒不如躲在肃杀的严冬中去吧——但是,四面又明明是严冬,正给我非常的寒威和冷气。"要了解这句话的深刻含义,就要了解鲁迅这篇文章的写作背景,靠学生自己去悟是"悟"不出来的。



(二)讲析语的要求

1. 目标明确,突出难点、重点、疑点

老师在课堂为什么要讲(即能不能不讲),选择哪些内容讲;先讲什么,后讲什么;哪里详讲,哪里略讲;这儿讲多长时间,那儿讲多长时间;是用打比方的方式讲,还是用平实的方式讲,都应该目标明确,有一个精心的设计。老师讲解教材时,最忌讳平均用力,没有侧重点,这样的话,就无法让学生突破难点,抓住重点,弄清疑点。

2. 要深入浅出,通俗易懂

要让学生把教材里的难点、重点、疑点弄明白,就要求老师在讲解时把教学内容的"难"化为"易",把"深"化为"浅"。

3. 生动形象,妙趣横生

快乐地学习,才会有效地学习。这就要求教师在讲授的时候语言不能枯燥干巴,而要生动形象,妙趣横生,妙语连珠,创造出一种轻松愉快的课堂氛围,以引起学生的兴趣,激发学生的思维,强化学生的记忆。

(三)讲析语的类别

1. 描述语

描述语,是教师在教学中系统地叙述事实材料、具体地描绘所讲的对象、以增进学生感知的教学语言。描述语主要运用叙述和描写两种语言表达方式。描述语在陈述事理、复述见闻、介绍情况、再现情景、概述缘由等方面都有重要作用。

郁达夫《故都的秋》,老师在分析是什么原因让作者把秋景写得如此"清净和悲凉"时,一位老师介绍了作者当时的创作背景:

从1921年到1933年4月,郁达夫用相当大的精力参加左翼文艺活动和进行创作。由于国民党白色恐怖的威胁等原因,郁达夫从1933年4月由上海迁居杭州,1936年2月离杭赴福州,在杭州居住了三年。在这段时间里,他思想苦闷,创作枯竭,过的是一种闲散安逸的生活,并花了许多时间游山玩水,在一定程度上也是为了排遣现实带给他的苦闷和离群索居的寂寞。在游山玩水的过程中,他写了许多游记,这是他在这段时间创作的主要收获,为我国现代游记的发展做出了贡献。1934年7月,郁达夫'不远千里'从杭州经青岛去北平,再次饱尝了故都的"秋味",并写下了这篇优美的散文——《故都的秋》。

老师在这段话里用的是叙述的语言,介绍了作者创作时的背景,明确指出了作者写这篇文章时的感情特点:"他思想苦闷,创作枯竭,过的是一种闲散安逸的生活,并花了许多时间游山玩水,在一定程度上也是为了排遣现实带给他的苦闷和离群索居的寂寞。”因此,作者用这种感情来看外界时,看到的就只能是冷清的秋色,听到的也只能是寂寞的秋声。有了这些认识,学生就能很容易地把握住本文的特色:作者分别从色、形、声、色、味、实,来表现故都秋的三个特点——“清”“静”“悲凉”。

一位老师在教杜甫《绝句》(“两个黄鹂鸣翠柳”)这首诗时,这样描绘:

这是一幅春天的美丽的图画:新绿的柳枝上,成双成对的黄鹂在欢快地鸣叫。那蔚蓝的天空好像用水清洗过一般,清澈明朗。一字儿排开的白鹭在碧空飞翔。凭窗向西远眺,那巍峨的群山,大概有千年的积雪吧,在阳光下闪闪发光。就在门前的河边,那停泊的船只啊,或许是远航归来,或许是即将登程航行远方……

这是想象描绘,老师根据诗句进行再造想象,勾勒出了诗中的意境,给学生以具体的诗情画意之感。

2. 解析语

解析语,是用准确、简练的解释、论证、说明等方式,传授抽象的概念、定理、公式及难词、难句等含义的教学语言。

朱自清《荷塘月色》里“微风过处,送来缕缕清香,仿佛远处高楼上渺茫的歌声似的”一句是难点句。一位老师是这样解说的:

一阵一阵的,断断续续的,有时很香,有时又没有,使劲儿也闻不出来;你再闻,它又来了。就这么个味儿,若隐若现,若有若无。这就好像远处高楼传来断断续续的歌声似的。这就是作者比喻奇特的地方。还有一处,就是作者写动态下的叶子,“叶子本是肩并肩密密地挨着,这便宛然有了一道凝碧的波痕”。为什么像“波痕”呢?你们看见过荷塘没有?那微风吹过来,有的荷叶朝一边靠拢,有的分开了。靠拢,分开,就有起伏,就像波浪。那又为什么是“凝碧”的波痕呢?因为叶子靠拢来之后,整个颜色就显得深了。大家注意体会。这里写荷塘里动态的景物主要是用一些奇特的比喻,绘声绘色地把我们带进迷人、似乎还有点神妙的境界。这就是月下荷塘的景致,很优美,很迷人。

这位老师着重讲解这个比喻句的奇特之处,并同时指出作者在其他地方的比喻也很奇特,引导学生体会这些奇特的比喻所创造出的神妙迷人的境界。

另一位老师是这样解说的:

把嗅觉感知到的“缕缕清香”,比喻成听觉感知到的“渺茫的歌声似的”,叫通感。人们通过视觉、听觉、触觉、味觉、嗅觉等五官感知外界事物时,在一般情况下,彼此不能交错;但在特殊情况下,五官功能却能出现互相转化、彼此沟通的现象,我们把它叫“通感”,也叫“移觉”。

如:“愉快的笑声……像平静的海面上不断从这儿那儿涌起的波浪。”(峻青《海滨仲夏夜》)

又如:“那笛声里有故乡绿色平原上青草的香味,有四月的龙眼花的香味,有太阳的光明。”(郭风《叶笛》)

这个句子笛声里有草的清香、花的芬芳,还有明亮的阳光三种感觉相融会,那笛声该多么撩人情思。

通感的运用,使迷人的月下荷塘又增无限韵致,迷离精妙,令人情思神摇。

这位老师着重讲解什么叫“通感”,既有对概念的解释、说明,又有例证,让我们在弄明白这种修辞方法后,感受到这句话的妙处。

论证解析语是指通过正确的论据、科学的推论来证明论题或论点的真实性、正确性的教学用语。通常使用“因为……所以”“由于……因此”“基于……故”“如果……那么”等关联词语,要求语言具有条理性和逻辑性。如一位数学教师讲授“等差数列的通项公式”时说:

因为在一个等差数列里,从第二项起,每一项减去它前面的一项都等于公差,所以每一项都等于它前面的一项加上公差。如果等差数列 $a_1a_2a_3a_4$……的公差是 d,那么,$a_2=a_{1+}d$,$a_3=(a_{1+}d)+d=a_1+2d$,$a_4=(a_1+2d)+d=a_1+3d$……由此可知,如果等差数列 $a_1a_2a_3$……的公差是 d,那么它的第 n 项为:$a_n=a_1+(n-1)d$。这就是等差数列的通项公式。

这位老师运用严密的论证解析语准确严密地导出等差数列的通项公式。

讲析的具体方法多种多样,较常用的有直陈法,即用平实的语言把内容直截了当地陈说出来的方法,特点是直接、简便;譬喻法,即通过比喻、类比等手段来形容说明的方法,特点是具体、形象;列举法,即通过讲述实例来阐明概念、定理、规则、词语等含义的方法;比较法,即把两个或几个有同有异的事物、概念、词语、定理等联系起来,分辨其异同和高下的方法;联系法,即使新知与旧知、本学科与其他学科知识、书本知识与生活经验之间联系起来,以加深对新学知识的理解的方法;等等。

(四)讲析语的示例与简评

1. 一位老师讲述斯巴达克起义,在讲到在布林迪西港附近最后决战中的斯巴达克时作了这样的描述:

最后的决战前,战友们把黑色的战马牵到斯巴达克的身边。他在沉思中抚摸着马头,像有千言万语要对这匹跟随他南征北战、出生入死的战马诉说。然而他只是默默地把自己的头靠近了战马的眼睛,依贴在马的嘴边。突然,斯巴达克怒目炯炯,一跃上马,拔出利剑,果断地对战马说:“如果我胜利了,我可以从克拉苏那里夺得更多的战马。要是我牺牲了,我绝不能让你成为俘虏!”斯巴达克一剑向战马的尾部猛刺,战马在嘶鸣中向前冲奔。他两眼闪着怒火,声如雷霆,挥剑招呼战友们:“冲啊,杀死克拉苏!”在激烈的决战中,斯巴达克身先士卒,一往无前,接连斩杀了两名敌军军官,可就是没有找到大刽子手克拉苏。后来，斯巴达克腿部不幸被长矛刺伤，从马背上跌落了下来，但他仍然弯曲着一条腿，手握盾牌，继续与敌血战。直到生命的最后一刻，斯巴达克手里还握住战斗的武器，好像在召唤着后来的奴隶们，要继续战斗！



简评：带着强烈的情感绘声绘色的描述，使学生身临其境，如闻其声，如见其人，给学生以刻骨铭心的震撼。

2. 一位现代汉语老师讲解“语音”的概念：

语音的定义：语音是由人的发音器官发出的表示一定意义的声音。我们看这个句子的结构：主语是“语音”，谓语是判断动词“是”；宾语是“声音”；“声音”的定语有两个，一个是“由人的发音器官发出的”，一个是“表示一定意义的”。因为“语音是声音”，所以它具有声音所具有的所有属性，即具有音高、音强、音长和音色四个基本要素；因为“语音是由人的发音器官发出的”，所以它要受到人的发音器官的制约，具有生理属性；因为“语音是表示一定意义的”，即语音必须与意义建立联系，而这种联系是由使用这种语言的人们在长期的使用过程中约定俗成的，所以它具有社会属性。这个定义里包含了语音的三个属性，或者说，这个定义是从语音的三个属性方面下的。

简评：“语音”这个概念的定义，看上去很简单，无须解释，但这段讲析语指出了定义中包含的三个属性，讲解透彻、明了，学生对“语音”概念理解会很深刻，不会肤浅。

3. 一位化学老师在讲解“金刚石和石墨的构成和特点”时说：

金刚石和石墨是同素异形的物质。它们都是由同一种元素——碳(C)组成的。在氧气里燃烧，都只能生成二氧化碳。两者的异形是由于碳原子排列方式不同造成的。这两种物质的物理性质差异很大：(1)外形：金刚石是无色透明、正八面体形状的固体；石墨是深灰色、不透明的细鳞片状固体。(2)密度：金刚石是3.51克/立方厘米；石墨是225克/立方厘米。(3)硬度：金刚石极硬；石墨很软。(4)导电性：金刚石是电的不良导体；石墨是电的优良导体。

简评：这个讲析语运用了比较的方法，突出了认知对象的特点，让学生更清楚、更深刻地认识金刚石和石墨这两种物质的构成与特点。

4. 一位老师在讲授鲁迅《祝福》时，分析作者为什么让祥林嫂反复逢人便说：“我真傻”，做了以下精辟的论述：

祥林嫂的一生灾难连着灾难，不幸连着不幸，丧夫、被劫、再丧夫、亡子、又被驱逐，一生的追求不过是进行一种不平等的交换而已。可是她不去追究为什么会这样，顶多是自以为找到了阿毛被狼吃掉的自然原因，所以作者让她反复讲“我真傻”。她傻就傻在没有看到自己是被社会这条“狼”一口一口地吞噬着，没有看到政权、族权、神权、夫权这四条恶狼吃掉了她的丈夫，吃掉了她的儿子，也正疯狂地纷争着吃掉她自己。是万恶的旧社会把祥林嫂推向了由政权、族权、神权、夫权四条绳索组成的绞刑架，她全然不明白，她真傻。

简评：老师抓住挂在祥林嫂嘴边的一句话："我真傻"，作深入的讲解、分析、挖掘，揭示了祥林嫂悲剧形成的社会根源，使学生明确认识到了《祝福》的社会意义。

(五)讲析语思考与练习

1. 请你先指出这两名实习生讲析语中存在的问题，之后自己设计一段讲析语在班上试讲。

(1)有一名实习生正在上科学课《夏天为什么昼长夜短》。她是这样给同学们讲解这一现象的：

师：同学们，现在是什么季节？

生：夏天。

师：是白天长还是夜里长？

生：白天长，夜间短。

师：对，可是为什么呢？大家都知道我们生活在地球上，太阳就在地球的隔壁，他天天绕着地球转。当太阳照在我们生活的这一边相反的那一边时，我们这边就是白天短，夜间长，也是我们已过了严寒的冬天了。同学们，想想冬天是不是白天短，夜间长？

生：是！

师：当太阳照在我们生活的这边的时候，就是白天长，夜间短，也就是我们正在过夏天。同学们，要把老师讲的话记在心里。

(2)一名实习生在给小学生解释《望庐山瀑布》时说：

师："太阳照在香炉上，香炉里冒出了紫色的烟，远远看去，瀑布挂在前面的山川上，飞快的水流冲下了三千尺，怀疑是不是银河的水流下来了九天。"

2. 请用比较的方法讲析下列概念，或自选两个概念进行对比讲析：

(1)借喻、借代

(2)单质、化合物

(3)运动、静止

## 三、提问语

### (一)提问语的含义和作用

提问语，是指教师根据教学内容和要求提出问题、启发学生去思考的教学语言。提问是完成教学任务的重要手段之一，是教学过程中师生之间进行思想交流的重要方式。提问的主要作用是吸引注意，激发兴趣，启发思维，引导学生积极、主动、深入地探求知识。在“启发式”教学中，提问语是沟通教师、教材和学生三者之间的桥梁和媒介，因此在课堂教学的各个环节中，老师都会经常性地使用提问语。



老师在开始讲课时，即导入阶段，往往会设计一些带有全局性的、整体框架式的一些问题，让学生对这堂课的教学内容进行宏观把握。

一位老师在讲授《渔夫和金鱼的故事》时，就设计了这样几个问题：

1. 谁向谁要？要什么？2. 每次要，有什么变化？3. 这个故事告诉我们什么？

这些问题是从要的对象、内容、态度、结果和课文的中心思想等方面提出来的，这就把握了课文的整体性，即把握了文章的结构、作者的思路，明确了学习这篇课文的目的。

在开始阶段，有时还会围绕课题、难点、重点设计提问，既能激发起学生立即产生阅读课文的兴趣，又能帮助学生抓住课文的主要内容。例如，教《蝶恋花·答李淑一》时，老师在黑板正中写毕课题，在“答”字下，用粉笔重重地点了一个大点说：“答谁？谁答？为什么答？答什么？怎么答？这样答本身表明了什么？”一个“答”字，直贯全词，它不仅是全词的抒情主线，而且是全词上天入地、笔墨飞腾地抒写出磅礴之情的内核或基点。这些提问语富有诱导性、挑战性。

在讲授新课阶段，老师常会提出一些具体问题，一是引起学生定向思维，带着问题学习，解决教学重点、难点、易混点。例如：一位老师讲授《蛇与庄稼》一课，在对“因为没有了吃田鼠的蛇，田鼠繁殖得特别快，庄稼叫田鼠糟蹋得特别严重，因而歉收了”一句话进行分析时说：“这是因果句，写蛇与庄稼的关系。其实蛇与庄稼没有直接的关系，而是由田鼠这个媒介使它们联系起来的。仔细分析一下这句话，看看其中有哪几层关系？”二是提示学生注意他们易忽略，但有一定思考价值的问题。让他们从无疑变为有疑，接通疑问、质疑、解疑的链条，能使学生的学习积极性不断强化，还能培养他们善于从看似无疑处发现问题的能力，掌握读书的方法。如《董存瑞舍身炸暗堡》一课中有一句话：“董存瑞眺望着远方，高喊着：‘同志们，为了新中国，冲啊！’”老师发问：“董存瑞眺望着远方，你们能告诉我他望到了哪儿？”（他不但望到了隆化的解放，更望到了全中国的解放，新中国建立了。正因为他看到这么远，他才愿意牺牲自己的生命。）《我的战友邱少云》中有这样一句话：“哎呀，火烧到邱少云身上了！”老师问：“这句话应该怎么读？（极度惊讶又不能大声说，要用气音——像耳语）”；写烈火包围了邱少云，邱少云趴在火堆里一动也不动。老师问：“邱少云此时此刻会想些什么？（宁可烧死也不暴露目标，让学生更深切体会到邱少云精神的伟大。）”又如，《有的人》中有一句：“有的人，骑在人民头上，‘呵，我多伟大！’”老师发问：“骑在人民头上无疑是压迫人民，那么文章为什么用‘骑’而不用‘压’呢？（‘骑’能突出表现统治者在心底里不把人民当人看，只是当作牛马。）”

在对新授内容进行小结时，老师会提出一些问题，让学生整理概括所学内容，形成一个知识系统，便于记忆。例如，一位老师在讲完《鸿门宴》后，要求学生把成语找出来的教学实录：

师：《史记》有很高的文学价值，司马迁用他那生花妙笔给我们生动地再现了一个发生在两千年前的故事，其中一些句子已经演变成了成语，为我们现代人所熟知。大家能否把出自本文的成语都找出来并解释这几个成语？

生：项庄舞剑，意在沛公。人为刀俎，我为鱼肉。

师：很好。还有两个由文中句子紧缩成的成语，看能否把它们也找出来？

生：劳苦功高，秋毫无犯。

师：是的。"大行不顾细谨，大礼不辞小让"也是名句，也该记住。其实，大家熟知的成语中还有两个和项羽有关，哪个同学知道？解释一下。

生：破釜沉舟。它是指项羽和刘邦打仗时，为了激励士气打胜仗，过河后把锅都打破，船都弄沉，比喻下定决心，不顾一切干到底。

师：很好。只是，这儿是项羽和秦军打仗，此时秦朝还没有被推翻。还有吗？

生：四面楚歌。它是指项羽被刘邦的大军重重围住，夜间听到汉军四面都唱楚歌，项羽吃惊地说："汉军把楚地都占领了吗？为什么这么多楚人呢？"比喻四面受敌，处于孤立危急的困境。

师：很好。这个故事发生在楚汉战争即将结束的时候，不久项羽彻底陷入失败的境地，在乌江自刎。那么，这么一位勇敢、果断、有着赫赫战功的将领，为何落得个四面楚歌、乌江自刎的结局呢？鸿门宴上项羽的表现也许能让我们看出些端倪。

或在总结阶段提出延伸扩展性的问题，由课堂引到课外，由书本引向学生的日常生活或社会生活等等，训练学生的发散思维与求异思维能力。下面是一位老师在讲解马丁·路德·金《我有一个梦想》课文时的课堂实录：

师：刚才我们一起学习了马丁·路德·金的梦想，那么，同学们能不能谈谈自己的梦想呢？（学生踊跃举手，畅谈自己的梦想）

生1　我有一个梦想：我希望人们不分高低贵贱！

生2　我有一个梦想：我希望所有孩子都能上学，所有人都能看得起病！

生3　我有一个梦想：我希望老师和同学们生活幸福，一生平安！

生4　我有一个梦想：我希望祖国更加强大，海外都有我们的军事基地！

生5　我有一个梦想：我希望祖国能尽快和平统一！

"夫子循循善诱之"，这是人们对孔子教学艺术的赞美。如果每堂课教师都能根据教材的实际和学生的实际，精心设计，质疑问难，恰当地选择提问的方式，就能引燃学生思维的火花，有助于学生理解课文内容，掌握思维方式，提高教学效率。

(二)提问语的要求

好的课堂提问语应该做到以下几点:

1. 提问要明确

这包含两方面的意思:一是提问的目的性要明确。提问要有的放矢,不能随意而问。教师在设计每一个提问时都要想一想,提出的问题是否能为教学要求、训练重点、思维发展能力、思想教育的渗透等方面服务。二是所提的问题本身要明确。提问语要简练具体,指向明确,范围确定,不能是模糊不清、难以捉摸的。

2. 提问要适时

提问要与学生的认知进程相吻合,要在学生有疑、有思、欲问、欲解而又苦于不知如何表达之时提问。失时而问,便达不到好的效果。不当问而问,当问而不问,都是失时的表现。对课堂上的提问语,老师在备课时就应该做好充分的准备,设计好问什么,怎么问,什么时候问。只有这样,才能问出效果。老师在课堂上应该杜绝随意问的现象,看似热闹,其实毫无效果。

3. 提问要适度

这主要是指问题的深度和难度要适当,所提问题不能低于或过分高于学生的实际。问题提得太容易,学生会觉得没有兴趣而懒得思考,甚至有时会有一种被愚弄的感觉而拒绝与老师合作。问题提得过难,学生就会因无法回答而丧失答问的信心。老师应该根据学生的实际来设计问题,让学生利用现有知识,经过认真思考分析后能够回答出来,这样才能调动学生的积极性,才能让他们体验到成功的快乐。另外,适度,还指提问的数量要适度。如果无节制地满堂问,就会使让学生感到疲劳,从而厌答;问题提得太少,学生不能积极主动地思维,学习效果就不会太理想。因此,问题提得太多、太难、太浅、太少都不适宜,教师要在研究学生、教材、教法的基础上,提出适度的问题。

4. 提问要启思

钱梦龙说:"问题提得好,犹如一颗石子投向平静的水面,能激起思维的浪花。"好的提问语,往往为学生设置了一个悬疑情境,把学生硬拽进去,而学生则想方设法欲从中挣脱出来,从而迅速点燃起学生思维的火花,开拓学生的思路,激发起他们探究的兴趣,并能从问题中悟出解决问题的方法和途径。没有启发性的提问表现为:简单化,机械化,没有回味余地。一位老师在教《愚公移山》中"邻人京城氏之孀妻有遗男,始龀,跳往助之"一句,他没有直接去问"孀妻""遗男"是什么意思,因为这样问,学生一看课文下的注释就解决问题了,没有思考的余地。他别具匠心地问:"有个孩子也去帮助老愚公移山,那孩子的父亲让他去吗?"学生一时摸不着头脑,忽然明白过来了。原来这个孩子没有爸爸,他母亲是个寡妇("孀妻"),他自己是个孤儿("遗男")。这样,变换了一个新颖的角度提问，使问题有了思考的价值，引起了学生思考的兴趣，加深了这两个词在学生头脑中的印象。

5. 提问要有序

提问应从整体考虑，使提问成为一个问题与另一个问题之间彼此有着内在联系的系统。老师设计的提问语应符合学生的认知规律，并正确地反映由易到难的坡度，逐步迁移，把学生不断地引入新的知识领域，完成教学任务。有位老师教《种子的力》，设计了以下几个问题：(1)植物的种子为什么能够完整地分开人的头盖骨？(2)小草为什么能够掀翻石块？(3)“长期抗战”是什么意思？(4)为什么说小草的力是一种长期抗战的力、有弹性能屈能伸的力、有韧性不达目的不止的力？这几个问题层层推进，由浅入深，正确合理，有利于让学生深入理解课文的思想内容。

(三)提问语的类别

根据提问的目的，我们把提问语分为以下几类：激发性提问语、疏导性提问语、理解性提问语、想象性提问语、求因性提问语、评价性提问语、总结性提问语、比较性提问语、纠偏性提问语等。

1. 激发性提问语

这种提问语用以确定学习目标，培养情感，引起思维的兴趣和学生的有意注意，使思维顺利进入学习新知识的轨道，对学生起着引发和定向的作用。这种提问语往往用在导入语中。如一位老师在教《孔乙己》一文时，开头便问：“谁知道孔乙己姓什么叫什么？”学生不假思索，异口同声答道：“姓孔！名乙己！”老师笑着又问：“孔乙己真的姓孔名乙己吗？”学生纷纷翻书，不一会儿，他们便笑了起来，知道孔乙己无名无姓。老师接着又问：“为什么他竟连姓名都没有呢？他可是个读书人啊！”老师选择了一个让同学们很感兴趣的知识点，精心地设计问题，深深地吸引了学生，激发起学生对这篇课文浓厚的学习兴趣。

2. 疏导性提问语

这种提问语的目的是帮助学生把握文章的结构，理清作者的写作思路，整体感知全文，为进一步理解课文内容作准备的。这种提问语多用于初读课文时。

一位老师在教毛泽东《沁园春·长沙》一课时，提了下面几个问题，让学生去把握词的脉络：(1)词的上下阕主要写什么？(2)词的上下阕各有一个领字，请把它找出来。(3)上阕中诗人是从哪些方面，什么角度来描绘绚丽多彩的秋色图的？(4)诗眼在哪儿？

再如一位教师在教郁达夫《故都的秋》时，设计了下面几个问题，让学生自读课文，来整体把握全文：(1)本文的题目是“故都的秋”，在作者笔下，哪一句能概括“故都的秋”的特点？(2)本文通过哪些段落来描写北国的秋的？(3)是通过哪些画面来表现“故都的秋”的“清、静、悲凉”的？(4)为什么作者要从声音、色彩的角度来刻画秋景？(5)作者为什么要提到江南的秋？

3. 理解性提问语

这种提问语是为了帮助学生理解字、词、句的含义或理解课文思想内容。在细品课文时经常用到这种提问语。例如：

一位老师在教学毛泽东《沁园春·长沙》一课时，为了帮助学生理解诗人炼字炼意的功夫和创作的不易，以及不同字眼带来的不同表达效果，设计了这样的问题：

诗歌是以高度概括凝练、富有表现力的语言来表达诗人的丰富的思想感情的，因此诗人都会注意“炼字炼意”，你能说说下面几个黑体字的好处吗？

**独立**寒秋　　层林尽**染**　　鹰**击**长空　　鱼**翔**浅底

（生：“独立”不仅表明是一个人，而且显示了诗人中流砥柱的气概；“染”字用拟人手法，写出秋色之深；“击”显示出雄鹰展翅奋发、搏击长空的强劲有力；“翔”字写出鱼儿在清澈见底、水天相映的水中游动得自由轻快，像在天空中飞翔一样。）

4. 想象性提问语

老师设计能引起学生丰富想象的提问，既可培养学生的发散思维能力，又可以加深对文章的理解。

例如，一位老师在教毛泽东《沁园春·长沙》时就设计了一个问题，激发和提高学生的想象和联想能力：

雨果说过，“想象是人类思维中最美丽的花朵”，下面让我们展开想象的翅膀，感受诗人所描绘的绚丽多彩的秋色图，并用语言把它描绘出来，好吗？

再如：有位老师在讲完《狼和小羊》后问：“按照常理，狼向小羊扑去，小羊肯定会被狼吃掉。你们能不能展开想象，让小羊不被狼吃掉？”

5. 求因性提问语

这种提问语是为了引导学生从知识的结论出发，去探索得出结论的原因。这种提问对培养学生的逻辑思维能力是非常必要的。

一位老师在讲解毛泽东《沁园春·长沙》课文时，问了下面一个问题：

师：“毛泽东笔下的秋景为何写得如此绚丽多彩，充满生机？”

（生：毛泽东是叱咤风云的一代伟人、胸怀大志的政治家。他有博大的胸襟、崇高的风范、雄伟的志向、奋发向上永不消沉的乐观性格，所以他的词充满豪情壮志，笔下的秋景也绚丽多彩，充满生机。）

这个问题既能帮助学生理解诗词里的一种写作手法：借景抒情，融情于景，又能帮助学生感受到本词雄阔的意境以及作者豪迈的胸襟。

一位老师在上《孔雀东南飞(并序)》时，问：“刘兰芝为何离开焦家？刘兰芝为什么要殉情?”

这两个问题设计的目的是激活学生的思维,让学生从不同角度审视评价作品中的人物形象,探求造成这场悲剧的原因。

6. 评价性提问语

评价提问的目的是引起学生对课文中的内容进行评价的欲望,通过启发学生开展评价,使学生之间互相启发,互相补充,达到深入理解课文的目的。

一位老师在讲解《孔雀东南飞(并序)》时,问:“你认为焦母是个怎样的人?”

这个问题让学生在对焦母的评价中把握住了她的形象特点:焦母是一个蛮横无理、独断专行的封建家长制的典型,但她也是一个受害者。

在《桂林山水》一课教学结束时教师提问:

课文末尾一段与开头一段有什么关系?围绕“桂林山水甲天下”这个中心,课文在语言运用上有什么特色?

这个问题可以引导学生进一步欣赏课文的语言美,理解课文的写作特点:运用排比、比喻相结合的修辞手法,写出桂林山水的清幽秀美;本文首尾呼应,令人回味无穷。

7. 总结性提问语

老师在讲完教学内容后会提出一些问题,让学生整理概括所学内容。

一位老师在讲解《孔雀东南飞(并序)》时,在分析完焦仲卿形象后,问:“哪个同学帮我们总结一下焦仲卿的性格特点?”

(生:焦仲卿的性格特点是懦弱、孝顺、忠于爱情、叛逆。)

8. 比较性提问语

这种提问的语目的是让学生通过对字、词、句的比较、鉴别、选择、运用,弄清难理解的词句,了解句子间的内在联系,加深对课文内容的理解,提高辨析能力,加强语言文字的训练。如:《月光曲》里有两句话,一句是:“一天夜晚,他在幽静的小路上散步。”第二句是:“月光照进窗子来,茅屋里的一切好像披上了银纱,显得格外清幽。”老师设计了下面一些问题:

师:“幽静”和“清幽”有什么区别?

生:“清幽”主要写景色美,“幽静”形容环境静。

生:“幽静”指莱茵河幽雅寂静,如水的月光,幽静的小路,显得特别静。可见贝多芬心情愉快。

生:因为非常静,才能听到潺潺的流水声、断断续续的琴声。

师:那么“清幽”呢?从哪儿看出景色美?

生:风吹灭了蜡烛,月光照进来,使茅屋披上了银纱一样,朦朦胧胧,给人以美的感觉。

师:同学们对这两个词所描写的不同意境体会很真切,不光是理解了词语所描述事物的差异性,还体会出词语中所蕴含的思想情感。只有这样揣摩词句,才能深刻体会到作者遣词造句的意图。

此外,如果要建立前后知识的联系,老师往往会提出一些问题,比较其中的不同。例如,一位老师讲授《卖火柴的小女孩》,在讲到小女孩第四次幻想时说:

本文写了小女孩的四次幻想,一次是大火炉,二次是烤鹅,三次是圣诞树,四次是奶奶。你们好好比较一下第四次幻想与前三次有什么不同?(前三次幻想的都是物,第四次是人;第四次出现了小女孩叫起来的语言,说明在物质和亲情都缺乏的情况下她更渴望亲情。)

9. 纠偏性提问语

这种提问语是为了纠正学生思维的偏差。当发现学生回答问题偏离了教学目标,或说的话不严密甚至错误时,老师设计一些归谬类的提问语,让学生悟出自己话中的毛病,从而回到正确的思维道路上来。例如:一位老师在引导学生理解“冬眠”一词时,有这样一个教学片段:

师:“眠”是什么意思?

生:是睡觉的意思。

师:冬眠呢?

生:冬眠是冬天睡觉的意思。

师:人冬天也睡觉,也是冬眠吗?

生:(知道自己有误)不是,冬眠是指动物在冬天不吃不喝,只睡觉。

师:(风趣地)噢,骑兵部队的战马到冬天不吃不喝,睡觉去了,敌人来了怎么办?

生:(笑了,知道又错了,于是补充)冬眠是指有的动物在冬天不吃不喝去睡觉了。

师:这样解释就对了。冬眠是指有些动物,如青蛙、蛇在冬天不吃不喝一直睡一个冬天。看来把词理解准确是要动一番脑筋的。(转引自程培元主编《教师口语教程》)

在这个例子里,老师先假设学生回答得对,然后根据学生答案推导出另一句错误的话来,学生发现自己的回答有误,会继续寻找正确的答案,最终把思维拉到正确的道路上来。

再如:一位老师在执教《荷塘月色》时候,有这样一个教学片段:

师:作者为什么要写“忽然想起六朝时采莲的事情来了”,“六朝”有什么特殊含义吗?

生:六朝也是一个动乱的时代,作者写六朝是想表现动乱中也有快乐的景象和美好的生活。

师：作者是希望现实生活中能有采莲的热闹，还是希望自己做六朝时的人？

生：作者希望自己能像六朝时的人那样，享受生活，得到快乐。

师：如果我们把“六朝”换成“汉朝”或“唐朝”行不行？影响文意表达吗？

生：好像并不影响。这个语句的关键词不是“六朝”而是“采莲”。

师：我们为什么会在这个问题上纠缠不清，是因为我们阅读时没有抓住语句的主要信息。

这个例子中，老师发现了学生的回答偏离了目标，有的放矢地问了学生两个问题，即：“如果我们把‘六朝’换成‘汉朝’或‘唐朝’行不行？”“影响文意表达吗？”让学生发现了错误，转换了思路，回到了正确的思维轨道上来了。

（四）提问语示例与简评

1. 一位老师启发学生理解《大堰河——我的保姆》中“呈给你黄土下紫色的灵魂”难点句的教学片段：

师：作者原先是学绘画的，他对色彩非常敏感，他的诗往往具有很强的色彩感。在课文预习的过程中，有同学曾提出：“呈给你黄土下紫色的灵魂”用“紫色”修饰灵魂有何用意？我希望今天在课上我们能够一起探索解决这个难题。

生：（沉默，思索，一时不知从哪里入手。）

师：想想看，平时生活中哪些东西是紫色的，它们会引起我们怎样的联想？

生：（茅塞顿开，活跃起来）

生1：青一块，紫一块。

生2：嘴唇都冻紫了。

生3：我认为紫色是一种痛苦的、压抑的颜色，紫色给人的感觉非常压抑，不痛快。

师：很好，正如同学们所说的，紫色是伤痕的颜色，是凝血的颜色，是因窒息而死的人的颜色，代表了不幸、苦楚、伤痛和死亡，大堰河苦难的一生，结局悲惨，因而称之为“紫色的灵魂”。诗中哪些地方可以体现这层意思？

生4：“她的名字就是生她的村庄的名字”，可见大堰河是一个卑微到连自己的名字都没有的女人。“她是童养媳”，可见她像物品一样被人当作东西买卖，被人看不起，命运悲惨。“在她流尽了她的乳液之后，她就开始用抱过我的两臂劳动了”，可见大堰河只能靠出卖乳汁和汗水谋生。“她死时，平时打骂她的丈夫也为她流泪”，可见大堰河不仅每天要干很繁重的活，而且还要受到丈夫的虐待……

师：的确，大堰河没有姓名，没有人身自由，靠出卖乳汁和汗水谋生，她是生活在社会最底层的农村妇女的典型。作者用“紫色的灵魂”来概括真是很巧妙。但是，“紫色的灵魂”还可以有其他理解吗？

生：我认为紫色是一种高贵的颜色。如紫罗兰，如古代的官服，如有的足球队穿的球衣就是紫色的，紫色还是今年的流行色。

师：很好。紫色，在中国文化中是一种高贵之色，如“紫禁城”、“紫气东来”、“紫微星”之类，都与紫色有关。诗人以此象征大堰河高贵的灵魂，这是对她的高度的赞扬。她的身份虽然卑贱，但她集中了人类的美德：仁慈、善良、辛勤劳作、从无怨言，对乳儿充满了母爱与美好的祝愿。她确实是最高贵、最伟大的女性。她的灵魂因“痛苦”而“高贵”。当然，在学术界对此处的理解也颇有争议，今天我们的理解也算是一种积极的探索吧。

简评：“紫色的灵魂”向来是本诗理解的一个难点，这位老师将此作为突破口提出问题，不仅激起了学生解疑的兴趣，更借对“紫色”一词的双层理解，巧妙地梳理了长诗的内容，深层地把握了大堰河这个人物形象。

2. 有位老师在讲解“什么是果实”时，首先让学生列举出许多果实的名称，然后向学生提问：

师：各种果实不同，彼此不相像，为什么都叫果实呢？它们有什么相同的地方吗？

生1：它们的味道很好。

师：肉饼的味道很好，肉饼也是果实吗？

生2：不对，肉饼不是果实，它不是在植物中生长的。

师：叶子和花也是在植物中生长的，它们是果实吗？

生：（困惑）

师：我们把果实切开，看看里面有什么？

（经过老师的这些启发，学生终于明白了果实内部都有种子，果实是植物孕育种子的部分。）

简评：这是一则纠偏性提问语，学生的回答没有指出果实的最本质特征，老师根据学生的错误判断不断地反问，让学生“理屈词穷”，最后在老师的启发下，切开了果实，找到了果实的特征，明确了果实的概念。

3.《十里长街送总理》一文中说：“一位满头银发的老奶奶，双手拄着拐杖，背靠着一棵洋槐树，焦急而又耐心地等着。”在理解这句时老师提问：“焦急是着急的意思，耐心是不着急的意思，焦急而又耐心不是矛盾吗？”学生经过讨论，认识到：焦急是急切盼望早点见到总理的灵车，向总理致哀；耐心是下了决心，不管天多冷，不管身体多差，不管等多久，一定要等到总理的灵车，因此焦急和耐心是统一的，统一在对总理的热爱上。

简评：这是一个理解性提问语，学生根据老师的提问，经过认真讨论，准确地理解了这句话的意义。

（五）提问语思考与练习

1. 说说提问语的作用和要求。

2. 分析下列提问语属于哪种类型：

(1)一位历史老师在讲秦朝的历史时问："秦始皇顺应历史潮流，建立了历史上第一个统一的中央集权的封建国家，他希望他的王朝能传至万世，但是，他亲手建立的王朝为什么却偏偏那么短命，只存在了15年？"

(2)一位老师在讲授《金岳霖先生》时问："作者笔下的金岳霖先生是个怎样的人？"

(3)教学《曼谷小象》一课，在学生初读课文时老师提问：

"这篇文章是按照怎样的顺序记叙的？"

回答："是按事物的发展顺序记叙的。"

老师接着问："用先写什么，接着写什么，再写什么的顺序具体说一下课文写了哪些内容？"

回答："先写汽车陷入淤泥，再写阿玲指挥小象拉车，最后写阿玲指挥小象洗车。"最后师生共同总结出是按"陷车—拉车—洗车"的顺序写的。

3. 请你设计提问语帮学生思考理解"违法与犯罪的关系"。

4. 这是一段课堂实录，请你分析一下教师提问语的作用：

教师：作者在《祝福》中为什么让祥林嫂反复讲"我真傻"？

(学生回答不得要领)

教师：请大家想一想，祥林嫂的命运如此悲惨，究竟是谁造成的？是吃掉阿毛的狼吗？再想想，为什么作者总让她重复说自己傻，她到底傻在什么地方？

学生：祥林嫂只看到了自然界的狼吃掉了阿毛，却看不到社会的"狼"正在吞噬着自己。

学生："我真傻"这句充满辛酸的话，深刻地揭示了祥林嫂受迫害而不自觉的性格特征。

5. 从教学效果方面比较下面两位老师提问语的优劣。

讲授内容：柳永《雨霖铃》中的"念去去千里烟波，暮霭沉沉楚天阔"一句用了什么方法来表现主人公要离别心爱的人时的凄凉与痛苦？

讲授目的：想通过这个问题让学生理解这首词情景交融的写作特点，并学会分析景是如何为情服务的。

(1)老师：主人公一想到要离别心上人到遥远的他乡，而且不知何时是归期，顿觉路之茫茫。在这里，浩渺迷茫的烟波表现了离人暗淡的离愁。空阔的天空是背景，写出了离人的孤独。"沉沉"不仅仅是暮霭，更是心里的愁苦。同学们，你们说对吗？

生(齐声)：对！

(2)老师：主人公一想到要离别心上人到遥远的他乡，而且不知何时是归期，顿觉路之茫茫，前景一片暗淡。在这里，作者运用了什么手法来表现其内心的愁苦的?

生:运用了情景交融、借景抒情的方法。

师:都借了哪些景?

生:“千里烟波”“暮霭沉沉”。

师:“楚天阔”是吗?

生:(部分肯定,部分否定)

师:大家还记得“星垂平野阔,月涌大江流”这两句诗吗?作者为我们展现的是一种什么样的意境?

生:空旷、寂寞、孤独、凄凉的意境。

师:为什么?

生:夜幕降临,诗人除了看到几颗星星之外,剩下的就是月光在涌动,不禁悲从中来,偌大的空间,能够陪伴他的只有星星和月亮,而且大江流在古代就有时间一去不复返的意境。随着时间流逝,自己一事无成,所以诗人倍感孤独、寂寞、凄凉和悲哀。

师:回答得很好。那么,还有“野旷天低树,江清月近人”,谁能说说它所表现的意境?

生:原野空阔寂寥,苍天垂落,树木仿佛比天高,这是一个被挤扁了的天地。诗人感到压抑和郁闷,却无人能理解,无人关心,只有一轮月亮靠近他、陪伴他。所以,这句诗的意境仍然是空旷、寂寞、孤独、凄凉的。

师:分析得很好。我们再回头分析“楚天阔”的意境。

生:以空阔的天空为背景,既表达了主人公离别后的空虚和孤寂,也表达了这种空虚和孤寂像千里的烟波,沉沉的暮霭,空阔的楚天,是如此的厚重,无法排遣。这句诗的意境仍然是空旷、寂寞、孤独、凄凉。

## 四、总结语

### (一)总结语的含义和作用

总结语是对新学内容进行梳理、概括,达到回顾、巩固教学内容目的的教学语言。一般情况下,它不给学生提供新的教学内容。它包括某个知识点的教学内容讲授完后的小结语,全课的总结语,教学阶段(如一个章节、一篇课文,或一个单元等)的总结语。

由于在教学过程中,教师讲解的知识点可能比较分散,学生的认识也往往停留在感性层面,抓不住要点,因而教师在讲授完毕,适时地对前面讲过的内容作一番小结,扼要地归纳出提纲和要点,这样,可以帮助学生对刚刚学过的内容进行复习、梳理、归纳、强化、升华,使之消化,牢固地印在学生的脑海里,并为学习新知识做好准备。在一节课的结束处或在一个章节、一个单元上完时进行总结,可以让学生对教学内容有一个完整清晰的印象,让他们对所学内容有一个整体、概括的把握,从而懂得更透,领会更深。

很多口语教材在说总结语时存在以下的欠缺:一是把总结语称为结束语(一堂课结束阶段总结教学内容的话)。但我们发现总结语不仅仅出现在一堂课的结束阶段,在一个小的教学片段结束之后,下一个教学片段开始之前,老师往往结上启下。二是把总结语与结课技能混为一谈。总结语是老师为了巩固知识、强化能力、深化中心而说的话,是教师口语艺术的一个重要组成部分。在一堂课的结束阶段,为了巩固所学内容,老师往往安排学生进行书面作业练习,或使用电化手段放一段录音、录像,或运用板书、图表概括全文,或让学生朗读文章加深对课文的理解等等,因没有使用口语,把它们称为结束语或总结语都是不妥当的。三、与想象性提问语相混。想象性提问语往往安排在一堂课的结束阶段,有很多口语教材就把想象性提问语看成结束语。如一位老师在讲完《鲁提辖拳打镇关西》时提了一个问题:"如果鲁提辖现在出现在我们班级,你会对他说些什么呢?"然后由学生展开充分的想象结束教学。结束语与想象性提问语的目的不一样,

总结语重在"结",提问语重在"启",显然这位老师重在启发学生进行发散性思维训练,而不在对这堂课的教学内容进行总结。

(二)总结语的要求

(1)要有针对性　一是紧紧围绕教学目的、重点、难点和疑点对已学内容进行梳理、概括、强化、升华,使学生对所学知识有更系统、更清晰、更深刻的认识。二是教师必须结合教学的实际情况,选择恰当的语言或方式进行总结。总结语忌啰唆杂乱,讲不到点子上,应力求精练、简约、朴实。

(2)要及时　当学生对所学内容有疑惑、淡忘、把握不住重点时,老师要及时地对知识进行整理、归纳、总结,帮助学生构建知识网络。上课忌没有总结语,或草草收场。

(三)总结语的种类

1. 老师独白式的总结语

这是教师单独进行表述的教学总结语。一位老师在教毛泽东《沁园春·长沙》一课时,先让学生整体感知、鉴赏全词,用优美的语言描绘词的意境,然后进行交流,相互补充完善,最后老师进行总结陈述:

深秋季节,我独自站在橘子洲头,湘江水日夜不息地向北奔流。远望层层叠叠的树林,经霜染后,一片火红;近看碧绿清澈的湘江,无数船只竞相行驶。雄鹰在高空展翅飞翔,鱼儿在江水中自由自在地游泳,宇宙间的万物都在竞相向上,蓬勃发展。面对这一派勃勃生机的大千世界,怎能不令人思绪万端:广阔无垠的大地呀,谁才是你的主人呢?回忆往昔,同许多同学在这一带游览、聚会,度过了许多不平凡的岁月。那时,正值青春年少,风采迸发,才华横溢,意气奔放,遒劲有力,同学们经常在一起评论国家大事,写出激浊扬清的文章,把反

动统治者视为粪土。还记得吗，当年我们在江中游泳，激起波浪，几乎阻止了飞快前进的船只？

这个例子是老师用白话来复述全词，让学生从头到尾梳理了字词句，把握了全词的整体，初步感受了词的意境。

一位老师在教朱自清《荷塘月色》时，用总结语先帮助学生把握作者感情的脉络，再归纳出品读写景散文的方法，培养学生自读散文的能力，提升阅读的品位：

在现实中心里颇不宁静的作者无法排遣心中的苦闷，因而要寻找感情的寄托，作者才夜游荷塘，去寻找宁静。作者找到了没有？在什么地方找到了？在自然环境的美丽和理想生活的憧憬中找到了宁静，但这只是暂时的宁静，当作者回到家门，又回到了现实，心中的烦恼依旧。所以，作者极力描绘了自然的美丽和古代的自由快乐，是借以抒发对现实的不满，漫步荷塘是为了排遣在理想与现实的对撞中矛盾的苦闷心情。所以，笼罩全篇的情感既有淡淡的哀愁，又有难得偷来片刻逍遥的淡淡的喜悦。作者感情的脉络是：不宁静—寻宁静—得宁静—失宁静。

读过这篇文章后，我们知道了怎样去品读写景的抒情散文了：首先要分析写了怎样的景？景有什么特点？采用了什么方法去写景的？然后要品味散文精美的语言，把握作者的情感。

2. 师生对话式总结语

在老师引导之下，学生对所学内容的总结，或是老师在学生总结之后再进行归纳，往往是提问语与总结语的综合运用。

一位老师在教《金岳霖先生》时的总结语：

师：我们从这篇文章中学习到哪些写作技巧呢？

生：写人要抓住特点，选取最有代表性的材料。就像作者选择了只有金先生才有的这些材料一样，让人一读就记住了这个可爱的老头子。

生：要注意细节描写，以小见大。观察生活中细小的地方，并且及时积累下来。

生：要从语言、动作等方面来表现人物。

师：看来大家通过这节课的学习，不但认识了一位可爱的老头子，还学到了很多关于写作的技巧。

这两种总结语采用了大家常用的归纳方式，就是将所学的知识归纳、概括，使知识条理化、系统化，突出知识的要点及纵横联系，既能使学生抓住要点，又能使学生对所学内容有一个完整、清晰的印象，便于学生记忆、巩固和运用。我们常从下面几个方面对教学内容进行总结：

(1)归纳主要内容或重点内容。如一位老师在教《荆轲刺秦王》时引导学生结合教材，给这一事件和荆轲一个概括性评价，在学生发表意见后，老师总结道：

有些遗憾，大家意犹未尽，用鲁迅的话说，是“战斗正未有穷期”，下课铃却骤然响起。（笑声）好在大家所讨论的问题已趋于明朗。可以说是“水落石出”了。那么，我们是不是可以做这样的归纳：

一是这一历史事件，是弱国反对强暴的正义行为，具有其合理性。

二是从整个历史进程方面看，这种做法最终也不能挽救国家的危亡，又有很明显的局限性。

三是对荆轲，则是应该充分肯定的。他的深沉刚毅、勇于自我牺牲的精神，他的扶弱济困、反抗侵略的侠义行为，他的反抗强暴的思想，对后世都产生过积极的影响。朱熹说他只有匹夫之勇，无疑是错误的。——这样敲定，大家同意吗？

再如一位老师在教《游褒禅山记》一课时，是这样总结的：

本文中有很多带“其”的句子，我们已经学习过了，现在老师帮助大家整理一下。“而余亦悔其随之而不得极夫游之乐也”，其，代词，自己，代作者本人。“以其求思之深而无不在也”，其，代词，他们，代“古人”。“其孰能讥之乎”，其，语气助词，难道，表示反问语气。“其文漫灭”，其，代词，它（代仆碑）。本文“之”“以”二字的用法也很多，请大家课后整理整理。

（2）归纳中心，阐明写作目的。如一位老师在教艾青《大堰河——我的保姆》一课时的总结语：

今天我们学习了艾青的一首抒情诗，体会了诗人真挚的感情。整首诗通过一组组意象的排列，写了大堰河凄苦一生的片断，构成了由悼念到感激到控诉到赞美的跌宕旋律，表达了诗人爱憎分明的感情。

（3）总结写作特色。如一位老师对《富饶的西沙群岛》的总结语：

这篇课文是按照总—分—总的结构来写的。课文先写西沙群岛风景优美，物产丰富，是个可爱的地方，接着具体描述西沙群岛的风景和物产，从海面、海底、海滩和岛上四个地方进行了分述，突出了西沙群岛美丽、富饶的特点。最后又总写了西沙群岛必将变得更加美丽富饶。

（4）有时老师会在总结的基础上再进行适度的发挥、升华，使学生由感性认识上升到理性认识：

《风筝》一课的总结语如下：

几名同学谈得非常好，不但对课文进行了总结，还从不同角度谈了自己阅读之后的感想。下面老师也想说说自己的两点感受。第一，鲁迅先生通过这段往事,揭示了那个年代封建伦理、传统意识对儿童的心灵、创造力的扼杀。我们可以设想一下,一个人丧失了创造力将是多么可悲,这也正是当时中国社会的悲哀。所以有人说这是一个没有流血、没有死亡的悲剧。第二,鲁迅先生善于解剖自己的自省精神,给我留下了深刻的印象。他并没有因为小兄弟的忘却而宽恕自己,而且在大胆解剖自己的同时,也在解剖着社会、民族、国家,透露出对民族的忧虑。就像鲁迅先生自己说的那样:"多有不自满的人的种族,永远前进,永远有希望,多有只知责人不知反省的人的种族,祸哉祸哉!"

(四)总结语的示例与简评

1.《游褒禅山记》一、二段的总结语

看来,大家对课文理解得很透彻。我们再来回忆一下作者的行文顺序,第一段:本名——别名由来及证明——华山洞名来由——从仆碑看出本名——指出音谬。第二段:"其下平旷……所谓前洞也"——以"前洞"陪衬"后洞",一笔带过,很妙。"由山以上五六里"——"以"的用法同"而",一笔带过行程;"有穴窈然"——写所见,"入之甚寒"——写所感;"问其深"——写所问,这是详写后洞。"余与四人……而其见愈奇"——"愈深""愈难""愈奇"六字,大有深意,为下文议论张本。如果是一般的山水游记,"愈奇"之后必大肆渲染。"有怠而欲出者……俱出"——游程到此结束。"盖余所至……又加少矣"——追忆洞中所见。"方是时……火尚足以明也"——追忆自身,伏"悔"字。"既其出……游之乐也"——以"悔"结束记游,为下文议论作铺垫。

简评:游记重在记叙游程、描写山水,而这篇课文是古代游记中的一种特殊体式,它以发议论为主而以记游为辅。前面的记叙是为后面的议论提供形象依据,为它服务;反过来,后面的议论又揭示了前面记叙的意义和作用,赋予记叙以一种特定的思想意义,这样前后相辅相成,相得益彰。这则总结语小结了记叙部分的主要内容,同时把学习引向了深处。

2.《梅岭三章》课文的总结语

这首诗围绕"断头"构思,扣住"意如何"展开,思想感情逐步升华,把过去、现在、将来融为一体。三首诗有共同的诗题,既能各自独立成章,又互相联系,形成一个有机整体,集中表现了诗人革命乐观主义态度、献身精神和对共产主义理想的坚定信念。

简评:这则总结语既总结了这篇课文的写作特色,又总结了课文的中心思想,言简意赅,让人印象深刻。

3.《圆明园》课文的总结语

师:现在我们就要离开圆明园了,请闭上眼睛,原先你眼前出现的是废墟,是火焰,那么,现在圆明园在你的心中是什么形象呢?

学生1:圆明园是我们的耻辱。

学生2:我认为是中国人民的警示牌。

…………

师:圆明园的大火早已熄灭,可圆明园中荒野的风浪,依然在呜咽着这个故事,我们思考的脚步依然不能停止。有着五千年文明的中国,为什么几千个强盗就能杀进北京城?为什么给我们留下这份无奈,这份难过,这份痛恨?圆明园毁灭的究竟是什么?永远毁灭不了的究竟是什么?也许今天的学习只是给同学们打开了一扇小小的门,希望大家从这扇门出发,怀着更多的思考,走向未来的人生,这才是这两节课学习的真正目的。

简析:这段总结语不着意在收拢全课,重在激起学生对历史认知情感的提升,激发学生从课内走向课外,从愤恨走向奋起。

(五)总结语的思考与练习

1. 说说总结语的作用和要求。

2. 在图书馆、阅览室或上网查找同一教学内容的不同老师的总结语,比较其优劣。

3. 自己找一个教学内容设计总结语。

## 五、应变语

(一)应变语的含义与作用

应变语是教师在课堂上处理课堂意外情况时所使用的语言。在课堂教学中,师生双方活动处于错综复杂的状态,往往会出现一些意想不到的情况,这是很正常的。老师要掌握处理课堂偶发事件技巧,并能创造性地运用心理学原理和教学规律,进行及时、巧妙、灵活的处理——冷静面对,并快速思维,快速组织语言,说出适合于新情况下的得体的话。这是教师个体教学风格的外化和升华,是较高层次的教学口语艺术。

应变语的作用有以下几点:

老师通过应变语的运用,能克服课堂信息传递中的各种干扰,控制或消除学生的消极行为,吸引学生的注意力,保证教学的顺利进行。

第一,能把学生注意力拉回到教学内容上来。意外发生后,学生就会被吸引,分散了注意力,老师的应变语能把学生拉回到教学内容上,从而恢复课堂教学的常态。

第二,能适当调整教学过程。当课堂意外事件发生时,难免会影响课堂教学的正常进行。这时,老师应迅速运用应变语对预先设置的教学目标、教学内容、教学方法,作适当的调整——或对这个意外情况作一个了断,或对它做一点发挥,或把它作为生发的教学内容融入教学过程。

应变语如此重要,那么,教师怎么样才能提高自己的语言应变能力呢?

1. 冷静自信

一个人的应变能力反映着他的机智和聪明，一旦碰到意外的变故，要能表现出高度的冷静和强烈的自信，甚至伴以适当的微笑，这是一种强者姿态。只有这样，才能使自己在冷静中产生急智，发挥自己敏捷的思维能力和语言应变能力。也只有这样，才能摆脱困境，化险为夷，化拙为巧，收到理想的意外的效果。如果情绪过分激动或紧张，只会抑制自己的思维活动，使自己陷入不利的境地。

2. 注意积累

语言应变要求具备较高的文化素养、生活经验和较强的语言驾驭能力。一位教师如果深入地钻研了教材，熟习了课文，文化修养好，对很多种事情有所了解和掌握，再加上语言表达方式灵活，词汇丰富，那么他讲起话来一定会得心应手，应对时就能做到游刃有余、应付自如。

（二）应变语的要求

1. 摆脱惯性思维的拘囿，巧妙应对

一位老师读完一篇学生的习作，学生们议论纷纷，说："抄的！抄的！"老师说："什么？抄的？说对了，是抄的。不过，是从稿纸上抄到作文本上的。他写了几遍，草稿纸我看到了。如果说写得像是从优秀作文上抄下来的，实在是对这篇作文最好的评价了。"

这位老师通过转移话题的方法解脱了自己的困窘。日常用语中，许多词语表达的概念没有明确的界限，常常存在一定的多义性和模糊性，利用词语的这一特性，就可以把话题中的某些概念转换成与它相近的另一个概念，避开原先的话题。

有时学生问了一个老师不知道的问题，老师可通过设置新的问题，例如："我们把今天的任务完成，下堂课讨论你的问题吧。"这样，暂缓解决的时间，既可安定学生的情绪，又可维护课堂教学秩序。

2. 诙谐幽默

应变的语言最好能诙谐幽默一些，因为这样的语言能引起学生的兴趣和注意，学生耳闻老师幽默风趣的"弦外之音"，就能领悟老师的意图和用心，从而作出反应。另外，能使局促、尴尬的场面变得轻松、缓和，避免正面冲突，也能使自己和对方的紧张情绪得到缓解，笑是尴尬的溶解剂。

（三）应变语的类别

1. 老师引起的教学意外

教学过程中老师难免会出现失误的时候，比如词不达意、板书错误、思维受阻、对学生评价失当等，这时，老师要及时、巧妙地弥补教学失误，营造平等、民主、宽松、和谐的课堂氛围。例如有一次一位教师上公开课。上课不久，不少同学骚动起来，有的指手画脚，有的窃窃私语，有的捂嘴暗笑。原来那位老师的裤腰带从腰部掉出来，在他身边晃来晃去。

不一会，他自己发现了，先是一愣，随即镇定下来，微笑着说："同学们，年底评先进教师时可别忘了我呀！你们看，为了上好这堂公开课我都两天没吃饭了，饿得皮带都系不住了，还不够先进？"说着，他从容地把皮带系好。教室里随即爆发出一阵赞赏和钦佩的笑声。

2. 学生引起的教学意外

教学过程中也难免有来自学生的意外事件，例如，调皮学生的恶作剧，学生稀奇古怪的提问、回答等，老师也必须随机应变，运用教学机智，立即进行调控。教师应具有宽容精神，言语要和蔼，切不可因窘迫而指责、辱骂学生。

一位老师请学生用"尾巴"造一个句子。一名学生站起来贸然说道："人是有尾巴的。"话音刚落，全班哄堂大笑，不料，这位老师亲切地说："你能积极发言，很好。你造的句子从语法上讲没问题；然而从科学上讲，笼统地讲人是有尾巴的，不够妥当，因为现代人已经没有了尾巴。如果改成'人类最早的祖先是有尾巴的'就好了。不过，说'人是有尾巴的'，也不能完全算错，我们平时不是讲'有了点成绩就翘尾巴了'这样的话吗？大家可以想一想这里的'尾巴'和'人类最早的祖先是有尾巴的'中的'尾巴'是不是一个意思？"

3. 其他原因引起的教学意外

老师正在上语文课。忽然，一只色彩斑斓的大蝴蝶从窗户飞了进来，同学们的注意力立即被吸引过去了。看到同学们对蝴蝶那好奇、惊喜的样子，老师灵机一动，问："你们都想看蝴蝶吗？""想！"全班同学异口同声。老师说："好！给你们十分钟时间看，可不能白看，要把看到的、听到的、想到的互相说一说，再用一段话写下来，行吗？""行！"回答声整齐又响亮。于是，老师让学生将门窗关上了，课堂上人声鼎沸，热闹非凡。大家都在兴致勃勃地边看边议论。十几分钟过去了，门窗打开了，蝴蝶也飞走了，同学们兴致盎然地把自己的所见、所闻、所想都写了下来，连平时不爱动笔的几位同学也写得很投入。这位老师在突发事件发生时，及时调控，灵活地调整了教学内容，培养和爱护了学生的求知欲望。把课堂意外作为教学资源充分地运用。

(四)应变语示例与简评

1. 有名学生回忆自己高中的老师时，记起这么一件事：上张老师的物理课时，有20多位老师来听课，正当张老师讲得入神的时候，这位同学不知怎的竟一脚踩断了课桌下面的横档，随着"啪"的一声脆响，同学们都投来责备埋怨的目光。张老师快步来到他的面前，弯腰察看课桌后，关切地问："没有弄伤脚吧？"接着面向全班，"这课桌是太不结实了，下课后请木匠师傅来修一下就行了。——下面我们继续讲课。"这时，这位同学不禁热泪盈眶。在大家都要责备，他感到无地自容时，张老师的话语帮他化解了矛盾。

简评：这个教例，表明教师对学生的殷殷之情，不是批评学生，而是设身处地为学生解围，既化解了矛盾，又没有影响课堂教学。如果批评学生，或不理会发生的事情继续上课，将会是什么效果？



2. 安静的教室里，不知何时飞进来一只小鸟，“嘭”的一声撞到玻璃上，临近的一个男同学一把抓住了它。小鸟吸引了所有的同学，课堂骚动，教学无法进行下去了。老师看到这一切后平静地说：“它也想和你们一起听课，但老师只会讲人语，不会说鸟语，它听不懂啊。我建议把它送回大自然，让它去找它的小伙伴去玩吧。”把小鸟放走后，同学们把目光转向老师。老师问道：“我讲到哪里了？”……课堂又恢复了先前的秩序。

简评：这位老师的教学很机智，善于应变，使纷繁复杂的突发事件顷刻化解，保证了课堂教学的顺利进行。

3. 有位老师讲解唐朝诗人张继写的《枫桥夜泊》，她不知讲过多少遍，可谓滚瓜烂熟，得心应手。可是，这次课当她解释“姑苏城外寒山寺——苏州城外寒山上的寺庙”时，有个学生举手问道：“我曾到过寒山寺，可那里并没有山啊！据说在徐州那里倒有座寒山。”还有个学生接着问：“唐朝诗人杜牧的《山行》中‘远上寒山石径斜，白云生处有人家’的‘寒山’又指何地？”教师一时语塞，当场“卡壳”，表示待后答复释疑。

事后，这位老师认真查阅资料，虚心求教于专家，终于弄清了几个问题：

其一，寒山寺确实不是寒山上的寺庙，它的原名是妙利普明塔寺。唐贞观时，有个颇有文名的和尚叫“寒山”，住持该院，后该寺因此而称为寒山寺。

其二，地理上确有寒山的地名，据《辞海》释，寒山“在江苏徐州市东南”。

其三，“远上寒山石径斜”中的寒山，乃泛指深秋季节中的山。如果解释为地名虽也说得过去，但不确切。

听了老师的解答后，学生很满意，学到了教材上所没有的东西①。

简评：这位老师遵循了诚实的原则，对学生的问题不能当场解决的就老实承认自己目前不能解决，“表示待后答复释疑”。确实，在课后老师花了工夫，给了学生一个满意的答案，不但提高了自己，而且也赢得学生的尊敬。这个案例给我们的启示是：当我们当场不能回答学生问题的时候，要有勇气对学生说“我不明白”“我不知道”，之后必须让自己和学生都明白，不能为了维护所谓的“教师形象”，随口胡说或讽刺、挖苦学生。

（五）应变语思考与练习

1. 一位老师在教朱自清《春》时，品味讨论“小草偷偷地从土里钻出来，嫩嫩的，绿绿的”一句，教学片段如下：



① 引自黄鹤群《深而不玄而不琐》，见《文汇报》，1989年1月6日。

老师：这个句子在结构上与一般的表达有什么不同？

生甲：词语的位置发生了变化。

生乙："嫩嫩的，绿绿的"应该放在前面，修饰"小草"。

老师：同学们说得对，说明大家认真思考了。现在请大家再认真地读一读，讨论一下作者为什么要将修饰"小草"的"嫩嫩的，绿绿的"放到后面，这样写有什么表达效果。

（学生阅读、交流）

生丙：主要起强调作用，突出了"小草"的质地和颜色。

生丁：我和其他同学的意见有点不同。我总觉得"嫩嫩的，绿绿的"不是修饰这一句前面的"小草"的，作者在这里用这个词应该是形容其他能看得见的小草的。

老师：为什么这样说？

生丁：因为"偷偷地从土里钻出来"的"小草"是看不见的；即使能看见，也不是"绿绿的"，而是嫩黄的、淡黄的。

老师：这个问题纠缠不清，我们不谈了。况且我们学习课文的任务也不是去考证。这里为了突出"小草""嫩嫩的，绿绿的"，将修饰"小草"的词语放到了后面加以强调。同学们说是不是？

部分同学：是。

（部分同学露出了疑惑的表情）

针对生丁的问题，你认为老师的语言妥当不妥当？你能试着说一段应变语吗？

2. 一位政治老师在上《树立正确的消费观》时的一段课堂实录：

师：假如你买彩票中奖了，得了500万，你会如何消费？

生1：我把它全部捐献给国家。

生2：我把一部分捐献给国家，剩下部分自己用，如买房，买车。

生3：我用它讨老婆。（全班大笑）

面对这种情况，请你设计一段应变语。

3. 一位老师在赏析李商隐《无题》"春蚕到死丝方尽，蜡炬成灰泪始干"诗句时，有一个同学质疑说："春蚕吐完丝后并没有死，到适当的时候，它会破茧而出；蜡炬燃烧后化为缕缕青烟，不可能成灰。"请你设计一段应变语。

4. 一天，数学课上，经验丰富的数学老师正在黑板上熟练地演算一道代数题。忽然，一名同学叫了起来："不对，老师，不是这样的！"老师停下笔来一看，确实算错了。面对被学生发现的错误，按常规，悄悄改了就可以了，但这位老师却没这样做，只见他眉毛未皱便计上心来……

假如你是这位教师，你会怎么说？

5. 有一位班主任上数学课,准备讲授圆与圆之间的关系,走进教室后发现黑板上画着一幅自己的漫画像。他意识到,这是某位对自己有意见的学生故意搞的恶作剧。但他并没有因自己的受辱而失去理智,而是不动声色地说:“……”

请你想象一下,这位老师会怎么说?

## 六、解答语

### (一)解答语的含义与作用

解答语是指教师在课堂中解答学生就教材内容、教师讲解内容所提出的疑问,引导学生按照科学的方法达到教学目的的教学口语。它是课堂教学的补充,作用是引导学生理解、消化教材内容。

解答语与讲析语的不同之处,在于讲析语是老师向全体学生主动讲授教材内容,而解答语是教师应个别学生的要求被动解答教材或教师讲解中的疑点、难点等;解答语与应变语的不同之处,在于解答语解答的是与教材内容有关的或是老师讲析语当中的问题,这些问题是老师应该讲到或应该讲清楚的,而应变语是针对课堂意外事件以及学生提出的与教学内容无关或虽有关而老师也不清楚的问题而说的话。

### (二)解答语的要求

首先,要用耐心、热情的语言鼓励学生提出问题和解答学生的问题。耐心、热情能解除学生的顾虑,增强学生提问的勇气和听老师解答的兴趣。

其次,要准确、具体、明了地讲清学生提出的问题,同时还要讲清教材中与之相关的重点问题和关键性问题。

再次,要循循善诱地讲明学习和实践方法,启发学生的智能,帮助学生获得独立学习的能力。

### (三)解答语的类别

1. 直接回答

直接回答是教师针对学生的疑问正面回答,这是教学中最常用的方式。例如:教诸葛亮《出师表》,对于“先帝知臣谨慎,故临崩寄臣以大事也”中的“崩”,有个学生发问:

生:老师,在古代为什么有的人死了叫“崩”呢?

师:我们知道,封建社会等级森严,就是对于“死”,由于封建社会里严格的等级制度,称法也是各不相同的。《礼记·曲礼》:“天子死曰崩,诸侯死曰薨,大夫死曰卒,士死曰不禄,庶人曰死。”在中央集权废除诸侯后,官吏分为九品,以后就按品级来定人死后的称法。据《唐书·百官志》载:“凡丧,二品以上称薨,五品以上称卒,自六品达于庶人称死。”那么,为何先帝死叫“崩”呢?这是封建统治者为了欺骗人民,神化自己,说“天子”死了就像山崩那样,震天动地,震惊四方。诸侯死叫“薨”,薨是许多虫子一起飞时所发出的声音,虽没有山崩那样响,倒也引人注目。士死叫“不禄”,一是指断薪俸(相当于现在的工资);二是指没福气,意指福薄不幸,断了薪俸之意。大夫死叫“卒”,“卒”就是年老寿终之意。

古代关于“死”还有几种称法。如“殁”,上古时写作“没”,意即去世。贾谊《过秦论》“孝公既没”便是。对于和尚的死又是另外一些称法,如“圆寂”“坐化”“示灭”等①。

2. 提示作答

提示作答是指教师在答疑时往往不满足于给学生现成的答案,而常常采用引导、启发等方式,重在引起学生联想和深思,让学生自己得出答案。这种方式有利于拓宽学生的思路,有利于培养学生的思考习惯和学习能力,在现在的课堂教学中比较常见。有位老师在教《促织》时,是这样解答学生疑问的:

生:老师,“成有子九岁,窥父不在,窃发盆”这个句子中的“发盆”是什么意思?

师:(心中感到这名同学把“发盆”看成了偏正结构):请你看看上文,促织装在哪里?

生:上文说“上于盆而养之”,促织装在盆里。

师:请你再看看下文,促织为什么会“跃掷径出”?

生(思考):因为成名的儿子打开了盆盖。

师:对。那么“窃发盆”这个句子的主语、谓语、宾语、状语又是什么呢?

生:主语是“成子”,省略了。谓语是“发”,宾语是“盆”,状语是“窃”。

师:“发”是什么意思?

生(笑):打开。

(四)解答语的示例与简评

1. 有位老师在讲授完《中国石拱桥》时,一名学生问:“课文主要写的是赵州桥和卢沟桥,这切题吗?”老师答:“中国石拱桥是一个总的名称,不是具体的哪一座桥的名称,因此不举例就没办法说明白,只有通过一座座具体的桥才能说明白。这篇课文就是用赵州桥和卢沟桥的特点来说明中国石拱桥的特点的。这两座桥既有自身独有的特点,同时又具有中国石拱桥的一般特点。它们独有的特点叫个性,它们具有的中国石拱桥的一般特点叫共性。个性之中存在着共性,这正如赵州桥和卢沟桥,体现着中国石拱桥的共同特点。这也是为什么课文题目叫《中国石拱桥》,而重点写赵州桥和卢沟桥的原因。”

① 韦志成. 教学语言论[M]. 南宁:广西教育出版社,2001.

简评:老师用平实的语言指明赵州桥、卢沟桥与中国石拱桥之间是个性与共性的关系,从而很圆满地解答了学生提出的问题。

2. 教读《孔雀东南飞》,学生质疑:刘兰芝既被“驱遣”,临行时为什么还要“严妆”?

师:刘兰芝的“严妆”,显示她人格的尊严,表明这个女性刚烈的一面。

她“严妆”的心情是复杂的:她被休弃回家,意味着她与感情笃深的丈夫离婚,她将蒙上不守妇道的耻辱而寄居娘家。儿女情长使她肝肠寸断,前景未卜更使她忧心如焚,红颜薄命使她心事重重。然而,她坚信自己的无辜。于是,对丈夫的眷恋,对日后处境的忧虑以及对自己不平的遭遇的愤懑交织在一起,使她选择了临行的严妆表示抗争。她悉心打扮自己,“事事四五通”,最后以“精妙世无双”的面目出现在丈夫和婆母面前。她要把自己光彩照人的形象深深烙印在丈夫的心灵深处,她要向婆母表明她的青春价值,她要向封建礼教宣示自身的尊严①。

简评:老师用富有激情的语言透彻分析了刘兰芝既被“驱遣”,临行时为什么还要“严妆”的原因,让学生感受到了刘兰芝刚烈的性格,一个活生生的人物形象在学生的眼前树立起来了。

3. 有个学生问“琥珀里的昆虫是怎么进去并被保存下来的”?老师答道:

琥珀依据颜色和里面的包裹物分类,类型很多。常见的颜色有金黄色、褐红色、紫色等;有包裹物的类型多为昆虫、植物等类。但是,有昆虫类的琥珀化石是比较稀少和珍贵的,我们称其“虫珀”。那么,琥珀里的昆虫是怎样形成并被保留下来的?这是一个比较复杂同时又非常巧合的过程,首先,黏稠状的树脂沿着树干流淌下来,并且没有马上凝固,这时有昆虫在此飞翔盘旋,不巧,昆虫在无意的飞行过程中不留神被粘在树脂上,接着,树干上的树脂又沿着先前的路线流下来,昆虫历经千难万险也没能逃脱不断流出的分泌物,最后昆虫被包裹进去了。后来树木纷纷倒地被埋藏,连有机物的树脂也一同被埋在地下。经过千万年的变迁,经历了形成化石的一切过程,内有昆虫的琥珀化石就形成了。

简评:要想解答好学生的问题,老师必须有充足的知识储备。这位老师对琥珀的知识了解很透,因此回答学生的问题才会胸有成竹,娓娓道来,深入浅出。

(五)解答语的思考与练习

1. 解答语的含义和作用是什么?



① 韦志成. 教学语言论[M]. 南宁:广西教育出版社,2001.

2. 试着解答下列问题：

(1)上朱自清《背影》一课，学生问："一个二十岁的青年小伙子，又有数次上京的经验，做父亲的为什么还如此不放心？"

(2)上物理课"浮力"一节，学生问："浮力的大小与物体的形状有关吗？"

(3)学生认为：《茶花赋》中，"一脚踏进昆明，心都醉了"的"醉"用得不好，还不如说成："心情激动极了"或"心都要跳出来了"。

## 第三节　教学过程中的常用语集萃

"教学常用语"是教师教学的习惯用语，是体现教师主导作用的重要表达方式，是实施新课程、新理念的重要手段。新课程下的教师的角色是组织者、引导者、合作者，那么这个角色的常用语有哪些呢？我们根据从网上搜集来的资料，特选取一些教学常用语介绍给大家：

### 一、启发性常用语

教师的教学主要是为了让学生自己学会学习，发展学生的思维能力。这就要求教师在设计启发性教学语时应关注每一名学生，给每一名学生一个广阔的思维天空，便于学生仁者见仁，智者见智，达到"一石击起千层浪"的效果。其常用语有：

1. 看到这个题目你想到什么？
2. 预习后，你了解了什么？有什么疑问？
3. 汇报一下你们收集来的数据(信息、资料等)。
4. 请你解释一下，好吗？/谈谈你的看法，行吗？
5. 谁来试一试回答这个问题。
6. 你说的办法很好，还有其他办法(解法)吗？/能不能想出更好的解法？/你能想出几种？/看谁想出的解法多？
7. 请把你的想法与同学交流一下，好吗？
8. 谁还想来说一说？/谁还能再举一些例子？
9. 你同意他的说法吗？/你觉得他们写得(或说得)怎么样？
10. 这是什么？/为什么？/问题在哪儿？/怎么办？

以上这些启发性的用语，较具开放性。每个学生因为生活背景、生活经验、基础、能力的不同，做出的反应也不一样。有的学生想到的知识多些，有的想到的内容少些；有的学生说的内容层次深些，有的可能肤浅些。上述教学用语照顾了不同层次的学生，有利于学生的创新，也有利于学生的回忆和知识建构。

## 二、赏识性常用语

任何一个人的内心深处都有一种被肯定、被尊重、被赏识的需要，每个人仿佛都是为赏识而生存的。如果常被别人赏识，你会更有动力去做事了，甚至会使人从头到尾焕然一新。作为一个合格的教师，应学会尊重孩子，赏识孩子，用赏识的眼光和心态，迅速、敏锐地捕捉住学生身上不时闪现出来的闪光点，运用赏识性语言适时适当地表扬，使他们的心灵在赏识中得到舒展，让他们变得越来越优秀，越来越有信心。如果对学生的表现视而不见，不作评价或作否定性评价，就会降低学生听课的主动性、积极性，很难取得令人满意的教学效果。赏识性课堂常用语一定要出自教师内心，恰如其分，不然就会让学生感到老师虚伪。

1. 对！/很好！/不错！/你真行！/你真棒！/你真会动脑筋！/你接受力真强！/你真有胆量，不简单！/这名同学思维真敏捷、思路也很清晰！/真是巧思，妙！

2. 你与众不同的见解真是让人耳目一新！/你的设计（方案、方法、观点、说法等）太富有想象力，太富有创造性了。

3. 我从同学们的提问中，看到的是思维的火花，非常灿烂，与其说是我在教你们，不如说是你们在教我，你们的学习能力提高得真快！

4. 你是一位善于思考的同学，课前一定查阅了不少资料，这种好的学习方法和习惯一定要保持。

5. 说得真好，了不起！/这么难的题目居然都做出来了，太好了！

6. 这名同学的这种方法很有新意，能把思考范围延伸到题外。

7. 观察真仔细，同学们真能干，能从不同的角度观察思考问题。

8. 同学们的问题提得真有水平，看来，你们想知道的东西真不少。

9. 你真是好样的，对学习真有耐心，也真有毅力！老师佩服你，为你感到骄傲。

10. 让我们一起为××喝彩！人类历史上许多重大发现最初都源于人们的猜想，之后才渐渐被验证，同学们在学习过程中，也要敢于猜想，善于猜想，这样才能有所发现，有所创造。

走进学生的心灵，关注学生终身发展，从内心深处赞赏、欣赏每一名学生，包括自己不喜欢的学生，与之建立和谐的师生关系；使孩子们在一种愉悦、宽松的气氛中学习，让他们敢于表现、敢于质疑、敢于争论，让他们个性化的思维、情趣都有了张扬的空间，获得一种自我的满足与成功感；使学生在获得知识的同时体验着理解、信任、友爱、尊重和鼓舞。

## 三、激励性用语



有人说："教师的语言如钥匙，能打开学生心灵的窗户；如火炬，能照亮学生的未来；如种子，能深埋在学生的心里。”在学生的表现有明显进步时，应及时运用肯定性、激励性用语，并适当给出方法上的指导，有利于提高学习的积极性和主动性，从而产生强大的内驱力。

1. 不错，学习就得认真。/踏实苦干，成功一半！/敢于拼搏，方能成功！

2. 大有进步，再加油！/希望你再接再厉！/不骄不躁，继续努力！

3. 只有孜孜不倦地求索，才有源源不断的收获。/不懈奋斗，生命才会辉煌。

4. 你试一试，相信你一定能成功！/老师和同学们相信你一定能进步！/老师相信你能自己想出来！/相信你能做得更好！/没有用心尝试，不要轻易说“不”！

5. 请记住居里夫人的一句话：“人要有毅力，否则一事无成！”

6. 只要你有一颗上进的心，胜利总会属于你！/只要你坚定信心，就一定会成功！/只要你全心全意地投入进去，什么事情都难不倒你！

7. 能战胜自我的人，才能战胜一切困难！/了解自己，就是真正的进步！/管住自己，天下无人匹敌！/相信自己，战胜自我是成功的金钥匙！

8. 一个人因为理想而完美，因为奋斗而精彩，因为成功而伟大！

9. 不经历风雨，怎能见彩虹，没有人能随随便便成功。/有一分耕耘，就有一分收获。

10. 成功是一座山峰，双手插在衣袋里的人永远无法攀登。

## 四、反思性常用语

反思是创造性学习的一个重要组成部分，却是目前课堂教学中最薄弱的环节之一。怎样运用反思性语言有效引导学生进行反思活动呢？下面举一些例子：

1. 你觉得这节课你的表现怎样？你有什么收获？

2. 通过研究，你有什么体会？或有什么启发？

3. 通过分析，你发现了什么规律？/你能概括出什么计算法则？/推导出什么公式？

4. 今天这节课，我们学习了什么？回忆一下我们是怎么学的？/谁能介绍一下自己的学法？

5. 谁能给大家提出一个值得继续探究的问题？

6. 请你课后到周围找一找，有哪些地方与今天学的知识有关？

7. 这是个很有价值的问题，其中包含着许多丰富有趣的知识，有兴趣的同学课后可以到图书馆或通过网络自己去寻找资料，看谁收获最多？

这些反思的语言不仅能巩固课堂知识，提炼出学法，也能使学生对知识的理解更加丰富，更加全面，还有利于提高学生的自我分析、自我评价和自我调整的认知能力。

任何教法的实施，都离不开教师的教学常用语，教师在课堂上的每一句话，都对教学活动的组织及学生的发展产生积极的作用。教师在借鉴这些常用语时，应针对不同问题、不同情况、不同对象、不同时机，创造性地使用好课堂教学用语，去启发学生，去赏识学生，去激励学生，让学生反思，充分发挥教学语言的积极功能。

【附录】 不当的教学语言示例与简评

1.“有几个小朋友怕作文？其实作文一点不难，只要你四肢健全，善于观察就能写出好文章。”

评析：老师的话语中流露出的对残疾人的歧视，会潜移默化地影响听课的学生，让学生在不知不觉中滋生了对残疾人及他人的不尊重。

2. 一名学生起来读作文题“爷爷真糊涂”读得不够好，老师严肃而生气地说：“你才糊涂呢，读成这个样子。”学生霎时脸色惨白，一堂课再也没有抬起头。

评析：教师的责任是树立学生学习的信心，激发学生求知的欲望，而这位老师的言行正好相反，他没有资格做教师。

3. 一个学生读课文后，老师评价：“你的音色天生不如她。”

评析：学生先天的不足成了教师指责的对象，这样的评价伤到了学生的心灵深处，会让学生自卑，会让学生嫉妒。这位老师不是在培养人，而是在贻误下一代。

4. 师：请大家找一找《沁园春·长沙》中，哪个词用得最为生动形象？

生：“鹰击长空，鱼翔浅底”的“翔”字。

师：对，不错，就是这个！

评析：老师的话语表现出浓烈的话语霸权，要学生按照他的意愿来说。换一种说法是不是更好些：“你是怎样想到这个答案的呢？能说出来和我们分享吗？”这样提问，既让学生注重结果，更让他们注重过程，体现新课程的理念。

5. 教师：“听了刚才这个同学的朗读，感觉效果不是特别理想，哪位同学能比他读得更好？”

学生你望着我，我望着你，沉默不语。只有两三位同学迟疑地举起了手。

评析：这位老师用自己的判断代替了其他学生的判断，也打击了其他同学的自信心，破坏了和谐的课堂气氛。可改成：“这位同学的朗读怎么样？还有哪些地方可以提高？现在，请大家给他提一些建议，让他朗读得更好一些。”

6. 学生：《荷塘月色》里“正如一粒粒明珠，又如碧天里的星星，又如刚出浴的美人”这个比喻句中，我认为“刚出浴的美人”有点不妥。

教师：哎呀，心里有莲花，世界就是莲花。你心里有什么？

全班同学（哄笑）：他心里有牛粪。

评析:这位老师说的虽是玩笑话,但有点过头,已经对学生造成了伤害。可改成:“我记得以前的教材删掉了这句,现在又加上了。看来编者都左右为难,我说了肯定不算。要不,同学们来场辩论赛,看看究竟是该删该留。”

7. 这个“笑话”是某位小学教师公开在课堂上对全班学生讲的:

张华、刘军和李辉共同去见上帝,张华问上帝自己什么时候可以成为全班第一,上帝说需要奋斗一年,张华哭了,说时间太长了。刘军问上帝自己什么时候能考全班第一,上帝回答说两年,刘军也哭了,说怎么会需要那么长时间。最后李辉也想问自己什么时候能成为全班第一,还没等他开口,上帝哭了,边哭边说自己这辈子是看不到刘辉拿第一了。

评析:在教师随口而出的“笑话”里,蕴含着对学生深深的鄙视和严重的侮辱,我们不难想象,刘辉同学听过这个“笑话”后的痛苦心情,他心灵所受到的伤害是很难平复的。教师挖苦、侮辱的语言不但会使学生的自尊心受到严重伤害,还会在学生心中留下该教师冷酷、卑鄙的恶劣印象。其实这绝非个别现象,类似的例子还有不少,例如:

“别自作聪明了,你以为你是爱迪生啊!”——某位教师对上课做小制作的学生说。

“哎哟,没发现咱们班还有位大歌星呢! 可惜没人请你签名。”——某教师这样挖苦班里爱唱歌的一名女生。

8.“你怎么还听不懂!”“好好听我的解释!”“你能不能给我专心一点!”“你看你这副模样!”

评析:这种居高临下的训话,虽然可能暂时会取得一些效果,却容易引起学生的反感,使学生产生你说你的我做我的的抵触心理,相互间的沟通和理解就困难了,时间长了还可能形成学生严重的自卑心理。教学要想取得理想的效果,老师必须充分尊重学生,想方设法营造一个和谐的课堂氛围。

9.“只要努力,你还是大有希望的。”——某教师一边整理课本一边对考试成绩不好的学生说。

“大家一定要好好学习,不辜负父母对自己的殷切期望。”——某教师经常在课上这样教导学生。

评析:不少教师对学生说话常常不带任何感情地泛泛而谈,进行抽象空洞的说教。这种空话、套话会使学生产生老师应付自己的感觉,进而对老师产生自私、冷漠和无能的不良印象,并对老师是否真的关心自己产生怀疑。如此一来,师生间就会逐渐出现误解和隔阂,给教育教学带来不少困难。

10.“你听不进去吗? 好,你就站在那里,一直到下课!”“今天做不出来这些题目就别想回家。”“写错的单词每个写十遍。”

评析:事实证明,这种用体罚来压服学生的方法是无法达到教育学生的目的的。压而不服,从来如此。

11. “你说了算，还是我说了算？”“要是治不了你，我就不当这个教师了！”

评析：师生间的亲切感越强，教师语言的力量也越强。反之，如果老师用挑战的口吻向学生显示自己力量的强大，结果反而削弱了自己的力量，失去了学生的信任。

12. “同学们，你们说说看，他这是什么行为？”“这堂课完全被他给搅乱了，大家说该怎么办？”

评析：动员全班学生对付个别学生，实在是教师无能的表现。学生被你发动起来了，又能取得什么理想的结果？学生没被你发动起来，你更没面子。

# 第十一章　教师交际口语

## 第一节　教师交际口语概述

### 一、教师交际口语的含义和特点

交际指人们在共同的活动中互相交流不同的思想、观念、情趣、感情与意向等等，它具有传递信息、交流情感、调节行为等功能。教师的职责是传授知识、培养学生的能力和对学生进行管理教育，这种教育和教学都是同学生进行交际。同时，教师还是一个社会人，还要和除学生之外的其他人接触，进行物质和精神上的交流，在这种交流中使用的语言就是教师的交际口语。

交际口语的特点有以下几点：

1. 平等性

在语言交际活动中，所有的参与人在人格上和机会上都是平等的。不管你的职位、资格、资本等怎样，应把对方当成平等的交际对象，给予充分尊重，采取平等协商的口吻，在和谐的气氛中实现对等的信息交换、感情交流、见解交锋，从而实现信息共享、感情公允的目的。在交谈中不要自以为是，要谦和礼让，同时要主动配合，这样交际才能顺利进行。

2. 随机性

无论是有意图的交际还是无意图的交际，其话题、语言、人员往往是随意的，难以对其内容、步骤、语言作系统的、精确的准备，其随机性很大。

3. 互动性

交际是一种双边活动，交际的双方自始至终，既是说者，又是听者，角色处于不断的变换之中；交际中人们彼此间把自己的思想、情感、信息传递、接受，互相影响，彼此互动。

4. 制约性

教师是具有特殊身份的人，因此在与他人进行交际时，言行要符合教师身份，维护好教师在公众心目中的形象；在不同时间、地点、场合、交际对象所交谈的话题、方式甚至语言是不相同的，交际环境对交际活动具有制约性。

## 二、教师交际口语的原则

1. 切旨——根据交际目的选择交际内容以服从交际需要

切旨就要求交际双方围绕交际的目的和说话主题，使说话能为沟通思想感情、加强交流联系服务。这一原则还要求双方在确定话题时应求大同存小异，寻找关系双方共同利益需要的话题，而不能东一榔头西一棒槌，想到哪说到哪。例如，在家长会上，教师讲话内容应围绕家长望子成龙的目的从汇报教育情况和经验入手，对家长进行家庭教育知识的传授和指导，对家长的教育职责和自身修养提出希望和要求，以充分发挥家长在教育学生中的积极作用，不断提高家庭教育水平。

2. 切人——根据交际对象的不同情况因人而异

社交用语，主要是双方的开口交谈，双方都具有既是说话人又是听话人的双重身份，而且人们之间又有年龄、性别、职业、职务、学识、修养、心理、个性、生活背景等的差异。这就要求说话看对象，不能自说自话。这是语言交际中的一项重要的原则，因为一切口语活动，特别是教师的口语大多是以打动对方为目的的，如果不考虑对方的态度及其条件，就不能指望获得最大的效果。要想在言语交际中真正了解交际对象，必须做到洞察其真正的需要。要善于倾听，善于观察，做一个有心人。

3. 切境——根据交际的特定语境调整话题

语言环境直接影响听说双方的情绪和交谈效果，这就要求说话人根据语境的需要适时调整话题。在工作场合、娱乐场所、社会场合等，人们的话语可能大不相同；在尊长面前，在同辈面前，在上级面前，在下级面前，在朋友面前，在亲人面前，人们的话语也会有很大的不同。一般来说，场合越正式，越严肃，人们的“自律”心理就越强。

4. 切礼——根据社会群体所规定的言语行为模式支配自己言语行为的过程

这要求交际时要相互尊重，尊重对方的人格和自尊心，尊重对方的思想感情和言行方式；讲究言行举止合乎礼仪，这里既包括要自觉遵守社交礼节，如见面致礼、遵时守约等，也包括善于运用礼节用语，如问候语、致谢语、致敬语等，还包括遣词造句时要谦恭得体，恰如其分；及时应接配合等。

5. 切己——必须切合自己的教师身份

身份包括年龄、性别、社会地位以及在同说话对象的相互关系中的位置等等。专家指出，人们在与他人交际时，其自我表现有三种不同的类型：一是家长型，自封为权威，爱训斥人，独断专行，自以为是；二是成熟型，理智冷静，慎思明断，尊重自己，也尊重他人；三是不成熟型，好冲动，无主见，依赖性强。第一种给人以过分威严的感觉，让人难以接近；第三种给人幼稚的感觉，让人不可信赖。第二种是作为教师应该在公众面前显示出来的自我表现，也是社会对教师角色的期待。

当教师准备就某一话题当众发表看法时，要考虑观点是否新颖，是否有一定的深度；表述是否生动，是否具有一定的幽默感和风趣感；是否准确，大自观点，小至句子、词语、读音；体态语、语音发声是否妥当等。只要公众对你的口语产生不佳的印象，随即就会对你整个人产生不佳印象，而这种不佳印象对口语的顺畅交际产生的只能是不良影响。

6. 切情——言语表达时必须随时注意考察并努力调动说话对象的情绪

某种特定的情绪，会迫使人们采取特定的表达形式。情绪是人的社会、精神、生理和其他要求的产物，又反过来对这些要求发生实质性的影响，坏情绪特别容易形成言语交际的严重障碍，而好情绪特别有利于言语交际双方的沟通。教师在与交际对象进行交流时，必须随时注意对方情绪、照顾对方情绪，并努力调动起说话对象的良好情绪。

### 三、教师交际口语的意义

1. 良好的交际口语可以让教师顺利开展本职工作

教师具有良好的交际口语能力，就能与领导、家长、同事及社会其他人员进行很好的沟通，就能很容易得到他们对自己工作的理解、帮助、支持，当然就能顺利地开展工作了。

2. 良好的交际口语可以让老师创造和谐的人际关系

口语交际能力强的人知道围绕什么话题说什么话，知道在什么场合说什么话，知道针对什么人说什么话，说出的话让人觉得在理，觉得有趣，让人愿意与他交谈、商讨，从而创造一种很和谐的人际关系。

3. 良好的交际口语能为教师自身发展创造良好的机会

良好的口语交际能力能让自己有更多的机会、更自信地去表达，这样，自己的思想和能力很容易表现出来，让别人看到，因此得到的机会就比不善言谈的人多得多。

## 第二节　教师交际口语的分类

### 一、与家长的口语交际

人才的成长都要接受三种不同形式的教育，即学校教育、家庭教育和社会教育。在人才的成长过程中，家庭教育是一种终生性的教育因素，学校和家庭保持密切的联系和相互合作，是人才成长的重要条件，因此教师必须常常与家长接触。做好学生家长工作是每位教师应尽的职责。家长的情况比较复杂，分布于社会各界,而且层次不同、性格各异,能否畅快地沟通,在很大程度上取决于教师的谈话技巧。教师与学生家长的沟通方式有家访、开家长会、办教育讲座、接待来访和通信联系等等。

教师与家长交谈的话题是有关学生的情况。谈话的目的,一般情况下,是了解学生成长的情况、在家里的表现情况和家庭的情况;反映学生在学校的主要表现;探究学生优缺点产生的原因,在此基础上教师与家长就学生的教育问题进行商讨,制订出切实可行的教育方案等。

(一)家访

1. 认识家访的意义

家访这个词汇对每个人,尤其是教育工作者来说并不陌生,它的作用也不言而喻。事实已经证明:通过家访,教师能够发现很多现象的根源。良好的家访能够解决很多问题,取得比较好的教育效果,有助于家庭教育和学校教育的一致性,也能帮助教师改进教学工作。我们应该充分认识家访的意义,充分发挥家访的功用:

(1)家访是沟通师生心灵的一座桥梁

家访既是为了走进学生家庭,更是为了走进学生心灵。老师去家访,和学生的距离拉近了,更利于了解学生的生活、思想。了解了学生在学校如何表现,在家又如何,老师可以根据这些情况对症下药。

老师在家访中尽可能避免批评责备,要多发现学生的长处、闪光点,给予适度的建设性的肯定,在轻松和谐的气氛中客观地指出学生存在的不足,一同找原因,想对策。

一次家访后,被家访的学生在周记中写道:“那天当我听说老师要来家访时,我真的很害怕,我上个星期学习上的表现糟透了,老师要是一抖出来,今夜肯定会有暴风雨了……不料老师却向老爸老妈讲了我上个星期在学校里如何为班级服务、帮助同学。我真的有那么多优点么?也许我真的太不了解老师了。那夜,我对着窗外的星星难以入睡,我觉得我的所作所为辜负了老师的希望……”

在家长、学生、教师三方面对面的时候,这种直接的交流更容易使师生间产生信任感,沟通就容易进入良性的快车道。

(2)家访是联络学校与家庭的纽带

学校与家庭联系的重要性众所周知,但一般采用的是家长会、打电话、家长来校等形式。家长会以一对多,难以对每一个学生进行深入分析;打电话产生隔膜,交谈常常解决不了实际问题;家长来校咨询又会给学生带来不安。

家访,当老师跨进学生家门的那一刻,家长对老师对学校的信任感就会产生,老师对学生的责任心会唤起家长对子女的责任心。老师的亲力亲为会树立教师和学校良好的形象,老师对教育的敬业会激发家长主动承担起应尽的教育义务。有家长深有感触地对老师说:“原以为做老师挺清闲的,没想到下班了还要跑遍学生家里,真不容易啊!”“老师对工作真认真啊! 对我家小孩真好啊!”学生对教师工作的认可,一定程度上拉近了家长和老师、学校的距离。

家访,使教师深入学生家庭,对学生的家境情况、家庭组成、日常生活,甚至家长及其子女的喜好都有了深入的了解,为以后的教育工作积累了宝贵的第一手资料。而家长对教师工作的理解会化为另一种教育行为,它与学校教育形成一股合力,推动对学生教育的健康发展。

(3)家访是弥合家长与学生关系的黏合剂

学生身上表现出的一些问题往往与父母与子女的冲突、对立有关系。有一次一位老师到一名女生家进行家访,了解到她母亲开出租车,很少在家,和母亲很少说话,眼神中常流露出对母亲的不满。老师刚进她家时,她母亲一个劲地数落她女儿如何如何不用功,当班主任老师把这名同学在校的良好表现向家长反映,特别是提到她很自立、很要强时,她母亲流着泪告诉老师,今天老师来家访,对孩子那么关心,做母亲的感到羞愧,自己一心想多挣些钱,却忽视了孩子的需求,忽视了平时对孩子的关爱。“我真的很对不起她。”当着女儿的面,母亲说了这样一句话,女儿哭了,母女感情的隔膜涣然冰释。

中学生最容易与家长产生代沟,年龄、立场的不同很容易让他们的关系僵化,带来的直接后果是一些父母对子女的谩骂指责,使子女产生逆反心理,这些因素都是影响学校教育的潜在威胁。家访把两代人拉到桌边,心平气和地交流沟通,因有老师在场,气氛变得融洽,有效地弥合了代沟带来的感情伤害。

2. 家访的基本要求

(1)准备充分

在家访之前,应当针对学生的情况具体分析,想好要说什么,最好有个提纲,打个腹稿,到时一五一十,侃侃而谈。教师说得从容不迫,有条有理,家长往往会听得比较认真。一般来说,教师可从下面几方面做准备:对学生在校的表现应该有一个全面具体的了解,优点有哪些,主要缺点是什么,应该加强哪些方面的教育;对学生家庭应该有所了解,比如学生家庭的基本情况,家庭对学生的教育情况等;向家长提出的要求等。只有这样,与学生家长谈话才会有针对性,才可能取得预期效果。

(2)谈话及时

应在问题刚露头或刚发生时抓住时机及时展开调查,及时家访,以利于将其解决在萌芽状态。或在学生取得进步、生病时进行家访,往往也能取得较好的效果。每次与家长的谈话都应该有一个具体的、明确的目的,或者是因为学生在某方面有特长,希望取得家长的支持;或者是学生取得明显进步,需要向家长通报;或者是学生生病,老师前去探望;或者是学生情绪反常,提醒家长密切关注;或者是发现学生身上存在某方面的不足,建议并指导家长采取正确的措施等。

(3)不卑不亢

在和学生家长沟通有关教育学生的信息时,教师要注意创造良好的谈话氛围,用朴实坦诚的语言与家长进行心与心的平等交流。

尊师重教,历来是中华民族的美德。但在现实生活中,偶尔也会见到一些家长尤其是有权有势或有钱的家长对老师不够尊重。面对这样的家长,教师应该做到不卑不亢,充分发挥教育机智和语言机智,既要达到交谈的目的,又要维护好教师的尊严。

有这样一个例子:有个学生家长是一家大公司的总经理,因事务繁忙,孩子已经上高中了,从来就没有过问过。家里的电话全部由保姆接,一听说是老师打来的,就说不在家。一天早上八点,班主任把电话打到这位家长的办公室,说要来跟家长谈谈孩子学习的事情。这位家长一听,立即回答说:"哎呀,真对不起,今天上午我要与一家外商谈一笔生意,下午要开会,晚上也有安排。这样吧,孩子的事情,您最好跟他妈妈谈;如果一定要找我,以后再打电话跟我联系吧。"

老师说"您既然这么忙,我今天就不来了。不过,在我的工作安排中,也只有今天上午八点到十点,星期二下午两点到四点,星期天晚上七点到九点才有时间与家长谈话,请您从这几个时间中作出选择,然后再打电话与我预约吧。"

(4)掌握主动权

在与家长的交流中,教师是谈话的发起人,有准备,有目标,有策略。而家长就显得被动多了,家长只能被动地接收教师发出的信息,或按照教师的意图提供信息。当发现家长的讲话偏题后,教师应该接过话头,把话题牵引到预先设置的话题上来,不能跟着家长的思维走,一会儿谈家长里短,一会儿说国家大事,达不到预期的目的,甚至有失教师身份。

(5)讲究谈话策略

很多教师把家访变成告状。告状容易导致家长打骂惩罚孩子,造成学生对教师的不满,多次告状还会使家长厌烦,产生逆反心理。愿听佳音厌闻噩讯是人之常情,家访时反映学生情况一般以正面称赞为主,先讲孩子在校取得了哪些进步;然后再指出不足之处,对于一些"差生",不要一下子把学生在校的全部情况都介绍给家长,可以采取"先报喜,后报忧"和"多报喜,少报忧"的方法,精心选择讲话的内容和时机,注重分寸,做到"含而不露,点而不破""善意提醒,软性批评",既可以使家长了解自己孩子的情况,也能觉得孩子是可教育好的,树立教子成才的信心;最后提出教育建议,希望获得家长的配合。这样的家访气氛会比较融洽,家长也会比较容易接受,孩子也会消除恐惧心理,愿意改正缺点,增强进步的信心。

在家访时一定要避免说有伤家长和学生自尊心的言辞，切忌当着学生的面数落其不是，当着他人的面批评某家长没有尽到责任等。

有一位新教师来到班里有名的"调皮大王"家中，学生的父母热情地让座倒茶，关心地问起孩子在校的表现。老师却一件件抖出学生在校的不良表现，家长越听越沉默，教师走的时候家长甚至没有向老师道别。这次家访失败的原因就是教师没能设身处地考虑家长的感受。家长都希望自己的孩子各方面发展良好，即使教师讲的都是实情，但如讲话不讲策略就难免让人扫兴，也就很难取得家长的配合。这样的家访对学生的教育起不到任何好的效果，反而会让事情变得越来越糟。

(6)认真听取家长意见，积极提供建议

虚心听取家长的合理建议，要在和谐平等的商讨中提供给家长以专业的帮助和指导。不要用命令式的口吻说话，应避免与家长发生争执。例如有的家长溺爱孩子，常为孩子护短，同这些家长存在分歧时，教师应充分运用以事说理、寓理于情等多种语言艺术手段进行说服，帮助家长分析孩子过失的原因、危害及纠正的方法，使家长愉快地接受老师的建议，协调教育方法和步骤，这样才能收到理想的家访效果。

有个教师了解到，许多独生子女在家里什么事情都不干，还和家长顶嘴，而家长却辩解说不让学生干家务是怕影响其学习。针对这种情况，教师在与家长沟通后统一了认识，提出制定一份因人而异的《学生家庭生活守则》的建议，这一建议得到了家长的大力支持。《守则》很快见效，学生在家中变得勤快了、懂事了。

3. 家访故事示例与简评

A. 学生家中，一位女教师来访。

客厅里，两位年纪相仿的中年男子站起，目光迎着女教师。

女教师先与其中一位握手："您好！"再与一位握手："您好！""我是魏文林同学的班主任，我叫程敏。您就是魏文林同学的父亲吧？"

魏父："啊，是的，是的，请坐。"

女教师："谢谢。"

另一位男子插话："他是我们科技局的魏局长。"

女教师（微微一笑）："这一点我早从'学生登记表'中知道了。不过，我这次来可是找学生的父亲的。"两位男子同时"哈哈"一笑。

魏父倒水，递给女教师："喝水。"

女教师："谢谢。"

女教师："事先没有跟您打招呼，突然来访，不会影响您吧？我来是跟您说说魏文林同学在学校的情况，不会占用您很多时间。"

魏父："没关系，一点儿也不会打扰我，我正想了解一下文林在校的情况哩。”

女教师：“上初一的时候，他在各方面都表现不错。据他原来的班主任李老师告诉我，魏文林同学学习很认真，成绩也很好，也遵守纪律，团结同学，特别是关心集体，参加班级组织的文体活动很积极，还当过我们班合唱队的指挥呢。上初二以后，我发现他上课注意力有时不集中，作业交得不及时，做得比较马虎，这一周有两个下午班里组织集体活动，他都没有参加……”

魏父：“这个情况，我可是一点儿也不知道。”

女教师：“最近一段时间您发现他的生活情况有什么变化？”

魏父：“别的倒是没有。最近家里买了个放像机，常看他不知从哪儿弄来的几盘录像带，有几个晚上看录像，好像睡得比较晚……”

女教师：“那么他下午是不是也回家看录像了？”

魏父：“我想起来了，听他妈妈说，这几天下午他回来得很早……啊，这小东西，看来他是迷上看录像了。明天我就把机子抱走。”

女教师：“事情还没搞清楚呢，即使因为看录像影响了学习，也不必立即把机子抱走。您看这样行不行：回校后，我找魏文林谈一谈，再了解一下情况，您是不是注意一下他看的是些什么样的录像带。然后我们再来商议应怎么解决，好不好？”

魏父：“可以，你看，我光想着自己工作中的事，家里的事就不大问了。这孩子让老师操心了……”

女教师：“这主要是我的责任。若是早点了解情况，早点解决，就不会出现这个问题了。您工作很忙，这我可以想象得到的。不过孩子平时的学习和生活情况，还是尽可能地注意了解，孩子年龄小，容易受外界的影响，情绪波动大……我们都得细心点，您说对吗？”

魏父：“当然，当然。真是太感谢您了，程老师。”①

简评：这位女教师的家访是成功的。首先在态度上不卑不亢，谦虚热诚，很快赢得了家长的尊重。其次，在谈到学生在校表现时实事求是；寻找问题根源时耐心细致；提醒家长关心孩子以求与学校教育配合时，言辞委婉又颇有分量。

B. 我们班上有一名学习成绩优秀的男生，他崇尚个性独立，很反感家长的管理，与父母关系一度紧张，令家长苦恼不堪。

当我了解了这一情况，在精心准备了家访的谈话内容，谈话的方式方法后，我请他去安排时间，让我去家访。

在他的家里，我针对他不轻信别人话的特点，一开始并未给他讲任何的道理，而是在充分表扬他成绩稳定的优点后，马上便问他还有无潜力可挖，是否能



① 曹莉萍，张金钟．教师口语艺术训练教程[M]．长春：吉林人民出版社，217-219.

完全了解自己，从而引出家长比他还了解他自己的话题。我知道他根本不会信，于是赶忙启用已准备好的策略。我问了五个问题，请家长和他同时写在各自的一张纸上。（五个问题分别是：最喜欢吃的菜？现在的身高？最要好的朋友？最爱看的书？放学回家后第一件要干的事？）两张纸放在一起，结果让他很吃惊：答案竟是出奇的相同。事实胜于雄辩，他默不作声了。当即我便严肃的指出：看来，不是家长不了解我们，而是我们不了解家长。然后又给他分析了为什么当事者迷、旁观者清的原因，指明人最大的弱点就是有时不能正确评价自己，以致迷失自己前进方向。假如在这时，家长、老师、朋友能及时来提醒一下的话，就可能使人少走很多弯路。随后我才叹一口气讲出：老师多么希望作为好学生的他，有足够的能力，充分利用各种批评和指正，尽快修正和提高自己啊。接着，我又耐心地结合其他的好学生在家里关心家长、与家长合作的事例，现身说法地告诉他一个人虚心听取别人意见的好处。他一反振振有词的常态，好半天低头不语，我看得出，这些在平常他定会反唇相讥的话，在这个特定的场合、特定的气氛中，已悄悄渗进他的内心了。

家访过去一段时间后，我打电话去询问他的情况，孩子的母亲高兴地诉说了孩子的变化：他不仅不顶撞家长了，而且还变得懂事多了，有时自己（妈妈）回来晚了，他还知道出来接一下呢，这可是前所未有的。现在的家越发像一个温暖的家了！

这是一个真实的故事，每当提起它，想起那些孩子的变化与进步，我总是抑制不住内心的激动，急于要把它告诉给每一位同行，一方面是想请大家与我共同分享这份成功的喜悦；另一方面也想告诉大家：我真的很感谢家访这种沟通的方式，是它为我创设了一个自然走入学生与家长生活的通道，使我深刻地感受到了他们内心的情感，让我成了他们的朋友。而且还是它为我提供了一个特殊教育形式，帮助我有效地解决学生与家长的关系这个棘手问题。

家访可以让我们融洽与学生的关系，使学生乐于接近我们，从心里接受我们的批评，使教育落到实处；可以使班集体众志成城，提高班级管理质量，创设良好的学习氛围；可以密切与家长交往，调动家长参与管理的积极性，有效地发挥家长资源的优势；还可以使作为教育者的我们轻松起来，使教育管理充满活力。

一位教育家曾讲：“教育过程中要充满爱和期待，如果把一份爱心放在家访中，就会取得意想不到的效果。”没错，满怀爱心地进行家访，有时真的可以创造奇迹。现代社会呼唤家访，学生、家长盼望着家访，作为教育者的我们也需要家访，真心希望您在家访的实践中，能感受到比我还多的香与甜①。





① 引自淄博市张店区实验中学网站　作者：常月英。

简评:这次家访的成功在于:一是老师充分的准备——“精心地准备了家访的谈话内容,谈话的方式方法”及“准备好的策略”,一切都在老师的掌控之中;二是入情入理的话语。

C. 上个学期期末,在复习的关键时刻,我班一个学生的学习状况仍然没有什么改善,作业脏乱差,仪表也非常邋遢。我批评他几次,效果不大。他的家长又请不来,于是我决定去他家看看。一进门我就愣住了,只见方桌上胡乱摆满了油盐酱醋的瓶子和残羹剩饭,矮柜上供着一张“玉皇大帝万岁万万岁”的红纸条。电视音量震耳欲聋,地上一张破席上扔着脏鞋袜和书包。我的学生正趴在那里写作业,不时抬头瞄一眼电视,他同样脏兮兮的小弟弟正在抢他的铅笔,他们的母亲蹲着在洗衣服,屋子的各个角落里,充斥着各种脏东西。

看到这种情况,我深悔未能及时前来。我教这个学生将近两年了,早就发现他有诸如精神不集中、仪表邋遢、作业脏乱差等毛病,但是一直都没能引起足够的重视,更没想过要到他的家里走访一下。在这样脏乱差的环境里,一个原本自制力就不强的孩子是不可能安心学习的。在和他母亲的谈话中,我又了解到家长平时很少管教孩子,孩子们经常玩到很晚才回家,作业就胡乱写一写,家长文化水平低,又没空检查,只好由着孩子乱画了。

一切已经很明朗:不良的家庭环境给孩子施加了负面影响,家庭教育的滞后使孩子的身心不能得到正常发展,形成了诸多坏习惯,学习自然就落后了。

我首先向家长做了自我批评,检讨以前对该生关心不够,接着详细介绍了该生近期的表现。我肯定了他比一年级时有明显进步,列举了他爱劳动、尊敬老师等许多优点;指出他是有潜力的,如果努力,学习上会有大的飞跃。这番话让气氛轻松了许多,坐在一边的孩子脸上舒展了。接着我也指出了他学习中的不足,并指出造成这些问题的外部原因,是家庭环境和家庭教育。我向家长详细阐述了家庭环境和家庭教育在孩子成长中的重要作用,举了很多家庭教育成功的例子,使家长充分认识到了家庭环境和家庭教育的重要性。我建议家长努力使家庭环境有所改变,至少要整洁,能有一张安静的书桌供孩子学习,尽量营造一个良好的学习环境,以利于良好学习习惯的养成。家庭教育要重视并抓紧,坚持正面教育,减少负面干扰。尽量多过问孩子的学习,检查他的作业,至少要求他做到干净工整,按时完成。生活上要多关心孩子,要重视营养,仪表也要像样。然后我告诫学生:你是个好孩子,有很多优点,只是自制力不强,管不住自己,容易受外界影响,上课不专心、作业胡乱写、贪玩,学习肯定就落后。今年你只要努力管住自己,尤其在这最后的复习阶段抓紧些,是能取得进步的,老师和家长都相信你。孩子点头,家长也连连点头。家访以后,这个学生发生了显著的变化,仪表整洁了,作业干净了,听课也认真了,尤其是对老师的感情更加亲近了,我也抓紧了对他的辅导,期末,他的学习成绩果然有了明显的提高。

这证明:这次家访是成功的①。

简评:这位老师善于观察,找到了孩子身上毛病的根源,用朴实、真诚的话语与家长和学生沟通,取得了良好的效果。

(二)家长会

1. 家长会的目的

家长会是家庭、学校共同关心学生健康成长的一种教育形式。如何开好家长会?首要的一点就是要弄清楚为什么要开家长会,即家长会的目的。家长会大概能达到以下几方面目的:

(1)了解学生家长及家庭情况

我们知道,学生所接受的教育是立体化的,其中家庭影响至关重要。学生的许多品质是在家庭的熏陶中形成的。因此,我们在决定对学生如何进行教育之前,必须首先了解学生的家庭。通过学生渠道和家访可以了解到一些情况,但家长会也是了解情况的良好时机。

通过家长会,教师要了解以下情况:家庭的成员及经济状况;家庭的氛围(如家庭和睦与否、家风情况等);家教状况(教育内容与方式是否恰当等);家长的文化水平、职业、性格、处世态度等。了解的方式可以用问卷调查,也可以在谈话中完成。教师了解到的这些情况,可以为制定教育措施提供详细的依据,使教育有的放矢,对症下药。

(2)相互交流学生表现情况

家庭、学校是学生活动的两个最重要的场所。作为家长,很想知道学生在校表现情况;同样,班主任也想知道学生在家里的某些情况。因此,相互交流学生情况是家长会的重要内容。为了节省时间,要注意引导家长尽量讲一些教师想知道的情况,内容要集中;在向家长介绍学生在校情况时,要认真选择内容,要充分考虑到某些内容反馈给家长后可能会产生的一些副作用。教师在面对家长时,心里一定要“装着”学生。

(3)帮助家长提高家教水平

家长是教师的助手,家庭是学校的第二课堂,帮助家长提高家教水平,可以大大促进对学生的教育效果。教师是专业的教育工作者,应该给家长一些家教方面的理论指导。教师也可搜集一些优秀家长的家教经验作为生动的教材,介绍给大家,让其他家长学习仿效。

(4)阐明、宣传有关法律、政策、规定

例如,教师利用家长会宣传《义务教育法》;宣传学杂费减免政策;对辍学就工等违法现象进行分析;通报学校的一些规章制度等。

---

① 引自淄博市张店区实验中学网站 作者:张喆。

2. 家长会的开法

传统模式家长会的基本程序是：领导向家长们灌输些怎样教育孩子的理论；老师向家长们介绍学生的基本学习状况，并指点他们如何辅导孩子，提出建议和要求；发本班乃至全校同年级学生成绩排名表，同时，批评某些表现不好的同学(往往这是重点)。

现在在新理念指导下，创建了一些新模式的家长会。这些家长会越来越受到家长、学生和教师的欢迎。它的特点是，尊重、平等、合作，体现在家长会的全过程：家长会前，老师已就会议内容、开法征求过家长(有时包括学生)的意见，精心设计的邀请函说明了会议的主题。例如：

尊敬的家长：您好！您的孩子升入初中半个学期了，有什么变化吗？他们适应中学生活了吗？欢迎您本周五来学校坐坐，看看孩子们的表现，与老师和其他家长谈谈您的困惑、您的教育体会和您的经验。

家长同志：期中考试刚刚结束，您一定非常关注孩子的成绩和孩子在学校学习、生活的情况；孩子长大了，在家肯定会有与以往不同的表现，您可能也会有些问题想跟别人交流。请您本周三在百忙中抽时间光临学校，参加我为您和孩子组织的座谈会。希望您带来宝贵的教子经验，与大家分享。

家长您好！您的孩子已经一天天长大，正在一步步迈入青春期。这是孩子一生中成长最快、也是最为重要的时期之一。为了帮助您的孩子更好地度过青春期，我们决定首先为家长开设青春期教育讲座。我们分别在本周四下午3点、周五下午3点举办讲座，等待您的到来。

以上是几份面目全新、带着几分温暖与体贴的家长会通知。它们不再是往日学校、教师板着面孔对家长下的命令了。教师在会前通过这张通知把家长会的内容告诉家长，让他们有备而来，而且时间还可以有弹性。

家长会上，老师有意识地把时间和空间让给家长甚或学生，让他们成为家长会的主角。这样家长们可以有机会了解孩子的全面情况，转变对孩子关注的角度；有机会倾听其他家长的教子经验与困惑；还可以有机会与孩子面对面地交流，参与对学生的教育，评价班级的教育工作。有教师总结道：要想开好家长会，就要让家长有看的、有听的、有说的。

一是有看的。首先，要有一个好的环境给家长看。教室要清洁，窗户要明亮，桌子板凳要纵横一条线，这是最起码的要求。最好摆一束鲜花，在黑板上写上"欢迎家长光临并多提建议和意见"等字样。这样的环境布置，给家长以清爽、明快和亲切之感。第二，办好黑板报或墙报，最好还有手抄报，班主任可要求每名学生写一篇歌颂、赞美自己的父母的文章。这样做，不仅能弥合或加深学生和父母之间的感情，而且也让学生受到了热爱父母的孝敬教育，家长也自会感激班主任的良苦用心。第三，要求学生将各科作业本和测验试卷整整齐齐地摆放在自己的桌面上供家长翻阅。这样做，家长就能深层次了解自己孩子的学习情况了，也会促使学生认真做作业。第四，每名学生给自己家长写封信，内容以学习、表现情况和考试成绩汇报为主，也可以是自己当着父母的面不好意思开口说而只适宜于笔头交流的问题等等。如此，家长就很有看头了。

二是有听的。家长会上，班主任要根据本次家长会的目的，提前准备好讲话提纲，最好形成文字。至少也要打一个腹稿，条理清楚，逻辑严密，有的放矢。还可安排专家、家长甚至学生上台讲些内容。

三是有说的。给家长以说话的机会，家长有被尊重的感觉，他们心里会很高兴，尽管有些家长会在表面上“拒绝”。当然，家长说什么，什么时候说，说多长时间，以什么样的方式说，都应该在班主任的控制之下。让家长说什么好呢？首先，最好说说教育子女方面的经验；其次，让家长们说说对学校、对班主任工作的建议或意见。班主任可以从中汲取营养，以改进自己的工作，其他家长也会觉得受益匪浅。

新模式家长会常见的活动形式有以下几种：

交流式：就教育中的共性问题进行探讨，或做个案分析，或开经验交流会。

对话讨论式：就一两个突出的问题进行亲子、师生、教师与家长的对话。

展示式：展览孩子的作业、作品、获奖证书或学生现场表演等，让家长在班级背景中了解自己的孩子。

专家报告式：就学生入学后某个阶段或某个共性问题，请专家做报告并现场答疑，以提高家长的教育素质。

参观游览式：学生、家长、教师一同外出参观游览，在活动中发现问题，促进沟通。

联谊式：教师、家长、学生相聚在一起，用游戏、表演等欢快的形式，共同营造和谐的气氛，增进感情和了解。

下面介绍两个新模式家长会的例子：

其一。家长会从一个名为“盲行”的游戏开始：家长被蒙上眼睛，由不是自己孩子的学生搀扶走过一段有障碍有转弯的路段。在行走过程中，不能用语言交流，只能以动作暗示。这个有趣热闹的游戏给家长会营造出了气氛后，老师说出设计这样一个游戏的初衷：请家长体验在黑暗中被搀扶行走的心情，让学生体验搀扶的艰难——这是一次部分学习存在困难的学生的家长会，“这些孩子目前就像在黑暗中行走，需要亲人的扶助，孩子和家长双方都要互相体谅。”这就是本次家长会的主题。接着，老师拿出 15 分钟请家长和孩子倾心交谈。之后有几名学生站起来，主动谈了自己平时在学习和生活中存在的问题，家长也纷纷检讨了自己过去不当的教育方法。家长会的最后，老师请每一位家长给自己孩子写下一句赠言，鼓励孩子树立信心。对这样的家长会，家长们感觉既轻松活泼，又有严肃的主题，形式又新又好；学生们反映，这次会后，对学习的认识比以前深了，有了一些自觉性，希望以后多开。

其二。班里出现了考试作弊问题，需要家长配合教育。有一位老师没有像以往那样批评学生或找家长，而是不动声色地让每个学生养一条小金鱼，一周后开家长会时带来。面对一桌子的鱼缸，老师说："我们今天要搞一个金鱼的评比。但不是比谁的鱼大，谁的鱼漂亮，我们是要比谁的鱼的的确确是自己养的。"在一片愕然的目光中，老师引出了诚实的话题，请家长和学生共同进行讨论。老师是要用这种特别的讨论式家长会，使问题更平和而积极地解决：不仅帮助学生提高对诚实的认识，还要使父母们意识到"分数"不是最重要的，应该首先关心孩子的人格塑造，与老师共同引导孩子学习做人、做事。讨论后的发言中，家长们再三表示了对孩子品德的要求与希望，反思了自己在教育过程中的忽略之处。老师在最后总结时点题："刚才同学们都与父母进行了交流，我相信你们肯定向父母做出了后半学期的保证，而且你们一定是慎重提出的，是负责任的。"最后，所有的家长和学生一起分享了"诚实是金"等赠言。一次本来可能会充满火药味的家长会，以这样的形式给了家长和学生提醒和教育。

新型家长会中最重要的，是教师角色的转变——由一个人口干舌燥却常常徒劳无功地唱"独角戏"，到教师、家长或者和学生共同唱一台戏；开会时不再是老师站台上，家长坐台下，而是围成一圈，相邻而坐。学生也不再被一概排斥在家长会之外，成为永远的"缺席被审判者"，有些家长会让学生参加，有些家长会的内容还请学生讨论决定。

3. 新模式家长会上教师的语言技巧

第一，热情、真诚。教师是家长会的组织者，是主人，要对每一位家长态度热情，语言热情；把家长当朋友看待，切实尊重他们，要对每一位家长态度真诚，语言真诚。热情、真诚会让家长感到教师的诚意，因而也就愿意与教师一起深入地探讨问题，也愿意相信老师的话，积极地谈看法提建议了。实践证明："以诚感人者，人亦诚而应。"真诚的话不应是套话，不应是专业术语式的话，不应是刺耳的话，应是家长能听懂的话，家长乐意听的话，对家长有用的话。要想取得这样的效果，教师除了积累一定的经验、有较强的应变能力外，还要精心"备会"——为会议准备好讲稿。

第二，多用描述性语言，少用判断性语言。因为要互通情况，争取家长配合，教师应把向家长介绍的重点放在实事求是地描述学生在校的各种具体行为上，教师要尽可能详细地向家长讲述学生在课堂上及课后的各种表现——好的和差的，让家长对孩子的表现有一个全面的了解，同时也让家长感到教师对工作的负责、对学生的关心，唤起家长在教育孩子上尽更多的责任。教师要少用"他表现相当好""表现还可以"等笼统、含糊、缺少具体信息的话语。谈孩子的缺点，要讲究技巧、策略，最好与家长进行个别谈话，不要当着其他家长的面说，否则容易引起家长的尴尬与不快。

第三，多用商量语气，不用命令语气。请家长是来配合学校工作的，应用商量的口吻提要求、提建议、谈看法,不能高高在上用专家的口气命令家长做这做那,不能指责家长没尽到家长职责,不能讽刺家长不懂家教方法。

4. 家长会上班主任讲话举例(片段)

A. 下面谈一谈成功的家庭教育方式。教育主要由学校这个专门机构来实施,但家庭教育不能因此而削弱,它是学生实现社会化的奠基教育。现在,随着社会的发展,知识型人才越来越显示出其在社会生活中的优越地位,无论就业还是报酬都说明社会对知识型人才的重视。因此,众多家长都为培养教育子女煞费苦心,特别是一些独生子女的家长更是“望子成龙”心切。那么,怎样培养孩子“成才”?下面就家庭教育谈以下几点:

(1)要搞好家庭教育,就要真正了解孩子,关心孩子,这是教育孩子的前提。对孩子全面了解并不是一件容易的事,不仅要对孩子在家的行为了如指掌,而且要对孩子在外面的表现全面掌握。这需要家长做大量的细致工作,注意观察孩子的言行举止,经常与之谈心,多倾听孩子的意见和要求,做孩子的知心朋友。只有全面了解孩子,才能根据孩子的特点和需要给孩子以帮助和指导,引导孩子健康发展。

(2)要搞好家庭教育,就要优化家庭教育环境。孩子出生以后,在与外部世界的密切接触中,他们的心理活动也逐渐丰富和复杂起来,尤其是家庭的一切,包括父母及其他家庭成员的一言一行,家庭的陈设布置等都给孩子留下最初也是最难忘的印象。家长要有良好的教育观念,并能引导子女正确做人,培养他们良好的生活习惯和学习习惯,鼓励子女勇于吃苦、勤奋上进和全面发展。同时要有良好的教育方式和方法,切忌简单粗暴。除此之外,还要为家庭教育创造良好的家庭氛围:家庭成员之间互相尊重、互相体贴,家庭气氛宽松、友爱,这样的环境才能保证子女的心理健康成长。

(3)家庭教育不可忽视家长的示范效应,父母一定要为孩子树立良好的榜样。人常说,父母是孩子的第一任老师,家庭是孩子的第一个课堂。每一位家长都应该认识到自己的言行和家庭环境在孩子的成长中起着非常重要的作用。家长的工作态度、兴趣爱好、言行举止、待人接物、生活方式,甚至走路的姿态,都可能会对孩子起到潜移默化的影响。如果家长冬天晚上在家看电视,夏天晚上到街上聊天、下棋、玩麻将,看到孩子在身边看他们玩时,马上就板起脸来问:“你作业做完了吗?”孩子说:“做完了。”家长接着说:“做完作业就快去复习别的,走吧!”孩子说:“我再看一会儿。”“看这有什么用?快走!一会儿我检查你的作业,写得不好我要打你。”家长的这些言行有强烈的负面效应,子女常常通过模仿、潜移默化的过程接受这种效应。如果家长自身素养较高,为人诚实、工作勤奋、谈吐文雅、处事得体,那么对子女将起到很好的示范效应。家长的示范效应具有较强的教育意义,家长要能主动地发挥示范作用,其对子女教育将收到“事半功倍”的效果。

(4)注意培养子女形成健康的心理。家庭教育中最重要的一条,就是需要对孩子从小进行心理健康教育,比如:给孩子以足够的慈爱;鼓励孩子去面对适合于他年龄的新事物和新需要;对孩子的成就给予称赞和勉励;灌输积极、勇敢、顽强、友爱、互助等正面的思想。由于现在学习压力较大,学生容易产生烦躁和厌学心理,家长要给予一定的疏导和帮助,毕业班的学生家长尤其要重视。

(5)对孩子既不能过分溺爱,也不能苛求过度,更不能斥责打骂。有的家长迷信"棍棒出人才",整天对孩子没有好脸,孩子成绩差一些,不是训就是打,殊不知,这样会使孩子心理老处于紧张害怕的状态,根本激发不出孩子的想象力。有的甚至产生逆反心理,你叫他这样他偏不这样,有意和父母对着干,逼得紧了便逃出家门,流落到社会上,变得更坏。这样的例子举不胜举。另外,对孩子也不能无原则地溺爱。溺爱过分的孩子,一种是产生优越感,长大后会目中无人,不合群;一种是产生依赖感,成长中缺少创造能力;一种是心理脆弱,经受不了艰难困苦的打击……事实证明,过分溺爱、过分苛求或频繁的斥责打骂都难以使孩子形成健康的心理。

(6)帮助孩子树立正确的目标,鼓励表扬自己的孩子。成功的道路有千万条,假如你的孩子成绩不是很理想,家长不能对孩子丧失信心,认为今后没出息而放弃,而是要帮助自己的孩子树立正确的目标,根据自己的特长、兴趣和爱好,选择正确的、适合自己的发展之路。正确认识现在的学习是为了更好地适应将来的发展,为以后的工作选择做好一定的基础。现在每位家长在对待自己子女的学习方面,都要用欣赏的眼光去关心和鼓励,用表扬的语言去鼓励他们的信心,用激励的方式去挖掘他们的潜能,用帮助的手段去协助他们成功。

简评:这个讲话,重在对家长进行家庭教育知识的传授和指导,对家长的教育职责和自身修养提出希望和要求,目的是不断地提高家庭教育水平,充分发挥家长在教育学生中的积极作用。这是班主任常说的话题,也是家长较感兴趣的话题。这个讲话很有针对性,很实在。

B. 我们要注重孩子自主能力的培养。《读者》杂志 2004 年第 15 期中有一篇叫《吃饭教育》的文章,是关于中美家庭对孩子吃饭的比较,最能反映两国教育理念的不同。文章中说中国家庭硬逼孩子多吃,连哄带骗、想方设法让孩子去吃,山珍海味、鸡鸭鱼肉,只要是自己认为最好的都让孩子吃,也不管孩子是否消受得了。而美国家庭绝不会强迫孩子吃,有没有吃饱那是孩子自己的事,如果一会就饿了,那是他自己的选择,他自己承受后果。美国人在吃饭这件事上的态度和做法,体现了美国儿童教育的目标:培养孩子独立思维的能力。孩子越早得到锻炼,他们的独立能力就越强,长大后适应社会生活就越快。在这种教育理念的引导下,美国孩子最爱说的一句话是:我知道,我会。中国孩子长大,最爱说的一句话是:我听话,我是好孩子。美国孩子半饥半饱,营养不良,目中无人,独来独往,横冲直撞,头破血流,最后能发明出新玩意,开大公司,当大老板，自己想说什么就说什么。中国孩子则肚皮鼓鼓，面色红润，尊老爱幼，谦虚谨慎，服从领导，兢兢业业，最后被大家选为劳动模范、优秀公民、人民代表，人家爱听什么就说什么。

简评：教师说的话应该有点新意，或观点新，或材料新，或用语新，是自己经过思考，经过准备说出的话。人云亦云，让人生厌。这个老师的讲话片段就给人耳目一新的感觉。

C. 如何做一名让孩子喜欢的家长？在河南《教育时报》上刊登了这样一则消息，标题是《半数学生不喜欢家长》，文章写道："日前，常州市妇联对家有读书郎的700户家庭进行了家庭教育现状抽样调查，调查结果发人深省：有54.5%的学生在"最不喜欢的人"一栏中填的竟然是"家长"，而80%的家长则表示"唯父母是从，听话的才是好小孩"。这就产生了矛盾，所以说，子女的家庭教育越来越成为千家万户共同关注的话题。"面对你所关心的家庭大事是什么"这个问题时，近90%的家长会毫不犹豫地选择"子女教育"，然而在面对教育期望、最喜欢的人是谁以及对待学习与劳动的态度上，家长与孩子的看法很不一致。

从以上材料看，这些孩子绝对不是全部否定我们的家长，而只是不喜欢我们家长的某些教育方法。那么学生不喜欢家长采用的教育方法有哪些呢？归纳起来有以下几点：

(1)对孩子采取命令式。回忆一下我们自己，当年从父母那里接受的，也大都是命令式的、指令性的教育。这些命令、指令有时是对的，但是有相当多并不符合下一代的实际。我们当年面对这些不符合实际的指令时，心里也并不喜欢吧？尤其是孩子一天天长大，他有一种自主意识，面对家长命令，尤其不喜欢。

(2)唠叨。家长对孩子的教育不是对症下药，总是翻来覆去的几句话。如果孩子学习成绩不好，就常常说：你得努力学习啊！不学习将来没有前途啊！等等。说多了就令人生厌，且很容易造成学生的逆反心理。

(3)埋怨指责。孩子犯错、成绩不理想，很多家长的第一反应就是把孩子叫过来埋怨一番、指责一番、训斥一番。孩子犯了错都很害怕，考试失误后都很内疚，他们这时最渴望得到帮助他们战胜错误、走出误区的方法，可得到的偏偏不是想得到的，想得到的偏偏又得不到。回忆一下，我们读书时考试失误，在学校本已不安，回到家又受到一顿指责、训斥，那时我们也不是不喜欢吗？

(4)打、骂、体罚。有的家长看到孩子成绩下降或犯有错误时，就是一顿"胖揍"、一顿"臭骂"，或是一顿"惩罚"。他们没有从孩子自身的智力素质、认知过程、努力程度、良好的习惯等方面加以引导、帮助、教育，而指望通过粗暴的方法解决问题是绝对不可能的。其结果只能是使父母与子女的关系越来越远，也将使学校教育变得越来越艰难。

(5)爱得过分，爱得过细。有的家长，面对已经十五六岁的孩子还像两三岁时那种爱法。尽管他们付出的是真心实意的爱，却不能使孩子满意，甚至反倒使孩子更不喜欢家长。有的孩子想做点事情，我们家长这也不允许，那也不放心，这样怎么能培养孩子热爱劳动、助人为乐的品德和习惯？只会养成唯我独尊、自私自利的思想，绝不利于孩子的健康发展和将来独闯世界的能力的培养。



那么，怎样去做，才能让孩子喜欢我们的家长呢？我建议从以下几点入手：

(1)可以变命令式的教育为民主型的商量。您可以和孩子处于平等的地位、朋友的地位，一起商量。这种商量方式，很容易使你们产生共识，会使孩子在商量的气氛中感觉自己正在长大，觉得自己有了自主的能力，觉得自己认识能力正在提高，觉得自己应该对自己的言行负责，他会主动地接近你，并可能坦诚地与您交换观点、想法、看法，而不畏惧您。

(2)寻找新话题。对那些唠叨了上千次的话题，我们可以换个说法。比如说说名人刻苦学习的故事、树立远大理想的故事、敢于承认自己错误的故事等，这些故事孩子愿意听，还会觉得家长在激励他、暗示他将来会成为大有作为的人。同时，他还会为您知识面宽广而感到骄傲。

(3)孩子遇到挫折或考试失败后，要理解、帮助。每个人遇到挫折或失败时，都需要有人理解他、帮助他。在孩子遇到这种情况时，如果我们想不出办法或措施的话，那就给孩子一些鼓励和安慰，引导孩子回忆一下自己最辉煌的时刻、最成功的一天。另外，还可帮助孩子找到目前自己的长处和优点，这样会树立起孩子战胜困难、迎接挑战的信心，会让孩子觉得父母理解自己，会觉得父母给予自己精神上的支持比生活上的关心更可贵。家长绝不能在孩子失败或犯错误时埋怨、训斥甚至打骂。那样做，只会火上浇油，只能浇得更加心焦，甚至使孩子自暴自弃。

(4)要勇于向孩子认错。我们都有急躁、激动、情绪不稳定的时候，在孩子确实犯了错误或考试失误，家长在气头上控制不住自己而打骂了孩子。时过境迁之后，自己也很后悔。这时最好的办法就是向孩子承认错误，同时也要把自己为什么这样做的心里话说给孩子听，这样做或许会让孩子更喜欢家长。孩子也会学习家长这种勇于承认错误的品质，使家长和孩子双方变得聪明、理智、高雅。

(5)去掉多余的爱。我希望我们的家长在给予孩子爱和关怀的时候，要考虑一下，哪些事情他能自己完成？哪些事情需要我们帮助他去做？另一方面要考虑的是，在他们不愿接受我们的帮助时，我们应该怎么做？我建议，适当地让他们承担家庭中的一些责任并注意在做事的过程中培养他们的能力。这样做会使他们感觉自己长大了，并会增强对家庭和社会的责任感，也会更深地体验到做家长的辛劳。

我相信，我们的家长处理好以上几个方面的问题后，孩子一定会喜欢您、尊重您，并会真心地听您的话的。



(三)与家长谈话的思考与练习

1. 模拟家庭访问训练：王小春学习退步了，“教师”认为与“家长”没尽到责任有关,“家长”认为是学校没管好。在模拟交谈时,可以表示对对方的理解,但不可赞同对方的观点。双方要努力去说服对方。

2. 进入初中,很多学生参加了校外的各类辅导班,可成绩却不尽如人意。于是在一次家长会之前,这个班班主任统计出班内参加校外辅导班人员名单,整体家长会后留下这些同学家长,询问情况。周某同学家长说:“听说很多孩子都上补课班,而我们家孩子学习基础不好,又贪玩,于是就让他上补课班了,省得看着他。”吴某家长说:“孩子在辅导班上完课后特疲惫,作业没写完,老师得体谅啊。”学生和家长都认为,参加辅导班,听有经验的老师的课,成绩定会迅速提升。请你以班主任身份说一段话去说服家长。

## 二、与学校领导的口语交际

西奥多·罗斯福说:“成功的第一要素是懂得如何搞好人际关系。”每一个成功者背后都有另外的成功者帮助他。同样,一个教师的成长和进步也离不开领导的关心和支持。与领导相处的原则是,既要维护领导的权威,又要维护自己的基本权利。

### (一)与领导说话应遵循的原则

#### 1. 说话得体,不卑不亢

处理好上下级关系,是人际关系中的重要方面,明智的做法是说话合适得体、不卑不亢。一方面,不能因为你是领导就一味阿谀奉承、献媚讨好,这样既有损人格,也会让正直的领导和同事反感;另一方面,必须尊重领导,服从领导。领导布置的工作要认真完成,有不同意见,应该用恰当的方式提出,不能自行其是,更不要当众拒绝,损伤领导脸面。

#### 2. 事先做好充分准备

每个领导有不同的语言风格、做事风格,你与他们进行交流时,必须充分考虑到应从什么地方开始、你说话时的语气语调、你说话后他的反应及你的应对。说话要抓住要点,要有条理,废话少讲,“言多必失”。总之,准备得越充分,交流效果就会越好。

#### 3. 看好时机和场合

在别人高兴的时候要抓住机会多说;在别人心情不好的时候不说或少说。讲话时注意察言观色,一旦对方脸色有变,就要立即进行调整以缓和气氛。

### (二)与领导说话的技巧

技巧的运用与说话的主题有密切的关系,下面从这方面作简要的介绍:

#### 1. 接受领导安排的任务

接受领导安排的任务时,教师要给予领导明确的答复:能做到的、能做好的,干脆利落地告诉他“我立即去办”,让他知道你很重视,并且有办事效率;自己做不到的、做不好的,要充分陈述理由,让他知道你很想做,但由于主观或客观因素做不到，请求领导予以理解和谅解。如果领导坚持要你做，就不用推辞了，在这种情况下，你尽了力没做好，领导是不会怪罪你的。

在接受领导布置的任务时，教师要实事求是，避免说大话、说满话，这样容易给领导一种狂的感觉；也要避免一再拒绝接受任务，这样会给领导不合作的印象。

2. 领导批评

领导批评有时是有道理的，这时应该主动承认错误，虚心接受批评，保证以后不会再犯，并对领导的关心、爱护表示感谢。有时，还要为自己失误给领导带来的麻烦向领导表示歉意。

领导批评是错误的时候，要据理力争，摆事实，说理由，讲原因。但老师在表明观点、态度时要用平和的语气，声调不用太高，言辞不用太激烈，“有理不在声高”。

3. 向领导提建议、意见

向领导提的建议和意见，应该是经过深思熟虑、合理的或与人为善的。注意语气，注意用词。要多用请求、商量、期望的口气，避免用强硬、讥讽的口气。

4. 向领导汇报工作

首先，要在心中打好腹稿，重点突出，条理清楚，简明扼要，不要让领导误解或产生听觉错误。其次，要把和你要汇报的事情有关的情况了解清楚，以防领导突然问出一个问题时，自己措手不及，无言以对。最后，在汇报后请领导作出指示或给予评价。

## 三、与同事的口语交际

### (一)与同事相处要遵循的原则

1. 平等待人

在一个学校里，同事之间无论职位高低、年龄大小都应平等相待，不要分亲疏、厚此薄彼。不要冒失地卷入单位的人事纠纷中，切忌拉帮结派、搞小圈子，而应以平等、诚恳的态度待人接物，尽力与每个同志建立正常友好的关系。

2. 尊重他人

同事中每个人的秉性、志趣、爱好都各有不同，职位、能力、水平也有差异，要尊重每一个同事，不要以己之长比人之短。不能歧视和嘲笑那些与自己观点不同甚至某些方面不如自己的同事，这样只会伤害他人的自尊心，造成人际关系的疏远。

3. 热心助人

助人为乐是做人的美德，当身边的同志遇到困难时，热情真诚地给予帮助，是增进友谊的“黏合剂”。而那种凡事只怕自己吃亏，遇困难就躲，见荣誉就争，贬低别人，抬高自己的人，不仅不会赢得别人的好感，更不会得到别人的帮助，人际关系肯定紧张。

4. 诚实守信

诚实，就是待人处事真心实意，不搞当面一套，背后一套；守信，就是恪守诺言，言行一致，说到做到。诚实守信是做人的基本准则，也是建立良好人际关系的基本要求。只有诚实守信，才能在交往中互相了解，彼此信任，和谐相处。

5. 随和大度

在与同事交往时，平易近人，随和主动，会给人一种亲切感，人们自然会愿意跟你相处；相反，清高自负，自命不凡，或性格孤僻、不合群的人，别人自然会对你敬而远之。彼此交往中难免会产生一些摩擦或误会，当自己受到委屈或误解时，要胸怀大度，宽以待人，不要斤斤计较，不要感情用事，这是搞好人际关系的良策。

（二）与同事相处的口语交际技巧

技巧的运用与说话的主题有密切的关系，下面从这方面作简要的介绍：

1. 赞美同事

教师与同事相处时，要善于发现他们的优点，并及时给予赞美。赞美的语言应力求具体明确，让对方明白到底是自己的哪一点让别人欣赏赞美了。同时还要做到真心实意，恰如其分。

2. 接受同事赞美

如果觉得自己所做的事情值得同事的赞美，要用简洁、真诚的语言向对方表示感谢就行了。如果觉得自己所做的不值得同事的赞美，可说“受之有愧”，然后说明受之有愧的理由。

3. 接受同事批评

如果同事批评是有道理的，应该虚心接受批评，并对同事的关心、爱护表示感谢。有时，还要为自己的失误给同事带来麻烦而表示歉意。切忌强词夺理，反唇相讥或拼命辩解。

如果同事批评是错误的，要据理力争，摆事实，说理由，讲原因，果断地告诉对方自己不能接受这样的批评。但老师在表明观点、态度时要用平和的语气，声调不用太高，言辞不用太激烈。也不能假意接受对方的批评或缄默不语。

4. 批评同事

一般情况下，不要批评同事。在同事做事太过分、自己忍无可忍时，批评一下也无妨，只要注意批评的方式就行。以赞扬与友善开始，语气和缓；不在公开场合进行，要私下交流；批评要具体明确：明确告知自己对他不满的地方是什么，希望他能改正；对事不对人，不用“你这人素质低”等话语；不要算总账，说：“你总是这样。”

5. 帮助同事

在同事确实有困难请求帮助时，如果自己能帮上忙的，语言应主动热情，承诺将一定帮忙;如果自己帮不上忙,应真诚地表示歉意并说明理由。如果同事请求帮忙的事情有点过分、自己不好帮忙或没有能力帮忙时,可委婉推辞或采用弹性许诺,如"尽可能"等词语。



6. 请求帮忙

首先,确实有自己解决不了的困难需要同事来帮忙,同时同事有能力帮上忙。其次,请求同事帮忙要用请求征询的口气。最后,当同事拒绝时,要表示理解、体谅;当同事答应帮忙时,要真诚致谢。

## 四、社交口语

教师除了上面所说的必须与家长、领导、同事、学生这些工作圈内的人进行口语交际以外,还要与社会上其他人进行口语交际。口语交际是人类社交活动最主要的工具,在人们日常生活中发挥着极其重要的作用,因此我们有必要谈谈与工作圈之外的其他人说话的技巧。

(一)社交语言的作用

1. 获得有用信息

与社会上不同职业、不同性格、不同爱好的人群进行广泛的交流,可以获得大量的有用的信息,从而给教学带来鲜活的材料。同时,广泛的交际对于培养和提高我们的观察力、记忆力、思维力、想象力和口语能力都是十分重要的。

2. 改善自我情绪

通过交谈,人们可以接触到不同阶层、不同性格、不同年龄以及不同思想情感的人,可以拓宽自己对彼此、对自我、对社会的更深的认识,从而意识到应如何调节自己的情绪。另外,当自己真的情绪低落而又难以调节时,与他人交流,他人能为你分忧解难,从而使你有一个愉快的心情。

3. 协调人际关系

良好的社会生活需要良好的人际关系,而建立良好的人际关系,离不开真诚的语言艺术。

(二)社交口语的基本技巧

1. 态度亲切大方——让对方有与你交流的愿望

笑口常开是一种力量、涵养、友善的象征,大方自然的举止,得体的语言会给人留下良好的第一印象。

2. 善于倾听——让对方有与你交流的兴趣

认真倾听对方的谈话,让对方畅所欲言,鼓励对方多谈他自己,使他感受到你对他的尊重和兴趣。

3. 重视对方的个人信息



尽量记住对方的信息,比如姓名、职务、电话号码等,让对方感受到你对他的重视程度。

4. 寻找共同话题

以对方为主，自己为辅，主动寻找一些能够引起对方兴趣和共鸣的话题，比如对方的家乡近况、目前的工作、个人爱好、体育锻炼、子女情况、个人特殊经历等等。不能只顾自己的兴趣谈自己的事情。

5. 合乎社交礼仪

要及时向对方表示赞赏激励，遇到分歧时要努力寻求共同点，以便建设性地交换意见和解决问题。避免说让对方不快的话题，避免使用让对方不快的语言。

6. 合乎身份

教师在与他人进行口语交际活动中说话要符合教师身份，通过规范的、得体的语言体现教师的修养与学识，塑造知识型、成熟型的教师形象。

（三）社交的两种常见形式：寒暄和聊天

1. 寒暄

“暄”是温暖的意思，“寒暄”是指人们初次见面时谈及天气冷暖、饮食起居的应酬性话语，往往时间不长，话语不多。由于寒暄能产生认同心理，满足人们的亲和要求，因此它是社交时尤其是初次见面时，进行愉快交谈的重要环节，是社交活动最常用的形式。寒暄的目的是给双方带来关心和温暖，是为了沟通感情，创造出和谐的气氛。

（1）寒暄的特点

第一，礼节性。寒暄的时间往往不长，人们彼此无法深入了解，因此，谦恭的态度和礼貌的用语可以创造一种和谐融洽的气氛，满足对方的自尊心，使双方都产生愉快的心理感受。这要求人们在寒暄中得体地运用敬语和谦语。

第二，即兴性。寒暄的内容往往未经事先准备，需要根据对象、场合和交际目的临时发挥，如问安、招呼、互相介绍等。寒暄的语言表达要根据内容而定，比如问候性寒暄就可以从年龄、性别、职业、精神面貌等方面考虑。

第三，引导性。寒暄往往不具有实质性内容，不负担传递知识和理性信息的任务，它仅仅担当深入交谈开场白的任务——营造和谐的气氛、传递友好的感情信息、表示礼貌态度。一般在谈及正题前作适当寒暄显得比较自然。

（2）寒暄的技巧

第一，使用礼貌性的招呼语。我们常使用一些礼貌性问候语，例如“您好”“早上好”“很高兴地认识您”“吃了吗”等这些适应性较强的口语。有时也可因人、因地而选择针对性较强的招呼语。例如，从职业方面说：“这么早就起来，您到省里开会去”“您每周几节课”；从外貌方面说：“您看上去气色不错，早锻炼坚持好几年了吧”“几天不见，您越来越年轻了”；从家庭方面说：“您家还住在那里”“您儿子应该上高中了吧”；等等。

第二，使用敬语。使用敬语表现出尊重他人的态度。汉语中称呼他人的敬语可以说丰富多彩，如人称中的“您、您老”，通称中的“同志、先生、小姐、女士”，非血缘关系亲属称谓中的“大哥、小妹、大伯、大妈”，职业与职务中的“老师、师傅、教授、老板、主任、校长”等，若使用得当，便能体现出说话人的礼貌修养和个人素质，有效密切人际关系。

第三，真诚地赞美对方。夸赞性的寒暄意在表达对对方的尊重、欣赏，创造一种令人愉悦的气氛。但夸赞要真心诚意，不要言不由衷，要讲究分寸和切入角度；要明确具体，不要笼统含糊，让人觉得突兀或讥讽。比如友人做了个新发型，如果你认为比较适合她，就可以直接赞美她：“这发型相当不错，很适合你”或“你看上去更漂亮了”。若你认为效果不太好，则可以变换角度赞美：“你今天真精神”或“你过去总是一种发型，换一种形象感觉怎么样？也许我也该尝试一下改变自己？”寒暄的时候，千万不要有否定性的评价。

第四，言及他事。这是常见的一种寒暄方式，尤其是初次相逢，一时难以找到合适的话题，可以用一两句话谈及天气、新闻、双方的工作、家乡等打破沉默，引起对方深入交谈的兴趣。例如：“今天天气真好”，“听您的口音您是河南人吧”，等等。

2. 聊天

聊天是口语交际中最常见的交谈形式之一，具有传递信息，沟通情感，愉悦心情，维护友谊等作用。它时间较长，话语多，话题丰富。

(1)聊天的要求

第一，灵活性。聊天通常没有既定话题，聊天也可以不分主次，任何人都可以提出话题，互相补充，也可以不断转换话题。聊天的场所、方式、参与人数都比较灵活。但是聊天的话题毕竟受到一定交际目的的制约，这就意味着一要选择彼此都比较感兴趣的话题。在聊天中，话题的选择最为重要。二要把握话题转换的时机，从而使聊天内容丰富多彩，使每人都能饶有兴情趣地进行下去。

第二，和谐性。聊天是沟通性的交流。聊天者一般都处于平等的地位，有时也可能是主唱客随，但无论哪种情况，聊天的气氛都应该是平等和谐的、宽松的。这就要求每个参与者都以一种积极的态度创造并努力维护聊天气氛。只要一方表现出不合作，聊天气氛就会立即被破坏，聊天就会终止。

(2)聊天的技巧

第一，选择合适的话题。聊天的话题可以涉及很多方面，一般的选择是双方都感兴趣的或比较熟悉的或比较容易展开讨论的内容。同时还要考虑民族风俗、文化背景、参与者的情况等因素，一般不涉及个人隐私、低级趣味以及中伤他人等。比较容易引人入胜的话题有：新闻、热门话题、体育赛事、影视信息、风景名胜、流行时装、个人爱好和经历等等

第二，会听又会说。会说，一是指谈论对方感兴趣的话题并能及时转移话题；二是指不说“悄悄话”而冷落他人，要照顾到在场的每个人；三是不连续发

问，以免使人难以应付。

会听，一是不轻易打断别人说话，不随意插话；二是指要抓住对方话语的实质，不理解的地方要适时询问；三是要鼓励、引导对方说下去，可采用提问、赞同、简评、复述等呼应方式参与到谈话当中来，例如“你的看法是×××”“再详细谈谈好吗”“好像你不大赞同这种做法”等等，这类话语可以表示出对对方的重视，并维护好交谈气氛。

第三，自嘲。聊天中有时可能会突遇到不利局面，如一时失言或遇到干扰，此时若处理不当，将会破坏气氛，妨碍交际。自嘲就是比较常用的一种应变方法。自嘲能展示自己的风度气质，体现应变能力，它包含着自尊和对他人的尊重。

第四，聊天有度。聊天是一种社交活动，它是有益的，但它也必须有度。把握这个度可以从以下几个方面考虑：一是不随意中断聊天，但自己不想再聊时可委婉拒绝；如果察觉他人谈兴已减，别拖住不放，应及时终止聊天。二是说话要看对象和场合，注意表达方式。

## 第三节　交际口语技巧集萃

### 一、常用的12种礼貌语言和谦辞

1. 与好久不见面的人见面说“久违”。
2. 与自己敬重的人初次见面说“久仰”。
3. 有了过失求人谅解说“请包涵”。
4. 请人帮忙说“劳驾”。
5. 有事找别人商量说“打扰”。
6. 请人勿远送说“请留步”。
7. 请人指点行为说“请指教”。
8. 送还物品叫“奉还”。
9. 陪同朋友叫“奉陪”。
10. 不能陪客人说“失陪”。
11. 影响人工作和休息说“打搅了”。
12. 当别人表示谢意时用“别客气”①。

① 引自国家教育委员会师范教育司组编《教师口语训练手册（试用本）》。

## 二、如何巧妙地赞美别人

人生在世，不仅仅是为了面包而生活，人更需要精神食粮。你是否记得在得到老师或领导当众的一次小小赞扬后的那种兴奋、那种美妙的感觉持续了多久吗？多说些称赞别人的话，人们会因此而喜欢你，而你自己也会因此而受益无穷。慷慨些，去赞扬别人吧！先找到一些值得赞扬的东西，然后赞扬他们。但是请注意：

1. 要真诚，倘若这种赞扬不真诚，还不如不说。

2. 赞扬行为本身，而不是赞扬人。赞扬行为本身，可以避免偏袒，并鼓励更多的同类行为。

3. 赞扬要具体、要实在，不宜过分地夸张，要有的放矢。例如，你说："你太漂亮了。"不如说："这件衣服穿在你身上真漂亮。"说："你真有头脑。"不如说："你怎么就能想出这样的好办法呢？"

4. 赞扬要及时，而不要事隔太久。及时地赞扬别人，往往能取得最好的效果；尤其是当众及时赞扬别人，效果更好。但当众赞扬别人，一定要得体，而不要让被赞扬者感到尴尬。另外，请你养成每天赞扬三个不同的人的习惯。你会感到，这么做后，你自己会多么开心！

当你看到这么做给别人带来幸福、欢乐和感激时，当你看到自己可信赖的朋友越来越多时，当你看到自己的魅力和影响力与日俱增时，你自己也会因此而感到幸福快乐和人生的充实。

## 三、如何巧妙地批评别人

成功地批评他人的关键，在于批评的态度。如果你批评时一味地指责别人或告诉你的看法，这样除了被别人厌恶和不满外，你将一无所获。因为，没有人喜欢被批评。然而，如若你对批评本身不感兴趣，而对纠正错误及其结果感兴趣；如果你能以正确的方式批评他人，你将会获得较大的成功。这里有几个原则能够帮助你：

1. 批评他人时，必须在单独相处时提出，不要放声大叫，不要把门打开，不要被更多的人听见，要给对方留足面子。

2. 批评别人前，必须先给对方一点赞扬，或说点恭维的话，在创造一个和谐的气氛后，再展开批评。例如："我知道，你在工作中一直很努力，很积极，这很好，但是，有件事情你做得让我很难理解，您能给我详细地解释一下吗？"像这样，当对方陈述完自己的看法后，你就可以先向他耸耸肩，然后再发表自己的批评意见。

3. 在批评别人时，要对事不对人。要批评别人的错误行为，而不要批评当事人。你绝不应该在批评别人的错误行为时，说别人："你真笨"，"你是个蠢材”,“你怎么这么没头脑”,等等。

4. 在批评别人时,告诉他正确的方法。在你告诉他做错了的同时,还应告诉他怎样做才是正确的,这样,会使批评产生积极的结果。

5. 一次犯错,一次批评,而不要将以前的错误累积在一起算总账。

6. 以友好的方式结束批评。你可以以这样的方式结束批评:“我们是同事,是朋友,我们解决了应解决的问题,让我们相互帮助,并肩共进吧!”

## 四、如何巧妙地感激别人

仅仅在自己心里感激别人是远远不够的,应把你的这种感激之情巧妙地表达出来,这是因为,喜欢向他人表示感激的人,会得到加倍的回报。如果你很感激某些人,并且能够让他们知道你的感激之情,下一次,他们一定会更多地报答你。如果你不能恰当地表达出你的感激,即使你内心真的很感激,但你得到的回报会越来越少。对人说“谢谢”时,一定要适时、恰当、巧妙。这就需要做到以下几点:

1. 表达谢意时态度要真诚。

2. 清晰、自然地表达。

3. 向人致谢时,要表现出高兴、快乐的感情,不要吞吞吐吐,细声细语,含糊其词。

4. 注视着你所要感激的人。任何一个值得致谢的人都值得注视。当你注视着对方并向对方致谢时,对方会感到你的真诚,会感到他对你的理解和帮助是值得和有意义的。

5. 尽力地致谢。一般人对显而易见的事道谢,优秀的人对很微小的事道谢。这意味着,要努力寻找表达感激的机会。当然,适时地赠送一份礼物更有益。

6. 感谢时要说出对方的名字。

## 五、电话交谈技巧

1. 电话铃响后3或4遍前迅速接听电话,因为打电话的人都没耐心等得太久。

2. 声音要温和,让对方感到你的友好。目前的电话是彼此见不着面的,全靠声音沟通,因此声音必须温和。粗声大气,即使没有坏意,也不会有好效果的。

3. 要使用文明礼貌语言。由于通话双方不能看见对方的表情和动作,完全靠声音进行交流,因此要使用文明礼貌的语言进行交流。其要点是:

(1)开始通话要问好,不可喊“喂!喂!”

(2)讲话以前要通报自己的姓名,不要让对方猜你是谁。

(3)求人办事要说“麻烦您了”,“谢谢您”。

(4)放下电话前要说“再见”,即使交谈得不愉快也要说这句话。

(5)同长辈、上级或客人通电话,要听到对方放下听筒自己才能放下。切记把电话一摔,这是不礼貌的,是没有教养的表现。

(6)如有急事需要暂时停止打电话,应有礼貌地向对方说明:“实在对不起,我现在要去参加一个重要会议,咱们改日再谈吧。”或用商量的口气说:“真不凑巧,有个客人来了,我过一会儿再给你打电话好吗?”

4. 语言要简明,语音要清晰。打电话要讲究效率,尽可能地减少通话的时间,要做到这点,最主要的是说话时语言要简明,语音要清晰。不要说多余的话,尽可能避免“回问”和“误答”,更不要用电话聊天。

5. 要注意双方的反馈信息。电话交流是双方的信息交流,对于对方传来的信息,要给他一个反馈信号,例如:“哎”“好的”“对”“我明白”等,使对方知道你在认真听他说话,因而不间断地说下去。如果对方听你说话时没有反馈信息,就需要停下来问一问,看他是否在听,是否听明白了你的话。总之,由于说话双方没有直接见面,为提高通话的效率,必须注意反馈信息。

# 第十二章 教师口语风格

## 第一节 教师口语风格概述

### 一、教师口语风格的含义

教师口语风格，是指教师在长期教育教学活动过程中运用口语而逐步形成的相对稳定的独特的言语风度与言语格调的综合表现，是教师教学思想、教学艺术的综合表现，是教师口语艺术成熟的标志。

### 二、教师口语风格的意义

《学习的革命》一书中说："所有最好的培训与教育课程都包含有六个关键的原则。就像任何年龄段的一个终身学习者一样，如果所有六个原则被一个教师——作为伙伴而不是说教者——出色地组织好，那么你会学得更快、更好、更轻松。"六条原则中有三条直接或间接地与教师言语相关："能调动你所有感官的表现方式——既轻松有趣、丰富多彩，又是快速而令人激动的。""创造性的和批判性的思考有助于'内在的信息处理'。""用游戏、幽默小品和戏剧表演来'激活'脑力及加强对材料的掌握。"①

教师语言修养的优劣直接影响教育质量的高低与教学效果的好坏，影响学生的终身发展。它有以下意义：

(一)能够提高教育教学的质量与效果

苏霍姆林斯基在谈到教师的素养时指出：教师的语言修养，很大程度上决定着学生在课堂上的脑力劳动的效率。优秀的教师口语，能化抽象为具体，化深奥为浅显，化平淡为神奇，激发兴趣，启迪心智，滋润心田，从而有效提高教育教学的质量与效果。例如同样的一次数学考试，面对考最低分的学生，两位老师表现出完全不同的言语风格：



① [新西兰]戈登·德莱顿，[美]珍妮特·沃斯．学习的革命[M]．上海：上海三联书店，1997：285

【示例】

师:你看你,也算是考了个第一名,可惜是倒数的。你动不动脑子啊?

生:考最后一名也是我动脑筋考到的。

师:你还有理?你要把这歪脑筋用在正道上就好了,死不要好。

生:你要好干吗?在这乡下学校教书,神气什么?

【示例】

师:这次好像又考砸了,看来数学真是你的弱项。你想不想改变这一穷二白的面貌啊?

生:当然想,可是……

师:想就有戏唱,老师愿意帮助你。这样,放学后你在教室里等我,我们来个不见不散,怎么样?

生:嗯,谢谢老师。

师:我们可要约法三章,吃小灶啦,那就只能进步,不许后退。接受挑战吗?

生:听老师的,请相信我!

【评析】

上述两位老师的教育方法,哪一个会取得理想的效果呢?当然是后者。首先,这位教师有一颗爱护学生的心,不轻易伤害学生的自尊,其言语风格友善得体。更让学生感到贴心的是:老师让自己在教室里等他,而不是到办公室去找他。办公室会让学生感到拘谨、紧张,老师充分考虑到了这一因素,诚恳地提出在教室补课,让学生感到自己被尊重。其次,老师在摸准对方想学好的心理后,趁热打铁,适时地提出了合作方案,明确目标,要求学生积极配合,“有戏唱”“愿意”“不见不散”“约法三章”“只能进步,不许后退”等,言语间充满了期望。老师既严肃认真,又亲切平和,学生由衷地说出了“听老师的,请相信我”这种充满信心的话语。至此,老师取得了信任,学生树立了信心,师生“双赢”,教与学走上了良性循环的轨道。只有把握了教师口语艺术的人才会获得这样的成功。第一位老师采取破坏性的言语策略,讽刺挖苦,当众揭短,导致学生自暴自弃,破罐子破摔,并且反唇相讥,其结果是两败俱伤,容易形成教学的恶性循环。

(二)能够促进学生逻辑思维能力的发展

“语言是思想的直接现实”,教师口语水平的高低直接反映其逻辑思维能力的强弱,严密的逻辑思维是艺术表达的前提,学生通过教师高超的口语艺术,获得教师思维进程的信息,学习到老师思考问题和解决问题的良好方法,体验到动脑思考的快乐,从而激发学生的思维兴趣,提高逻辑思维能力。一般地说,生动形象的教学语言会影响到学生的形象思维,理性概括的教学语言会影响到学生的抽象思维;机敏灵活的教育教学语言会影响到学生思维的敏捷性与灵活性,严谨深邃的教育教学语言会影响到学生思维的独立性与深刻性。科学家爱因斯坦说:一个人的智力发展和他形成概念的方法在很大程度上是取决于语言的。教师逻辑性强的语言艺术对学生思维品质有着不可低估的迁移作用。

【示例】

师:通过刚才的讨论,我们看出,小红军的表情、动作、语言都表现了他的"倔强"。但我发现第10自然段,作者在写小红军在拍粮袋时,不是像我们通常做的那样"挺起胸""使劲地一拍",以此来表现"倔强",而是用"轻轻地"来表现他拍的动作。这么写准确吗?这不是与"倔强"的说法相互矛盾吗?大家边读边想,看看能不能从书中找出答案来。

生:矛盾。这么做不能表现他的"倔强",他应该"使劲地一拍",这样更能让人相信。

生:我不同意。我认为小红军不可能"使劲地一拍",因为课文前面写他已经累得掉队了,他没有那么大的劲来拍。

生:就算他有劲也不能"使劲地一拍",因为他的粮袋中根本就不是粮食。

师:是什么?

生:课文后面说是"一块烧得发黑的牛膝骨",他"使劲地一拍",牛骨的声音和样子都和粮食不一样,那就露馅了。

生:我认为小红军又累又怕露馅,只能是轻轻地拍拍干粮袋。

生:他又累又饿,可是还要坚持装出有劲有粮的样子,轻轻拍了一拍粮袋,正好说明了他的"倔强"。

师:大家从中体会到了什么吗?

生:我体会到小红军非常机智,非常懂事,他担心陈赓同志知道他没有干粮了一定要帮助他,使陈赓同志受到拖累,因而不"使劲地一拍",而只是"轻轻地"一拍。

生:我体会到小红军的品质非常高贵,他一心只为别人着想,而把困难和危险留给自己,我们也应该学习他的这种品质①。

【评析】

教学片断中,教师适时运用矛盾律引导学生展开讨论,一开始抓住"倔强"一词,让学生找出课文中表现小红军"倔强"的词句。学生通过对一些词句的品读,对小红军的形象从整体上进行感知。然后教师就抓住"轻轻地"这个词有意造矛盾,设悬念,进一步引发学生主动探究的欲望。学生们积极思考,充分讨论,结合上下文进行揣摩、推敲,终于悟出了这一词语运用的匠心所在,理解了课文中"倔强"与"轻轻地"矛盾中的辩证统一,在辩证矛盾中准确地把握住了文章的深刻内涵,提炼出了小红军高尚的品格特征。

---

① www kvex net 罗田县教研室童仕明,罗田实验小学。

(三)影响学生语言能力的发展

教师语言不仅用来授业解惑、传播文化知识,还对学生的语言表达起着示范榜样作用。老师优美动听的语音、准确生动的表达、侃侃而谈的风度、能言善辩的风采、出口成章的本领,都是学生学习的榜样。学生在教师言之有物、言之有理、言之成序、言之动情、言之生趣的教育教学口语的长期熏陶下,潜移默化,会对语言产生浓厚的兴趣,产生学习的冲动与愿望。

【示例】

我们数学老师上课很风趣,很幽默,很亲切。他要见我们思考问题不积极,就说:"孩子们,要开动脑筋啊,看张老师我70岁了,还来给你们上课,为什么呀?张老师怕脑子生锈,得个老年痴呆症什么的。你们赶快动脑子,想问题,你们可不能得少年痴呆症哦。"我们有个同学还说:"张老师,我得的不是少年痴呆症,是少年多动症。"张老师居然不批评他,还说:"现在我希望你的脑子正犯少年多动症呢,这样好积极思考问题呀。"你说有趣吧?他要见哪个同学思想不集中,就会说:"哎呀,我们班有同学的思想旅游去了,还是陪猪八戒吃西瓜呢。"很逗乐的。一个新内容学完了,张老师又会说:"都懂了吗?懂了吗?懂了吗?过了这村,就没了这店啦,我看谁能抓住机遇,错过机会可是踩了火轮子也找不到我的。"他眼睛睁得大大地盯着问,语调很有趣,声音有点沙沙的,我们非常喜欢上他的课。下了课,我们跟他聊天会开玩笑说:"张老师,今天好几个人思想旅游去了,你看出来没有?"他说:"哪里逃得过我的火眼金睛,你们没发现我几个问题就把他们拽回来了?"

【评析】

这是一位小学生对数学老师课堂语言的评价。这位数学老师的教学语言不像数字那样单调乏味,而是贴切地使用仿词、比喻、比拟、谚语等手段活跃课堂气氛,生动,风趣,联想丰富的语言,消除了学生的紧张心理,拉近了师生间的情感距离,唤起学生学习数学的兴趣与热情。值得注意的是:学生能把老师的话语特点叙述得头头是道,表达清晰,层次分明,一方面,说明数学老师的教学语言在学生们看来的确与众不同,让人记忆深刻;另一方面,反映出这位老师的言语风格正潜移默化影响着他的学生们,这是除专业知识之外学生得到的另一种收获。

反之,如果教师说话发音不准,吐字不清,缺乏感情,表述混乱,语病百出,对学生语言能力的健康发展就会起阻碍甚至破坏作用,学生耳濡目染,久而久之,就会形成不良的说话习惯了。

(四)影响学生审美能力的发展



苏霍姆林斯基说:"教师讲的话带有审美色彩,这是一把最精致的钥匙。它不仅开发情绪记忆,而且深入到大脑最隐蔽的角落。"

教师口语风格是教师口语艺术的高度凝练,具有强烈的美感。优秀教师会尽可能地摄取书面语的严谨、精确、典雅、形象生动和日常口语的通俗平易、自然洒脱,创新活用,使课堂语言充溢着浓浓的书卷气,从而使学生获得深层次的审美感受,引发审美想象,丰富审美情趣,培养和锻炼学生的审美创造力

【示例】

一位老师讲《雨中登泰山》,是这样导入的:

同学们游览过祖国的名山大川吗?那奔腾咆哮、一泻千里的长江、黄河,那千姿百态、气势雄伟的三山、五岳,孕育着我们中华民族的古老文明。一想到它们,民族自豪感就会充溢心头。那具有拔地通天之势、擎天捧月之姿的泰山就是这样的一座山。历代多少文人墨客写诗撰文,讴歌赞美。杜甫的五律《望岳》就是其中之一,诗中那"一览众山小"的境界是令人神往的。只有攀登到绝顶,才能领略到"无限风光"。今天,我们学习李健吾同志的《雨中登泰山》一课,请作者做向导,带领我们去攀登、游览那高耸雄伟的泰山吧①!

【评析】

这段导入语有着典雅而豪放的言语风格,思维缜密,层次清晰,用词典雅,句式工整;谈古论今,洒脱豪放,联想丰富,意蕴丰厚,着意引用杜甫咏泰山的千古名句,引起学生无限遐思与向往。教师语气间荡漾的磅礴豪迈之气,强烈撞击着学生的心房,激起学生神往之情。老师歌颂自然之壮美,感慨民族历史之悠远,抒发"一览众山小"之豪情,学生陶醉在老师营造的美的氛围中,徜徉在老师构建的美的世界里,深刻感受着美,体验着美,审美情趣随之唤醒,审美的创造力被激发。

## 三、教师口语风格的主要特征

教师口语风格是优秀教师经过长期探索磨炼而形成的,它从有意雕琢趋向自然天成,由广泛的积累内化为稳定的素养,除了具备教师职业口语的基本特征之外,作为精心加工锤炼的语言艺术,教师口语风格还具有以下几方面的特征:

### (一)动态性

语言的存在有两种形态:一种是处于静止的备用状态,另一种是处于运动的使用状态。

教学语言是传承教学信息的口说的书面语言,存在于教师的讲述之中,属于语言运动的使用状态,就产生了教学语言风格,因此教学语言风格具有必然

① http://61.142.7.142/Subwebsite/yw. 湖南省郴州,张冠湘。

的动态性。老师备好了课写好了教案,这任务只完成了一部分,而大部分任务还必须到课堂上亲自向学生讲授,才能发挥其作用,体现其价值,通过学生的接受才能产生其意义,所以教学语言风格还存在于教师的讲授中,其动态性就更加突出。



【示例】

宁鸿彬老师教读《中国石拱桥》,课即将结束,他向学生提出一个问题:

师:这篇课文的标题是《中国石拱桥》,而课文主要写的是赵州桥和卢沟桥,这切题吗?

生1:我认为中国石拱桥是一个总的名称,它并不是哪一座桥的名称。因此,不举例就没办法说明。

生2:我也认为中国石拱桥就是中国国土上无数座石拱桥的一个名称。它是看不见也摸不到的,只有通过一座座具体的桥来说明才能说明白。

师:很好。你们的意思是不是说赵州桥和卢沟桥都具有自己的特点,而且又都具有中国石拱桥的一般特点。

(学生纷纷表示同意)

师:赵州桥和卢沟桥,它们既有自身独有的独点,同时又有中国石拱桥的一般特点。它们独有的特点叫个性,它们具有的中国石拱桥的一般特点叫共性。个性是存在于共性之中的。请同学们记住这个道理。共性也就是一般,个性也就是个别。个性之中存在着共性,或者说个别之中存在着一般。这正如赵州桥和卢沟桥体现着中国石拱桥的共同特点。如果你们今后在分析其他现象或问题的时候,能够从事物的个性里看到一般的共性,那就深刻得多了。

【评析】

在这个教学片断中,宁老师的教学语言在运动的使用过程中,他的语音、词语、句式、修辞、篇章等方面的共同特点是浅显、平实。没有使用特殊的语音,没有叠字、叠词,更没有双声叠韵;词语平易,全是大白话,没有一个深奥难懂的词语。句式朴实,只用了一个"是不是说……而且又……"的递进句,都是普通句式。

修辞运用方面,除了向学生提出疑问外,用了一个设问句:"你们看这样理解对吗?中国石拱桥有的像赵州桥,有的像卢沟桥。"再也没有运用其他的辞格。所有这些综合起来,共同表述着这段教学语言风格的特征是:通俗平实。

(二)独特性

教学,是教师个体的创造性劳动,因而教学语言也就有教师鲜明的个性,不同的教师就有不同的独特性。独特性是教学语言呈现风格特征的根本属性。

"言为心声","言如其人",教学语言展现教师自己的文化教养、生活阅历、审美情趣、思维方式乃至其师承关系等多种因素,教师讲课就是在直接或间接地向学生讲述“自我”，显示着“我”的印记。于漪老师曾回忆她的几位语文老师：“初中语文老师声情并茂的讲解，对中外著名文学作品的着迷；教高中语文的赵老师对诗词深厚的功底，给我以深深的感染……教高中数学的毛老师讲述概念之清晰，推理之严密，有效地训练了我的逻辑思维能力。”①

这些老师不同的个性特点，形成不同的教学语言风格，给于漪深刻的影响，教学语言风格在育人中对塑造学生个性和成才具有不可替代的重要作用。

独特性是教学语言风格的核心，没有独特性也就没有风格，失去了独特性也就失去了风格。正因为教学语言风格的独特性，才有语文教学万紫千红、争光斗妍的喜人情景。否则，千人一面、千口一腔、人云亦云，那该是多么可悲啊！

【示例】

有个学生给“姆”组词时说：“养母”的“母”。学生哗然。可贾老师微笑着示意学生安静下来：“你们别急，他没说错，只是没说完！”接着又转向那位学生，“你说得对的，是‘养母’的‘母’……”学生在老师的点拨下顿悟了，连忙说：“是‘养母’的‘母’加上一个女字旁，就是‘保姆’的‘姆’了。”②

【示例】

师：好，接下来谁给“尊”字组词。

生1：尊，尊敬的尊。

生2：尊，遵守的尊。

（众生顿时哄堂大笑）

师：（神情自若，微笑）他并没有错，他还没把话说完呢！

师：（望着生）是遵守的尊，去掉……

生：（顿时领悟）遵守的遵，去掉走之底，就是尊敬的尊。

师：（面对笑的学生，风趣）你们刚才笑得太早啦！

（掌声）③。

【评析】

两个示例是上海市特级教师贾志敏老师的课堂用语实录。通常老师总期盼学生能正确回答问题，但学生在课堂上的回答不可能每次都完全正确，这时，大多数老师会以“不对！谁再来”或“怎么搞的，这么简单也不会”这些有伤学生自信的话语来否定学生的回答，而贾老师却总能敏感地捕捉到学生答语中的

---

① 陈军．试论于漪的时代特色[J]．语文教学通讯，1999，(6)．

② 马春来．教育的机智　教学的艺术——特级教师贾志敏的课堂评价语言[EB/OL]．(2005-09-20)[2017-02-23]．http://www.jpcai.com/html/Class5_18_5259.html.

③ 靳淑梅．教学案例：特级教师贾志敏讲解《程门立雪》[EB/OL]．(2012-01-11)[2017-02-23] http://www.jyb.cn/Teaching/jxzy/201201/t20120111_473887.html.

有效信息,关注学生的心理,用巧妙、幽默的语言来稳定局面,引导鼓励学生,如“他没说错,只是没说完”“你说得对的,是‘养母’的‘母’……”“是遵守的遵去掉……”等,不仅保护了学生的自尊,更使学生品尝到成功的喜悦。

(三)创造性

教师在教育教学过程中能充分考虑学科特点,深入研究接受主体学生的差异,结合个性特征而创造性地调整言语策略的特点。创造性体现出教师的创新精神,表现在语词选择和语句组合的独创方面,表现在用独特的语言形式灵活处理教学内容方面,表现在教师面对课堂突发、偶发情境、教学矛盾经常能采用机智语言做出巧妙应变等方面,能突破常规,给学生出乎意料、耳目一新的感觉。

【示例】

在农村小学的一堂《春蚕》的公开课上,突然闯进来一位农妇,手捧两只馒头,竟直奔课堂座位间来给她还没吃早餐的孩子。顿时,学生们的注意力被吸引过去,他们有的笑了起来,课文主题所需要的庄重气氛遭到了破坏。在这个关键时刻,教师因势利导,严肃地说:“同学们,你们从刚才那位妈妈为孩子送早餐的神情,联系本课《春蚕》中的母亲,想到了什么?”这一问,使哄笑的孩子低下了头,全班学生也都严肃地思考起这个问题来:两位妈妈的不同形象,不都体现了同一种伟大的母爱之情吗①?

【评析】

这位老师把一次意外的干扰巧妙地转变为可贵的教学资源,既控制了局面,更是帮助学生拓深了对课文主旨的感受,使课堂变得神圣而充满活力。这种灵活处理的方法,决不是每一位教师都能做到的,它是一种厚积薄发,是一种灵感的喷涌,是平时勤于思考勇于创新的结果,“灵感是从来不拜访懒人的客人”,偶然的事件中蕴藏着必然的结果。

(四)一贯性

教师的教学语言风格不是零碎的堆积、偶然的组合,而是教师运用教学语言表现出一贯的风度和格调。它是教师执教多年来——十几年、几十年,甚至是一辈子运用教学语言的总体特征,这种特征稳定地体现在教师的教学过程中。它形成教师的一种素质,内化为教师心理属性和生理属性的一部分,活化在教师的教学行为之中,不分时间、地点,只要让他教学,他就会表现出这种教学语言的特征。

教学语言风格是教师教学语言成熟的标志。它是教师在千百次的课堂教学实践中通过自己的细心琢磨、体会,经学生检验而取得最佳教学效果,筛选、



---

① 周一贯. 阅读课堂教学设计论[M]. 宁波:宁波出版社,2000:26-27.

提炼,而逐步形成自己独具一格的教学语言。这种教学语言开始是“杂色的”,逐渐上升为“突出点”,显出与众不同的特色。这种教学语言,于教师自己用得得心应手,对于学生能“传道、授业、解惑”,带来良好的教学效果,它是教师教学定型、定格的语言。

当然,强调教学语言风格的一贯性,并不否认教学语言风格的多样性。这两者之间,一贯性是主导成分,是一般的、经常的、持续的、反复出现的、起决定作用的东西,是指教师教学语言的“质”;多样性是次要的成分,是偶然的、个别的、不定型的因素,是指教师教学语言的“量”;“正而能变,变而能化,化而不失本调而兼众调”(胡应麟:《诗薮》),明乎此,就能正确认识教学语言的风格特征了。

## 三、教师口语风格的修养途径

“台上一分钟,台下十年功”,形成独特的教师口语风格,教师应着重加强以下四个方面的修养。

### (一)建立科学创新的教育教学理念

首先,正确科学的教育观是风格形成的内核,它是形成优秀教师口语风格的指挥棒,起着指明方向的作用。新时代的优秀教师应当具备正确的教育教学理念,具有良好的师德修养,能面向每一位学生开展工作;能运用得体的教师口语,出色完成教育教学任务。其次,开拓创新是风格长存常新的必要前提和有效保障,教师口语风格的形成是一个漫长的艰苦探索的过程,必须有脚踏实地、乐于奉献的开拓创新精神。雨果认为“风格是打开未来之门的钥匙”,能形成自己独特口语风格的教师,都是勇于挑战常规、突破窠臼、成就显著的教育工作者。因循守旧、墨守成规,只能成为一个乏味的教书匠。

### (二)培养丰富鲜明的审美情趣

教学语言的艺术是教学艺术的一个重要方面,一个成功的教师一定是善于驾驭语言的能手,他们让学生在艺术的语言中获得智慧。以“情境教学”风格著称的特级教师李吉林,摸索出“生活显示情境、实物演示情境、音乐渲染情境、图画再现情境、扮演体会情境、语言描述情境”六种不同途径,各种情境的创设都为语言训练创造了条件,也让儿童感到语文学习的乐趣。老师在课堂上总能以其敏锐的艺术感觉、丰富的艺术想象,深广的阅历经验编织出充满情趣的、感染力极强的精彩话语,调动学生情感,拨动学生心弦。优秀的教师口语一定能向学生展示一个又一个色彩斑斓、内涵丰富的有形世界与无形空间。

### (三)构建完备深厚的知识体系

口语交际是一种调动的艺术,其调动的动力除了来自思维的敏捷、经验的丰富、风度的优雅外,还取决于教师雄厚的知识基础。深厚的知识基础是语言艺术的源泉,是教师口语风格形成的基本条件之一。首先要力求获得专业知识的广博与精深；其次要广泛涉猎，博览群书，做一个知识的“杂家”“博家”，为形成自己的口语风格做好充分的知识准备。教师语言富有知识性、学术性，学养丰富、知识完备必定会为教学中旁征博引或敷陈自如打下坚实的基础。



（四）锤炼高超的语言表达能力

培养高超的语言表达能力，主要包括熟练掌握语言表达的技能技巧和开拓创造语言表达的艺术方式两个方面。语言表达的外部技能技巧有发音、吐字、气息、共鸣、顿连、重音、节奏、语调等方面，熟练运用这些技巧，能使教师语言变得清晰流畅、生动传神，大大增强教师口语的表现力。语言表达的艺术特点主要有趣味性、灵活性、激励性、主导性、针对性、抒情性、启发性等，这些特点直接影响风格的构成。因此，教师要把握教师语言的特点，开创性地设计出各具特色的语言表达方式；多积累通俗易懂、活泼新奇的民间谚语、歇后语、惯用语和新词新语；学会讲故事，说笑话，猜谜语，编口诀、歌谣、顺口溜等趣味性较强的表达形式，提高教学效果。

## 第二节　教学口语风格

教学口语风格是指教师在长期教学活动过程中运用口语而逐步形成的相对稳定的言语格调。教学口语是教师口语的主体，教学口语风格也是教师口语风格的主体，由于形成风格的主客观因素的纷繁复杂，教师语言艺术的多姿多彩，决定了教学口语风格的千姿百态、异彩纷呈。教学口语风格，主要有以下几种类型：

### 一、明白晓畅，朴素自然

这是教学语言中最重要、最常见的一种风格。明白晓畅是对教师教学语言最基本的要求。根据学生的接受能力，无论是刚入学校的小学生，还是高等学府的大学生，甚至是象牙塔尖的硕士生、博士生，在他们学习的知识面前，都是从不知到知，因而教师的语言必须明白晓畅。

明白晓畅，是指语义明确，语脉清晰，自然流畅，深入浅出，朴素无华。教师不用深奥晦涩的词语，学生理解不了的句式，讲述教学内容清楚明白。教学语言像阳光照耀下的清泉，清澈明净，源源流畅。

【示例】

特级教师李吉林教小学生学李白的诗《独坐敬亭山》，全诗四句：“众鸟高飞尽，孤云独自闲。相看两不厌，唯有敬亭山。”她说——教学时，我便是通过学生想象画面，体会诗的意境进行的。下面是教学这首诗的实录：

师:这首诗是著名诗人李白写的。你们自己先读题目,再读诗,读着读着,是不是能想到一个画面。(学生自学全诗,边读边想象画面。)

师:你们说画面上有些什么?你们说,我来画。

生1:(学生思考片刻)画面上有一座山,山上有个亭子,这就是敬亭山。李白一个人坐在亭子旁边。因为题目是《独坐敬亭山》。

生2:还要画鸟,画云。

师:画多少鸟?鸟是画大一点,还是画小一点?从哪个字眼里知道?

生1:画一群鸟,因为是众鸟。

生2:应画小一点,因为"高飞尽",飞得高,就小了。

生3:也可以不画鸟,因为已经飞"尽",飞得看不见了。

师:意思是对的,不过不画鸟,怎么能体现"众鸟高飞尽"的意境呢?

生:我想还是画好,画在靠边上一点,画得小一些,这样越飞越小,最后就看不见了,这才能叫"众鸟高飞尽"。

师:鸟飞得越来越高,显得多么高远。

生4:还要画云。

师:画多少云?

生5:画一朵云,因为是"孤云"。

师:画一朵云,飘在天空,显得很自在。高飞的鸟,闲游的云,正表现了李白不受当时黑暗势力压制的心情。

【评析】

这个教例,教师运用明白晓畅的语言引领学生发挥想象而进入诗情画意之中,理解诗句;又再现诗中的情境,体会李白的心情。教师用语通俗易懂,没有隐含意义。句子多是短句、陈述句和主谓句。修辞格也只用了明白的比喻和夸张。

【示例】

师:什么叫"祖国"?

生:祖国就是南京。(好多学生笑了,知道祖国不是南京)

师:不要笑。祖国就是南京吗?不对!南京是我们祖国的一个城市,像北京、上海一样。大家再想想,什么叫祖国?

生:祖国就是一个国家的意思。

师:噢,祖国就是一个国家的意思。对吗?

生:不对。(答声中也有说对的)

师:美国是一个国家,日本也是一个国家,我们能说美国、日本是我们的祖国吗?

生:不能!

师：那么什么叫祖国呢？谁能再说一说？

生：祖国就是我们自己的国家。

师：讲得对，祖国就是我们自己的国家，我们的爸爸、妈妈、爷爷、奶奶，祖祖辈辈生长在这里的国家叫祖国。那么，我们的祖国叫什么名称呢？

生：我们的祖国叫中华人民共和国。

师：对了。我们的祖国叫中华人民共和国。我们大家都热爱我们的（故意停顿，让学生接下去）

生：（齐声）祖国[①]。

【评析】

斯霞老师使用小学生们最能明白的语句讲清说明了一个较为抽象的概念：祖国，浅显但不浅薄，简单而不随意，在聊天儿似的一问一答中语意逐渐明朗，话语间充溢着纯真质朴的精神，用亲切的话语解开迷惑，传情达意，真正做到浅近，明了。这是经过精心提炼选择加工而显得极为纯净的富有表现力的语言，达到炉火纯青的至高言语境界。

## 二、激昂热烈，情感奔放

这是从教师在教学语言中投入感情的程度方面来看教学语言风格的。激昂热烈，是指教师在教学语言中投入深情，感情浓烈，炽灼外露，给人以强烈的震撼。它豪放爽朗，刚健雄浑。清代文学家姚鼐在《复鲁挈非书》中描述这种风格特征："其文如霆，如电，如长风之出谷，如崇山峻崖，如决大川，如奔骐骥；其光也，如杲日，如火，如金　铁；其于人也，如凭高视远，如君而朝万众。如鼓万勇士而战之。"这种风格语词遒劲有力，句式短促连贯，综合运用排比、反复、夸张、博喻等多种修辞格，强调突出感情，声调高亢洪亮，气势畅达奔放，具有阳刚雄壮之美。

【示例】

教读《茶花赋》，于漪老师这样开课：

祖国，一提起这神圣的字眼，崇敬、热爱、自豪这些美好的感情就会充盈我们的胸际。我们伟大的祖国有5000年的古老文明史，有960万平方公里的辽阔土地，有许多令人神往的名山大川，还有以勤劳勇敢著称的各族人民。每当提起这些，我们的心中就涌起热爱祖国的感情来。可是要我们拿起笔来写的时候，有的同学就问，祖国那么大怎么表达？同学们的问话很有道理。对于这样一个主题，怎样才能表达得具体形象，而且能写出新意呢？杨朔的《茶花赋》就



① 柏恕斌，丁振芳．教师口才学［M］．北京：中国书籍出版社，1999：89-90

在这方面给了我们与众不同的感受[1]。

【评析】

这段开课语，情感激昂热烈，用词组句，颇见功力。特别是第二句喷薄而出，用一组排比句描述祖国的神圣与伟大，时间悠长，空间博大，人民勤劳勇敢，山河壮美令人神往，静动交融，纵横驰骋，包举宇内，囊括四海，犹如钻井，巨大的压力集中在钻头一点，就产生了强大的穿透力，引起学生心灵强烈的震动。这激昂热烈的感情陶冶着学生的性情，一种对祖国崇敬、热爱的崇高感便油然而生。

### 三、含蓄婉曲，意在言外

当学生接受能力比较强的时候，教师讲话的意思不直截了当地说出或说完，不把话挑明说透。或者绵里藏针、锋在底里；或者如深寺钟声，清音有余；或者借题发挥，以售其义；或者景中寓情，意在言外；或者旁敲侧击，言在此而意在彼；或者话中有余味，语中有余意；等等。教师的话语让学生通过一番思考而明意，甚得其中的快慰。对于具备了一定文化知识的学生，含蓄委婉的教学语言可培养学生的思辨能力。

【示例】

这是一位年轻教师教说明文《向沙漠进军》的开课语：

也是这么一个初秋时节，13 世纪初叶的一天，一代天骄成吉思汗正率部驰骋疆场，横扫千军。当经过伊金霍洛旗地区时，他深深为那里布满绿色的草原奇景吸引住了，勒马观赏，欣羡不已，当即插马鞭于地以为记，令部下在他百年之后将他掩埋于此，以偿夙愿。花开花落，日月轮回，悠悠 700 多个春秋过去，如今，当我们把目光投向昔日故地时，夕阳残照里，风逐尘沙飞。沙漠吞噬了美妙怡人的绿，遮掩了高天明丽的蓝。面对沙漠的肆虐，谁能无动于衷？如何制止沙漠来势汹汹的进攻，还大地新绿，长天空湛蓝？

现在让我们共同聆听著名科学家竺可桢"向沙漠进军"那振聋发聩的战斗召唤吧[2]。

【评析】

这则开课语列举成吉思汗被草原美景吸引的事例，对比今天的沙尘暴，含蓄地说明沙漠对人类的危害，让学生认识向沙漠进军的必要性。有人说，含蓄委婉是一种"半"的艺术，即一半在外，另一半则要听众或读者去填充，它有如"神龙见首不见尾"，"雪上空留马蹄处"，又好似佳人"含羞半敛眉"，"犹抱琵琶

① 《向沙漠进军》导语[J]. 语文教学通讯. 1998,(4):13.

② 语文教学通讯[M]. 1999,(9):21.

半遮面”,在那朦胧的一半中给人们深刻的启迪。

## 四、严谨庄重,优美典雅



教师教态从容庄重,自然大方,语言讲求字斟句酌,严谨不苟,意蕴丰富,舒卷自如,注重摄取书面语,善于引用典故、诗词、成语、格言、警句等,典雅含蓄,优美精练,有着浓厚的“书卷气”,具有较高的思想文化内涵,富于启示,让人回味咀嚼;多用整句,讲究语句的对称美,语调平稳,音量适中,给学生以不容置疑之感,学生在教师的娓娓而谈中获得知识,得到美的享受。

【示例】

诗中所描写的枫林是在一个秋天的很幽静的山上。山中有石头砌成的弯弯曲曲的小路,一直伸向山头。深山里白云缭绕,隐隐约约有几座茅屋。就在这样的背景上出现了一片枫林,严霜打得树叶红得像一团火,在夕阳的照耀下,枫叶流丹,层林如染,满山云锦,犹如彩霞一片。真是美极了!作者被吸引住了,他顾不得驱车赶路,停下车来,仔细欣赏,不禁脱口赞美道:枫叶真美呀!它红得超过了江南二月的春花①。

【示例】

诗人是从哪儿看到覆盖积雪的西岭山的?你理解“窗含西岭千秋雪”中“含”的意思吗?含就是衔着、镶嵌的意思。同学们觉得这句诗中的“含”字用得好吗?这样我们不妨用其他的字来换换,可以用哪些字来换?(有、里、内、前)我们选两个字换上读读看,比较比较,体会体会。“窗有西岭千秋雪”,你们觉得怎么样?(太一般了)“窗嵌西岭千秋雪”,(嵌字写出西岭雪山像一幅画镶嵌于窗框之中,只是静态的画。)可是,我们一般说人才含着什么,这儿用了“含”字还好像把窗框写活了,写出画面的动态之美,更有了动感,诗中静动结合,充满生机。这个“含”字用得真妙,让我们一齐读第三句诗,突出“含”字。

【评析】

以上两段教学语言,都充分体现出典雅庄重、优美精练的言语风格,又各具特色,第一段诗词名句的引用使话语具有典雅的文化品位,排比的铺陈、四字语的连用使句式整齐、意境深远、气韵灵动,充满张力,一气呵成,做到了形式与内容的完美结合;第二段多用适合低年级小学生的短句,较为活泼,紧紧扣住“含”字,运用提问、比较、朗读等方法启发学生品味诗歌的生动意境。

## 五、诙谐幽默,机智风趣

教师讲课谈笑风生,诙谐幽默,寓庄于谐,是教师机智的表现。话语睿智鲜



① 柏恕斌,丁振芳.教师口才学[M].北京:中国书籍出版社,1995:92-93.

活，妙语连珠，妙趣横生，益智明理，使课堂里不时传出愉快会心的笑声，课堂气氛活跃。有的教师主张“每堂课都要让学生有笑声”。苏霍姆林斯基认为：“如果教师缺乏幽默感，就会筑起一道师生互不理解的高墙：教师不理解儿童，儿童也不理解教师。”诙谐幽默、灵活机智的语言风格，其话语有时是精心设计的，有时却是对课堂上出现的种种意外及时变通、临场发挥的结果，教师善于捕捉学生的反馈信息，及时机智灵活地调整言语策略。

【示例】

一位老师正在执教古诗《游园不值》的公开课，上课不久，一名迟到的学生“砰”的一声猛推教室门径自跑进来了，全体学生和很多听课的教师，都看着这个冒失的孩子。其时，执教老师也愣了一下，但没有说什么，还是引领学生讲读诗句。读到“小扣柴扉久不开”这一句时，老师不经意地踱到那个迟到学生的身旁，用手轻轻地摸摸那孩子的头，问学生：诗人外出访友，看到门关着，为什么要“小扣”，而不是“重推”呢？于是学生争着回答：“‘小扣’就是轻轻敲门，这是礼貌。”“诗人知书识礼，行为文明，所以，即使在‘久不开’的情况下，也还是‘小扣’。”……这时，教师一面肯定了同学们的分析，一面亲切地问那迟到的孩子：“现在，你懂得‘小扣柴扉久不开’的含义了吗？”这一问，使整个课堂发出会心的微笑，那个退到的学生也红着脸，诚恳地点头①。

【评析】

如果这位老师对迟到闯入者大声训斥，或冷嘲热讽，不仅会破坏了整个课堂气氛，而且迟到者也会因“面子”受伤而无心听课。“知学生者老师也”，这位教师没有粗暴对待学生的不良行为，而是若无其事地继续讲课，在读到“小扣”句时却巧妙地结合诗句内容因势利导，精心点化，以婉转、幽默的方式批评了迟到者。学生们在会心的笑声中学到了知识，获得了教益，懂得了尊重，可谓是一石三鸟。

## 运用与训练

1. 欣赏下面教学片段，说说李吉林老师具有什么样的教学口语风格？哪些地方集中体现出她的这种教学口语风格？

**《小小的船》课堂教学实录（节选）**

师：老师看出来了，小朋友很喜欢这首诗，对吗？李老师也喜欢读，你们听我读课文。（出示放大课文的黑板）

师：（指着板书的课文）课文第一句就写了月儿，是什么样的月儿，你们看月

① 周一贯．阅读课堂教学设计论［M］．宁波：宁波出版社，200076-77

儿怎么样可爱？

生：这月儿弯弯的，像一条香蕉。

生：这月儿小小的，两头尖尖的。生：这月儿像小船，也像镰刀。

师：这儿用了两个"弯"字，"弯弯的月儿"，你们觉得这月儿怎么样？（引导体会语感）"弯的月儿""弯弯的月儿"比比看。

生：用了两个"弯"字，觉得这月儿弯得要命。

生：不是弯得要命，是弯的好看。

生：我觉得这月儿弯得可爱。

师："弯弯的"表示很弯，弯得很可爱，谁能举个例子？

生：我知道，弯弯的小路。

生：（神往地）还有弯弯的小河。（老师进一步启发）

师：那么这弯弯的月儿像什么呢？

生：这弯弯的月儿像小小的船。

师：对。"小船""小小的船"比比看哪种小？

生：小小的船比小船更小，就是很小很小的船。（出示小黑板，上面写着）

小船，很小的船，

小小的船，小小的船，

小朋友们读读比比。

师：说得很好。很小的船，小小的船，意思一样。但你觉得哪一种可爱？

生：我觉得小小的船可爱。

师：现在有哪个小朋友懂得"弯弯的月儿小小的船"这当中加上一个什么字，就可以把这句话联系起来？

生：加一个"像"字。

生：就是"弯弯的月儿像小小的船"。

师：对！第一句就是这个意思。大家一起读一遍。（齐读）弯弯的月儿像小小的船。

师：请哪个小朋友把一、二两句读一下？

生：弯弯的月儿，小小的船，小小的船两头尖。

师：要读出月儿的可爱。你们听："弯——弯的月儿，小——小的船，小小的船两头尖。"小船两头尖尖的，多有趣。"尖"不能使劲，声音稍微提高一点，轻轻读，你们一起读读看。

生：（齐读）弯——弯的月儿，小——小的船，小——小的船两头尖。

师：（顺着学生的思路启发）课文中的小朋友，看着弯弯的月儿，为什么觉得像小船，而香蕉只好吃，不好坐。

生：小船就可以坐上去了。像香蕉不像镰刀呢？他想做什么？

生：老师，我知道了，香。

师：小朋友讲得真好，那你看看这弯弯的月儿，想不想上去？

生：（神往地）想！

师：（描述）如果现在正是夜晚，你坐在院子里抬头看着蓝天，蓝天上有星星又有月亮。你看着这弯弯的月儿，觉得它多像一只小船，你们听着琴声（弹《小小的船》曲子）。

师：你们可以眯眯眼，听着，看哪些小朋友想着好像飞上蓝天，坐在月亮上了。

（"小小的船"乐曲在教室里回荡，听着李老师弹的乐曲，小朋友们都入了神，有的果真眯上了眼睛，显得十分甜蜜。）

师：哪些小朋友觉得自己好像飞上了月亮？

生：我飞上去了。

生：我也飞上去了。

生：我好像身子变轻了。

生：我好像腿变长了，好像坐在弯弯月亮上了。

（教室里气氛热烈。学生一个个兴致勃勃。老师也显得很兴奋，把一个小朋友剪影放在月亮上。）

师：（指着坐在月亮上的小朋友）好，现在你们已经飞上了蓝天，坐在了小船里。你们睁大眼睛看看，在月亮上看到些什么？让我们轻轻地唱起来。

（乐曲伴随着小朋友们的歌声）

师：现在你已经坐在月亮上，你看见了什么？

（出示"我看见"句式，凭借情境进行句子训练）

生：我看见星星。

生：我看见北斗星。

生：我看见人造卫星。

生：我看见许多星星向我眨眼睛。

师：星星那么亮，向我们眨眼睛，这可以说是什么样的星星？

生：这叫闪闪的星星。

师：对。闪闪就是一闪一闪。你们看——

（老师走近教学挂图，启动教学挂图上的控制键，图上的星星一闪一闪）

师：你坐在月亮上，向下就看见地球，抬头看，除了看到星星还看到什么？

生：我还看见蓝蓝的天。

师：蓝蓝的天，我们每天都看见，谁能用"蓝蓝的天"说一句话？可以说蓝蓝的天上有什么，也可以说我在蓝蓝的天上做什么，想想看，看谁说得好？（紧密结合情境，进行语言训练，进一步启发他们积极思考，展开想象的翅膀。）

生：蓝蓝的天上有弯弯的月儿。

生：蓝蓝的天上有星星一闪一闪的。

生：蓝蓝的天上有一朵一朵的白云。

生：小鸟飞上了蓝蓝的天空。

生：我坐上飞机，就飞上了蓝蓝的天。

生：我将来要坐上宇宙飞船，在蓝蓝的天上给老师打电话。

师：小朋友学得很好，现在我们一起读课文。男女生轮流读①。

2. 反复阅读下面文章，用你喜欢的教学口语风格设计得体的教学语言，对象是三年级的小学生。并在小组内试讲、讨论。

### 书

喻丽清

看完就抛开，走出书房。

假如它所说的正是你所想的，那是好书。

假如你的意见和它恰恰相反，别理它那密密麻麻的铅字。你总要对自己有点信心吧？

一本书，带你进入一个美好的世界。一本书给你一幅画的感觉，那还有什么好神游的？

书只是书，汲取来的智慧与学识才是你的。

书只是书，走出书在大自然里发现另一本无形的书，你才真懂得了书。

不一定人人要著书，但必定人人要看书。

书，使你看不曾看的、听不曾听的、想不曾想的。但书不是神明，不要崇拜且不可迷信。

书，使灵性升华。

而大自然尤其是一本好书。

你看：山雨来，溪云升，青山之上，有亭翼然，不是诗词吗？你听：松风竹韵，海涛，蛙鸣，蝉声草嗽，不是歌赋吗？

你想：朝烟，夕岚，弄风研露，不是科学吗？

尽是书，不如无书。

且读书与大自然打成一片。看完就抛开，走出书房②。

3. 下面是一位老师的一个教学经历，请根据提示进行设计，并在小组交流。

一位优秀教师在执教古诗的观摩课上，学生练习朗读《夜宿山寺》，一个学生把“不敢高声语，恐惊天上人”这两句读得非常响亮高昂；另一个却读得低沉

---

① 陈国雄，崔峦．全国小学语文特级教师课堂教学艺术集萃[M]．济南：山东教育出版社，1992：299-302.

② 潘克勤，林纪华．小学语文必备精读诗文选（三年级）[M]．南京：江苏文艺出版社，2000：26-27.

轻缓。当问及他们为什么这样读时,他们都据理加以解释。这是两种截然相反的理解,是教师始料不及的,若按常规思路判断,必须是肯定一个,否定一个。但是,教师突然意识到两人说得都在理,一个是从自身感受而言,一个是从诗的感情而言,各自考虑问题的角度不同,讲得都有道理,便大胆予以肯定,还做了精彩的点评,博得学生和听课教师的一片喝彩①。

(1)两位学生是怎样解释的?(2)老师是如何点评的?

4."如此启发":

一位小学教师在讲"天花板"这个词时,向学生提问:"你头上是什么?"

答:"头发。"

问:"头发上面呢?"

答:"是帽子。"

这时老师有些急了,厉声问道:"帽子上面是什么?"

这个自以为答得不错的学生看到老师动怒,又惊又怕地伸手一摸帽顶,摸到一个小洞,便答道:"老鼠咬的窟窿。"结果惹得哄堂大笑。

这位老师哪里出了毛病?对"天花板"这个问题,用哪种风格的语言就可以解决?

## 第三节　教育口语风格

教育口语风格,是指教师根据德育任务,在有目的地对学生进行思想品德教育的过程中,运用口语而逐步形成的相对稳定的言语格调。教师承担教书育人的伟大使命,所以养成良好的教育口语风格是十分必要的。根据教育口语的特点,我们把教育口语风格大致归纳为以下六种类型。

### 一、循循善诱,耐心启发

这种风格的言语特点是富有启发性、劝导性,教师善于把握情景,创设问题,巧作铺垫,有步骤地、耐心细致地诱导学生,语言不空泛生硬,而是亲切温和,语重心长,晓之以理,重在启发学生的自觉自律意识,树立健康进取的人生观。

【示例】

看了小品表演,同学们深受教育,认识到了乱扔脏物的危害性,我相信今后





① 周一贯.阅读课堂教学设计论[M].宁波:宁波出版社,2000:27.

同学们会爱校如家，以实际行动为班级和学校争光。实际上，地球是我们人类赖以生存的共同空间，我们应该用心爱护人类的大家园，不让其受到污染，不论何时何地，都应讲文明、讲卫生，不光自己要做到讲卫生，还要督促别人也讲卫生。公共卫生，人人有责，希望人人都争当一名出色的卫生监督员①。

【示例】

同学们，“小红花”到我们同学中找朋友了，你们愿意和“小红花”交朋友吗？可“小红花”只和守纪律的同学做朋友，谁是守纪律的学生，老师就把这朵小红花送给谁，好吗？同学们，请先听一首歌，思考怎样做才是守纪律的学生。

怎样才算守纪律的学生，歌中是怎么说的？

我们向班里守纪律、和小红花交上朋友的同学鼓掌（鼓掌声响起）！希望你们继续努力，能带动全班同学遵守纪律，争当好学生。老师盼望大家都和小红花交朋友，而且做永远的朋友②！

【评析】

以上两例中老师对小学生日常行为规范的培养都很注意方法，从小学生演小品、做游戏开始，创设情景，生动有趣，语调亲切，语意明确，孩子的自主意识得到增强，孩子在愉悦中不知不觉地受到良好的教化。

## 二、宽容诚恳，平等友善

教师话语氛围真诚友好，诚信友爱，如春风拂面。这样的老师对学生犯的错误或遭到的失败，不以势压人，不尖锐谴责、讽刺挖苦，不拒人于千里或漠不关心，而是以诚相待，及时与学生一起探讨、分析错误的危害，或共同寻找失败的原因，鼓励引导，做学生的良师益友。比如，学生不小心损坏了实验仪器，老师会说：“不要紧，谁没有失手的时候，下次注意就行；看看，伤着哪儿没有”。注重文明礼貌语的运用，注意说话场合，保护学生自尊，用“请”字开头：“请大家注意安全，排好队去食堂”；“请把书整理好，保持座位的整洁”；“请大家相信他，他一定能改正错误的”。在学生面前讲话，很少用“你们”开头，而是用“我们”或“咱们”，拉近师生间的距离，不“生分”；不用表示谴责色彩很重的句式，如反问句：“你们听不懂啊，你们都给我听好，不要耍什么花样！”“你就不能当心一点，毛手毛脚的？”而是多用设问句，表示愿意和学生一起解决问题：“你这粗心大意的毛病是怎么来的，你自己有没有发现啊？愿意让老师帮助你吗？”

---

① 张爱国，李文衡．学生日常行为规范训导教程（小学版）［M］．武汉：华中理工大学出版社，2001：23-24.

② 张爱国，李文衡．学生日常行为规范训导教程（小学版）［M］．武汉：华中理工大学出版社，2001：38.

【示例】

亚辉在家是个独生子,从小娇生惯养,养成了不爱惜东西、懒惰、不爱劳动的坏习惯。

自从有经验的刘老师当了亚辉的班主任,他有了明显的变化。吃饭不再挑食,值日不再偷懒,对学习用具和衣物也知道爱惜。大人们看到亚辉一天天懂事起来,打心眼儿里高兴。

一天,妈妈到学校来接亚辉,看到他正在用自己的新帽子擦桌子,生气地把他拉到刘老师面前,责备孩子不该用新帽子擦桌子。刘老师笑着看了看一脸委屈的亚辉,说:"不,应该好好表扬亚辉,该批评的是我!亚辉为了搞好班级卫生,不惜用自己的新帽子擦桌子,这是热爱集体的表现。而我呢,班上的抹布没有了,却未及时补充新的,不应该批评吗?只是,亚辉呀,以后抹布没有了要告诉老师,可不能再用帽子去擦了,新帽子擦了桌子,多可惜呀!"①

【评析】

从这个示例中可以看出刘老师与家长完全不同的教育态度,刘老师不但没有训斥责备,反而还作自我检讨,从自己身上找原因,体现出老师的民主精神。刘老师以诚相待,诚恳温和的话语犹如丝丝春雨,滋润着孩子的心田。

## 三、入木三分,拨云见日

老师具有敏锐的眼光,有较强的抽象思维能力,遵循摆事实说道理的原则,有哲学家的思辨,有演说家的口才;讲话思路严密,条理清晰,说话对症下药,论证有力,切中要害,一针见血;实事求是,客观公平,以理服人,严肃认真,不苟言笑;言语中有一种威慑力,让学生明辨是非,心悦诚服地接受教育。这类口语多用长句、复句。

【示例】

这节课咱不讲书上内容,提出两个比较熟悉的问题,看谁能当堂回答:谁知道咱教学楼前有几棵月季花,有多少小柏树?(大家只是笑,没有一个回答)

谁能说出从一楼上到二楼教室来要走多少个台阶?(同学们你看看我,我看看你,谁也说不清)

你们从幼儿园开始到现在有五年多了,天天来学校,天天在花池边赏花玩耍,每天来教室学习上下过多次楼梯,为什么不知其数呢?因为大家没有有意地注意这些事物,所以才对它们熟视无睹。我们在一定的时间只能注意到少数的事物,同时又使多数事物不被注意。注意到的事物才能在头脑中有所反映,越是被注意的事物,越有清晰和完整的反映;不被注意的事物就不可能有反映。



① 郭启明,赵林森. 教师语言艺术[M]. 北京:语文出版社,1993:203-204.

比如,在课堂上,谁能集中注意地听老师讲课,谁就能清楚老师所讲的内容。像刚才玩磁铁的两名同学,因集中注意力玩磁铁,连老师走到身边都不知道。这就是人在集中注意某一个事物时,对其他事物"视而不见、听而不闻、食而不知其味"的原因。所以,"注意"很重要。学生的头脑要想得到知识的武装,必须集中注意力学习……①

【评析】

老师针对学生上课不能专心听讲、爱做小动作、爱说话的问题,没有像平时那样采用简单的、效果甚微的阻止方法,而是改变策略,心平气和地从正面向学生讲道理。大道理学生自然也不爱听,老师从现实生活出发,先提两个问题难住学生,引起他们的注意,然后条理清晰,逻辑严密地谈"注意"的重要性,鞭辟入里,切中要点,情理相融的话语终于搬开了学生上课不注意的顽石。

## 四、旁敲侧击,幽默含蓄

语言上表现为欲抑先扬,声东击西,正话反说,迂回深入,旁敲侧击,用语讲究委婉而不直露,表达比较细腻,风趣幽默,寓庄于谐,善解人意,委婉曲折,避重就轻。比如班上有学生不专心听课,老师不直接点名批评,而是说"有人现在让自己的思想去旅游了,不在教室里呢""老师看看现在谁最专心听讲,谁最爱动脑筋"等,效果会更好。看见班级里的桌子坏了,不对学生吼"谁搞的破坏?"而是对桌子的主人说:"这桌子真不幸,又遭殃了,你怎么不好好保护它?我把它交给你了,你可要负责啊。"

【示例】

师:古时候,有个人,学习非常刻苦,常常读书到深夜,为了不让自己打瞌睡,就把自己的辫子绑起来系在房梁上,当他瞌睡打盹时辫子就会把他拉醒。他就用这种方法鞭策自己读书。这种刻苦学习的精神多么令人敬佩啊!那么我们应该怎样以实际行动向他学习呢?是不是也要把辫子绑起来系到梁上?(台下笑)如果是这样,那只有女生才能向他学习了,因为我们男同学没辫子。(台下笑)大家既然能够认识到这种效法古人的做法是可笑的,就不能再做出类似的蠢事了。

生:老师,我明白了您的意思,不该在桌上刻"早"字。

师:能认识到自己的错误就好,你能再谈谈你这样做的危害吗?

生:如果我在桌上刻"早"字,别的同学也刻,全班同学都刻的话,那我们的课桌都会受到破坏。

师:是啊,学习鲁迅,我们学习他刻苦学习的精神,要把"早"字铭刻在心里。



① 郭启明,赵林森. 教师语言艺术[M]. 北京:语文出版社,1993:256-257.

只有这样才能像鲁迅那样“时时早，事事早”①。

【评析】

这位老师看到学生学了《三味书屋》后，效仿鲁迅在桌上刻“早”字，强行阻止，学生会想不通；不阻止，恐怕班里的课桌都会遭殃，怎么办？老师抓住学生爱听故事的心理，决定回避正面交锋，以一个古代故事“头悬梁”入题进行引导教育，语言不失风趣幽默，且针对性强，学生很快理解老师的一片苦心，并认识到了自己错误的严重性。

### 五、激情满怀，感召鼓励

这种风格是秀口生风，声情并茂，神形兼备，铿锵有力，激情满怀，话语中热情奔放之气势常常激荡学生的心灵，具有很强的鼓动性。学生在老师的感召下，在困难面前不低头，在曲折面前不徘徊，“在鼓励中学会自信，在表扬中学会感激，在认可中学会自爱，在分享中学会慷慨”，让学生在健康快乐中，在自信奋进中茁壮成长。

【示例】

同学们，此时此刻，老师和大家一样沉浸在胜利的喜悦中，我们班终于突破了校运动会上“零”的记录，老师为你们感到骄傲，你们是好样的！我们要表扬为班级赢得宝贵分数、赢得荣誉的两位小闯将，他们不畏强手，勇于拼搏，一次次挺起胸膛冲破了终点线，我相信那激动人心的一瞬间都已深深刻入咱们四(6)班每一名同学的心中，我提议用最热烈的掌声向他们表示祝贺和感谢！

我要感谢参加后勤服务的同学们，你们的体贴关心，每一次热情的搀扶，每一块甜甜的巧克力，使运动员们始终保持着昂扬的斗志；我要感谢我们班的宣传员们，你们一篇篇热情洋溢的广播稿鼓舞着运动员的士气，你们的每一声加油都是运动员的兴奋剂。感谢全班同学。从这次运动会上，我看到了全班同学积极进取的拼劲，团结互助的友情，希望同学们把这种精神带到我们的学习中来，带到我们的日常生活中来，让我们共同努力！

【评析】

这位老师不吝其热情与话语，充分肯定学生们在运动会上的出色表现。这个班级就像一列刚启动的列车，第一次呼啸而过赢得荣誉，作为他们的班主任，深知这胜利在同学们心目中的分量。她更希望这种成功的体验能久远地留在学生的心中，并能把这种拼搏精神辐射到其他方面，能更好地建设班级，更好地促进学生的健康成长，所以她给予了浓墨重彩、大张旗鼓的表扬。

① 郭启明，赵林森．教师语言艺术[M]．北京：语文出版社，1993：274-275.

## 运用与训练



1. 在以培养学生创新能力为主题的班会课上，老师做了热情洋溢的发言。请分析这段教育口语的风格特点。

**明天需要我们去创造**

大科学家爱因斯坦说得好："想象力比知识更重要。因为知识是有限的，而想象力概括着世界上的一切，推动着进步，并且是知识进化的源泉。"历史上许多伟大的发明，都来自人的大胆想象。一个奇思妙想的产生，需要我们张开想象的翅膀，打破原有的模式，学会组合，学会重构。可以改变它。例如把两辆汽车架在一起，成为双层公共汽车；可以代替它，例如用小球代替钢笔尖，产生圆珠笔；可以重组它，就像把耳机和收音机组合在一起，成为随身听……

只要我们肯动脑筋，敢实践，人人都会有所发明，有所创造。

同学们，听了你们的畅想，我深深地感到，同学们身上蕴藏着丰富的创造力，请同学们把这些想法记录下来。虽然有些想法目前不一定具有实际意义，只要我们拥有创新的意识和愿望，就会有所发现，有所创造。因为所有的发明创造都源于改变现状的愿望。爱迪生说："天才就是百分之一的灵感加上百分之九十九的汗水。"只要我们坚持不懈地努力，我们就会成为创造发明的主人①。

2. 初一(5)班的班委由竞选演说同学投票产生，这次改选没想到几名最可能胜出的同学都落选了，他们中女生难过得流泪，男生则默默无语，很消沉。你这个班主任准备怎么开导他们：

(1)"循循善诱，耐心启发"型：________________

(2)"激情满怀，感召鼓励"型：________________

3. 如今许多学生爱上了网络，是好事，但更有让老师头痛的事，因为一些学生"网虫"已到了夜不归宿、学业荒废的地步了。我们怎么劝诫呢？

(1)"入木三分，拨云见日"型：________________

(2)"旁敲侧击，幽默含蓄"型：________________

4. 秦岭老师到宿舍去看望学生，学生们看到他便纷纷起立，并热情地叫他，冷不防一名学生却直呼了他的名字，大家都愣住了。

(1)"宽容诚恳，平等友善"型：________________

(2)"旁敲侧击，幽默含蓄"型：________________

5. 讲故事是增强说服力常用的方法，比如培养学生刻苦钻研勤奋好学的品格，我们可以有许许多多古今中外的生动活泼的故事奉献给学生，请用故事导



① 张爱国，李文衡. 学生日常行为规范训导教程(小学版)[M]. 武汉：华中理工大学出版社，2000：326.

入法教育学生，说给全班同学听。

6. 如此表扬

杨立同学在全市英语口语比赛中获得了小学高年级组第一名的好成绩，英语老师喜笑颜开，对杨立可谓是呵护备至，赞美不止。你听：

杨立，你是最优秀的，没有人能比得过你。大家都要向他学习，不要不服气，要不也拿个第一名回来看看。你们没看到，他在比赛现场发挥得是多么出色，简直是美妙绝伦，那老外评委竖着大拇指直说"固得""固得"。我看你们当中有些人到那儿别说讲不好，恐怕还要成个"抖鬼"呢。要学好英语就一定要经历大场面，要不然怎么能走出国门跟老外打交道啊。杨立，老师就指望你了，一定要努力努力再努力啊！那个老外教练说什么来着："态度决定一切。"就看你的态度了，你可不能是昙花一现啊。

英语老师的表扬让人听了不舒服，毛病出在什么地方？

7. 学生不爱听老师如此说，为什么，应该怎样说才好？

(1)像你们这样学习，长大了能干什么？扫大街吧！

(2)我怎么教到你们这种班！是我教到的最差的一个班！

(3)真笨，你要做出这道题，除非太阳从西边出来。

(4)你再不改过的话，叫你父母来。

# 第三编　口才与口才学

# 第十三章 口才学原理

金钱、电脑、舌头被称为21世纪的三大法宝，这里的舌头即口才。口才是一项技术，也是一门艺术。现代社会是一个繁忙的社会，具有口才的人，必然是现代社会中的活跃人物。能干的领导人和大企业家，必定要具备这技术或艺术，律师、教师、演员、推销员等，也都是侧重于口才的。而口才涉及的内容和构成要素比较多，对这些内容和构成要素进行系统的分析和研究，便构成了口才学的体系。

## 第一节 口才与口才学

### 一、口才的含义与分类

(一)口才的含义

口才是一门语言艺术，是一种口语使用的能力，是用口语表达思想感情的一种巧妙的形式，是个人综合能力的体现。

对大多数人而言，一想到口才就会想到妙语连珠、口吐莲花的情形，其实口才并不完全如此。诚然，机智风趣的谈吐风格是许多人追求的境界，但用通俗易懂的口语方式完整恰当地表达自己的思想感情才是口才运用中的常态。在许多场合下，你只需要真实地展现自己，如果非要把彰显口才放在第一位，很可能就会画蛇添足、弄巧成拙。

口才学是探讨和研究人们在社会交际活动中口语表达规律的人文学科。近年来，由于重视程度的增加和研究队伍的壮大，口才学逐渐演变成为一门显学。

口才学主要是研究口才运用过程中的人、环境和语言等三方面问题，自然属于理论范畴，但它的研究对象主要是口才运用，而且最终目的也是运用。这也就要求我们在学习时，既要强化理论学习，又要敢于张口，在说的过程中学会更好地说。

（二）口才的分类

生活当中无处不涉及口才，一般来说，我们通常把口才分为朗读、朗诵、说话、演讲、辩论。其中说话、演讲、辩论是口才活动的主要表现形式

若再细分的话，可以分为社交口才、生活口才、事业口才、办事口才等等，不一而论。

但在生活中，我们常常见到一些人口若悬河、滔滔不绝，但要不内容下流、情调低俗，要不颠三倒四、废话连篇，要不强词夺理、打击报复，要不阿谀奉承、溜须拍马。的确，他们很能说，但他们所说的只能引起人们反感甚至厌恶。真正的口才在于四两拨千斤，贵精而不贵多，而且既不能在态度上趾高气扬，也不能在人格上低人一等。

【案例分析】

有一次，有位外交官偶然看见林肯总统在擦自己的靴子，便别有用心地说："呵呵，总统先生，你经常擦自己的靴子吗?"面对这句显然具有讽刺意味的问话，林肯不动声色地回答："是啊，那你经常擦谁的靴子呢?"

简简单单的一句话，让那位外交官哑口无言。虽然语气平和，但其中包含着无穷的智慧和巨大的反击力量。

总之，口才是一门艺术，是一门包含智慧、知识和口语技能的综合艺术。古人所云"一言可以兴邦，一言可以丧邦""一人之辩，重于九鼎之宝；三寸之舌，强于百万之师"，都是在肯定这门艺术的巨大威力。

## 二、口才的作用

若仅从"兴邦""丧邦""九鼎之宝"和"百万之师"的角度来谈论口才的重要性，可能显得与我们的日常生活和个人有些遥远，那么，我们就从个人的角度来分析口才的作用。

（一）在交际中，口才是润滑剂

在人际交往中，我们往往不愿见到这样的场面：大家遇到一起却无话可说，或者少数人云里雾里瞎说一气，而绝大多数人心不在焉。其主要原因是没有共同话题。中国人见面常问"你吃过没有"，西方人见面常说"今天的天气真不错"，说法虽然不同，但说话人无非都是在主动寻求交谈的契合点，使得交流顺利往下发展。

【案例分析】

一次舞会上，一位先生看到一位女士在一个角落里无聊地坐着，便凑上前去。先生说："小姐，请你跳支舞吧！"女士冷冷地说："没兴趣！"先生又说："对今晚的舞会你感觉怎么样?"女士又冷冷地说："还行！"这位先生料定这样交流肯定是失败的，于是就改变了策略："这次奥斯卡电影颁奖典礼看了没，那位来

自法国的最佳女主角可真是不简单，经历真是传奇……”说到这里，那位女士扑哧一笑，说：“拜托，人家是来自南非的。”先生故作不懂：“不会吧，非洲不都是黑人吗？”这时女士早已收起冷冷的表情，绘声绘色地为他分析起世界各地的风土人情来。

刚开始，那位男士虽然主动谈话，但由于女士兴趣不大，因而刚开始的试探是以失败告终的。不过接下来，男士改变策略，故意犯错，给对方以说话的机会，并在对方说话的同时寻找到契合点。这样，交流自然就能在轻松愉快的气氛中进行了。

再譬如说，有人送你一只花瓶，你主动说一句感谢话自然是必需的，但道谢的同时，如果真诚地对花瓶加以称赞——“这花瓶的式样很好，摆在我的书桌上是再合适不过了”——那么，他听起来一定会更加高兴。因为你的称赞隐寓对方的眼光是高明的，选择是恰当的。

（二）在工作上，口才是推进剂

工作中，拥有好的口才等于拥有了良好的人际关系，等于拥有了战胜困难的利剑，也等于拥有了打开成功之门的钥匙。比如说好口才可能让你获得更多的展示和被认可的机会，面对困难时，你可以利用语言的武器变被动为主动，从容面对一切挑战。

【案例分析】

赵老师55岁了，最近刚接了个新班。这个班的学生学习非常用功，但对宿舍和教室卫生不够重视。一天晚自习，赵老师来到班上，由于她刚洗过脸，搽了点雪花膏，一进门便有一股淡淡的香气飘进教室。前排的女生立即叽叽喳喳：“赵老师多大年纪啦？还搽得香喷喷的？”赵老师一听，忙接过话茬：

“老师芳龄55啦！你们别看我一脸的皱纹，我还挺爱美的！这不，晚上洗过脸，我还搽点雪花膏呢。”话一出口，学生们乐了。赵老师来个趁热打铁，把话题从爱美之心对心理健康的作用，顺势转到环境之美对学习、生活及精神面貌的作用上来，直说得学生点头称是。从那以后，在教室、宿舍乱抛纸屑、果壳的人少了，值日的同学对值日工作比以前重视多了。

由于赵老师开了个好头，也一下子缩短了师生间的距离，让学生感到老师不但可敬，而且可亲、可爱，接下来赵老师有关美的阐述便自然而然地得到了学生的认可，也达到了教育的目的。如果赵老师一开始就板着面孔训斥大家，其结果是可想而知的。赵老师口才成功的事例告诉我们，在运用口才的过程中，构造一种愉快和谐的氛围，往往能收到“话”半功倍的效果。

【案例分析】

1999年，在法国戛纳电影节上，在国际上曾多次获奖的张艺谋因《一个都不能少》未能入围而毅然退出了电影节，陈凯歌则凭借《荆轲刺秦王》荣获“最佳艺术贡献奖"。陈凯歌载誉归来时,接受了记者的采访。当记者问及他如何评价张艺谋退出电影节以及如何看待《一个都不能少》在国内票房不佳时,陈凯歌说:艺谋以往的片子屡次在国外获奖,那是他多年来对艺术无私奉献的回报,也为中国争了光。这次他退出戛纳,自有他的想法和道理,你完全可以当面问他以求得明确的答案。但有一点我可以明白地告诉你:一部片子的票房成败说明不了什么。艺谋过去拍了不少优秀的片子,我相信他今后的片子,肯定还能在国际上获奖。

这段话平实中见真情,简练中寓深刻:对朋友的成就给予了中肯的评价,不打击报复;对朋友当前的处境予以理解,不妄加评论;对朋友的未来更是无比坚信,不冷嘲热讽。如此口才,既面面俱到,又抓住重点,既朴实无华,又不失真挚巧妙。如果陈凯歌对张艺谋退出一事大谈特谈,对《一个都不能少》票房不佳大论特论,便极可能影响到与张艺谋的关系,也影响到陈凯歌在人们心目中的形象。

(三)在生活中,口才是调味剂

常言道:"良言一句三冬暖,恶语伤人六月寒。"事业的成败与否,往往取决于某一次谈话;生活的幸福与否,也往往取决于某一次谈话,特别是在恋爱方面、家庭内部、朋友之间,口才运用就显得尤为重要。

【案例分析】

从前有个叫刘大的做寿,特地邀请好友张三、李四、王五和赵六来家吃饭。快开饭了,赵六还没来。刘大急了,自言自语地说:"唉,该来的还不来。"张三听了,心想我可能是不该来的。于是,拍拍屁股扬长而去。刘大一见张三莫名其妙地走了,着急地说:"唉,不该走的又走了。"此话被李四听到了,心想我大概是该走的。于是,李四也拂袖而去。王五见此情景,便劝刘大:"老兄,你说话可要注意啊!"刘大双手一摊,对王五说:"其实,我不是说他俩。"王五听了,心想不是说他俩,那就是说我的,叹了一口气,一转身也走了。刘大至此也不明究竟,吃惊地说:"啊!怎么都走了呢?"

也许从本意上来看,刘大不一定是把矛头指向了张三、李四、王五,但说者无心,听者有意,三位朋友一个个地离开了刘大的家。原因很简单,刘大未能考虑到当时具体的语境,在表达思想感情时产生了歧义,出现误解,直到朋友全部走光他也愣是没明白是怎么回事。

其实现实生活中因不当言辞而影响到彼此情感的事例真是不胜枚举,下面的这则小故事可能对我们有些启发。

【案例分析】

有甲乙两个猎人,各打到两只野兔回来。

甲的妻子看到丈夫回来,冷冰冰地说:"只打到两只吗?"甲猎人心中不悦,心里埋怨道:“你以为很容易打到吗?”第二天故意空手回来,好让妻子知道打猎不是她想象的那么容易。

乙猎人所遇到的恰恰相反,他的妻子看见他带回来两只野兔,就欢天喜地地说:“你真了不起,竟然打了两只野兔!”乙猎人听了心中暗喜。他高兴而又带点自傲地回答妻子:“两只算得了什么。”第二天他竟然打回来四只野兔。

面对同样的情形,两位妻子的话明显不同,前者不满,后者夸赞,因此第二天产生了截然不同的效果:甲猎人故意空手而归,乙猎人则大受鼓舞,打回四只野兔。其实从能力上来说,甲乙两位猎人可能是相当的,但从口才上来说,两位妻子的水平还是有相当差距的。

在现代社会中,是否能说,是否会说,以及与口才相关知识能力的多寡,在很大程度上影响着一个人的前途。口才对于21世纪的我们而言,已然成为一种必不可少的能力和基本素质,只有拥有良好的口才,并且懂得适时地运用,我们才会更加顺利地走向成功。

## 三、口才的使用原则和要求

口才的使用原则有两个层面:第一个层面是指完整恰当地表达思想感情;第二个层面是指熟练运用各种技巧,并形成自己的特色。但无论如何,明确得体始终是口才运用的基本原则。

口才的展现并不仅仅限于说出话来的一刹那,它还包括从参与语境开始的观察、分析、揣摩、调整等一系列行为,因而我们学习口才绝不能停留在背熟几句话的层面上,而是要利用语境达到能说会说的高度。

### (一)练口才,应做观察家

敏锐的观察力,是深刻认识事物的前提和根本保证。因此,你不必急着张口,也更不必一股脑儿地倾泻出来,你需要的是冷静敏锐的观察,分析一下哪些该说,哪些不该说,什么时候该说,什么时候不该说。只有这样,我们对现场发生的一切才可能保持清醒的头脑。

比如小李在一次演讲比赛中抽到10号签,签位不错,但9号选手的观点和他的几乎完全一样,而且取得了良好的现场效果。在此情形下,他没有慌乱,而是抓住这一有利契机,用另一种方式强调了自己的观点,从而让现场效果得以延续,也取得了不错的成绩。

小王在上班的路上得知自己买的彩票了中了奖,他一路小跑,来到办公室,大声地向大家宣告这一喜事。但没想到上级领导正在他们办公室视察工作,一下子小王尴尬得说不出话来。小王的出发点本没错,和同事分享自己的喜悦很正常,但他没有认真观察当时的情形,选择了在错误的时间、在错误的地方讲了一句错误的话。

另外,我们常常遇到这样的情形:自己的谈话对方(大家)并不是特别感兴趣。怎么得知的？观察出来的！比如对方总是不停地看表或哈欠连天，说明我们说得不精彩，他已经不耐烦了。如果这一点观察能力都没有，那么想练就绝佳的口才简直是无法想象的。



（二）练口才，应做分析家

观察到了，我们更要分析怎么了，以及怎么做，因此仅仅能观察到还是不够的，我们还应具备严密的思维能力，懂得怎样分析、判断和推理。这样说出话来才能滴水不漏，有条有理，才能收到良好的效果。良好的分析能力是我们拥有口才、取得成功的关键素质。

《烛之武退秦师》中记载，在秦晋合围郑国的生死关头，烛之武身负重任，在秦穆公面前仔细地分析了当时的局势：一、郑国在秦晋夹击之下必亡；二、秦郑距离遥远，灭郑以后只会让晋国得利，而秦国无任何好处；三、如果保存郑国，以后"行李之往来，共其乏困"，可以说对秦国有百利而无一害。如此透彻的分析，怎能不让欲图称霸的秦穆公动心？最后，秦穆公撤回了进攻郑国的军队。

【案例分析】

在一次大学某班迎新会上，30名同学一一说了说进校感言，其中不乏精彩之处，而且所涉及的内容已经比较全面，再想推陈出新难度非常大。最关键的是时候已经不早，有些人明显有了躁动情绪。最后一名同学在冷静观察和缜密分析之后，声情并茂地说："多才多能的各位已把我想说的都说到了，而且说得精彩纷呈，我就斗胆再加八个字——好好学习，前途无量。"此后，"好好学习，前途无量"也成了该班的班训。

这名同学的成功与他的观察和分析是分不开的，如果他不顾现场情况，把原先准备好的材料宣读出来，可能就没有他的八字班训了。

（三）练口才，应成为心理学家

拥有良好的心理素质，是练就绝佳口才的必要条件。英国前首相丘吉尔说过："一个人可以面对多少人，就代表这个人的人生成就有多大。"这里套用一下：一个人可以面对多少人发言，就代表这个人成才的机会有多大。面对很多人发言，特别是关系到自己的前途和未来时，没有较好的心理素质和心理调节能力是不够的。有人在熟人面前滔滔不绝、口若悬河，但面对上级、师长、异性和陌生人时就面红耳赤、不知所云了；特别是在面对突发事件时，很多人不知所措，干脆就选择放弃。

【案例分析】

在一次演讲比赛上，一名选手在登台时不小心摔了一跤，全场哄堂大笑。当时他也是面红耳赤，但很快就调整了情绪，来到话筒前，简单问候以后就开始了正题："各位老师，各位同学，刚才登台时我重重摔了一跤；有人问我疼不疼，我说非常疼；有人问我丢人不丢人，我说不丢人，因为，我又站起来了！人生路上多少崎岖坎坷啊，摔跟头那是常有的事，如果因为疼和怕丢人就让我们那么一辈子趴着，你愿意吗？今天我给大家带来的演讲是'跌倒了，站起来'……"

这名选手没有因为突发事件而自乱阵脚，而是很快调整情绪，并以此次事件为引子，很好地引出了演讲主题。在摔跟头的事实面前，在当时的骚乱情形下，他大胆地说出："我说不丢人，因为，我又站起来了！"而且后半部分发人深省地问全场："那么一辈子趴着，你愿意吗？"变骚动为互动，变被动为主动，没有相当好的心理调节能力是根本做不到的。也许他原先准备的讲稿题目并不是"跌倒了，站起来"，但在此后的演讲过程中，适当加入即兴的成分，尽量与主题保持一致，取得本次演讲的成功还是很有可能的。

另外，我们也不能光顾着自己，有的时候我们还需要站在对方的立场上，研究对方的心理，把握对方的心理起伏变化和说话的情境，营造有利于本方的交流氛围。以上所说的烛之武退秦师一例，也能说明烛之武是在洞察了秦穆公的野心之后，联系实际，晓之以理，动之以情，诱之以利，从而取得了这次外交活动的成功。

【案例分析】

有一年春节前夕，著名表演艺术家赵丽蓉接到《中国妇女报》记者张学珍要求采访的电话。当时赵丽蓉正忙于春节联欢晚会节目的排演，再加上身体状况也不好，确实没时间也没精力接受采访，于是在电话里说："原来是张学良的妹妹要采访我呀，我哪敢不接！只是现在正赶排春节晚会节目，没有时间啊！春节以后再说，好吗？"记者心情愉快地放弃了采访，连声道扰。

赵丽蓉可以说是很好地把握了对方的心理，并利用对方的姓名幽上一默，营造了轻松、亲切的交谈氛围。"我哪敢不接"既表示对张学珍的尊重，又为下文的转折蓄势张本，紧接着就是坦诚相告，最后还留有"春节以后再说"的余地，并以"好吗"这种商量的口气给足了对方面子。赵丽蓉深知对方急于采访的心理，如果一上来就是"我不认识你，我很忙，没时间，别再来烦我了"，意思是明了，但后果就难以预料了。赵老师的高明之处就在于她很好地弥合了对方在遭拒以后的心理落差，使对方很愉快地放弃了采访。

(四)练口才，必须成为语言学家

有流畅的表达能力，间接来说，知识渊博，话才能说得有声有色、生动通顺。

因为口语使用不等同于书面语，在使用过程中我们很难做到字字推敲，在完全投入的时候一些习惯性的短语会不自觉地出现，也就是我们常说的口头禅。偶尔出现对口语交际不会产生太大的影响，但如果太多那就变成累赘，如果出现粗口特别可能引起别人的误解，或出现伤害的言辞那就可能变成灾难。生活当中的例子比比皆是，如有的人说话总喜欢用"这个""那个""那么""然后”;有的人喜欢每句话后面用“嗯”“啊”,让人听起来很不是滋味。也有少数人经常使用“老子我”“你他妈的”等让人不忍卒听的粗口却不以为然,其结果极有可能导致人际关系的疏远,要是在上司面前也依然使用,后果如何自然是可想而知的。

另外,尽量锻炼你的幽默能力,因为幽默是当今社会人们从事人际交往的重要资本。关于什么是幽默,历来争论较多。苏联美学家奥夫相尼科夫、拉祖姆在共同主编的《简明美学词典》中指出,幽默有两种含义:一种是生活中判明和艺术中再现戏剧性的特征、方面和现象的能力;另一种是通过生活现象局部的缺点,通过人们的性格、外貌和言行举止的某些可笑的特征表现出来的。《辞海》对“幽默”的解释是:“通过影射、讽喻、双关等修辞手法,在善意的微笑中,揭露生活中怪讹和不通情理之处。”因为一方面真正的幽默不仅仅如此,另一方面本书主要是从口才的角度来论述幽默的,所以本书给幽默下了一个全新的定义:幽默是一种在特定的口语环境中,说话人凭借敏捷清晰的思维和语言表达能力,造成或自嘲打趣、或夸奖赞美、或讽刺回击等效果的审美境界。

【案例分析】

有一天德国大作家歌德在魏玛公园的小路上遇到了一个经常与他作对的、傲慢的批评家。这时,批评家昂首叉腰,站在路中央,冲着歌德喊道:“我向来没有给蠢货让路的习惯!”歌德连忙站到一旁,笑容可掬地说:“先生,我和您恰恰相反,请吧!”批评家十分尴尬,进退两难。

针对批评家的傲慢无礼、恶语伤人,歌德并没有和他争论,或者就是不屑与他争论,而是表现出十足的优雅风度。“我和您恰恰相反”这句话表面上是谦让,实际上是就势借词、反唇相讥:“我向来有给蠢货让路的习惯!”以其人之道还治其人之身,巧妙地把蠢货的帽子扣在对方的头上。在当时的口语环境中,歌德凭借敏捷清晰的思维和语言表达能力给对方好好上了一课,幽默风趣,却又不失回击力度,令人拍案叫绝!

【案例分析】

某大学某班的女生正在竞选“班花”这一名号,相貌很一般的小丽走上讲台说:“如果我当选班花,那么再过 10 年,在座的姐妹们就可以向老公们骄傲地说,我上学时比班花还漂亮!”结果她全票当选。

按传统思维来看,长相一般的小丽没有竞选“班花”的条件,但她用幽默的方式抓住了全班女生的“虚荣心”,也因此赢得了她们的选票。

不过值得注意的是,尽管幽默是一种能力,是一种境界,但我们不能为了幽默而幽默,否则给人一种卖弄嘴皮子的印象;也不能把开玩笑甚至是不雅的玩笑当幽默,否则就降低了幽默的层次;更不能把尖酸刻薄、讽刺挖苦当幽默,否则就错误地理解了幽默的内涵。

# 第二节　口语表达的基本知识与技巧

## 一、基本知识

### (一)口语的基本要素

1. 语音

语音包括语调、语气、音量、音长等。它是语言的物质外壳,是语义依附的物质形式。语音在指向具体语义的时候,不是由个人决定的,而是全社会约定俗成的。比如说语气词"啊",从声调上看,它是阴平调,调势平且直;从字义上看,只表示惊疑或赞叹;从语气上看,只有陈述、疑问、祈使、感叹四种类型。但我们通过不同的语调却可以表现出犹豫、坚定、悲哀、兴奋、轻松、淡漠等语气及思想感情和神态形象。如果强行改变,只会造成语义的偏误。

随着推普工作的开展,普通话已经逐步为全社会接受,并成为取得良好的口语表达效果的基本保证。方言,则只能在一个较小的或特定的范围内使用。

2. 词汇

词语是有固定声音和特定意义的最小造句单位,词汇是一种语言中所有词语的总称。口才表达主体要想把话说好、说贴切,充分发挥口语的表现功能,就必须掌握丰富的词汇。既要向书本学习,也要向人民群众学习,并掌握较多的基本词汇、一般词汇、同义词、多义词以及行业用语、格言、谚语、歇后语等,根据不同场合的需要,精心地选用,增强口才的魅力。

3. 流畅度

流畅度是指在口语表达过程中不凝滞、不阻隔,自然委婉,一气呵成。首先,语流通畅是最基本的要求,前言不搭后语、丢三落四的语言表达无法给人带来美感,只会给人留下不好的印象。其次,要符合语法规范,偶然出现搭配不当不会构成太严重的问题,但在短短的一段话中比比皆是,只会让人无所适从。有人说话习惯说半句,有主谓部分,宾语部分却残缺,让人摸不着头脑。

此外还需要注意多使用明晰晓畅的口语,使对方能真正听懂。

(1)书面语中的单音节词在口语里往往要变双音节词,更加具有节奏性。比如,书面语"那时",口语表述时最好转化成"那个时候";书面语"当晚",口语表述时最好转化成"当天晚上"。

(2)文言词变白话词。在口语交流中,适度使用文言词汇也是可以的,但部分文言词汇由于使用频率不高,再加上在面对水平参差不齐的大众时,可能会导致交流受阻。如文言词汇"感喟",在口语中就最好说成"感慨"或者"感叹"

等等。

4. 音色

音色是指有声语言清亮圆润、富有磁性，给人一种心旷神怡的艺术享受。音色既取决于发音器官的先天条件，也有赖于后天的勤加练习。至于发音器官，一般人很难去改变它的构造，但我们还可以通过科学的训练，弥补先天的不足，形成优美的音色。

（二）口语表达特点

1. 同步性

同步性包括说与想的同步性和说与听的同步性。

说与想的同步性是指外部语言表达与内部语言思维是同步进行的，口语表达只是将思维用口语的形式给外化了。这也决定了我们必须有敏捷的语言感应能力、思维想象力、观察应变力和自我控制力。在特定场合下说话者必须好好推敲言辞，说出去的话如同泼出去的水，如果造成不良后果，那就悔之晚矣。也正因为如此，口语可能不像书面语那样严谨规范，在语义表达方面可能存在一定的不完整性。对此我们需要正确对待，既要允许这种现象的存在，又要尽量减少不必要的失误。

说与听的同步性是指在口语交际过程中，有声语言的存在时间极短，而听者为了理解对方语言，就需要在较短的时间内尽可能地记忆和推敲，必要的时候还需要动笔记下或者录音、摄像。

2. 制约性

口语运用过程不是个自编、自导、自演的过程，它需要大众的广泛参与，在表达效果上较多地受到情境的制约。正所谓，见什么人说什么话，到什么山唱什么歌。有些话往往不能对有些人说，在某些场合也不能说某些话。比如阿Q就不喜欢听到和他癞疮疤的有关的词汇，在喜庆的场合就最好不要提到哀伤的事情。比如在演讲的时候，我们不得不考虑到受众的现实状况，选择适合他们的演讲主题，离开他们的积极参与，演讲就不可能取得成功。还比如在说话的时候，宽松、亲切、和谐的氛围有利于大家的发挥，而紧张、沉闷、压抑的环境只会让参与者有一种想逃跑的冲动。

3. 综合性

说同样一句话，有人说出来让人享受，有人说出来让人无法忍受。文字相同，但效果迥异，其根本原因是在口语运用过程中人们又常常会使用不同的技巧，人为地赋予字、词、句以更为丰富的意义。比如，“我恨你”这三个字，如果是咬牙切齿地说出来，那么就极有可能是痛恨了；如果是羞涩地低声地说出，那就恐怕不是恨那么简单了。

由于有声语言具有相对的隐藏性、间接性和无形性，口语表达仅仅依靠有声语言还是不够的，为了增强语言表达的立体性，还需要充分依靠态势语来传情达意，需要利用具体语境来解释特定情感。有时甚至一个眼神、一个动作就能表达非常丰富的含义，可以说这些无声语言也是口语表达中常用的技巧。

4. 简散性

口语用语的简略、结构的松散导致在口语运用过程中多使用短句、省略句、隐含句、脱落句，而且可以随想随说、补说、插说、重复、脱节、填空、时断时续，结构简单松散而不完整。

首先，这是由口语的同步性所决定的。人们常把最急于要说出来的部分或主要的意思先说出来，然后又运用一些重复、补充、插入语进行更改和补充。例如："快过来你们三个。"从语法的角度来看，这句话似乎有些问题，但联系到当时的情境可以看出，说话者的意思是倾向"快过来"的，说完这个短语之后，再补充上让谁过来的问题。

其次，这是由口语的制约性决定的。在某些场合或某些人面前有些话是不便说的，这时就需要使用一些简散的语言。比如，小丽在得知闺中密友离婚的消息时，如果说"你们怎么就离婚了呢"，肯定会触及对方的伤口。此时，她应该尽量避免使用"离婚""分手"之类的词汇，比如可以说"好好的怎么就……"。

再次，这是由口语的综合性决定的。比如，说"你看"这个短语时，指着一幢高楼，然后再说"真高"，对方是完全可以理解的，原因就在于态势语和具体的语境也在支撑着口语的表达。

此外，个人说话的习惯也会导致口语表达的简散性。

## 二、口语表达技巧

从传播学的角度来看，综合熟练地运用各种口语表达技巧，能大大地提高信息交流的价值，能有效地提高传播效率。下面我们就来介绍一下最基本的几种技巧。

### (一) 节奏和语速

1. 节奏

节奏原本是个音乐方面的专业术语，是指在一首歌曲中强弱、长短有规律的乐音周期性出现的现象。不过，在语言表达的时候，也同样存在类似的强弱、长短规律。比如，我们通常称某个人说话节奏性强，某个人的演讲节奏感好等等，即是说这个人的全部声音排列具有规律性，具有美感。口语中这种带有带规律性的能带来美感效应的变化，就叫节奏。

有位意大利的音乐家，他上台不是唱歌，而是把数字有节奏地、有变化地从1数到100，结果倾倒了所有的观众，甚至有的感动得流下了眼泪。可见，有了节奏，语言才是生动的、抑扬顿挫的，否则是呆板的、毫无生趣的。

总体上来说，节奏的存在是为了增强音乐感和形象性。例如在读诵古诗词时,其形象性往往就是伴随节奏性而产生的,如果破坏其潜在的节奏,美感就很难产生。可见,节奏的形成和把握往往具有不可更改性,往往不涉及细节问题,是一种总体的把握。



2. 语速

语速是口语表达时每个音节的长短及音节之间连接的紧松程度。一种是总体上的快慢之分,一种是受情绪和思想内容影响的紧松区别。

前者往往是先天形成和后天影响的共同结果。一般来说,在口语表达过程中,年长的人节奏较慢,年轻的人节奏较快;男性节奏较慢,女性节奏较快;北方人节奏偏慢,南方人节奏偏快。这一部分,由于文化因素根深蒂固,一般很难改变,比如当我们听到一个小孩子学着大人的语速说一段话时,我们的第一反应是不适应,然后就是报之一笑。

而后者是由人的感情决定的,与表达的思想内容和表达方式等有关。

通常情况下,人的平均语速是在220~240音节/分钟的范围内,但人在激动和兴奋时,语速明显偏紧,甚至达到或超过300音节/分钟;在人处于平静和悲伤的状态中时,语速明显偏松,150~180音节/分钟也属正常范围。

在表现热烈、欢快、兴奋和紧张的内容时,语速也明显偏紧;在表现平静、庄重、悲伤、沉重和追忆的内容时,则语速偏松。

叙述、说明和议论往往用中速,阐释抽象事理一般偏松,抒情则视情感倾向而定。

交谈一般用中速,朗读和朗诵偏松,演讲和辩论偏紧。

当然,语速的紧松程度不是一成不变的,它往往受到表达者、内容、情感、表达方式和体裁等多种因素的影响,在区分的时候需要灵活对待。

(二)重音的运用

在口语表达中,为了突出重点、区别词义、表达不同情感而需要对某些特定位置进行重点处理,因而这些位置的音量往往会出现不同程度的改变,这种现象就叫重音。

重音可分为以下两种:

1. 语法重音

语法重音是根据语法结构的特点而进行重点处理的音。这些重读的音节在句子中的位置是约定俗成的,是按语言习惯和语法结构的特点自然划分的,因此,语法重音又常被称作"一般重音"或"自然重音"。

(1)一般情况下,谓语部分常常读作重音。例如:

① 太阳的脸红起来了。

② 他看了看我。



例①的谓语部分"红起来了",例②的谓语部分"看了看我",都是指向主语"怎么样"的,都是说话者需要着意表达的部分,自然需要进行重音处理。

（2）定语和状语部分也常常需要重音处理。例如：

③ 桃红柳绿的村庄……

④ 茶杯被狠狠地摔在地上。

例③的“桃红柳绿”，修饰“村庄”并突出“村庄”的特点，自然要读成重音；例④的“狠狠地”，说明了被摔的状态和程度，最能体现摔茶杯的人当时的心情，读成重音也是毋庸置疑的。

（3）补语也常读成重音。例如：

⑤ 他把杯子洗得干干净净。

⑥ 漓江的水真清啊，清得可以看见江底的沙石。

例⑤“干干净净”，补充说明“洗”的结果，例⑥“真”“可以看见江底的沙石”补充说明“清”的程度，这些位置的重读，都使表意更为明确。

（4）疑问代词和指示代词也通常要重读。例如：

⑦ 小明的幸福在哪啊？

⑧ 这就是我——一个共产党员的自白。

重读例⑦中的“哪”以及例⑧中的“这”和“我”往往能加重语气，以加深听者的印象。

2. 逻辑重音

逻辑重音是为了突出语义重点或为了表达特定感情而重点处理的音。逻辑重音不受语句成分和语法结构的制约，而是根据说话者的特定情感对某些词语进行特殊处理，在句中的位置往往也是不固定的。逻辑重音通常揭示的是语言的潜在意义，在表述过程中需要予以强调，所以又常被称为“强调重音”或“特别重音”。例如，“他明天去上海”这句话，重音位置不同，表意就不尽相同。

⑨ 他明天去上海。（强调谁明天去上海 who）

⑩ 他明天去上海。（强调他什么时候去上海 when）

⑪ 他明天去上海。（强调他明天一定去上海 whether）

⑫ 他明天去上海。（强调他明天去什么地方 where）

针对类似的语句，只有深入体会上下文的逻辑关系，才能准确地把握和理解，而说话人更需要在重音的技巧上下足功夫，才能让对方听明白。比如对方问“明天你去不去上海”，说话者却把重音位置定在“我”上，而“去”这一音节发得较为模糊，交流效果自然要大打折扣。

一般来说，最能体现一句话核心意思的那些词语需要进行重音处理，具体来说，是以下词汇：

(1)与主旨关联的词语。例如:

⑬ 女人做了母亲,就喜欢吃鱼头了。

⑭ 这就是我们伟大的祖国。

例⑬中的"母亲"最能体现本句话所要表达的"母爱"主旨,因此需要处理成重音;例⑭中的"伟大"一词无疑最能表现出自豪之情,重音处理后的表达效果会更好。

(2)起突出作用的词语。例如:

⑮ 你再会说漂亮话,再会摇尾乞怜,我也不会动心!

⑯ 这是我们市最高的楼。

例⑮中的两个"再"最能体现对于对方的失望,表明自己的决心已定,例⑯中的"最"一词无疑能强调这幢大楼的突出地位,也能表现出说话者的自豪之情,重音处理后两句话的表达效果会更贴近当时的语境。

(3)表示坚决肯定和否定的词语。例如:

⑰ 我一定遵照爷爷的遗愿,沿着这条路继续走下去。

⑱ 我绝不能容忍他继续在这胡作非为。

例⑰中的"一定"表示坚决肯定,例⑱中的"绝不能"表示坚决否定,最能表示说话者当时的心态,因而需要读成重音。

(4)起并列和对比作用的词语。例如:

⑲ (上一次是以"大姐要生孩子"为理由的)我二姐又要生孩子,捎信儿让我去吃饭。

⑳ 以前的生活很苦,而现在的生活很甜。

例⑲中的"二姐"与上文中的"大姐"是并列的:上次是大姐生孩子,这次是二姐生孩子。如果把重音位置放在"又"上,就会使人产生"这是二姐又一次生孩子"的误解。例⑳中的"甜"与上文的"苦"是对比出现的,但重点是落在"开"上。

(5)呈因果关系的词语。例如:

㉑ 我妈从老家赶过来了,我得去车站接她。

㉒ 就是因为太想你,我才把手头的事情给忘了。

例㉑中的"我妈从老家赶过来了"构成了"我去车站接她"的理由,也正是这句话着意表达的内容;例㉒中的"太想你"导致了"把手头的事情给忘了",既有解释的功能,也能表达"太想你"的含义。



从上述分析来看,语法重音和逻辑重音在不同的领域都发挥着不同的作用,但两者绝不是截然对立的,重叠的现象时有发生。如例⑮中的两个"再"、例

⑯中的“最”和例㉒中的“太”，既可以当语法重音来解释，也可以当逻辑重音来理解，两者并不矛盾。

由于加重音量是重音技巧当中最常见的方式，不少人因此就片面地把重音等同于加重音量，这种理解是错误的。其实，重音有三种表现：一种是加重音量，一种是降低音量，还有一种是拖音。加重音量常常是为了表现某种激越的情感，可以通过在相应的词语下标实心的着重号“.”来标识；降低音量则有利于表现静谧的环境以及柔和或鄙视的情感，可以通过在相应的词语下标空心的着重号“。”来标识；拖音则针对一些特殊的场合，如深情地呼唤，我们可以分别用下画波浪线“ ～～～～ ”来标识。

加重音量由于使用面较广，在这里就不赘述，我们来看看几个有关降低音量和拖音的例子。

㉓ 像母亲的手，轻轻地抚摸着你。

㉔ 在这幽美的夜色里，我踩着软绵绵的沙滩，沿着海边，慢慢地向前走去。

㉕ 只有怕死鬼才乞求自由。

㉖ 我们对着高山喊：周总理——

在交际过程中，善于使用逻辑重音，一方面可以做到态度鲜明，另一方面还可以含蓄地表达出中心意图，对方一般可以由此而领略出说话者的真实意图，也避免了冗言赘语和不必要的尴尬；在朗读和朗诵过程中，把握好重音是准确表现词句和篇章的关键，也能给听者带来美感享受。

（三）停连技巧的运用

古人云：“言而当，知也；默而当，亦知也。”即说明，在语言交际活动中恰当地使用停顿，是一种智慧，因为它能赋予交流以更好的效果。不过停顿之后，往往还需要连接上，这样才能构成一个完整的话语整体。

1. 停顿

从大的方面来分，停顿可以分成生理停顿和非生理停顿。生理停顿是由人的生理特点决定的，我们无从选择停或不停，最多只能通过练气增加肺活量，延长每口气息的时间；而非生理停顿通常是我们调节的对象，非生理停顿可以划分为语法停顿和逻辑停顿。

（1）语法停顿

语法停顿是为了结构明确、层次清楚所作的停顿。

最常见的停顿出现在句与句之间和书面语用标点符号表示的地方，但停顿时间长短不一：从结构上看，是段落>层次>句子>句内；从标点符号上看，句号（还包括问号、感叹号和省略号）>分号>冒号（还包括破折号）>逗号>顿号。另外，从语法的角度来说，不同的成分之间——特别是中心语与附加部分之间——往往需要有停顿，我们可以用“/”来标识。例如：

① 蜚声于世的/悉尼歌剧院，坐落在澳大利亚著名港口城市/悉尼/三面环海的/贝尼朗岬角上，它由一个大基座/和三个拱顶组成，占地/逾18万平方米。

例①共包含59个音节，是个典型的长句，在几处有标点的地方稍作停顿自然不用多说，但在无标点的地方我们依然需要停顿多次，否则在气息上就很难跟得上，而且在节奏上也不够洗练。

(2)逻辑停顿

逻辑停顿是为了强调某一特殊的意思或某种逻辑关系所作的停顿，它是建立在语法停顿基础上并与之统一的停顿。因此两者的位置有可能是重叠的。

逻辑停顿不能仅仅以句子长短和标点符号为依据，而要根据句子的内在逻辑和所要表达语义作相应的处理，合适、恰当的停顿才让对方感到自然，我们可以用“/⌒”来标识。

② 当你走近，请你细听/⌒：那颤抖的叶，是我等待的热情……

从语法角度来分析，句内停顿的时间一般并不长，但在处理这段特殊的语境时，在“细听”后作较长时间停顿，好像在呼唤大家共同参与，从而能营造出一种静谧的氛围和情境。

③ 当前我们公司面临两大难题：一个/⌒是人员不整，再一个/⌒是资金不足。

在两个“一个”后面所作的停顿处理，能有效地突出后面所涉及的难题，使人一听就明白。

综上，停顿的作用除调整气息之外，主要表现在以下两点：

第一，可以更准确清晰地表达思想内容。例如：

④ 我们有些同志喜欢写长文章，但是没有什么内容，真是/⌒“懒婆娘的裹脚，又长又臭”。

“懒婆娘的裹脚，又长又臭”一句，最能表现对没有什么内容的长文章的否定，所以在这句话之前所作的停顿能起到“此时无声胜有声”的作用。

如果停顿不当就会造成表意不清，甚至闹出笑话，造成损失。比如，在没有上下文限制的情况下，表达“麻子无头发黑脸大脚不大好看”这句话时，停顿位置不同，差别就会很大。一种是：麻子/无头发/黑脸/大脚/不大好看；另一种是：麻子无/头发黑/脸大/脚不大/好看。前者是贬义，后者是褒义，相去甚远。

第二，可以更好地营造氛围，表达某种特定的情感，取得更好的表达效果。例如：

【案例分析】

俄国早期的马克思主义者普列汉诺夫曾在日内瓦作题为《无产阶级和农

民》的演讲，因有人蓄意破坏，会场秩序十分混乱。普列汉诺夫沉着冷静，大声地说："如果我们也想用这种武器同你们斗争的话，我们来时就会……"说到这里他故作停顿，几秒钟后，他又说："我们来时就会带着冷若冰霜的美女！"顿时，会场上出现了"轰动效应"，演讲也得以顺利进行。

这次停顿之所以能取得轰动效应，是因为它充分利用听众的注意力和好奇心，营造出有利于自己的氛围。当听众听到"我们来时就会"这个句子时，都急切地想知道到底"会"怎么样，可普列汉诺夫却故意在此处作了一个停顿，更引起了现场的期待和好奇，再加上后面那句听众所意想不到的话"我们来时就会带着冷若冰霜的美女"，既幽默风趣，又体现普列汉诺夫宽阔的胸襟，演讲自然得以顺利进行。

综上所述，可以说确定停顿时间的长短和位置不能单看标点符号和句群，更需要根据具体的语境，处理得当往往能给我们的口语交际带来极大的正面作用。

2. 连接

从上述内容得知，有的停顿戛然而止，有的停顿渐弱渐止，特别是句内停顿，在很多情况下并不意味着完全中断，它只是声音的短暂消失，但在气势上和感情上是连在一起的，特别是在某种激烈、紧张的情况下需要连接。例如：

⑤ 余新江冰冷的脸上，露出狂喜，他的手心激动得冒出了汗水。他突然一转身，面对着全室的人，眼里不可抑制地涌出滚烫的泪水。

如果在表现这段话时依然在标点符号处和语法成分之间进行长时间的停顿，就很难显示人物内心世界的极度兴奋与狂喜。

⑥ 每天的太阳是您的，晚霞是您的，健康是您的，安全也是您的。

我们在表现这一段话时，要做到声断，气不断，情不断。相比较而言，"安全"后面的停顿时间可能要比三个逗号部分的停顿时间还长。

停顿与换气常常是联系在一起的，很多情况下，句内停顿一般是停顿但不换气，即所谓"声停气不停"。例如：

⑦ 轻轻地/︵我走了，正如我/︵轻轻地来。

⑧ 我/︵如果爱你，绝不像/︵攀援的凌霄花，借你的高枝/︵来炫耀自己。

表现这两句时，即便在所标注的停顿位置，气息也一直是延续的，这样既是为了保证语脉的完整性，也是营造特定的情境的需要。

另外，在长时间表现激动的情绪时，气息不一定能跟上，强行停顿换气只会造成语脉的中断，这时我们所能做的通常是迅速换气，即用"浅吸快换"的方式使情感得以延续，停顿也因此表现得并不明显。例如：

⑨ 在苍茫的大海上，风聚集着乌云，在乌云和大海之间，/︵海燕像黑色的

闪电,/︵高傲地飞翔。

表现本段时,需要淋漓尽致地表现对暴风雨的渴望,对战斗的呼唤,语速也逐渐变得急促,如果此间强行停顿,语脉就会被割裂,战斗的激情也就很难表现出来。

综上所述,可以说停顿和连接是不可分割的整体,是一项综合运用的口语表达技巧。在具体运用时,有两点需要重点把握:

第一,学会调节气息。在长时间停顿的地方要“换气”,特殊情况下要“偷气”(“浅吸快换”),不需要换气的地方要“持气”。

第二,学会调整音位。前后两个内容相关联的句子,首尾的音位差距不应过大。如果确实出现情感的巨大反差,那么可以通过逐渐变化和较长时间的停顿等方式来调整。例如:

⑩ 车队像一条河,缓缓地驶进深冬的风里。为什么有人不许我们缅怀你伟大的一生?为什么有人不许我们赞颂你不朽的业绩?但此刻,长街静默,万民伫立。

第一个“为什么”前后情感差距极大,到“深冬的风里”处,情感一直是忧伤的,音位较低,而两句“为什么”是质问和悲愤,总体音位较高,如果在“为什么”三个字上突然抬高音位,只会给人一种突兀之感。我们可以从“为什么”处逐渐抬高,直到“不朽的业绩”达到峰值。“但此刻”后,情感又变得低回,音位再次需要降低。如果在“但此刻”前作较长时间的停顿,既可以发人深思,营造悲愤哀伤的氛围,也为自然过渡到低音位做好铺垫。这样,音位落差就不至于突兀,给人感觉语脉环环相扣,情感贯穿直下。

还需要指出的是,停顿带有很大的主观性,即便面对同一段话,不同的人由于理解不同以及要表现的语义重心也会作不同的停顿处理,在一般的语言表达过程中,恰当是停顿所应追求的目标。

## 第三节　态势语

### 一、态势语的含义与分类

态势语的研究是从20世纪60年代开始的,并从此成为重要的研究方向。经研究表明,日常交流中有效的信息传递有55%是通过肢体语言,38%是通过语调和声音,只有7%来源于内容。这当然并不意味着,我们只要手舞足蹈、挤眉弄眼就能完成交流,而是从另一个侧面告诉我们一个事实:应给予态势语足够的重视!

(一)态势语的含义

态势语,是通过说话者的手势动作、眼神表情、身体形态等来进行信息传递、思想沟通、感情交流的活动方式，它辅助有声语言运载着思想和感情，是口语运用过程中重要的信息交流手段。其中以手势语为主。

这里值得我们注意的是，态势语既不同于日常生活中的习惯动作，因为它带有一定的艺术性；也不同于舞台艺术中的态势语，因为它不是纯艺术。它的使用原则是雅观自然、协调合理、准确精练。很多人紧张时面红耳赤、四处张望，回忆时眉头紧锁、抓耳挠腮，兴奋时唾星四溅、瞳孔圆睁，虽然也能传达一些信息，但传递出的信息都是反面的，不能起到帮助性作用，因而不是态势语研究的范畴。

(二)态势语的分类

1. 手势语言

手势语言是态势语中的最重要的组成部分，通常需要调动手指、手掌、拳头和手臂等部位来表达特定的思想感情。

2. 表情语言

从人的外部表情，可以判断人内在的思想感情，同样，人们可以通过调动眉、嘴和眼睛等部位的肌肉来与有声语言进行巧妙默契的配合。

3. 下肢语言

人们的坐立行走所发出的信息量也是非常丰富的，通过适度改变下肢语言也可以达到提升个人形象的目的。

## 二、具体运用

(一)手势语言的运用

1. 手势语言的分区

从活动范围看，手的活动区域一般分为三部分：

(1)肩膀以上部分为上区

活动在这一区域的手势多表示广博的、阔大的、昂扬的、向上的、激动的、喜悦的、期望的内容和情感，例如，在配合“让我们共同期待美好的明天”“看吧，这就是世界屋脊，一柱擎天”“是生活在九百六十万平方公里土地上的中华儿女写就了我们民族的辉煌”等内容时，在上区的手势就比较贴切。

(2)肩膀到腹部之间为中区

活动在这一区域的手势，一般与较为平静的心情搭配，特别是在叙述和说明时。如在配合“请相信我，我不是在献媚撒娇，也不是装模作样”、“这部伟大的小说是什么呢？就是狄更斯的《圣诞欢歌》”、“无论是你，还是我，都有这样的机会”等内容时，在中区的手势就比较合适。

(3)腹部以下为下区

活动在这一区域的手势，一般是在表示否定，如拒绝、鄙视的内容和情感。如在配合“不，我绝不苟且偷生”、“只有怕死鬼才乞求自由”、“无耻啊！无耻啊！这是某集团的无耻”等内容时，手势放在下区做出就比较好。

2. 手势语的具体运用

(1)手掌的运用

手掌向前伸出,掌心向上,一般表示正面意思,如邀请、赞美等。

手掌向前伸出,掌心向下,一般表示反面意思,如反对、否认等。

手掌猛然向前推出,掌心向外,往往表示一种坚决的信念,如反击、前进等。

手掌猛然向上推出,掌心向上,往往表示一种责任,如承担、开辟等。

(2)手指的运用

伸出大拇指,一般表示夸奖、赞颂和鼓励。

伸出食指,一般既具有指示和指向的含义,也有提醒和命令的意思。

多个手指综合运用,可以表示数字和顺序,使人一目了然。

(3)拳头的运用

用拳往往表达愤怒、破坏、警告等内容和情感,应谨慎使用,有时也可表达有力、决心和团结的意思。

(二)表情语言的运用

人类面部的每个细胞、每个皱纹、每个神经都可以表达某种意愿、某种感情、某种倾向,可以说,面部表情是最准确的、最微妙的人的"晴雨表",是思想的"荧光屏"。人的面部表情贵在四个字:自然,真挚。

1. 微笑

一般情况下,我们的面部表情应带有微笑。戴尔·卡耐基说,微笑的魅力是无穷的,它就像巨大的磁铁吸引铁片一样,吸引着你,诱惑着你,让你无法抗拒。微笑具有"此时无声胜有声"的效果:在初次见面时,微笑可以化解尴尬,营造良好的交流氛围;在面对故意挑衅时,微笑可以缓解敌意,为自己赢得主动;在面对社交场合时,微笑可以当作无言的欣赏,表示对对方的肯定和欣赏。

微笑时以自然得体为美,过分夸张便有笑里藏刀之嫌。在微笑训练时可以尝试这样做:面部肌肉放松,眼角上扬,嘴角后拉呈"一"字状,露出四到六颗牙齿为宜,直至自然大方。

另外微笑还有一定的场合限制。先进事迹报告会上如果笑容可掬,就不够庄重,追悼会上如果面带微笑,就不够严肃,向上级汇报工作如果笑意绵绵,就不够严谨。

2. 目光

众所周知,"眼睛是心灵的窗户",眼睛的神色变化,倾诉着一个人的微妙心曲,如果运用巧妙得当,将有助于人们传达许多具体、复杂甚至难以言传的思想感情,也有利于相互理解和合作。

根据视线所停留部位,目光一般能表达三种功能:



一是密切注视。在近距离面对较为亲密的对象时,视线往往停留在对方双眼和胸部之间;在远距离面对较为亲密的对象时,视线往往停留在对方双眼和胯部之间。

二是尊重注视。在一般社交场合，特别是面对陌生异性时，视线往往停留在对方双眼和双唇之间，

三是严肃注视。在批评对方和提醒对方注意时，视线往往停留在对方额头和双眼之间，给人一种威慑力。

根据视线走向和角度，目光语一般可以分为五种：

(1)推(拉)视法　从前排(后排)到后排(前排)把视线依次平均投射。

(2)扫视法　从左(右)到右(左)把视线依次平均投射。

(3)环视法　从左(右)到右(左)，从前排(后排)到后排(前排)有节奏地或周期性地投射视线。常见的还有Z型视法和S型视法。

以上几种目光语有利于照顾在场所有人员，不厚此薄彼，而且有利于适当分散注意力，缓解紧张情绪。

(4)点视法　将目光定点投射向某一个人或某一个群体。这种目光语既能起到提醒制止的作用，也能发挥帮助启发的功效，还能具有引导鼓励的价值。

(5)虚视法　目光似乎盯住什么东西，但实际上并未注视。它对初学者十分有效，因为这种目光语既可以克服紧张心理，表现得端庄大方，又可以让精力更加集中。但作为一种转换性、过渡性目光，不可常用，否则给人一种目中无人的错觉。

(三)下肢语言的运用

人们常说，站有站相，坐有坐相，可见站与坐这些最常见的动作也是有学问的。准确运用站姿和坐姿一方面体现对对方的尊重，另一方面也能显示说话者的精神风貌。

1. 站姿

说话之前，站直提气，给人一种全身挺拔、精神焕发的好印象。注意头部端正，两脚基本平行，或者一前一后，中途调整时请注重幅度轻柔，自然大方。

美国西北大学人类学教授爱德华·T. 赫尔博士在《人际空间学》一书中划分出四个人际空间：一是密切空间，近距离是人体接触，远距离为20～60厘米，多出现在爱人、恋人和知心朋友之间；二是人身空间，近距离为60～90厘米，也是最舒适的人际空间，远距离为1～1.5米，这通常不适用于私人交谈；三是社交空间，近距离为1.5～2米，适宜处理非私人事务，远距离为2～4米，适用于正式的社交活动和商务活动；四是公共空间，近距离为4～8米，适用于不拘形式的会面，远距离为8米以上，一般适用于政界要人的会面。

究竟选择多远距离，应根据与对方关系以及交流的内容和形式灵活把握。

2. 坐姿

坐姿一般分为严肃坐姿和随意坐姿两种。严肃坐姿要求坐在座位的前三分之一处，双腿垂直平行，双脚落地，抬头挺胸，腰板与座位夹角略小于90度。

这种严肃坐姿一般适用于非常庄重的场合,如下级机关向上级机关作报告时,学生聆听师长的教诲时,等等。随意坐姿的种类较多,如上身既可以前倾,也可以后仰,双腿既可以并拢并歪向一侧,也可以跷起二郎腿,但随意不等于不讲礼仪,放肆不羁,只是场合不同,选择相对轻松的坐姿而已。可以肯定的是,随意坐姿依然是优雅大方的坐姿。

在交流过程中偶尔出现站姿和坐姿的变化和移动是非常正常的。无论是站姿还是坐姿,一般人都很难做到长时间保持一个姿势不变。不过需要注意的是,在变化和移动时,动作要轻,幅度要小,过程要自然,不能逼迫自己一直不动,也不能让移动干扰了交流。

我们每个人都有一定的习惯性态势语言,如推镜框、顺头发、咬嘴唇等下意识的动作并不能表达与交流相契合的内容情感,纯粹是多余的,在平常的训练中,应有意识避免。

态势语言虽然加强着有声语言的感染力和表现力,弥补着有声语言的不足,但如果它离开了有声语言,它就很难具有直接、独立表达思想情感意义了。在平时训练时,我们可以逐句对应,寻找最相适应态势语言,但在具体运用过程中,如果过分倚重态势语而降低对有声语言的要求无疑是错误的。有的人为了寻找相应的态势语言而大伤脑筋,甚至不惜通过挤眉弄眼、手舞足蹈来调动所谓的气氛,全然不顾雅观自然、协调合理、准确精练的原则。这种片面为了态势语言而设计态势语言的做法是非常不可取的。

## 运用与训练

1. 心理素质训练

训练目的:让学生特别是些羞涩的学生敢于在公众面前展示自己。

训练方式:教师带头作一段才艺展示,然后邀请学生参与,每人30~60秒。然后说出心得。

效果评定:多点鼓励,多点引导。

2. 幽默和表演能力训练

训练目的:引导学生正确地认识幽默,利用幽默并创造幽默。

训练方式:教师带头讲一个幽默故事,供学生分析讨论。然后邀请部分学生每人形象地说出一个幽默

3. 态势语训练

训练目的:引导学生认识到态势语言的重要性,并初步科学地掌握态势语言。

训练方式:教师提供一段材料,邀请学生共同参与,找出那些地方适合配上态势语言。然后请部分学生边说边演,力图达到最佳效果。

# 第十四章　说话



语言是人们交流思想、表达感情的重要手段，日常生活中我们最常用的就是说话这一方式。合理掌握说话的方法，有助于我们判断自己的说话方式是否合情合理，有助于我们获得别人较高的评价，甚至有助于洽谈事情的成功和我们事业的成功。因此可以说，不论我们从事何种性质的工作，只要想取得事业的成功就必须学会说话、掌握说话的方法。

## 第一节　说话的含义、特点与分类

### 一、说话的含义与性质

（一）说话的含义

广义的说话，是泛指一切口语表达行为；狭义的说话是指两个或两个以上的人参与的多向性的语言交流活动，是口语交际过程中运用最广泛、最直接、最简便的行为。本教材采用的是狭义的说话概念，而且偏重于其中的日常会话部分。

（二）说话的性质

从生理学上来说，说话是每一个健康人都能做到的事，但从口才学和交际学的角度来看，说话则是智慧的体现。说话在本质上就是语言的运用。在正常情况下，说话的目的无非就是描述事情、阐述意见、表达观点。然而，有时候，说话像熬药、烧菜，讲究火候和分量，切不可口无遮拦；还有些时候，说话又像是海市蜃楼，隐隐约约，不能把话说得太明白，否则就失去了韵味。也就是说，说得精彩与否往往与言辞的多寡并无直接联系，而在于能否说得机智巧妙，切中肯綮。总之，说话是一种技巧，是一项功夫，也是一门艺术，有时需要字斟句酌、深思熟虑，有时需要慷慨激昂、抑扬顿挫，有时又需要避重就轻、闪烁其词。因此，合理运用说话技巧，也是有口才的重要表现。

### 二、说话的特点



不管参与说话的人有多少、采取什么形式，在一定时间和空间内，现场总是由两种人组成:一种是说话人,一种是听话人。但扮演这两个角色的人员不是一成不变的,此时的说话人可能是彼时的听话人,反之亦然。再加上说话对于话题本身的半限制性,我们可以总结出说话的特点:

(一)话题灵活,随时转换

说话时有时候是目标性非常明确的,但有的时候就是一种闲聊,借此消除尴尬气氛,增进人际关系,参与者可以根据当时的情形,随时调换。

(二)广泛参与,气氛活跃

由于参与者都在尽量寻找大家普遍关心的问题,一旦寻找到这个契合点以后,参与者往往都能打开话匣子,围绕一些特定的问题发表自己的意见,气氛比较活跃。另外,说听双方的角色是经常互换的,一般不会导致有人无话可说。

(三)挥洒自如,不拘一格

由于对话题感兴趣,再加上气氛活跃,参与者往往能全身心地投入进去,通常就会出现不自觉的态势语言。再加上说话一般是面对面进行的,对方的表情和举止一目了然,很少有听不清或听不懂的情况发生。有时甚至可以通过对方的面部表情和体态语准确推测对方的真实意图。

此外,由于多数说话是在无准备的情况下进行的,人在临时的语言表达中必然会较多地展现口语特色,但同时也可能伴随一些不好的现象。对此我们要辩证地分析:口语特色本来就是说话应该呈现出来的,并不是我们反对的倾向,但如果过分强调口语特色,而放弃语言内在层次的严整性,或者为片面追求气氛的活跃,而不惜使用粗俗言辞,这样只会把说话引向死胡同,因而是要不得的。

## 三、说话的分类

说话具有现场性,不同的环境决定参与者选择不同的说话方式、扮演不同的角色。

(一)根据环境来分

根据现场环境的不同,我们可以对说话作一个简单分类:

1. 随意式说话

随意式说话是指说听双方既没有固定的角色限制,也没有明显相同的话题,说话的目的就是消除尴尬、排解烦恼。比如,可以是熟人街头偶遇,随便聊些家常,柴米油盐,琐琐碎碎;也可以是火车上和陌生人说话,既可以是天南海北,也可以是家乡风情,还可以谈谈旅途劳累,不一而足。这种谈话往往以参与者的意愿为主,可多可少,话题也可以随时调换,说者随便说,听者随便听。

2. 探讨式说话

这种说话是指参与者中有一位是主导者,由他提出大家共同关心的话题,其他人参与其中。这种说话的目的性较强，所涉及的内容会相互影响，相互制约，甚至会出现争论的一面。

(二)根据说话过程中表现形式来分

根据说话过程中表现形式的不同，我们把说话的方式分为以下几类：

1. 唱和式说话

这种说话方式是指，听者根据说者的意思，继续往下说，既可能是对对方的重复和肯定，也可能是对方的补充和深化。如甲说："今天天气不怎么样啊！"乙说："是啊，听说，这两天还有雨呢！"两人的观点是一致的，乙说的话既有对甲的肯定，也有对甲的补充。这种说话方式一般不会引起矛盾，既可以在熟人之间使用，也可以用在陌生人之间。

2. 辩论式说话

这种说话方式是指听者不完全赞同说者的意思，既可能是很友好地帮助对方分析，也可能会引起一场激烈的争辩。例如甲说："我敢说，我们学校的环境是全省高校中最棒的！"乙说："可以说你们学校的环境一流，但不一定能称得上最好，你们旁边的工大就比你们要好些。"这种争辩要注意把握分寸，否则会闹得不欢而散，甲既不要把话说得太绝对，乙也没有必要为非原则性事件和甲争辩。

3. 迂回式说话

这种说话方式是指在直接表白无效的情况下，采取间接表白的方式，转弯言谈。例如甲说："你什么时候结婚啊？"乙说："放心吧，我结婚的时候一定会告诉你的！"其实乙并没有直接回答甲的问题，而是采取了迂回的方式，避免了不愿回答的问题。这种说话方式往往要采取相当的技巧，在面对难以解开的局面面前，能收到很好的效果；但也不必处处都用，否则会给人一种老奸巨猾的印象。

4. 并进式说话

这种说话方式是指在大的话题之下，双方的趋向是一致的，但具体来看，双方所谈的并非一人、一事。例如甲说："我家的孩子可聪明了，现在已经可以数到100了。"乙说："我家的孩子也非常聪明，整天在他的小画板上画山画水，还真有点像那么回事。"

5. 应付式说话

这种说话方式是指对于不愿意交谈的对象，没有必要白耗时间，而采取一种应付式说话，让对方知难而退。例如甲说："今晚请你看电影好不好？"乙说："不行啊，今晚我有几个朋友聚会，对了，要不你也去？"其实乙也许只是找个推词，不一定是真去参加朋友聚会，而那句"要不你也去"则是一种应付式说话，一般情况下，甲是不会讨那个没趣的。

## 第二节 说话的要求与策略

说话是门艺术，是门科学，要想取得良好的说话效果，必须遵循相关的要求，掌握相应的策略，否则你说的话就很难起到相应的作用，而你这个人也很难获得相应的地位。但无论你怎么小心或多么不情愿，说话的过程中还是可能会出现观点不一致的情况甚至是争论，这就需要我们更理性地解决这些问题。

### 一、说话的基本要求

(一)注意说话时的态度

人们常说，态度决定一切。这句话可能有些夸张，但态度在很大程度上是决定谈话效果的。

首先，要尊重对方。正常情况下，谈话时应该专心致志，适当地注视对方，适时加入自己的意见，这是一种良好的说话氛围；如果东张西望、坐立不安，完全是一副心不在焉的模样，甚至是讥笑和打击对方，那么说话的效果是要大打折扣的。

其次，要尊重自己。从某种意义上说，尊重对方也就意味着尊重自己。营造一个宽松和谐的说话氛围，是双方共同的责任，如果某一方蓄意破坏，只能是对自己的否定。比如，骄傲就很容易激起别人的愤怒和指责。同时，我们也不能有意压低自己，低声下气只会被看成是懦弱无能。

因此，说话时应站在与对方同等的地位，以民主的方式相互交换思想和意见，才是一种适中的说话技巧。

(二)注意说话时的环境

交谈要想取得成功，必须注意外部语境，它包括场所、时机、体态和氛围等。虽然环境本身不参与交谈，但它会一直默默关注着交谈中的人们，利用好了，事半功倍，利用不好，徒劳无力。

首先来看看场所。有些谈话必须在特定的场所进行，比如搞学术研讨就应该在办公场所，而不是在海滨浴场；通报嘉奖就应该在公共场所，而不是私下恭喜；卧谈会就应该是在宿舍，而不是跑到教室里。选择正确，会给说话带来正面影响，否则就会偏离正常轨道。

其次来看看时机。选择在正确的时机说该说的话，是交际学中信奉的法则。比如一男士向相恋多年的女友求婚，可以选择在她的生日、升迁等喜庆时机，由于女士的心情舒畅，男士成功的可能性也会大增；如果他非要选择在她父母生病的时候提出，结果是可想而知的。

再次来看看语态。语态也是说话时的外部环境，不能因为是说话就显得非常随意。比如在一次研讨会上，小张拍了拍他旁边老李的肩膀，令德高望重的老李十分不悦。

最后再来看看营造氛围。好的氛围需要参与者的共同营造，而不是一两个人就能完成的。在谈话时，作为个体的我们既要学会调动，也要学会参与，有时还要学会沉默、专心倾听。比如在一次班会上，班长宣讲了这次班会的主题，同学们如果都各干各的事，一言不发，可以想见，这次班会肯定是失败的；反之，如果同学叫喳喳地乱作一片，结果也不是我们期待的。我们期待的是，有人发言，有人倾听，有人调节，并在最后得出一致的意见或者统一了认识。

（三）让别人也说话

光自己会说还不够，在交谈过程中，如果能使对方兴致勃勃地参与到谈话中来，这才是真正掌握了说话的方法。在交谈中，尽量少说“我想”，而多说说“你看呢?”

首先，可以就地取材，寻找共同点。所谓就地取材就是指按照当时的环境而寻找话题，即便是面对你完全不了解的陌生人，但有一点你是知道的，那就是你知道他和你共同出现在一个地方。如果相遇的地点是在李明的喜宴上，那么你就可以把对方和李明的关系可以作为第一句的话题：“您和李明是同学（同事、朋友）吧?”其实无论这句话对不对，你都可以根据对方的解释生发新的话题。

其次，可以谈谈对方。众所周知的是，一个人最愿意谈论的，而且也是最关心的话题，莫过于他个人的事情。我们可以利用这一普遍心理，用他感兴趣的事情巧妙地吸引对方；接着，我们再以问答的方式诱导对方谈论有关他个人的生活习惯、经验、愿望、兴趣等问题。这样整个谈话过程就显得非常紧凑，自然能取得良好的效果。比如和广西人说话，你可以和他谈桂林山水；和四川人说话，可以谈四川的丰富土特产等。但需要注意的是，不要主动谈对方的痛处或其他容易引起不快的话题，例如，“听说你被通报批评了”，“你们那里怎么总是出贪官”，等等。

（四）适可而止

有时谈话到了一定程度，情绪可能会出现懈怠，但碍于情面对方又不好直接打断；有时你的问题已经提出两次，但对方仍然不愿回答。面对这些问题，该怎么办？比如某一问题已经谈得非常深入，再谈下去已经没有什么必要，而且对方总是在看表，或者表现出非常焦虑的神色，此时正确的做法是主动结束谈话。还比如你问对方住哪里，他如果只说地区而不说具体地址，你就不宜再问在某路某号。如果他愿意让你知道的话，他一定会主动详细说明的，而且还会补上一句，邀请你去坐坐，否则便是不想让别人知道，你也不必追问了。

（五）把称赞时刻带在身边

称赞是欣赏，是感谢，是对别人的肯定。称赞给人带来的喜悦是巨大的。

【案例分析】

甲来到好友乙的结婚新房里，看到客厅里摆放的沙发很有特色，就情不自禁地称赞道："这沙发是从哪买来的？既美观又实用，我将来也准备买这种款式的。"这句称赞的话让好友十分高兴，便把这次买沙发的艰辛历程极为仔细地说了出来。乙的新婚妻子在一旁打趣地说："不仅是这沙发，这家里的每一件家具都是他亲自挑选的，他挺有眼光的！"甲接过话头说："那是啊，从他决定娶你那一天起，我就知道他的眼光是高明的。"

在这则材料中，甲抓住赞赏沙发为契机，对乙的眼光和乙的新婚妻子作了全面肯定，完全符合喜庆的气氛。

另外，要注意的是，每当称赞别人的时候，不能仅从大处着眼，还需要从小处发挥，这样的称赞才是真诚的、发自肺腑的。如果让对方听出是敷衍的话，你可能就被定格为一个虚伪的人。

不过称赞也要分场合，不是所有的人都值得你去称赞的。

## 二、说服和争辩

在生活中，任何人都不能保证别人的观点总是和自己的观点保持一致，虽然他坚信他的观点是正确的。所以，在遇到要说服别人的情况时，如果不掌握技巧，就难以达到理想效果。不过需要注意的是，说服不是意味着把你的观点强加在对方头上，让别人无条件地接受，而是通过沟通的方式让别人心悦诚服地接受你的观点。那么如何说服呢？我们总结为以下几条：

（一）改善气氛，缩小差距

在出现僵持的情况时，我们不能急于拿出一副盛气凌人的架势，而是首先想到去调节谈话的气氛，缩小与对方的差距。因为在友好而和谐的氛围中，说服也就容易成功，否则多半是要失败的。

【案例分析】

十月革命刚刚胜利的时候，象征着沙皇反动统治的皇宫被革命军队攻占了。当时，俄国的农民打着火把，愤怒地要求点燃这座举世闻名的建筑，将皇宫付之一炬，以解他们心中对沙皇的仇恨。虽然有些理性的人出来劝说，但无济于事。

列宁得此消息后，立即赶赴现场。面对义愤填膺的农民，列宁很恳切地说："农民兄弟们，皇宫是可以烧的。但在点燃之前，我有几句话要说，你们看可不可以呢？"

农民们一听这话，得知原来列宁并不反对他们烧皇宫，立即回答说可以。

列宁问："请问这座房子原来住的是谁？"

"是沙皇统治者。"农民们高声地回答。

列宁又问："但它又是谁修建出来的？"

农民们果断地回答："是我们人民群众。"

"那么既然是我们人民修建的，现在就让我们的人民代表住，你们说可不可以啊？"

农民们点点头。

列宁又问："那还要烧吗？"

"不烧了！"农民们齐声回答。

皇宫也因此保住了。

面对义愤填膺的农民，面对他们火烧皇宫的要求，列宁没有用行政命令来驱散，而是先肯定他们的意见，缓和了气氛，缩小了与农民兄弟的距离，然后通过几个问题促使农民们深思，使他们认识到人民建造的皇宫也可以让人民代表住，从而成功地保住了这座举世闻名的建筑。

（二）消除防范，以情动人

从心理学的角度来看，防范心理是由于把对方当作假想敌时产生的一种自卫心理，消除防范心理的最有效方法就是反复给予暗示，表示自己是朋友而不是敌人。这种暗示可以采用种种方法来进行：嘘寒问暖，给予关心，表示愿给帮助等等。

【案例分析】

一天上午，张阿姨一个人正在家里做家务，突然听到了一阵敲门声。打开门一看，只见一个青年人拿着一把菜刀，张阿姨知道遇到歹徒了。但张阿姨强制自己冷静下来，看到他哆哆嗦嗦的样子，便对局势作了最快的分析。

这时，歹徒还没来得及说话，张阿姨就笑脸迎上前去，说："卖菜刀的呀，太好了，我正在犯愁呢，刚才剁骨头的时候把刀口崩坏了，你看这就送上门来了。"

歹徒一下子怔住了。

张阿姨见机慢慢地从他的手中拿下了菜刀，笑盈盈地说："这刀真好，刀口锋利，就这么着吧，阿姨手里也没什么钱，就20块钱吧，下次买你东西的时候我多买点就是。"

说着，阿姨把菜刀送进了厨房，并拿出20块钱塞到了歹徒的手中。

阿姨又说了："你们年轻人现在真不简单，大热天的还在外面跑推销，自食其力就是好小伙子，我看你将来肯定有一番出息的。"

这时，歹徒跪在地上，泪流满面。

如果张阿姨第一眼见到歹徒就大呼"抢劫""救命"，后果就难以设想了。张阿姨的高明之处在于冷静分析了歹徒的心理，"错误"地把对方当成卖菜刀的，消除了歹徒高度紧张的心理，并借势对他进行了夸奖和疏导，让他真正认识到错误，并决心重新做人。

(三)自我责备,将心比心

矛盾出现时,光知道责备别人是不够的,即便是别人的责任,此时我们不妨也先行自我责备,让对方冷静下来考虑自己的不对。

【案例分析】

某精密机械工厂生产某项新产品,将其部分部件委托小工厂制造,当该小厂将零件的半成品呈示总厂时,不料全不合该厂的要求。由于迫在眉睫,总厂负责人只得令其尽快重新制造,但小厂负责人认为他是完全按总厂的规格制造的,不想再重新制造,双方僵持了许久。

总厂厂长见了这种局面,在问明原委后,便对小厂负责人说:"我想这件事主要是由于我们设计不周所致,而且还令你吃了亏,实在抱歉。今天幸好是由于你们帮忙,才让我们发现竟然有这样的缺点。只是事到如今,事情总是要完成的,你们不妨将它制造得更完美一点,这样对你我双方都是有好处的。"

那位小厂负责人听完,欣然应允。

在双方剑拔弩张、互不相让之际,某一方如果稍作退让,可能换得非常好的效果。开始阶段,大厂责备小厂,小厂认为是大厂的设计问题,高明的总厂厂长先行自我责备,认为责任在己,所以导致对方的生产出了问题。问题既然出现,总得解决,一方愿意检讨,另一方愿意改正,矛盾自然化解。正所谓"让他三尺又何妨"!

(四)坚守立场,据理力争

有时对方的言行举止对我们应得的利益产生负面影响,如果我们退让,利益就要受损;如果胡搅蛮缠,问题也不一定得到解决。我们不妨坚守立场,利用对方的不礼貌行为,让对方自知理亏。

【案例分析】

在一次集体活动中,当大家风尘仆仆地赶到事先预订的旅馆时,却被告知当晚因工作失误,原来订好的套房(有单独浴室)中竟没有热水。为了此事,领队约见了旅馆经理。

领队:对不起,这么晚还把您从家里请来。但大家满身是汗,不洗洗澡怎么行呢?何况我们预订时说好供应热水的呀!这事只有请您来解决了。

经理:这事我也没有办法。锅炉工回家去了,他忘了放水,我已叫他们开了集体浴室,你们可以去洗。

领队:是的,我们大家可以到集体浴室去洗澡,不过话要讲清,套房一人50元一晚是有单独浴室的。现在到集体浴室洗澡,那就等于降低到统铺的水平,我们只能照统铺标准,每人每天少收15元房费。

经理:那不行,那是不行的!

领队:那只有供应套房浴室热水。

经理:我没有办法。

领队:您有办法!

经理:你说有什么办法?

领队:您有两个办法:一是把失职的锅炉工召回来;二是您可以给每个房间拎两桶热水。当然我会配合您劝大家耐心等待。

这次交涉的结果是经理派人找回了锅炉工,40 分钟后每间套房的浴室都有了热水。

诚然,旅店方面失误在先,按理他们应该按照约定的标准提供服务。但如果领队只知道抗议,或者要去控告,那是很难解决什么问题的。聪明的领队利用了旅店方面的理亏,很礼貌地告诉经理如果没有热水就少支付费用,另外也给了他们两条建议,而且保证大家耐心配合。在这种情况下,除非旅店方面不想做生意,不然问题总是能得到圆满解决的。

除了上述说服技巧之外,还有很多技巧可以帮助你实现愉快的说服。不过以上说服更多的是出现在一定场合中,或者说是必须让对方服,否则将会带来不良后果。

说服别人不是一件容易的事,在无法说服的时候,往往就会出现争辩,但对此我们要进行辩证地分析。

第一,不要参与无意义的争辩。无意义的争辩,首先是话题没有太大的价值,而且也无法辩明是非对错,只会浪费时间,浪费精力;其次是争辩这些话题更多的是为了面子,很容易影响相互关系。

第二,把争辩当成交流。在正常的日常争辩中,我们应该采取积极的态度,使用积极、文明、恰当的论辩语言。不要一提争辩就想到脸红脖子粗、口水脏话满天飞,而是要以理服人,让事实说话。良好的争辩是让人心服口服,而且能增进人际和谐。

第三,胜不骄,败不馁。如果你胜利了,请不要扬扬自得,而要注意克制。这时,适当给别人一个台阶下,如感谢对方的启发等等;或者就此打住,给对方递上一根烟,端上一杯茶,缓解因争辩而导致的紧张氛围。如果你失败了,就不要强词夺理了,干脆就大度地面对现实,感谢对方的教诲。因为,失败不等于无能,也不等于错误,但绝对不能耍赖。

不过,无论怎样说话,都要力求慎重,不能以挫伤对方积极性为代价。另外,说话的艺术也是一种感情的投入。虽然实现说话目标的因素是多方面的,但发自肺腑的真情实感,并从对方的立场出发,无疑是实现说话目的最好的催化剂。

## 运用与训练

1. 情境训练

训练目的:强化学生对情境的认识,锻炼学生的思维敏捷度。邀请他们进入模拟情境。

训练方式:教师给学生设定几组情境,带领学生分析如何说话。然后鼓励学生积极参与其中。

2. 说服训练

训练目的:带领学生掌握说服技巧,避免不必要的争辩。

训练方式:教师给学生设定几组情境,或邀请部分学生模仿这些情境,然后吸纳部分学生进入情境,寻找最恰当的说服方式。

# 第十五章　演讲

## 第一节　演讲的含义、类型与一般方法

### 一、演讲的含义、类型

（一）演讲的含义及其特点

演讲就是演讲者在特定的环境下，面对听众，以有声语言和态势语言的艺术手段，就听众所关心和迫切需要解决的现实问题，发表意见，抒发感情，阐明见解，以求感召听众的一种口头语言表达形式。

演讲作为一种口语语体形式，基本上是随着有声语言的产生而产生的，因而具有悠久的历史。我国有文字记载的最早的演讲词，可能要算《尚书》中的《盘庚篇》了，那是盘庚为了迁都到殷而进行的三次演讲。到了春秋战国时期，演讲的风气更是盛况空前，蔚为大观。诸子百家、策士说客大批涌现，他们周游列国，游说诸侯，纵论天下大事，阐述治国主张，像孔子、孟子、苏秦、张仪等人，都是当时杰出的演讲家。到了近代和现代，许多著名的思想家、革命家，如孙中山、李大钊、陈独秀、毛泽东、鲁迅等人也都是杰出的演讲家。他们为实现民族的复兴、解除人民的苦难、传播科学和进步思想而积极地奔走呼号，慷慨陈词，演讲是他们手中的有力武器。可以说，一大批演讲家的出现，对社会的发展进步起到了巨大的推动作用。

演讲作为口头表达的一种高级形式，同时也是一种现实的言语交际活动，并且具有很强的艺术性和很高的审美价值。与其他语体形式相比，演讲具有以下特点：

1. 鲜明的目的性

演讲活动属于现实活动范畴，而不属于艺术活动范畴。它是通过演讲者对某种社会现象或观点的评价和判断，直接向广大听众公开阐述自己的看法和主张。因此，演讲者无论进行何种内容、何种形式的演讲，都必须具有鲜明的目的性。演讲者的话题都是社会普遍关心的热点问题，而广大听众恰是想急切了解这些问题才来听演讲的。也就是演讲者根据听众的需要和演讲的主题，准备告

诉听众什么道理，要达到什么目的，促成听众展开什么行动，都必须是非常明确的。



2. 深刻的思想性

俗话说："通情才能达理。"在演讲过程中，演讲者固然要吐露真情，但更主要的是阐发见解，辨析事理，给听众以深刻的思想启迪和灵魂的震撼。情感的相通是思想共鸣的基础，但它的影响是短暂的、浅层次的，而思想的共鸣则是深刻的、持久的。演讲者只有以渊博的学识、敏锐的思想做基础，言别人所未言，言听众所欲言，言他人所未敢言，才能开掘出观点正确、思想深刻、现实感强的演讲内容来。同时，深刻的思想性还是演讲者对真善美的执着追求在演讲中的生动展现。

3. 强烈的鼓动性

具备很强的鼓动性是成功演讲的标志。亚里士多德说："演讲有没有效，要看它对人有没有影响。"一次成功的演讲，总是始于听众的感知行为，结束于听众的态度变化，延伸到新行为的实施过程。这就是演讲所产生的影响，也就是演讲的鼓动性和感召力。它来源于演讲者切中时弊的精辟见解，又来自于演讲者体验社会生活的真情实感，同时也来源于演讲者恰如其分的艺术表现，用自己的热情之火去鼓动听众的激情。像毛泽东同志的《反对党八股》，周恩来同志的《在上海鲁迅逝世十周年纪念会上的演说》，闻一多先生的《最后一次讲演》等，都属于这一类演讲。如果演讲者本人冷冰冰、软绵绵的，或者像有些理论家鼓吹的所谓"零度风格"（即纯客观的、不动感情、不动声色的风格），听众必然昏昏欲睡、无精打采，这样的演讲就根本谈不上鼓动性。

4. 现场的直观性

演讲都是在特定的时空环境下进行的，是演讲者与听众面对面进行的言语交流活动。在演讲活动中，演讲者不仅能看到所有的听众，而且听众也能看到演讲者，双方自始至终在进行直接的思想感情的交流。这种现场的直观性，要求演讲者不仅要精心准备演讲的内容，而且要特别注意诸如仪表、服饰、动作、声音、表情等外在形式，以求给听众一个良好的印象；不仅要注意到听众的情绪、反应，而且还必须根据听众的反应，及时地调整自己的演讲，以适应听众的需要，恰到好处地控制现场的效果。

总之，演讲是口语表达的高级形式，是一门口语艺术。好的演讲总是把见解、知识、文才融为一体，富于哲理性和趣味性，既有"讲"，用有声语言表达自己的主张；又有"演"，用表情、手势、姿态增强感染力。演讲者以鲜明的观点、闪光的哲理、生动的语言、严密的逻辑、波澜起伏的结构、真挚的情感、协调的形体动作，把听众的视觉、听觉两方面的积极性充分调动起来，使听众产生共鸣，受到启迪和教育。



## （二）演讲的类型

演讲的类型很多，可以根据不同的标准，从不同的角度进行划分。

1. 从内容角度分

(1)政治演讲

政治演讲,是指演讲者为了一定的政治目的或出于某种政治动机,就某个问题或与政治有关的问题发表的演讲。政治演讲涉及的范围很广,比如外交演讲、军事演讲、重要会议上的报告、政治性群众集会上的演讲等,都属于政治演讲。

政治演讲内容严肃,意义重大。它要求演讲者有较强的政治敏锐性,有深刻的思想和较高的政策水平,同时又具有强大的政治感召力。政治演讲是演讲者用来为一定的政治目的服务的有力武器,是政治活动的重要组成部分。在古今中外的政治活动中,政治演讲都发挥了重要作用。例如毛泽东在延安整风运动中所作的《整顿党的作风》《改造我们的学习》《反对党八股》三次重要的演讲,就为当时的整风运动号召发动、指导方向、明确任务、保证成功乃至对党的建设都起到了极其重要的作用。

(2)生活演讲

生活演讲是指演讲者就社会中存在的社会问题、社会现象、社会风俗而发表的演讲,是最常见的一种演讲形式。

社会生活演讲题材广泛,形式多样,具有较强的时代感。它既可以对现实生活中的真善美进行热情的讴歌,也可以对现实生活中的假恶丑进行无情的抨击。社会生活演讲必须从纷繁的社会生活中选取具有典型意义的素材,并从中提炼出正确、深刻,具有普遍意义的话题,并能对该话题提出新颖、独到的见解。例如题为“当你拿起筷子的时候”的演讲,就是一篇精彩的社会生活演讲,它针对社会上存在的公款吃喝风发表议论,深刻剖析了它的严重危害。题目虽小,却提出了一个有关党风、政风建设的大问题。

(3)学术演讲

学术演讲是就某些有系统的、比较专门的学术问题发表的演讲。常见的学术演讲包括学术报告、学术发言、学术评论以及学校里的专题讲座等。内容的科学性、论证的严密性和语言的准确性是学术演讲的鲜明特点。

(4)法庭演讲

法庭演讲是指公诉人、辩护人、诉讼代理人在法庭上发表的演讲。法庭演讲要注意公正性和针对性。公正性是指进行法庭演讲时必须坚持“以事实为根据,以法律为准绳”的原则,不能以情代法,以权压法;针对性,是指公诉人和辩护人在法庭演讲中就罪与非罪、重罪与轻罪所展开的交锋。因此,法庭演讲目标明确,针对性强,效果也更直接。

(5)宗教演讲

宗教演讲就是一切与宗教仪式、宗教宣传有关的演讲。宗教演讲一般包括布道演讲、宗教会议演讲等。

(6)礼仪演讲

礼仪演讲是指在公众场合和重要仪式上发表的演讲。礼仪演讲的使用范围较广,它包括迎来送往时的欢迎词和欢送词、凭吊场合的悼词和喜庆场合的贺词。礼仪演讲感情色彩浓厚,不管是悲是喜,演讲者的感情总是明显外露,声情并茂,表达充分而自然,扣人心弦。因为礼仪演讲是在特定的社交场合中进行的,所以要特别注意礼节规范,不可贸然行事。有时候礼仪演讲也不是单纯的为纪念而纪念、为庆贺而庆贺,也可以由此及彼,借题发挥,通过送往迎来或凭吊、喜庆达到某种目的。

2. 从准备情况分

(1)命题演讲

命题演讲是指事先由自己或他人命题的有准备的演讲。命题演讲一般分为两类:一类是由演讲的组织者给定题目;另一类是演讲的组织者只规定演讲的范围,具体题目由演讲者自己来确定,实际是半命题式的演讲。命题演讲具有主题鲜明,针对性强,内容稳定,结构完整,有益于深化演讲主题、扩大演讲影响、提高演讲效果等优点;同时也存在着内容有一定的局限性、演讲者对特定问题的认识程度不够,不容易把问题讲深、讲透等不足。

(2)即兴演讲

即兴演讲是指演讲者在事先没有充分准备的情况下,在特定的场景、主题的诱发或他人提议下,有感而发所做的演讲。它具有感发性大、时空感强、篇幅短小等特点。这就要求演讲者必须反应敏锐,见景生情,触物出言,迅速确定主题,理清思路,选定材料和打好腹稿。表达时要简洁突出,准确中肯,风趣生动,但不冗长拖沓。

## 二、演讲的一般方法

演讲内容的表达,主要靠两种方式:一是语言,二是表情动作。语言的表达方法包括叙述、议论、描写、抒情等,表情动作包括姿态、眼神和手势等。

(一)叙述

演讲中,把人物的经历、事迹或事件的发生发展过程表述出来,就是叙述。

孙中山先生在一次演讲中曾经讲过这样一个故事:

在南洋爪哇,有一位财产超过一千万元的华侨富翁。有一天,他外出到一位朋友家做客,直到深夜才想到该回家了。可出门后,他一摸口袋,发现忘了带夜间通行证。按照当地法令规定,华人夜出,要是没有夜间通行证,被荷兰巡捕查获,轻则罚款,重则坐牢。这位富翁自然不敢冒这个风险。可他又非常想当夜赶回家去,怎么办呢?正当他左右为难的时候,忽然发现不远处有一家日本妓院,就花钱请了一位日本妓女,手挽手地陪他散步,一直走到自己家门口,才让妓女回去。荷兰巡捕见到日本妓女便不动问,他才安全回到家里。

当时，孙中山先生就是运用了叙述的方法，说明了因为中国贫弱，连华侨千万富翁的地位也不如一个日本妓女。

叙述在演讲中的主要作用是：

第一，介绍人物的经历、事迹。

第二，介绍事件发生、发展的过程。

第三，为论点提供事实论据。

叙述是各类演讲语言表达的基础，它的作用是很大的，所以要下大功夫去掌握才行。

（二）议论

议论，就是讲道理、论是非。演讲者通过事实材料和逻辑推理来阐明自己的观点，表示赞成什么或反对什么。

议论是由三个要素组成的，即论点、论据、论证。论点是演讲者对所议论问题所持的见解和主张，论点必须正确、鲜明；论据是证明论点的理由和根据，论据必须真实、充足；论证是用论据证明论点的过程和方法，论证必须符合正确的推理形式。

议论有“证明”和“反驳”两种主要方式。

1. 证明

证明是从正面摆事实、讲道理。常用的方法有以下几种。

（1）举例

俗话说：“事实胜于雄辩。”举例就是用事实做论据去证明论点。充当论据的事实材料可以是具体事例，可以是概括的事实，也可以是统计数据。这种方法使用比较普遍，效果也比较好。

北京大学教授王力先生在《谈谈写信》中就使用了举例的方法：

现代人应该说现代话，不应该说古代话。有一位青年人写了一封文理通顺的信给我，我正看得高兴，忽然看到一句“吾误矣”就给我一个坏印象。现代汉语明摆着一句“我错了”，为什么不用？偏要酸溜溜地说一句“吾误矣”！我恳切地希望中学语文教师注意纠正这种坏文风。

（2）分析

演讲者通过分析问题，剖析事理，来揭示论点和论据之间的逻辑关系，从而阐明论点的正确性。

陆建平同志在《人民——上帝》这篇演讲中有这样一段分析：

这就是我们的人民，这就是我们的上帝！

过去的革命战争年代，有多少像梁大娘这样的普通老百姓，为了使更多的母亲不失去儿子，她们献出了自己的儿子；为了使更多的妻子不失去丈夫，她们献出了自己的丈夫；为了使更多的人过上好日子，她们克己忍让，献出了自己的一切。我们党的事业，正是有赖于这样人民的支持，才获得稳步前进的基础。八年抗战，不可一世的日本侵略者为什么被打败了？因为他们陷入了共产党领导的人民战争的汪洋大海。解放战争，八百万军队的蒋家王朝，为什么不到三年就迅速地土崩瓦解了？因为蒋介石彻底丧失了民心。共产党刚成立的时候，仅十几个人，为什么能越来越壮大？因为共产党一开始就深深地扎根在人民的土壤之中，从人民身上获得了战胜敌人的伟力。如果没有人民的支持，就不会有我们的今天。

这段演讲，通过对战争胜败的分析，紧紧扣住人民具有无穷之伟力这个主题，得出了令人信服的结论。

举例和分析是证明中经常用到的两种方法。除此以外，还有引证、对比、类比等等也是证明中常常使用的。

上述几种方法往往要结合起来使用。不管使用什么方法，都要时时想到听众，力求使听众听明白。在结构上不要搞得太复杂，如果结构太复杂了，往往不易使听众立即理解，反而会影响演讲的效果。

2. 反驳

反驳也称批驳，是就一定的事件或问题发表议论，批驳片面的、错误的甚至反动的见解或主张。一般地说，批驳对方的论点有三种方法。

(1)直接批驳对方的论点

例如，邓小平同志所讲的《“两个凡是”不符合马克思主义》中的一段话：

前些日子，中央办公厅两位负责同志来看我，我对他们讲，“两个凡是”不行。按照“两个凡是”，就说不通为我平反的问题，也说不通肯定一九七六年广大群众在天安门广场的活动“合乎情理”的问题。把毛泽东同志在这个问题上讲的移到另外的问题上，在这个地点讲的移到另外的地点，在这个时间讲的移到另外的时间，在这个条件下讲的移到另外的条件下，这样做，不行嘛！

(2)通过批驳对方的论据来驳倒对方的论点

错误的论点往往是建立在虚假、错误的论据基础上，驳倒了对方的论据，论点就不攻自破了。

请看《上帝万能?》这个故事：

有一天，一位教徒来到教堂向神甫请教这样一个问题。他说：“神甫大人，我是信教的，但不知上帝能给我什么帮助。”神甫平静地回答说：“上帝是万能的，他可以帮助你所需要的一切。只要你祈祷。”

教徒忧虑地说：“我邻居也是信教的，如果我祈祷上帝下雨，他祈祷天晴，那么，上帝会做出怎样的决定呢?”

神甫：“……”

这里，神甫的论点是“上帝万能”，论据是“只要你祈祷，上帝就可以帮助你所需要的一切”。教徒用巧妙的回答,驳倒了“上帝可以帮助你所需要的一切”的论据,所以神甫便无言以答了。

(3)通过批驳对方的论证来驳倒对方的论点

一个错误的论点,支持它的,有时是虚假、错误的论据,也有时是犯有逻辑错误的论证过程,有的人甚至故意用错误的推理来掩盖其论点荒谬。所以我们反驳时,除了反驳论点、反驳论据之外,还可以从分析对方的论证方法入手,指出其论证中的逻辑错误,从而达到驳倒对方论点的目的。

比如,有人提出了这样一种“理论”:“搞‘四化’是十亿人的事,我一个人累死也没用,还不如趁年轻享受享受。”

这个论证过程就是完全错误的。前面说“搞‘四化’是十亿人的事”,当然也就包括“我”在内;后面却又说“我……还不如趁年轻享受享受”。这在逻辑上,就叫作“自相矛盾”。究竟是“十亿人的事”,还是“别人的事”呢?抓住对方论证的这个逻辑错误,其论点就站不住脚了。

(三)描写

描写,是指用生动形象的语言,把人物的状态、动作,或景物的特色、特征等具体地描绘出来,使听众如临其境,如见其人。

在演讲活动中,往往要用到人物描写的方法,在人物描写中,有肖像描写、心理描写,而常用到的是行动描写和语言描写。

老舍先生说:“描写人物最难的地方是使人物能立得起来。”成功的艺术形象,无一不是通过言行的刻画,使人物具有了个性化的特点。在演讲中,要使我们宣扬的人物立得起来,一定要在人物的行动和语言的刻画上下功夫。

李燕杰同志在《仪容美和心灵美》这篇演讲中,有一段话集中地描绘了德国著名音乐家贝多芬的行动:

> 有一天,贝多芬正住在利希诺夫斯基公爵的庄园,突然间来了几个侵略维也纳的拿破仑的军官。……利希诺夫斯基公爵为了阿谀讨好那些侵略军官,就强迫贝多芬演奏。这时贝多芬愤怒到发狂的程度,他一脚踹开客厅的大门,冒着倾盆大雨回到了自己的住处,进屋看见墙上挂着利希诺夫斯基公爵的画像,他余怒未消,上去一把将画像撕了个粉碎,然后拿起笔来给公爵留了一封信,上面写道:“公爵,你所以成为公爵,只不过由于偶然的出身,我所以成为贝多芬,却完全是靠我自己。公爵在过去有的是,现在有的是,将来也有的是,可是贝多芬在整个人类历史上却只有我一个。”

这段行动描写,就把贝多芬的大义凛然、宁折不弯的爱国主义形象充分表现了出来。此外,景色描写、场面描写和社会环境描写,可以为人物的活动提供背景和场所,烘托气氛,对突出人物起辅助作用。

(四)抒情

抒情就是抒发感情。人们演讲,总要表示对生活、对人和事物的看法,这当然不会是纯客观的,必然会渗透着演讲者的主观爱憎之情。把这种情感通过种种方式表达出来,这就抒情。



抒情与叙述、议论、描写不同,它既不是客观现象的表述,也不是观点、认识的解说,而是在客观的叙述、议论、描写的基础上,加上一层主观的感情色彩。

1. 直接抒情

直接抒情是强烈的、集中的、鲜明的,没有隐藏,直抒胸臆,风格一般较为明快。

残疾青年罗文安在《为改革尽力》中满怀激情地说:

改革的暴风雨到来了!我,一个新中国的青年,尽管病魔夺去了我健全的肌体,但是,它永远夺不走我对祖国、对人民、对社会主义事业的眷恋之心。虽然我不能做运动场上龙腾虎跃的闯将,也不能当风度翩翩的外交家,但我也是个血气方刚、风华正茂的青年,我还有健康的头脑、勤劳的双手,我也要毫不犹豫地投身到改革的洪流中去,在雷与电、风和雨的洗礼中,为振兴中华发出光和热,奉献出微薄的全力。

这段话直接抒发了一位残疾青年身残志坚,决心报效祖国的赤子之心!

2. 间接抒情

间接抒情是把情感融于叙述、议论等方式之中,使人慢慢体会。

巴金同志在怀念他的夫人肖珊时,使用了记叙中的抒情:

开刀以后她只活了五天,谁也想不到她会去得这么快!五天中间我整天守在病床前,默默地望着她在受苦,可是她除了两三次要求搬开床前巨大的氧气筒,三四次表示担心输血较多,付不出医药费之外,并没有抱怨过什么,见到熟人她常有这样一种表情:请原谅我麻烦了你们。她非常安静,但并未昏睡,始终睁大两只眼睛。眼睛很大、很美、很亮,我望着,望着,好像在望快要燃尽的烛火。我多么想让这对眼睛永远亮下去。

李燕杰同志在《我愿做一支燃烧的蜡烛》的演讲中使用了议论中的抒情:

的确,作为教师,我们失去了很多,本来可以成为文学家的人悄悄地藏起打上句号的手稿;本来可以成为科学家的人,无声地卷起了未设计完的图纸。没有显赫一时,没有流芳百世;有的只是年复一年默默地耕耘。从这点讲,我们是不合算,然而我们的生命在一批又一批学生身上延续,我们的青春将在一代又一代青年身上闪光。这对于一个有限的生命体来说,不正是超越自身而永生的无限的力吗?请问世上还有什么比这更幸福呢?

上面讲了叙述、议论、描写、抒情四种语言表达方式。在演讲实践中,单纯使用一种语言表达方式的情况是不多见的。经常见到的是以一种语言表达方式为主,综合运用其他各种语言表达方式,这样就构成了各种类型的演讲。

# 第二节　几种语境条件下的演讲技巧

## 一、即兴演讲技巧

（一）即兴演讲的含义和特点

1. 即兴演讲的含义

即兴演讲又称即席演讲，是指演讲者在事先没有充分准备的情况下，当众发表演讲。即兴演讲一般都是临时受命，或演讲者被眼前的场面、情境、人物、事物所激动，临时兴起而作的演讲。

随着时代的发展，社会交际日趋广泛，即兴演讲的运用越来越广泛。如介绍来宾、宴会祝酒、迎送宾客、主持会议、婚事贺喜、丧事悼念，以及答记者问等都少不了即兴演讲。即兴演讲没有讲稿，甚至连个提纲也没有，这就需要演讲者具有高度的概括能力、敏捷的思维能力、广博的知识、丰富的生活积累和迅速组织话语的能力。

2. 即兴演讲的特点

（1）即时性

即兴演讲预先不可能有充分的时间准备，一般没有演讲稿，有时甚至没有提纲，只能在演讲者的脑子里闪现一个轮廓后，就匆匆上台，而且多半触景生情，有感而发，因此即兴演讲要合时宜，情真意切。

（2）灵活性

即兴演讲不受讲稿的限制，可以根据实际情况，有意发挥。例如闻一多先生《最后一次演讲》，就没有准备演讲稿，他看着窗外的蓝天，阳光照射在礼堂的门槛上，于是触景生情，向青年朋友们即席说道："我们的光明就要出现了。看，光明就在我们眼前。正像李先生临终时谈的，'天快亮了！'现在正是黎明前那个黑暗的时候，我们有力量打破这个黑暗，争到光明，我们的光明，就是反动派的末日！"

（3）精巧性

即兴演讲的时间一般来说是比较短的，二三分钟即可，甚至是几句凝练的话。因为事先没有充分构思、准备，演讲者很难驾驭长篇大论的演讲；同时，即兴演讲的场合多是现实生活中一个场面，或交往，或表意，或达情，主题、结构比较单一，具有短小精悍的特点。因此，即兴演讲一般都是一事一议，主题单一，语言简洁，篇幅短小。

（二）即兴演讲的类型

1. 主动式即兴演讲

这种类型的演讲是演讲者被临场的情景所激动，产生兴致或情绪，主动登台演讲。这里的情景激发,可以是听众的情绪、会场的气氛、场地的布置、场外的情景等。

2. 被动式即兴演讲

这种类型的演讲是被会议主持人临时邀请或者听众的推举,在无法推辞的情况下而发表的演讲。演讲者往往用理智激发,如会议的主题、别人的讲话、旁人的议论、一句格言、一首诗或自身的经历、一段见闻等作为刺激源,活跃思维,尽快找到话题。

(三)即兴演讲的准备

1. 选好讲题,设计一个吸引人的开场白

虽然即兴演讲者事先并没有充分准备,而是在与会的现场上临时演讲。但在现场临时演讲之前,快速理一下思路,是可以做到的,而且也是必需的。“讲什么”,这是首要解决的问题。要选好讲题,演讲者必须明了什么时间、什么性质会议、对什么人讲,别人已经讲了些什么,还有什么没讲的可以补充、强调、深入挖掘;弄清之后,抓住听众共同的心态,抓住会议宗旨、气氛,抓住与听众之间的“共鸣点”,确定听众关心的话题。例如某单位一领导,参加了一个基层单位的庆功会。他在即兴演讲时,顺势巧妙地抓住了“功”字作为话题,并通过“劳苦功高”“功在大家”“功在不舍”“再立新功”四个意境,作为演讲的四个角度,合时合境,合乎演讲者的身份。

2. 迅速选取材料,勾勒正文框架

即兴演讲不能像备稿演讲那样广泛、从容地收集资料,在确定题目后,就要迅速选材,迅速组材。即兴演讲选材主要来自两方面:一是迅速调动自己的知识储备、见闻储备,使沉积脑海里的资料库迅速活化,加以取舍;二是及时捕捉现场的相关资料、信息,为我所用。当资料选定后,立即将资料按照一定的关系加以组织,编组演讲腹稿的结构提纲,做到思路清晰,安排有序。

3. 认真遣词造句,设计令人回味的结尾

即兴演讲来不及事先精心设计语言,只能边想边说,而且要尽量讲得流畅、精彩。在遣词造句上要特别注意:要有清晰的思维轨迹,牢牢把握讲题的主线,做到不丛生枝蔓;要精心遣词造句,词贵在精而不在多;要根据话题、场景、氛围确定即兴演讲的话语情调和语言风格。同时,即兴演讲的结尾要总括和升华,富有感染力,语言要非常精练,戛然而止,给人悠然隽永的回味。

(四)即兴演讲的方法

即兴演讲大体上由开头、主体、结尾三部分组成,即“三格法”。即兴演讲的格式化构思,有利于演讲者快速选题和建立演讲框架。这里介绍即兴演讲的几种格式与方法。

1. 借题发挥法

俗话说,“万事开头难”。即兴演讲的开头应当选择恰当的“媒介”,在此基础上来一个“借题发挥”,即“媒介+联想”,演讲者便能顺理成章、一气呵成。即兴演讲中的“媒介”,指的是沟通演讲者与听众心灵的人、事、物,也可以是语言、环境、有趣的现象等其他对象。

例(1) 在一次结婚典礼上,主持人从一对新人的名字上引出话题。新郎是北京某大学的青年教师,名叫赵勇;新娘是同一学校的在读博士生,名叫程慧俐。主持人巧妙地即兴发挥:“赵勇,就是勇敢;慧俐,就是智慧、聪明、伶俐。搞科学研究必须有两个方面:一要勇气,不怕任何艰难险阻,二要聪明伶俐。而现在我们的新郎新娘的名字就告诉我们:他们正是这两方面的完美结合,因此我敢肯定,他们不但会是一对幸福美满的夫妻,而且在未来的日子里,也会在科学研究中取得非凡的成就。”

例(2) 上海市“钻石表杯”业余书评授奖会上,《书讯报》主编贲伟同志的即兴演讲是:“今天,我参加‘钻石表杯’业余书评授奖会,我想说的是一句话:钻石代表坚韧,手表意味时间,时间显示效率。坚韧与效率的结合,这是一个人读书的成功所在,一个人的希望所在。谢谢大家。”

例(3) 在普陀风景区,一群游客登上当地最高的佛顶山,个个疲惫不堪,默默无语。面对浩瀚无垠、海鸥轻翔的大海,这时一名导游即兴说道:“朋友们,脚下那锦鳞片片、白帆点点的水面就是东海,多少年来,这海拥抱着、冲刷着佛顶山,以它特有的英姿启迪着人们:海是辽阔的,胸怀无比宽广;海是厚实的,什么都能容纳;海是深沉的,永远那么谦逊……常看大海,烦恼的人会开朗,狭隘的人会豁达,浮躁的人会沉稳……”

例(1)主持人从新郎新娘的名字上巧妙联想,加以阐释,把名字和其工作联系起来,寄予美好的祝愿,自然贴切,别有情趣。例(2)贲伟同志的发言以“钻石表”为媒介,由“钻石”联想到“坚韧”,由“手表”联想到“时间”,进而联想到“效率”,最后概括为“坚韧与效率”的结合正是一个人读书的成功所在。例(3)导游以大海为媒介展开联想,寓意人们要有大海般的胸怀和品格。这种富有哲理的即兴解说,会使游客增添情趣。

2. 综合归纳法

综合归纳法是指演讲者对他人的发言内容进行综合,分析其特点,进而表明自己的观点或态度的一种演讲方法。

某大学中文系一次毕业生茶话会上,首先是系总支书记讲话,三分钟的即兴讲话主要是向毕业生表示祝贺。然后是彭教授讲话,他讲话的主题是希望同学们继续努力学习,还引用了列宁的名言。第三个讲话的潘教授朗诵了高尔基的《海燕》的片断,以此勉励同学们学习海燕的精神。第四个讲话的系主任希望同学们永远记住母校和老师们。接下来是王教授讲话。他一字一顿地说:“我最喜欢说别人说过的话。(笑声)第一,我祝同学们胜利毕业!(笑声)第二,我希望同学们‘学习、学习、再学习’!(笑声)第三,我希望同学们像海燕一样勇敢地搏击生活的风浪！（笑声、掌声）第四，我希望同学们不要忘记母校，不要忘记辛勤培育你们的老师们！（大笑、热烈掌声）”



王教授把前面发言者的观点、中心加以提炼和概括，作为自己发言的话题，不仅机智、风趣且具有个性特点。

3. 三步法

三步法就是“提出问题，分析问题，解决问题”。这种方法脉络清晰，符合事物发展的规律。例如：《谈立志问题》可以分为这样三部分：

第一部分：什么是志；

第二部分：人为什么要立志；

第三部分：怎样实现自己的立志。

4. 四步法

这是美国公共演讲专家理查德所惯用的格式。理查德认为即兴演讲应该记住提醒自己的四句话，亦即四个步骤：

(1)喂，讲得精彩些！（提醒自己开头就要吸引听众）

(2)为什么要费这个口舌？（指出与听众的利害关系）

(3)举例说明（可采用“选字组合法”加强记忆，即将每个例子题目的第一个字组合成一个“词语”便于记忆）

(4)怎么办？（对听众提出希望）

（五）即兴演讲的策略

1. 首先举出一个实例

实践表明，即兴演讲开头就讲实例是一个行之有效的方法。这种方法的特点：一是可以缓解紧张的情绪，使神经得到放松，从而思索下一句需要讲什么；二是可以吸引听众的注意力。

例如，某单位举行以“我与安全”为题的演讲赛，该单位一位领导即兴演讲，他首先就讲了一个耸人听闻的事件：“一名女工早晨上班急匆匆地走了，中午下班回家闻到一股浓烈的煤气味儿，这时才想起来自己忘了关煤气阀门。她一边去关阀门，一边顺手抽了一下脖子上的尼龙纱巾，谁知这一抽不要紧，产生的静电火花竟然引起一场大爆炸，可怜这名年轻女工被炸得血肉横飞……”

本来安全问题是一个老生常谈的话题，这一故事的叙述吸引了大家注意力，引起人们的高度重视，这就为后面讲解“如何注意安全”打下了基础。

2. 讲得要有激情

演讲者充沛的精力、旺盛的激情能够感染和吸引听众。成功的演讲者总是忘我地融入演讲中，演讲时投入了他全部的身心和情感。电影中我们见过列宁的演讲，他总是精神焕发、生气勃勃，在讲台前一边走动，一边随讲话内容打着不同的手势，时而俯身向前，时而仰身向后，当他右手掌果断而有力地向前推出时，沸腾的冬宫立即鸦雀无声。列宁演讲时那气壮山河的声音、身姿和富有感召力的手势，使听众感到巨大的力量。

3. 关心听众的兴趣

听众往往对自己和自己有关的事情感兴趣。演讲者最好要了解听众，了解他们的心理、愿望和要求，即兴演讲时有的放矢地谈谈他们的工作、生活和处境，才会产生好的效果。

一次李燕杰到某医学院演讲，上台后他环视了一下台下，发现角落有个穿白大褂的老大夫，戴着老花眼镜正在看书。看起来老大夫对演讲不怎么感兴趣。李燕杰想，他不是一位忠实听众，很可能是一位出色的大夫。于是李燕杰诗兴大发，从赞扬白衣战士谈起："每当我忆起那病中的时光，白衣战士就引起我深情的遐想。他们那人格的诗，心灵的美，还有那圣洁的光，给我以生活的信心，增添我前进的力量。"这段歌颂医生的开场白，引起老大夫极大的兴趣，他合上书，聚精会神地注视着演讲者。这时李燕杰便将医生治病与救国救民的道理联系起来，这样的演讲议题符合听众的口味，避免了空洞的说教。

## 二、命题演讲技巧

### （一）命题演讲的题目

1. 命题演讲常见的题目类型

（1）提要型　即演讲的题目是从演讲内容中提炼出的一个主题，如《整顿党的作风》《反对党八股》等；

（2）象征型　即题目含蓄，象征某种寓意，如《从外国人的名片谈起》《当你拿起筷子的时候》；

（3）设问型　即以设问的语句作为题目，演讲的内容就是对问题的有力回答，如《生命的支柱是什么》；

（4）警醒型　题目是一句警句，对人有警醒的作用，如《珍惜时光吧，朋友》《一切反动派都是纸老虎》；

（5）抒情型　即题目是抒情词句，例如《啊，美的特区，美的人》《我愿是株小草》等。

"文好题一半"。演讲者的思想感情，或明快，或含蓄，或实，或虚，凭借题目就能感觉到。好的题目不仅能深深地吸引听众，还直接影响到听众的心理取向和价值取向。

2. 命题演讲题目拟定的原则

（1）题目要贴切　确定什么样的题目，选择什么样的内容演讲，这既是演讲者思考的问题，也是听众关注的问题。听众可以根据演讲的话题来确定"听"与"不听"。在众多人聚集的场所进行演讲，如果演讲者选题不适合在场听众的口味，引不起兴趣，很难收到好的效果。所以，演讲确定的题目，要贴近听众关心的问题，贴近现实，贴近演讲者本人，具有时代感，反映社会的现实，展示时代精神。



(2)题目要简洁　题目是演讲的“门面”。要用简洁的语句，有概括性，做到一字不多，一字不易

(3)题目要醒目　一般来说，演讲的题目就是演讲的内容和主题的高度凝练和概括。演讲的题目不仅要明了，使人一听便知，而且要有新意，给人一种充满希望、积极进取的感觉。

(二)命题演讲主题的确立

演讲主题决定着演讲的价值。演讲是为了宣传自己的思想主张，传播科学文化知识，歌颂某种道德情操等，进而使听众与自己达成共识，达到启发人、教育人的目的。它的价值大小、作用好坏，主要是由演讲的主题决定。演讲中无论选材、谋篇、遣词、运情，还是说理、叙事、状物、绘景，都要使“意”贯穿其间，演讲才能富有生命。正如王夫之概括的：“烟云泉石、花鸟苔林、金铺锦帐，寓意则灵。”主题是演讲的统帅和灵魂。

确定演讲的主题，应该注意哪些要求呢？

1. 时代感强

所谓时代感强，就是演讲要紧密结合所处的社会现实，要具有浓厚的时代气息。例如，李桂英的演讲《拼搏——永恒的旋律》，讲自己在逆境中自强不息、奋勇拼搏，通过自学考取大学。这种逆境中勇于拼搏的主题给人以巨大的鼓舞。

2. 鲜明正确

所谓鲜明，就是观点突出、明了，提倡什么、反对什么，要态度明朗。不可似是而非、模棱两可。所谓正确，是指观点要能反映客观事物的本质，要符合国家的宪法和法律，符合社会的伦理道德。

主题的正确与否，决定着演讲的价值。一切有价值、有意义的演讲，主题道德都是鲜明、正确的，都能反映客观事物的本质规律的。例如，粉碎“四人帮”后，邓小平同志做出了《“两个凡是”不符合马克思主义》的讲话，提出了“要准确完整地理解毛泽东思想”这样一个重大主题，道出了事物的本质，澄清了被林彪、“四人帮”颠倒了的思想。事实证明，这一主题是完全正确的，具有重大的现实意义和深远的历史意义。

3. 新颖独到

所谓新颖独到，就是指演讲中的观点要有新意，有独到的见解，不能拾人牙慧。特别是命题演讲，演讲者要就同一话题发表议论，主题新颖独到就显得更重要。唐代大文学家韩愈倡导过作文要“唯陈言之务去”，旨在创新。同样，演讲的主题也要新颖，不落俗套，不因袭前人，正像罗丹所说的那样：“用自己的眼睛去看别人见过的东西，在别人司空见惯的东西上能够发现出美来。”

要使主题新颖，首先，要保证主题表现的是新思想、新科学、新知识、新方法，这样听众才感到有收获；其次，主题新颖还在于开拓新的思维角度。有些认识观点，在人们观念中早已成定式，演讲就要对人们的习惯性思维提出挑战。例如，“这山望着那山高”，被人们看作是“贪心不足”的表现；“班门弄斧”比喻那些不自量力、在能人面前卖弄的人。我们选择演讲主题时，可以把它们逆反过来，往往就出新意。例如，做人应该这山望着那山高，人不应自我满足，只有不满足才能求进取，人类才能自我发展；弄斧一定到班门，我们不应迷信权威，应敢于向权威挑战，这样才能一代更比一代强。这样，就给人以全新的启迪。

4. 深刻集中

所谓深刻，就是指所确立的观点要能表现出事物的本质特点，有一定的深度，能发人深思，令人回味。比如，陈典福的演讲《我们也是伟人》，其主题就很深刻。一般认为，只有那些为人类、为社会做出过巨大贡献的人才是伟人。对此，他认为，贡献不论大小，只要尽了自己最大努力，都是伟人。伟人是人民创造出来的，那么能创造出伟人的人岂不更伟大？于是他进一步号召：“朋友们，只要你是大众的一员，只要你愿意，你也可以投入到创造历史的改革洪流中去，你同样是一名无名的伟人！”这样的主题抓住了事物的本质，思想认识较他人跃进一步。

所谓集中，就是指在一般情况下演讲只能有一个中心论点，并且紧紧围绕这个中心论点来阐述。如果在一次演讲中论点分散，面面俱到，听众就不明重点，不知所云。古人说“意多文乱”，说的就是这个道理。优秀演讲家在这一点上给我们树立了榜样。例如，孙中山先生的《在上海环球中国学生会武昌起义纪念会上的演说》就非常精悍，全篇从几个侧面倡导一个中心，即英勇无畏、永远进击的精神，给人们以深刻的启迪。曲啸长达三个多小时的演讲《心底无私天地宽》，讲了他二十几年来的坎坷和辛酸，同时展示了他的优秀品格和高尚情操，但只有一个主题：对党、对祖国的无限热爱，对人生理想自强不息的追求。

(三)命题演讲材料的选择

演讲中的材料，就是演讲者用来阐述、证明观点的论据和事实。如果把观点视作演讲的“灵魂”，那么材料就是演讲的“血肉”。俗话说“巧妇难为无米之炊”，材料是演讲的基础，是思想观点赖以存在的依托和支柱。演讲主题确立之后，演讲者就要选择一些事实和事理，来支持自己的观点和主张。这些事实和事理，就构成了演讲的内容，也叫材料。在演讲中材料非常重要，但“捡到筐里不都是菜”，演讲者要细心选择。那么，演讲对材料有哪些要求呢？

1. 真实准确

真实准确是材料的生命。只有真实准确的材料，才能说服人、教育人。在演讲中，哪怕有一点材料失实，就会使听众对整个演讲产生怀疑，就必然会削弱演讲的说服力和感染力，甚至会使整个演讲失败。演讲材料要真实准确，要求我们不能主观臆造，也不能把偶然的、个别的现象看成是事物的本质。一定要深入实际调查研究，要从亲身实践中获得真实准确的直接材料；间接得来的材料，必须经过核对，引用书报杂志的材料要点明出处。这样才能增强材料的可信度。

2. 典型有力

所谓典型性的材料，就是指那些最具代表性、最鲜明的、最能反映事物本质的、最能表现主题的材料。只有典型的材料，才能具有说服力。例如，秋瑾在《敬告中国二万万女同胞》演讲中讲到中国妇女所受的苦难时，就列举了以下材料：

妇女从呱呱落地，就遭白眼和冷语；没几岁，就忍受肉烂骨折的缠足之苦；择亲结婚，都是父母这命媒妁之言，自己连气也不能出；婚后祸福，全凭丈夫处置；要是丈夫死了，不仅戴孝三年，而且不许再嫁；要是自己死了，男人不出三天就带来新娘。

这些事实都充分地说明同千年的封建礼教和封建制度对中国妇女精神和肉体的摧残，说明男女不平等，对全篇倡导妇女解放的主题，奠定了坚实的基础。

3. 新鲜生动

所谓新鲜的材料，包括新生事物和以往存在却鲜为人知、很少被人使用的材料。它们具有新鲜独特之处，能引人注目，避免雷同，容易引起听众的兴趣。运用新鲜材料具有满足人们好奇心、开阔人们的眼界、增长人们的认识能力和对外界的理解能力的功效，使演讲更具感染力和说服力。

所谓生动的材料是指具有生动的情节、能引起悬念、具有幽默感的材料。这样的材料能为演讲增添情趣，听众既能加深对主题的印象，又能留下欢欣的回忆。例如，卡耐基在讲《人性的优点——如何停止忧虑开始生活》时，选择了这样一个材料：

1871 年，一位注定要成为闻名全球的青年廉·奥斯勒，拾到了一本书，读了 21 个字，结果对他的将来造成了深远的影响。

这 21 个字都是些什么字呢？这些字又如何影响到他的将来呢？这样有悬念的材料，自然能深深地吸引听众，打动听众。

4. 针对性强

所谓针对性，主要是指针对不同的时空条件和不同的对象来择定材料。例如，周恩来同志 1946 年 10 月 19 日在上海鲁迅逝世十周年纪念会上的演说，其主题思想是反对内战。但在鲁迅先生逝世十周年纪念会这种特定场合，他所选择的材料几乎都是鲁迅先生的思想和言论，并由此论及反内战的主题。如果不是选择这样的材料，那么不仅不符合当时的场合，而且也难以充分阐述自己的主题。

(四)命题演讲的语言特色

语言是人们表达思想、交流情感、传递信息的基本载体。演讲除具备书面语言和口语表达的特点外,还有自己的语体表达规律。只有把握演讲语言的特点和规律,才能准确、生动、形象地表达出演讲者的思想感情,才能进行精彩而成功的演讲。

1. 准确深刻

所谓准确,就是语言要具有科学性,演讲使用的语言一定要确切、清晰地表现出所要讲述的事实和思想,揭示出其本质和联系;所谓深刻,就是说语言要有一定的哲理性,要说出听众想说而说不出或者没有想到的道理。

2. 简洁朴实

语言的简洁,就是要求用最少的字句,表达出所需陈述的思想内容。正如恩格斯说的那样:"言简意赅的句子,一经了解就能牢牢记住,变成口语;而这是冗长的论述绝对做不到的。"例如:

三月十四日下午两点三刻,当代最伟大的思想家停止了思想,让他一个人留在房里总共不过两分钟,等我们再走进去的时候,便发现他在安乐椅上安静地睡着了——但已是永远地睡着了。

这个人的逝世,对于欧美战斗着的无产阶级,对于历史科学,都是不可估量的损失。这位巨人逝世以后形成的空白,在不久的将来就会使人感觉到。

以上是恩格斯的《在马克思墓前的讲话》的开头两段,字数不多,但它不仅极其深刻地表达了恩格斯的悲痛心情,而且从革命理论建设和革命实践活动两个重要方面,指出了马克思的逝世所带来的不可估量的损失,同时也对马克思的伟大历史功绩做出了公正的评价。其思想内容丰富而深邃,语言简洁精练。

所谓朴实,就是要求演讲的语言要通俗易懂,特别是要口语化,防止散文化的语言。俗话说"话须通俗方传远",要做到通俗朴素,就不能卖弄文辞,堆砌辞藻,故作艰深,半文半白。

3. 生动幽默

通俗易懂的语言可以把演讲内容表达得清楚明白,但要使演讲吸引听众,感染听众,还必须做到生动感人,幽默风趣。所谓生动是语言新颖别致,形象性强,富于感情,令人感到新鲜活泼,有生气。只有生动的语言,才能准确、形象地阐述道理,栩栩如生地描摹事物,淋漓尽致地表达感情,从而点燃听众的情感之火,使其满怀激情地投入社会实践中去。这正是那些平淡无奇、沉闷无味的语言所无法企及的。所以,演讲常常采用视觉化的说法,给听众具体的感受;经常运用贴切的比喻等修辞方法,使演讲语言更加生动感人。例如,《我的思考和奋起》这篇演讲,谈到对马克思主义的信仰问题,就运用了大量比喻:将最初的疑虑比喻成"我的境地就像一个圆点,四处延伸着大小不等的问号";将开始清醒比喻成“我顿时觉得眼前的问号,渐渐地被拉直了,变成了有力的感叹号”;最后说到自己信仰马克思主义时又比喻说,“今天,我初识马克思主义,就像第一次来到海边,已感受到海一样广阔的胸怀,风一样清新的气息,我有一种要走向大海的渴望……”生动的比喻妙语连珠,把艰深的理论问题谈得浅显易懂,娓娓动听。

在严肃深刻的演讲中,适当穿插一些幽默风趣的语言,不但可以活跃气氛,调节情绪,而且有利于缩短演讲者与听众的距离,让听众在轻松愉快的气氛中不知不觉地接受演讲者的见解和主张,而且印象深刻。演讲语言做到幽默风趣,除了演讲者要努力提高自己的思想修养、知识修养、语言修养外,在演讲时要适当采取穿插诙谐的词语或笑料,使用漫画手法刻画形象,运用借代、双关、反语等修辞手法,有的时候还可以借助文学作品的语言、人物形象以及民间传说等方式,以增强幽默感和讽刺力量。例如:毛泽东同志在1953年接见中国共产主义青年团二大代表主席团的讲话中,就借用了“三国”的故事,说曹操攻打东吴时,“周瑜是个共青团员,当东吴统领,程普等老将不服,后来说服了,还是由他当,结果打了胜仗。现在要周瑜当团中央委员,大家就不赞成?”把深奥的道理表现得言简意赅、诙谐有趣,使听众易于接受,印象深刻。当然,是否使用幽默风趣的语言以及如何使用,要根据演讲的场合、听众对象和演讲的内容而定,注意掌握好分寸。

(五)命题演讲结构的安排

命题演讲的结构是指演讲的布局与谋篇。好的演讲结构,是客观事物发展的内部规律和演讲者思想认识的完美统一。演讲的结构同文章的结构既有相同之处,也有自己的特点。演讲的结构不能太复杂或跳跃性太大。合理的演讲结构应该做到紧扣主题,条理清楚,层次分明,使听众易于把握演讲的思想脉络。

命题演讲的结构一般由开头、主体、结尾三部分组成。主体是演讲的主要内容。

1. 开头的作用及常见类型

演讲的开头又叫开场白,是整个演讲的第一部分,是演讲者在听众面前的正式“亮相”。它对整个演讲的成败往往具有决定性的作用。命题演讲开头的作用表现在以下几个方面:

(1)吸引听众,引人入胜　演讲者从登台之时起就成为全场关注的“焦点”,但真正把现场观众的注意力集中到演讲上来,还需要演讲者漂亮的开场白。有经验的演讲者,总是以洪亮的声音、真挚的感情、新奇的内容、精彩的语言、巧妙的形式,一开头就能像磁石一样吸引住听众,建立起演讲者与听众的同感。例如,曲啸同志在一次给犯罪青年演讲时,就选用了“触犯法律的朋友们”这个称呼,结果听众反映十分热烈,演讲效果非常好。曲啸同志感慨地说:“如果我不那样称呼他们,他们还能听我的吗?”曲啸同志这个开场白,一下子使这些特殊听众产生了心理共鸣,把这些特殊听众紧紧地吸引到演讲中来了。

(2)创造气氛,奠定基调　好的开头,能够创造适合演讲的气氛,为整个演讲定下基调。比如演讲内容是喜庆欢快的,开头就应该用轻松、活泼的语言;反之,演讲的内容是庄重严肃的,开头就不宜使用幽默诙谐、轻松的语言。例如,前面讲到恩格斯《在马克思墓前的讲话》,主要内容是悼念马克思,对马克思伟大成就进行评价,因而开头就用非常严肃庄重、沉痛的语言创造了一种严肃的气氛。

(3)打开场面,引入正题　开头的主要任务就是点明演讲的宗旨或主题,准确解释演讲的题目和主要观点,这样提纲挈领地点明演讲主旨,自然地引入下文。例如,黑格尔的美学讲座结论部分开头就是这样:

女士们、先生们,这些演讲是讨论美学的,它的对象就是广大的美的领域,说得更精确一点,它的范围就是艺术,或者毋宁说,就是美的艺术。

开头的形式是多种多样的,演讲者可以根据演讲的内容、听众的情况和自身的特长来设计一个比较适当的开头。常见的开头有以下几种:

(1)由演讲的主题讲起　这是最简便、最常用的方法。这种形式在开头就清楚明白地揭示主题。例如:

每个青年都关心自己祖国和民族的命运。国家的正气、民族的正气是团结鼓舞群众积极向上的巨大力量,是一个国家、一个民族兴旺的重要精神支柱。我今天就想以“国家、民族与正气”为题作一个发言。

这是李燕杰在《国家、民族与正气》演讲中的开头,他在演讲的开始就向听众阐明了“正气是国家民族兴旺发达的精神支柱”这一主题。

(2)由演讲的缘由讲起　就是在演讲开始就向听众介绍演讲的缘由,以后顺势导入下文。这样就使听众迫切想知道到底是怎么一回事,从而抓住了听众。例如,杨占秋在《善待父母,天经地义》的演讲中就是这样开头的:

同志们,我们鞍山市的“活雷锋”被捕了,你一定会感到震惊、气愤和鸣不平吧?可是有什么办法呢?他只好眼泪就着大眼窝头,一连在监狱里蹲七天啦!

显然,这样的开头使人震惊,容易引起听众关注,使听众渴望得知下文。

(3)由具体的事例讲起　这种形式一般是先从与正题有关的具体事件谈起,然后自然引出正题,这样紧扣主题,易于听众接受。例如,一篇题为《人生的航线》的演讲是这样开始的:

朋友,你可知道,在一九八四年四月二十二日的上午,一架飞机,从台湾飞向大陆,就是他,李大维,驾机起义,回归祖国。可是时间仅隔十二天,却有人劫持民航飞机,降落在韩国。蓝色的天空,划着两条航道:一条飞向光明;一条投向黑暗。我抬头仰望,突然觉得,这航道不正是人生航线吗?

除以上几种形式外,开头还有许多形式,如引述名言、成语、典故、诗歌等,也有从演讲所处的情境发端,但关键是做到打开话题,引发兴味。

2. 主体结构的形式

演讲的主体,是演讲者运用具体材料阐述自己观点和主张的重要部分。主体结构是否合理,条理是否清楚,直接决定着演讲的效果。

命题演讲的主体结构方式是多种多样的,常见的有以下几种:

(1)并列式结构　这种结构是把演讲主题涉及的若干方面并列起来讲述,各个层次间的关系是并列的,相对独立又相互联系的,各个层次从不同侧面阐述演讲的主题。这种并列式结构又常有总分式或分总式之别。总分式就是先总说,给听众以总的印象,然后紧紧围绕主题分开论述;分总式与总分式相反,是先分说,后总说,先讲述包含主题的现象,然后进行总结归纳。无论总分式还是分总式,都是演讲者为了使并列分说的内容有一个完整的印象。

(2)递进式结构　这种形式是根据事物发展的规律和听众的认识规律,在安排演讲内容时,由浅入深,由表及里,步步深入,环环相扣,直至最后得出结论。这样,演讲一开始就像钳子一样抓住听众,使听众听下去,最后以其强大的逻辑力量征服听众。

(3)对比式结构　这种结构方式,是将两种本质属性截然相反的事理或同一事理在不同时期所表现出的不同属性进行对照比较,使其更鲜明,更突出,使人一听就感到泾渭分明,是非清楚,有极强的说服力和感召力。毛泽东同志的著名演讲《改造我们的学习》就是采用了这种形式。这样安排主体的方式,使听众在鲜明的对比中,很快明确是非曲直,从而接受演讲者的观点。

上述几种形式,有时是单独使用,有时是结合起来使用,但不管怎样使用,都必须符合演讲的主题和形式的需要,达到阐述自己观点、说服听众的目的。

3. 命题演讲结尾的作用及类型

结尾是演讲内容的自然收束。俗话说:"编筐编篓,难在收口。""口"之所以难"收",就因为这是走向成功的最后一步。从演讲内容来说,这时需要总结、升华;从语言来说,这里需要更精彩;从演讲者的主观追求来说,结尾需要达到更高的境界、更高的水平,以使演讲获得更大的成功。结尾的作用主要表现在以下几方面:

(1)收拢全篇,统一思想　演讲的内容是丰富的,其结构是复杂的。在结尾处,要把演讲的各个角度、各个层面的内容汇集到一起,这样使演讲的全篇首尾呼应、浑然一体。好的结尾要做到新颖别致、不落俗套、简洁明快、含蓄深蕴。

(2)深化主题,加深认识　白居易在《新乐府序》中精辟地提出"卒章显其志"的观点,在演讲中也可借鉴。演讲的结尾揭示整个演讲的题旨,可以起到强化演讲者的立场、观点的作用,给听众留下完整深刻的印象。

(3)鼓起激情,促进行动　充满激情而富于鼓动性的结尾,会强烈地感染、鼓舞听众,并产生强大的行动力量,使听众不仅树立了坚定的信念,而且有为这种信念奋斗的极大热情。

(4)促人深思,耐人寻味　演讲的结尾讲究内容的含蓄、深沉,使人觉得余味无穷,使听众在对演讲内容的反复回味中受到教育,又从婉转美妙的结尾方式中得到美的享受。

结尾的方式很多,演讲者可根据演讲的内容、场合和对象的不同巧妙设计结尾。常见的结尾有以下三种。

(1)总结式　这是结尾最常见的形式。在演讲结束之前,以极其简要的文字,对演讲内容总结一下,以加深听众的认识。这种总结不是演讲内容的一般重复,而是演讲主题思想的深化,凝练成一种哲理、一种规律,给人以更深刻的启迪。例如《也谈"破格"》的结尾:

在改革的今天,在中华民族需要复兴的今天,中国最需要的是人才。他们是民族的精英、"四化"的栋梁。如果他们都感到"在中国,水土不服",那么,我们还谈什么发展生产力?还谈什么民族复兴呢?因此,我认为,我们要破格!但我们的宣传者、领导者不要把对人才的正常提拔看作是一种破格,更不要看作是对人才的一种恩赐,我们应该大力去做的,是要把一切扼杀人才、窒息思想、阻碍生产力发展的"格",统统破掉!我们呼唤真正的破格!

结尾用概括精练的语言,对整个演讲的内容做了归纳总结,突出了"要破什么样的格"这一主题。

(2)号召式　演讲如果想唤起听众与演讲者一起行动,就要在结尾处或发出呼吁,或提出号召,或展示未来,以激起听众情感的波涛,使听众产生一种蓬勃向上的力量。这种结尾的特点是短小精悍,语言情感激昂,动人心弦。从形式上看,多采用呼唤语。例如《少点陶醉多点反省》的结尾:

让我们团结起来,根除陶醉,增强反省,埋头苦干,为建设起一个民主、自由、富强的社会主义强国而努力工作吧!

(3)总结兼号召　这种结尾是前两种形式的结合,它是对演讲的内容略作总结、深化,然后再鼓荡激情,发出召唤。例如《人才在哪里》的演讲,在论及了正确的人才观之后讲道:

最后,我想再问一次——人才在哪里?在哪里?我的回答是:人才就在九百六十万平方公里的土地上,在十亿人民中间,在当今改革的潮流里,在你们——我亲爱的广大听众之中!"我劝天公重抖擞,不拘一格降人才。"让我们去挖掘、去理解、去关心、去培养、去使用人才吧!人才就在我们身边。

这一段结尾就是先总结,后号召,使结尾既深邃,又充满激情。

（六）命题演讲文稿的写作

命题演讲的文稿又叫演讲稿，是适用于演讲特殊需要而写作的一种实用文体，它具有一般文稿的共性，又具有自身的特点。

1. 演讲稿的写作

（1）编列提纲

写作演讲稿时，先设计编写一个提纲，骨架支起后，再丰富其具体内容。编写提纲可以将自己的思维线索用文字固定下来，以避免起草写稿时脱离主题，层次混乱；也有利于培养演讲者的观察力、分析能力、思维能力。编写演讲稿提纲没有固定格式，既可以写得粗一些，也可以编得细一些。可以分为简单提纲和详细提纲两种。

简单提纲是提示演讲要点，对内容如何展开不涉及。以《在马克思墓前的讲话》为例，它的简单提纲可以这样列：

① 开场白

② 主体部分

a. 马克思在理论上的重大贡献

b. 马克思伟大的革命实践

c. 马克思对革命事业的卓越贡献

详细提纲是把演讲的主要观点和展开部分详细地列出来。如《在马克思墓前的讲话》的详细提纲：

① 开场白

a. 马克思逝世的时间和经过

b. 马克思逝世是无产阶级不可估量的损失

② 主体部分

A. 马克思在理论上的重大贡献

a. 发现了人类历史发展规律

b. 发现了现代资本主义生产方式和它所产生的社会特殊运动规律

c. 他在研究的每个领域都有独到的发现

B. 马克思在革命实践方面的贡献

a. 参加打碎旧的国家机器的斗争，参加无产阶级解放事业的斗争

b. 编辑报刊、撰写书籍和参加工人运动

C. 马克思对无产阶级革命事业的卓越贡献

a. 敌人对马克思的嫉恨和诬蔑

b. 马克思对敌人的蔑视和斗争

c. 无产阶级和劳动人民对马克思的尊敬、爱戴和悼念

D. 结束语

马克思的英名和事业永垂不朽

2. 起草初稿

演讲提纲编写、修改确定后，就可以开始动笔起草演讲初稿了。如同建楼、架桥，“架子”支起后，就应增添里面的内容。起草初稿时要注意：

(1)处理好中心论点和分论点　抓住中心论点，围绕中心论点提出分论点，在写作时都要展示出来。并合理安排分论点的先后顺序。

(2)写全所需材料　包括事实材料、事理材料以及实物等，都要详细清楚地写在草稿中。

(3)安排好演讲结构　起草初稿时，演讲内容要按照逻辑联系和结构顺序，先写什么后写什么，都应有顺序，不应杂乱无章，内容脱节。

(4)写好开头和结尾　开头和结尾是演讲的重要组成部分。要事先筹划好，以求获得演讲的最佳效果。同时，要注意语言通俗、易懂，起草不应写得很潦草，最好一气呵成，避免写写停停。

3. 修改润色

写演讲稿，修改润色是十分重要的环节。因为演讲稿是反映复杂的客观事物的，要真正认识事物，必须有个由浅入深、由粗到精的思维过程，反复修改就提高了对事物的认识，修改主要有以下几方面。

(1)深化主题

演讲的主要目的是表达自己的思想，宣传自己的主张。如果演讲者认识不深刻、不正确，就不可能给听众带来深刻的启迪。演讲的主题是统帅，制约着演讲稿的各个方面，所以先要使主题观点深刻，能反映事物的本质；还要看是否全面，是否有片面性；检查主题观点是否集中，是否新颖等。一旦发现问题，就要立即修改。

(2)锤炼语言

修改演讲稿的语言，包括两个方面：修改语言存在的毛病，保持演讲语言的特色。

首先要找出稿中字、词、句上的毛病，修改段落等；然后按照演讲语言的要求，对其进行润色修改，使语言准确简洁、生动感人，并努力做到口语化。

修改语言的范围相当宽，要把含混不清的改为准确清晰，把啰唆重复的改为简明扼要，把干瘪无力的改为有血有肉，把古板呆滞的八股腔改为通俗上口的口语。通过修改，演讲稿的语言将更精粹、更优美、更富有韵味。

(3)加工材料

材料是演讲的“血肉”，演讲选择材料、使用材料十分重要。材料是为主题服务的，要检查材料是否典型、真实、新颖，是否有针对性。修改加工材料，常常包括：增、删、换及详略剪裁。当主题材料不充分时，应该补充和增加新材料；材料太多，太臃肿，淹没了演讲主题，要删去多余的材料，要精心选用典型材料；有的材料虽然生动有趣，但对表现主题作用不大，或属道听途说、缺乏根据、未经实践验证的,要毫不犹豫地加以更换;根据主题需要,材料要有详有略,对不当之处,严加调整。

(4)优化结构

结构是演讲稿的骨架,要使全篇血脉贯通,形成有机整体,就要对结构反复推敲。如开头是否吸引人,结尾是否深刻有力,段落间内在的联系是否紧密,衔接过渡是否自然流畅,语脉是否贯通等。如果发现上述方面存在问题,就要修改过来,使全文成为一个统一的有机体,尤其要注意的是开头、结尾必须精彩,要先声夺人,吸引听众;结尾要深化主题,强化听众印象。



## 第三节 演讲训练

### 一、演讲一般方法训练

(一)叙述训练

叙述就是把人物的经历、事迹和事件的发展变化过程清晰、有序地说出来。

(1)假期回家,向父母或过去的老师汇报自己半年来的学习情况。

(2)向班主任老师介绍一下自己家乡的自然环境及家庭的经济情况。

(二)描述训练

描述是显现事物的形状、再现某种场景的语言形式。描述要求语言真实准确、形象鲜明、优美生动。

(1)将下段文言文故事理顺为白话文。讲述时,注意运用描述的技巧,注意体会人物、场景描述的特点。

**浴肆避鬼**

吾杭八字桥,相传多邪秽,蛊于行客。村有浴肆,夜半即有汤。人一独行遇雨。蓦有避雨伞下者。其人意此以为鬼也,至桥上,排之于水,乃疾走。见浴肆有火。入避之。顷,一人淋漓而至,且喘曰:“带伞鬼挤我于河中,几为溺死矣。”两人相见,则皆误矣。

(2)就自己印象最深刻的一个场景进行描述。

(三)抒情训练

抒情就是说话者抒发和表露自己的感情。抒情应当是说话者在特定情景下真实感情的自然流露。

每名同学上大学时都经历过亲人送别的场面,面对亲人的谆谆叮咛、殷殷期待、依依不舍,你能无动于衷吗?请结合大学的学习生活,以“忘不了那期待的目光”为题,抒写一段自己的情感历程。

（四）阐述事理训练

阐述事理就是摆事实讲道理。演讲者面向听众表明自己的观点，阐述自己的主张，必须以事实为依据，否则，就会显得空洞说教。因此，阐述事理的训练是演讲训练中非常重要的一环。

1. 根据材料进行阐述事理练习

（1）清河农场劳改犯姜士杰，在春季探亲返场途中因救落水儿童而牺牲，在是否授予英雄称号时，引起了人们的争论。请谈谈你的看法。

（2）李锋同学在高中阶段好学上进，曾取得令人羡慕的成绩。可考入大学后，由于性格内向不善交际，使他在同学面前自惭形秽，再加上个别同学的讽刺、排斥，使他游离于集体之外，产生了严重的心理障碍。为了逃避同学，他经常缺课去练气功，寻求精神寄托。最后，他因五门功课不及格而受到学校退学的处分。正待公布处分决定之际，李锋的父亲来到学校，向校长坦陈了李锋受到的委屈，恳请从轻处理，使校长在感情上受到强烈震动，但面对严肃的校纪，他又很难私自更改决定。假如在就此问题召开的校务会议上，请你以会议参加者的身份谈谈自己的看法，并认真说明理由。

2. 根据命题进行阐述事理练习

（1）机遇偏爱有准备的人。

（2）路是自己走出来的。

（五）材料选择训练

材料是演讲的基础，但“捡到筐里不都是菜”，并不是什么材料都可以在演讲中使用的。演讲者要充分占有材料，认真鉴别材料，精心选择材料，恰当运用材料。

（1）阅读下列材料，根据材料完成一篇演讲稿的写作提纲。

上海某中学，期末考试开始的铃声响了，考生整齐、安静地端坐在自己的座位上。监考老师发完试卷后，走出考场。考场的黑板上清晰地书写着：“以真实的成绩证明自己的努力”“考试是对自己知识和人品的双重检验”。考场内秩序井然，无一作弊现象。考试结束后，同学们议论纷纷，大多数同学都对这种“无人监考”的考试方式给予了充分的肯定。

（2）以“天才源于勤奋”或“事物都是一分为二的”为题写一篇演讲稿，重点训练围绕主题选择材料。要求材料真实准确，典型具体，新颖动人，并具有针对性。

## 二、几种语境条件下的演讲训练

（一）即兴演讲训练

1. 触发训练

由一组物件作为连缀的触媒，发挥想象力，感悟某种事理，说一段话。

例如，以醮水钢笔、一副老花眼镜、一根正在燃烧的蜡烛等触媒性连缀物件说一段话：

这极平常的三样东西，使我想起一位乡村教师。他至少五十开外，架着老花眼镜，拿着一枝旧的蘸水钢笔，在一丝不苟地批改作业。乡村供电不正常，突然灯灭了。他摸索着找到火柴点亮了蜡烛。在黄昏摇曳的烛光下，他在批改到一个大有长进的孩子的作业时欣慰地笑了。啊，烛光是知识之光，照亮了孩子的心田；烛光是生命之光，是人民教师心血点燃，人民会永远记住教师的功绩！

(1)小组集体训练

小组活动，每人在三张小纸上各写一个词，然后混在一起，练习时，每人任意抽三张，将这三个似乎毫无关联的词用几句话连缀起来，组成一段有意思的话。开始阶段可以给几分钟时间准备，以后则应逐步减少时间，达到拿到题目就能讲的地步。在训练到一定程度的基础上，将全班的小纸条集中起来，任意抽取三张，由全班同学练习。

(2)试用触媒性连缀物件说一段话

① 闹钟、扑克牌、香烟、一瓶酒

② 一封拆开的信、一支钢笔、一瓶安眠药、一本打开的日记

③ 校友会、咖啡、遭遇

④ 春天、衣服破了、环境保护

2. 散点连缀训练

在特定的场合作即兴讲话，或给你一个范围请你作即兴演讲，这时虽然马上说出一篇完整的讲话还没把握，但脑子里肯定已经呈现“命题映象”。所谓“命题映象”是指某个话题产生的表达意向，这是进行即兴演讲的出发点。

可能有人觉得即兴演讲有压力，但现场的压力会使你急中生智。当然，脑子里跳出的“灵感”或“思维点”即时记录下来，然后经过快速筛选，将符合题旨的“思维点”黏合起来，就可以形成即兴演讲的表达网络。

这类训练，“思维点”要展开，否则三言两语就说完了，显得单薄。展开“思维点”要抓住横向的拓展与纵向的深化两个角度；在讲的时候要注意内容的“向心”和“侧重”。“向心”就是要围绕中心；“侧重”就是要突出重点，不要“放野马”；要会“避”。在大量“思维点”中，众所周知的、自己知之不深的或尚有争议的问题，要尽量避开，应全力抓住最有把握，最能体现主题或引起共鸣的东西讲。

下面是一组即兴演讲题，每次训练，选择其中一题，用散点连缀法准备，限时 3 分钟，先用一张小纸以词组、短语形式写下当时浮现脑际的小论点、事例、佳句、名言等，然后围绕表达中心有所取舍地排定表达顺序，再作片刻思考即说。

(1)我所发现的“美”

(2)逆境出人才

(3)给中国足球“定位”

(4)失败者,挺起你的胸膛

3. 格式化构思训练

有经验的人在即兴演讲时,自有他们自己摸索出的“套路”,他们常常用一个格式化的框架作为构思的依据,使自己的内部语言按照符合人们认知规律的逻辑方式表达出来。

构思框架种类很多,美国公共演讲专家理查德所归纳的“结构精选模式”比较实用,值得推荐。理查德认为,即兴演讲应当记住四句话,这四句话是表述过程中四个步骤的提示信号,即:

——喂,请注意!(开头就激起听众的兴趣)

——为什么要费口舌?(进而强调指出听演讲的重要性)

——举例子。(形象化地将一个个论点印入听众脑海里)

——怎么办?(具体地讲清大家该做些什么或怎么做)

这四句话,作为即兴演讲的原型启发,在讲前作为构思提示,在讲的过程中作为思路主线,可防信马由缰式的信口开河,在即兴演讲中对较好地表达题旨很有帮助。

例如:理查德在介绍他的即兴演讲结构精选模式时,以“保障生命安全,减少交通事故”为例说明。

| 喂,请注意! | 为何要说 | 举例子 | 怎么办? |
|---|---|---|---|
| 上星期四,特地购买的450具晶莹发亮的棺材已经运到了我们的城市,放在仓库里 | 不讲交通安全,却说订购的450具棺材也许等着我,等着你,等待着我们的亲人…… | 通过一个人的事例讲清每日每时会使我们送命的潜在交通因素 | 下面我想告诉大家,当……时应当……;当……时应当……;当……时应当…… |

在上表中,一种说法是以“耸人听闻”的悬念开头,诱导听众的注意,并用鲜明警醒的议论“勾”住听众的感知兴趣,几个部分衔接十分紧凑,表述通俗生动,虽然讲题并不新颖,但句句切中要害,打动人心。而另一种讲法却给人以“老生常谈”之感,很难收到好的效果。

请运用“结构精选模式”四步骤的提示信号,就下列题目快速选题构思,作即兴演讲训练。准备时间3分钟,讲3分钟。

(1)地球生态环境已亮“红灯”

(2)控制人口是当务之急

(3)望子成龙的家长,请放下手中的大棒

(4)这里的社会治安要齐抓共管

(5)植树节,请您栽活一棵树

(6)谣言止于智者



4. 扩句成篇训练

这是“立片言之居要”的即兴演讲技法。演讲时先开门见山用直言肯定句式提出自己的见解或主张,这个“直言肯定句式”就是全篇演讲的中心,然后构思同表达同步进行,讲的时候以此为表达依据,围绕它,从破题、展开到深入、归纳,这一句话如同一根红线贯穿始终。

——正面说(正面提出某种观点主张)

——反面议(如果不这样就如何)

——为什么(列举提出某观点的几个理由)

——怎么做(从哪几方面做才能实现)

——找证明(运用事例对观点作实证)

——驳异议(反驳与之相反的见解)

——作归纳(回应论点,强调“片言”)

——作预示(描述坚持某种主张的前景)

“扩句成篇”的关键是展开,注意内容的扩充与组合。可以运用上面提供的“三字诀”对“片言”扩充、展开;“三字诀”是展开论题的提示,但讲时不必面面俱到,一般除第一点“正面说”和第七点“作归纳”外,其他可侧重一两个方面说清楚、说透彻即可;“扩句成篇”是以一句话为发端、围绕这句话用一组句群所作的表述,因此,这一组句群要紧扣“居要”之“片言”,据此确定“意核”。“意核”确定后作联想,作全方位意核分解,这样才能做到言之有物,句句话的意思都“粘”在“意核”上。

请围绕下列论点,用“三字诀”做全方位的展开,作“扩句成篇”的即兴演讲训练:

(1)社会是没有围墙的大学

(2)偏见比无知离真理更远

(3)女人不是“弱者”的代名词

(4)“文山会海”是官僚主义的温床

(5)口才是现代社会人人必备之才

5. 借题发挥训练

所谓“借题发挥”,是指“借”现场之“题”(如观众心态、议论焦点、会场布置和气氛、别人的插话甚至本人的“突发奇想”等),来个“挂挡起步、神侃成篇”。这样临场的借题发挥,可以切境、切旨,也显得朴实而自然,是高妙“口才”的流露,发挥得好会取得强烈的现场效果。



借题发挥式的即兴演讲有以下特点:

第一,演讲者看似顺手捞到一个“抓手”就无拘无束地讲起来,但所言无不显示其洞察力、机智和敏锐,因为所说的一切都直接或间接地切合语境、切合题旨;说话人看似“侃大山”,亦庄亦谐,但决非信口开河。说的是平平实实的大白话,却有思想的闪光、哲理的内涵。

第二,演讲者撒得开、聚得拢,有时一材多用,有时一石数鸟,议论角度灵活多变,挥洒自如。有时甚至脱口说出几句“放胆”之言,并非无懈可击,却以“片面的深刻”言之成理,给人以启迪。

第三,演讲者边说边想,有时很平实,如诉衷肠;有时穿插一点趣话;有时“灵感”一来就马上抓住,突破一点立马就来个顺题立意,所以往往是言人之所未言,发人之所未发,显示出鲜明的个性色彩。

请借现场之“题”(事情、物件、人的姓名、环境特点等),作“挂挡起步、神侃成篇”的即兴演讲练习:

(1)借事发挥

练习题:面对十来岁的孩子抽烟这事,请以“向小烟民们进一言”作即兴演讲;

(2)借物发挥

练习题:你的一位朋友新居落成,前去贺喜的人当中,有人送去一只挂钟,主人显得不太高兴,送钟的人也感觉考虑欠周。这时如果要你以钟为题说一段话,既让送钟的人免除尴尬,又让主人态度转变。请设计一下,这个即兴讲话该怎么说。

(3)借名发挥

练习题:一位叫李怀争的高三学生,在学生会干部竞选时发表讲话:“……我的名字叫李怀争。我不安心无声无息的生活,不安心死水一潭,‘怀’着‘争’的热情,想创造一个丰富多彩、无限美好的生活……”你能借你或你熟人的名字,设想在一次竞选中作一段即兴讲话吗?请设计后作独白练习。

(4)借境发挥

练习题:设想你为了一件忍无可忍的事发了一通脾气。有人批评你说,虽然“理”在你一方,但不应该发脾气。于是,你在这个特定的语境中,以“人不能没有一点脾气”作即兴讲话。请设计后作独白即兴演讲练习。

(二)命题演讲训练

命题演讲训练应在思维训练和演讲一般方法训练的基础上,有目的、有针对性地训练演讲稿的写作、口头语言的表达、态势语的运用以及现场控制与调整的能力等。通过训练,熟练掌握命题演讲的有声语言和态势语言的表达技巧,有较强的驾驭语言和表达见解的能力。

1. 模仿训练

对于初学者来说,首先进行模仿训练是一种有效的方法。通过仿讲,可以练胆量、练态势、练表达。方法是截取别人演讲的精彩片断,作独白演讲练习。精彩的演讲语段可以丰富语言材料,打开思路。仿讲时脑子里可以浮现一两位你最欣赏的演讲者的形象,将他们的风格、气度和技巧有选择地“移植”到你的演讲中来。



播放经典演讲的录音或录像,要求学生注意有关问题并模仿演讲者的语气和表情、姿势进行演练:

怎样选题?阐述了怎样的道理?

采用了何种形式的开头?开头有什么特点?

怎样处理叙事和说理之间的关系?

如何结尾?结尾有什么特点?

演讲者的表情、手势、姿态与演讲的内容是怎样配合的?

2. 情境话题训练

读下面两段话,按后面要求回答:

(1)新生入校后,想法很多,概括起来大致有这样几类:一是考取了大学固然很幸运,但学的却并不是自己理想的专业,无法激发自己的学习兴趣;二是经过高中阶段的艰苦拼搏之后,上大学了,该轻松一段时间了;三是圆了自己的大学梦,很激动,决心充分利用大学期间的美好时光刻苦学习,但又不如何下手等等。针对这三种情况,请你设计三个讲题,并写出三个不同的开场白,然后上台讲出来。

(2)元旦联欢晚会在进行中,突然停电了,而且时间持续了三分钟,全场一片漆黑,场内开始出现了哄闹趋势。假如你是节目主持人,请你设计一段话,使同学们在欣赏你的演讲艺术的过程中,愉快地度过这三分钟。

3. 演讲稿写作训练

演讲稿的写作训练,可以从编写提纲、设计开头和结尾、写作全稿等几个方面进行。

(1)编写提纲

针对下列演讲题目,以提要或图表方式列出演讲的观点、材料以及观点和材料的组合方式,即编写详细提纲:

扬起你生命的风帆

位卑未敢忘忧国

理解万岁

假如我当班长

请保持自己特有的芬芳

(2)设计开头和结尾

针对下列演讲题目,分别设计出演讲的开头和结尾:

拥抱青春

我愿做一支燃烧的蜡烛

当我接到大学录取通知书的时候

加入世贸三年后的中国

成熟的标志

(3)撰写演讲稿

在上述两个程序的基础上,选择一个题目,撰写一篇完整的演讲稿。

4. 备稿试讲

经过了上述的训练过程以后,就可以进入“战前练兵”的阶段了,这就是备稿试讲阶段。备稿试讲可以分为四个步骤:

(1)听审

将讲稿朗读几遍,并录音,然后复听,检测语音是否和谐、语调是否有表现力、语言的分寸感是否恰当等。听审很重要,因为构思时流动于脑子里的语言写到纸上,仍然是书面的东西,诉诸听觉可能出现变异,做审视性复听检测,可以作必要的修改、修饰,而且也可以加深印象,便于记忆。

(2)分记

不要强记、死记演讲稿,将“稿子”背进头脑,讲稿就没有生命力了,而且上台后可能会因为害怕忘词而更加紧张。所谓分记就是分段朗读,读一段,然后用自己的话讲一遍,讲时可以录音并复听。然后再读,再录音并复听,如此循环往复,一段一段地进行,最后整合。这样演讲内容和原文语句就会印入自己的记忆,并融入自己的自如性语流之中,说起来不仅有现场感,也会有交流感。

(3)尝试

先将各段串起来,自言自语地说几遍,然后独立进行全文试讲。这时,镜子和录音机是你最好的“批评者”,它有助于帮助我们对自己的语言和态势作校正。

(4)临场

先作记忆信号定格工作。就是将演讲稿的各段开头与结尾语句以及易忘的数据资料写在卡片上,要尽可能简洁,但自己一看就明白,以备急需。上场前应坚决地将稿件“扔”掉。

5. 依稿演练

请依据下面两篇演讲稿进行实战演练。

**人生价值何在**

白樵疆

我们每一个人来到这世界上,为什么有的人功业千秋,永垂不朽?为什么有的人悄悄而去,却没有给后人和社会留下一点儿有价值的东西?

人,谁不希望自己的一生过得有意义、有价值?那么,怎样的人生才算是有意义有价值的人生呢？对这个问题——



歌德说："你若要喜爱自己的价值，就得给世界创造价值。"

爱因斯坦说："一个人的价值，应当看他贡献什么，而不应看他得到什么。"

共产主义战士雷锋说："自己活着，就是为了别人过得更美好。"

马克思是历史上一个了不起的伟大人物，他创立了科学的、光辉的共产主义学说，为人类的彻底解放指明了前进的道路。马克思曾说："如果我们能选择一种最适合于为人类工作的职业，那么，我们就不会在它的重压下变得意志消沉，因为我们是在为人类做出牺牲，这样，我们就不会陷入一种毫无意义的、狭小的、个人主义的欢乐之中。我们的幸福属于成千上万的人们。我们事业虽然是无声无息的，但它将永远与世长存，在我们死后，善良的人们将在我们的骨灰上洒下他们的热泪。"说这段话的时候，马克思只有17岁，而在以后的人生历程中，他用实际行动履行了他所说的话。他与世长辞100周年后，全世界无产阶级和革命的人民，不是还在深切地怀念他、悼念他吗？正因为马克思为人类做出的卓越的贡献，他的一生才有那样重大的意义，他的人生价值才那样无可估量的巨大。

鲁迅先生也是个伟大人物，如果他没有"横眉冷对千夫指，俯首甘为孺子牛"的崇高精神，如果他没有为中国人民的美好未来而鞠躬尽瘁，死而后已，其人生的意义和价值就不会这样大了。

事实上，那些千古不朽、光照史册、堪称人类精英的伟大人物，又有哪个没有为人类的共同事业做出过巨大贡献呢？

当然，我们中的每一个人不可能都成为马克思、鲁迅第二，但真正有志之士，总是在脚踏实地地、顽强不息地奋斗着，努力在最短的时间内去做出伟大的成绩，在有生之年尽自己的全部力量去为人类造福。

一个人是不可能离开人类、离开社会而独立生活的，要使人生有价值，就得造福于人类，为社会做贡献。作为一个社会主义社会的青年，要使人生有价值，就得把自己的生命融进伟大的共产主义事业之中。

人生的价值只能和一个人对社会做出贡献的多少、立下功绩的大小成正比。

许多革命烈士，年纪轻轻的就为人民献出了生命，难道他们就不爱人生？不，对人生，他们也充满了眷恋，充满了渴望。但是，他们为了更多人的生，面对死毅然决然。他们的光辉形象将永远耸立在人民的心中！他们死得光荣，死得伟大，他们的人生价值是那些碌碌无为而寿终正寝的人不可比拟的。

在今天的现实生活中，这样的事例也是很多的。生命不息，攻关不止，为中华的科学事业战斗到最后一刻的蒋筑英；用美好壮丽的青春，谱写舍己救人的共产主义之歌的张华；用生命去履行一个公民职责的安柯；更有身残志坚、顽强学习、面对坎坷的人生之路，仍然勇猛前进的当代保尔张海迪。

他们都是人生征途上的强者。

他们的人生价值是可贵的。

朋友们,这样的人生是多么美好啊!

贝多芬曾说:“我要扼住命运的咽喉,它决不能使我完全屈服——噢! 能把生命活上千百次真是多美!”

然而生命只有一次,保尔·柯察金那段至理名言,我们每个青年都应该牢牢记住,并把它变为自己的实际行动。千万不要像屠格涅夫笔下的罗亭那样,成为语言的巨人,行动的矮子!

亲爱的朋友们,一味地徘徊、彷徨,一味地哀叹、烦恼,并不等于思考、探索、前进,更不是成熟的标志。我们不能让生命在纸牌中消磨,不能让青春在酒精中融化,不能让斗志在空想中瓦解,而应当在为祖国和人民的贡献中创造自己人生的价值!

人生可能腐朽,也可能燃烧。我们不愿腐朽,让我们燃烧起来吧! 燃烧起来吧! 燃烧起来吧!

## 过一次“官瘾”

——在竞选学生干部大会上的演讲

郭　娟

老师们、同学们:

首先自我介绍一下:我是纺工系织专911班的,名叫郭娟。

生性腼腆的我,今天却能一反常态,无比镇静地站在你们面前,奇怪吗? 不必如此。一股巨大的力量催促着我,鼓舞着我站出来,这就是为咱们这个大家庭发一丝光、放一分热的责任感。

是的,我站出来了,信心百倍地站到你们面前,并发表着一篇关系重大的演说。它决定着我能否赢得大家的支持,也就是说,能否获得一个为大家服务的机会——当一名学生干部,一个学生官。

“当官”,多么诱人的字眼,有权可掌,有利可图,自古以来,为了它,不顾骨肉情谊弑父害兄者有之;为了它,以致丧身者也不乏其人。可谓使尽一切伎俩是为了当官。

“当官”有如此之大的吸引力,坦白地讲,经过深思熟虑,我也想争取过一次瘾。然而,我要当的官却不是某些人所希望得到的那种官,而是一个清官,无权可掌,无利可图;相反,还要付出一分代价。那我图的是什么呢? 能为大家庭中每一个成员服务,为一切愿接受我的人服务,在咱们这个大家庭中能献出一分劳动,将是我一生中的最大快慰,为了获得一次机会,我勇敢地站在这,争取来了。

不是推销商品，不是为了谋利，因而不需自夸。我确信自己有一定的号召、组织能力，确信自己有一套合适可行的工作方法。我深信：凭着一颗赤诚的心，凭着一腔沸腾的血，再加上我们的共同努力，我一定能把工作做好。不信吗？那就请给我一次证实的机会。

附：演讲赛评分方法

演讲赛的评分标准没有统一的规定，但一般都要从思想内容、演讲技巧、仪表风度等方面去考察，这里提供一套方案可供参考。

**命题演讲比赛评分表**

| 编号 | 姓名 | 演讲题目 | 得分 | | | 合计 | 简评 |
|---|---|---|---|---|---|---|---|
| | | | 思想内容 50% | 演讲技巧 40% | 仪表及其他 10% | | |
| | | | | | | | |
| | | | | | | | |
| | | | | | | | |

注：思想内容包括演讲的主题、材料、语言、结构等；演讲技巧包括口语和态势语的运用；仪表及其他包括服饰、精神面貌、时间控制和总体效果等。

**即兴演讲比赛评分表**

| 编号 | 姓名 | 演讲题目 | 得分 | | | | 合计 | 简评 |
|---|---|---|---|---|---|---|---|---|
| | | | 思想内容 35% | 反应能力 30% | 演讲技巧 25% | 仪表及其他 10% | | |
| | | | | | | | | |
| | | | | | | | | |
| | | | | | | | | |

注：思想内容包括演讲的主题、材料、语言、结构等；反应能力包括思维是否敏捷，能否善于发现和利用现场的情况等；演讲技巧包括口语和态势语的运用；仪表及其他包括服饰、精神面貌、时间控制和总体效果等。

# 第十六章 辩论

## 第一节 辩论的含义、类型与一般方法

### 一、辩论的含义、类型

(一)辩论的含义

辩论又叫论辩。论,就是议论、讲述;辩,就是辩解、辩明是非或辩驳。

辩论是一种具有对抗性的思想交锋和语言对攻活动。从口语表达的角度分析,构成辩论起码需要以下几个条件:

一是持不同见解的双方或多方必须处同一时空环境之中,没有对立就没有争论。思想认识上存在差异、矛盾、分歧,是人们发生争论的基本条件。进而言之,矛盾双方还必须同时处于同一场合之中,争论才可能变成活生生的现实。因此,矛盾双方必须同时走到一起来,这是形成辩论的前提条件和客观存在的基础。

二是矛盾双方必须进行直接的、正面的语言交锋。不同见解者在同一场合之中,还必须诉诸语言对抗、交锋,才可能形成思想观点的较量、角逐和论争。彼此间思想矛盾尽管很尖锐,但如果含而不露,不说出来,那同样不可能形成对抗。如同各自高举利剑而不交手,那就不是战斗,只能称之为对峙、冷战。抑或矛盾双方也发表意见,侃侃而谈,但四平八稳,不痛不痒,没有锋芒,没有反击,那同样算不上是辩论,充其量只能是交谈、交流和讨论。因此,只有当矛盾双方为维护本方立场,施展攻守策略,向对方阵地频频发起冲击,才是真正意义的辩论。唇枪舌剑是辩论的形象表现。从这个意义上说,只有语言交锋才是辩论。

三是矛盾双方必须就同一个命题展开辩驳诘答。持不同见解的双方还必须就同一个问题发表看法,提出判断,进行推论,据理力争,以证明自己对,并批驳对方的观点,比较各自论点的优劣、长短和真伪。如果彼此之间在表面上看起来争得唾沫四溅,慷慨激昂,可是仔细琢磨,彼此并不是理论同一个问题,而是各说各话,话题互不搭界,如此盲打、散射,自然很难形成针锋相对的对垒、交火,同样不算辩论。

四是矛盾双方必须以决胜负为目的。大凡辩论都有明确的目的性。辩论者总是想证明自己的见解正确,对方的观点错误,借以压倒对手,征服对手,让人口服心服。简言之,只有争个水落石出,弄清是非曲直,才是有意义和有价值的辩论。

通过上述分析,我们可以得出这样的结论:所谓辩论就是持不同见解的双方围绕某一看法、某一事物,展开辩驳诘问,力求战胜对手,以扬真理、明是非、辨曲直为目的的论争活动。

墨子曰:“夫辩者,将以明是非之分,审治乱之纪,明同异之处,察名实之理,处利害,决嫌疑。”意思是说,辩论就是要分清是非界限,考察治乱的原因,懂得区别同异的客观根据。可见,自古以来,辩论就是人们辨是非、分真伪、求真理的手段。

从本质上看,辩论是客观事物之间矛盾斗争的反映,是对立思想的公开对垒,是不同认识的正面交锋。没有矛盾就没有世界,世上只要有人群,就会有思想差异、分歧和矛盾,而思想认识上存在的差异、矛盾、对立等,常常要通过自发或有组织的辩论方式进行思想交锋、比较、交流,进而在更高的层次上消除差异、分歧。可见,辩论是既对立又统一的矛盾斗争,是解决人与人之间意识形态范畴的矛盾的有效途径。

当然,通过辩论可以辨明是非,探求真理,但是它并不能最终证明真理。真正可以检验真理的只能是实践。辩论不过是人们认识真理的过程中弄清并纠正认识中的偏差,求得相对统一的一种手段。

(二)辩论的类型

辩论一般可分为三类:即日常辩论、专题辩论和赛场辩论。

1. *日常辩论*

日常辩论,是指人们在日常生活中随时地发生的争辩。生活中,每个人都会因自己的思想与他人相异而发生争辩,都会不可避免地遇到辩论。争辩体现着人类社会的民主和自由,反映着人类社会的文明和进步。生活中,社会群体的每个成员,都应该正确地掌握和运用争辩这种方式,以适应社会群体生活的需要。因此,我们在进行日常辩论时要注意以下几点:

一是要把握日常辩论的随机性。日常辩论随时随地都可能发生,一般都以眼前突然发生的事件作为争辩的对象,因此,这种争辩都是即兴的。争辩的语言要求短小集中,言简意赅,一针见血,一语中的。

二是被争辩的对象要有意义。辩论的本质意义在于批驳谬误,探索真理,通过争辩明辨是非。除了赛场辩论是为了锻炼思维、培养口才而“求胜不求真”外,一般来讲,辩论双方发生争辩,首先必须考虑辩论的积极意义。争辩的问题无非是两类:一类是关于原则性问题的争辩,另一类是属于琐碎小事的非原则性问题的争辩。前者是必需的,而后者是多余的。任何一种争辩都有起因和目的，但并不是任何一种争辩都具有意义，都值得提倡。在人们日常的口头交往中，经常可以看到因鸡毛蒜皮的小事或低级庸俗的无聊事而引起的一些争辩。这些争辩毫无意义，徒费精力。作为一名理智的争辩者，应当珍惜自由争辩的权利。在进行争辩前，应该问一问自己，争辩是否具有意义，即："我的争辩是为了探求真理、明辨是非，还是为了显示自己的睿智，或者是有其他意图？"

三是争辩要襟怀大度。争辩的巨大作用在于辨明是非，认识真理。争辩各方要通过据理力争，达到互相学习、取长补短、以促进思想深化的目的。辩论各方为了坚持自己的观点展开激烈的论战时，彼此间应互相尊重人格，尊重真理，应当尽量采取商榷的态度、平等说理的方式。每个争辩者都要明白，任何人的思想都有局限性，世界上没有无所不知、无所不晓的人。只有通过争辩，才能使真理愈辩愈明，才能提高和发展自己的思想。在争辩时，争辩者应襟怀大度。如果自己的观点被证明是错误的，就要有从善如流的雅量，及时承认错误，纠正错误；如果自己的思想被证明是正确的，也要谨慎地注意吸收对方思想中的合理成分，以充实和完善自己的思想。对争辩中的冲突和彼此情绪的冲动，双方都应有容人的器量；对于争辩的非原则性问题，主动让步也显示了容人的大度胸怀。

四是争辩要有礼貌。争辩不是争吵，争辩者切不可纵感情，凭意气。争辩双方应互相尊重人格，不采取言语尖刻、讽刺挖苦的方式。争辩的语言要有分寸感，要注意礼貌。特别是在某个话题引起了强烈的感情冲动时，更要注意克制情绪，保持彬彬有礼的举止，避免使用过激言辞而伤害别人的自尊心。尊重他人是尊重自己的前提，争辩者要想使自己的思想被他人理解和接受，就应该在争辩中显示出对对方的礼貌和尊重。

2. 专题辩论

专题辩论，是指在专门场合下对某一领域或某一部门的特定议题进行的辩论。专题辩论包括法庭辩论、会议决策辩论、外交辩论、谈判辩论、毕业答辩、竞选辩论等。

专门辩论的专门性，决定了专题辩论中不同类型的不同性质和特点。例如：法庭辩论则主要表现出它的阶级性、公正性和对抗性；外交辩论主要表现出它的政治性、原则性、灵活性、礼节性；学术辩论主要表现出它的科学性、严谨性、深刻性；论文答辩主要表现出它的解释性、机敏性、逻辑性等等。

专题辩论的专门性，还指专题辩论知识的专业性和职业身份的限制，即在进行某一专题辩论时，有特定的专业知识范围，有特殊的职业身份的专业术语，即自身的所谓"行话"。因此，在进行专题辩论时，应针对不同的专题把握不同的特点，运用不同的方法。

3. 赛场辩论

赛场辩论是有组织地将辩论作为竞赛项目来进行的演练活动。它是按一定规则进行,围绕同一问题,双方当面交锋,各自论述自己的观点和见解,抨击对方的论点,揭露对方谬误的一种团体辩论演讲比赛形式。实质上,赛场辩论是一种对现实生活中的辩论——日常辩论和专题辩论的模拟,它的特点主要表现在以下几个方面:

一是从辩论的目的看。日常辩论和专题辩论都是为了达到认识真理的目的,辩论双方都有说服对方或被对方说服的心理准备和客观可能。而赛场辩论的主要目的,是通过比赛来训练辩论的能力和技巧。因此,它以击败对方为主要目的,双方都不准备说服对方,更不会被对方说服。被对方说服就意味着比赛的失败。所以,辩论赛对开发广大青年的智力,训练辩论技能有着重要的意义。

二是从辩论的内容范围看。日常辩论和专题辩论都可以针对对方的人和事,例如就对方的某个观点或行动,某种品性等进行辩论。而赛场辩论则奉行对事不对人的辩论原则,只针对对方辩友的观点展开辩论,而不涉及对方个人的品质、能力和行为。此外,由于辩论赛以取胜为主要目的,所以在辩论内容上,只要能"自圆其说",驳倒对方就可以取胜。因此,辩论的结果,胜方的观点不一定代表真理,而败方的观点并非一定是谬误。

三是从辩论的评判看。日常辩论和专题辩论的胜利,在于己方的观点说服了对方,辩论时一般只有双方在场,只要考虑怎样对付对方的观点即可。而赛场辩论的胜负,决定于评判员的评判以及现场观众的心理倾向对评判员的影响。因此,赛场辩论的双方,既要考虑以充分的论据和有力的反驳使对方失利,又要注意自己的语言美和仪态美,以争取听众和评判员的好感和同情,最终取得辩论赛的胜利。

四是从辩论的表达方式看。日常辩论和专题辩论若要表达自己的观点和批驳对方的错误时,要注意以委婉的方式,即采取不伤害对方自尊心和刺激对方情绪的方式来表达。而赛场辩论则不采取这种考虑心理相容的表达方式,不必担心会刺激对方,对方越失态,越过分激动,对己方越有利。

五是从辩论的组织程序看。赛场辩论属于一种竞赛,竞赛的公正性要求有一套严密的组织形式和竞赛规则,辩论时必须严格遵守这些规则。每方的人员组成结构,每一个人什么时候发言,发言的时间有多长等等,都有严格的规定。相对来说,日常辩论和专题辩论的要求就没有这么严格,也没有必要这样来要求。

## 二、辩论的一般方法

### (一)直接证明

运用事实和道理作论据,证明某个观点的真实性。

1. 归纳法

归纳法是以某类事物中一些对象或全部对象都具有某种属性作论据,论证该类对象都具有这种共同属性。如果论据涉及某类事物的全部对象，叫完全归纳法；如果是部分对象，就叫不完全归纳法，又称简单枚举法。

简单枚举归纳法比完全归纳法简便实用，但采用简单枚举归纳法时要注意，所用作论据的对象应尽可能广泛和充分，并且它们都毫无例外地具有某一属性，而没有与此相矛盾的属性。当然，简单枚举归纳法所证明的论点的论据虽然没有例外的情况，但我们不能保证在同一类事物中其他未考察的事物一定不会出现相矛盾的属性。正如列宁所说的："以最简单的归纳方法所得到的最简单的真理，总是不完全的，因为经验总是未完成的。"例如过去人们根据不完全归纳法得出了"天下乌鸦一般黑"和"纸包不住火"等结论，甚至使之变成了哲理名言，然而后来的实践证明了天下也有不黑的乌鸦，更发明了能防火的纸。

为了尽量提高不完全归纳法结论的科学性，减少或然性，人类又在实践中创造了科学归纳法。科学归纳法是根据对于某类事物之所以具有某些共同属性的必然因果联系，推出的结论通常都反映了自然界和社会中的必然规律。因此，这种归纳法是最重要、最雄辩的一种归纳法，在我们的论证中是常常要应用到的。比如，人们在论证小鸟在蓝天飞翔中与正在航行的飞机相撞，能使钢铁之躯的飞机粉身碎骨这一论点时，就运用了这种科学归纳法。请看事例：

1980 年，一架美国飞机从波士顿机场起飞后，遇上了鸟群，飞机当场坠毁，机上六十多名乘客丧生。

1983 年 7 月，一架英国航空公司的直升机在北海上空突然坠毁，二十名乘客和机组人员罹难。在调查出事的原因时发现，飞机的发动机里有海鸥的尸体。

1980 年，法国空军基地发生 77 起飞机事故，其中 26 起是鸟祸。

一架飞机为什么竟被血肉之躯的小鸟撞得粉碎呢？原来小鸟与高速飞行中的飞机相撞，具有惊人的破坏力。科学工作者经过试验证明：一只 450 克重的小鸟撞在时速为 800 千米的飞机上，冲击力为 153 千克，一只 7 千克重的大鸟撞在时速为 960 千米的飞机上，冲击力达 144 吨。现代高速飞机时速可达 3000 千米，这样高速的飞机撞上飞鸟，其巨大冲击力更足以使飞机粉身碎骨！

以上的归纳法不但从部分事例中知其然，而且从整体的内部联系上知其所以然，这就是科学归纳法的特长。

2. 演绎法

演绎法是引用一些经过实践证明是正确的经典名言，众所周知的科学原理、公理、定义、定理作为理论根据，来印证或推断出一个新的论点的论证方法。它是根据逻辑推理中的演绎推理的思维方法来进行论证。演绎法的论据是一个有普遍性和真实性的前提，目的是要推出一个带有个别性、特殊性和真实性的结论。正如恩格斯所说的那样，如果我们有正确的前提，并且把思维规律正确地运用于这些前提，那么结果必定与现实相符。

运用演绎法必须注意:用作论据和大前提的普遍性结论必须是经过实践检验被大家所公认是正确的;其次,对于引用的各种经典言论,名言、格言,必须力求准确理解、恰当运用,并保证其意义的相对完整性,不能牵强附会或断章取义。比如有的人曾在辩论中为了论证自己办事虽然动机不良,但“歪打正着”,得到了好效果,因而自己也算是道德高尚的这一观点,就引用了毛泽东同志关于“为大众的动机和被大众欢迎的效果是分不开的,必须使二者统一起来”的论述为依据。这就是对引文原意错误理解的结果。因为毛泽东同志在这里只是强调动机和效果“必须统一起来”,并没有说动机与效果不会发生不一致。相反,正是因为客观上存在这种不一致的情况,毛泽东同志才这样强调,这句话其实正是要否定道德评价上的效果论的。

3. 类比法

类比论证是利用事物之间的相似性类比证明并强化自己的论点,或提示对方论点的荒谬性,反驳对方论点的方法,其逻辑基础是类比推理。类比推理即是根据甲事物与乙事物具有某些相同或相似的属性,进而推出其他属性也相同或相似的逻辑方法。运用类比推理涉及两类事物:一是借来类比的事物,叫类体;二是需要说明的事物,叫本体。类比推理就是以类体证明本体,联类明理,或以类反驳。类体既可以是真实的事物,也可以是虚拟的事物,只要其中包含的道理是人所公认的,就可以用来说明本体。两类事物之间的可比因素越多,类比就越有说服力。请看下例:

有一次,拿破仑对他的秘书说:“布里昂,你将永垂不朽了。”

布里昂迷惑不解。

拿破仑解释道:“你不是我的秘书吗?”

布里昂微笑着,反问:“那么,请问亚历山大的秘书是谁?”

拿破仑答不上来,喝彩道:“问得好。”

布里昂对于拿破仑的“借主子的名声可扬名后世”的命题,并不直接反驳,而是用亚历山大的秘书同自己进行类比:既然亚历山大的秘书是谁你说不上来,那么拿破仑的秘书也不会名传千古。在这个类比推理中,反驳者并没有明说结论,而是引而不发,让对方意会。这是一种隐含性类比推理,还有一种显性类比推理,即在类比过程中明言自己的观点。请看下例:

有一次,毛泽东的扮演者古月接受一位外国记者采访,记者问:你对毛泽东的错误怎么看?

古月:请问你怎么看维纳斯?

记者:她很美。

古月:但维纳斯不是少了一条臂膀吗?

记者:这无损于她的美!

古月：这也是我对毛泽东的看法。他的错误，同样无损于他的伟大形象。

在这里，古月把毛泽东的缺点与维纳斯的断臂相类比，最后一句把推理的结论明言说出，从而鲜明准确地表达了自己的观点。

类比推理在辩论中有广泛的用途，首先可以在立论中显示威力，利用事物之间的相似性类比证明并强化自己的论断。请看下例：

1932 年上海淞沪战起，蒋介石坚持不抵抗政策，密令上海市市长吴铁城与日军和谈，并签订了《淞沪停战协定》。我国著名律师吴迈得知这一消息后，十分悲愤，率五百多名学生、市民前往市府声讨，途中遭到印籍警察的拦截。吴律师面对印籍警察大声喊道："我是律师，深明法律。日本帝国主义妄图灭亡中国正如当年英国灭亡印度同其可恶。今日上海民众为了抗日救亡，向吴市长表达民意，和当年贵国圣雄甘地先生反英复国的行动完全一致。现在，诸君为英国效劳，替吴铁城保镖，干涉我国人民抗日救国的正义行动，日后你们退役回国有何面目见甘地先生？"

他的讲话，连用几个类比事物，由此及彼，推己及人，大大强化了自己的立论，很有征服力，迫使印籍警察给请愿学生让出了一条道路。

类比推理用以反驳更是所向披靡，辩力巨大。人们可选取一个与对手论点相关且不合情理的事物进行类比论证，以揭示对方论点的荒谬性，达到反驳的目的。请看下例：

加拿大前任外交官切斯特·朗宁，1893 年出生在我国湖北，他是喝中国奶妈的乳汁长大的。他回国后，有一次参加省议员的竞选，反对派多方诽谤、诋毁他，妄图剥夺他的参选资格。有人说：你是喝中国人的奶长大的，你身上一定有中国血统。

朗宁回击道：如果喝中国人的奶就具有中国血统的话，那么，诸位老先生，你们大多数人都是喝牛奶长在的，你们身上一定有牛的血统了？

在这里他借物类比，提示了说喝中国人的奶就有中国人的血统与喝牛奶便有牛的血统一样荒诞不经，他的推理深刻而形象，比直接批驳对方的论点更有力。

在辩论中，类比反驳具有后发制人的特点。其基本作用是显示某种观点的错误，指出什么不对，而不必说明什么对，就完成了任务。

使用类比推理，一定要把握好两类对象之间的关系，两者的内在联系越是紧密，类比论证就越是贴切，越有说服力。如果两者之间只是表面上具有某些相同、相似点，以此为根据进行推论，就容易犯"机械类比"的错误，使自己陷入被动挨打的境地。如一次竞赛辩论的辩题是"大学生经商理所当然"。反方道："一只刚孵出来的小母鸡，它不企图给人以蛋。因为它知道自己还无蛋可下，它当前的责任是进食。等它长大后，自然能下蛋。在校的大学生，决不应该企图经商赚钱以补贴家用,因为他现在还一无所有,等他毕业参加了工作,自然能承担起家庭责任。”

正方反驳道:“也许,大学生一心经商,刚孵出来的小鸡下蛋,两者都很可笑。但是,大学生毕竟不同于小鸡。在搞好学习的前提下,利用空暇经商,一则补贴家用,再则锻炼自己,何乐而不为呢?对方辩友,大学生经商,应该比小鸡下蛋更容易。”

在这里,反方把大学生经商与刚孵出的小鸡下蛋进行类比,虽有可比之处,但不可比之处太多,如此生硬类比,很难自圆其说。结果被正方抓住,轻轻一点,对方就陷入窘境,不能自保。

这说明,类比推理虽有增强辩论说服力的作用,但它又有不够严密的缺陷,用之不当就会适得其反。这是因为,类比是由个别到个别的推论,利用事物之间存在某种相同属性,进而推知某一未知事理,这种未知事理只是具有可能性,并不具有必然的性质。因此,类比推理缺少独立证明的能力,一般只作为辅助性手法,在辩论中应相机而用。

(二)间接证明

间接证明的方法又叫反证法,就是先用反驳的方法证实与自己论点相反的论点是虚假的和错误的,从而间接地证实自己的论点是真实的和正确的。因为排中律认为:反论题既假,正论题则真。

反证法在辩论中运用很广泛,原因在于它矛头直指对方的错误论点,具有强烈的抗争力,而自己的观点包含在对方论点的反面,把对方的论点驳倒了,自己的论点就不言而喻了,在某些不便于正面表态的辩论中,运用反证法的更加具有策略性。如《史记·滑稽列传》中有这样一个故事:

> 楚王十分钟爱的一匹养尊处优的马生肥胖病死了,楚庄王下令群臣为死马奔丧,按一棺一椁的大夫之礼举行葬仪,大臣们纷纷发表异议,楚庄王大动肝火,下令说:“谁再阻止,我判他死罪!”
>
> 宫中有个戏子名优,闻此事后即进入殿门仰天大哭。楚庄王问其故,他回答说:“大王最心爱的马死了,却仅以大夫之礼来埋葬,太寒酸了!楚国这么大,什么东西没有?我要求按君王之礼仪来埋葬。”
>
> 楚庄王问:“那么该怎么埋葬呢?”
>
> 优说:“雕玉作棺,刻梓为椁:……齐、赵王走在送殡队伍之前,韩、魏王担任后卫……这样,各诸侯就都知道大王贱人贵马的事了!”
>
> 楚庄王听出了这番话的“弦外之音”,认识了自己的错误,最后同意了优的意见,改为按六畜之礼来埋葬。

运用反证法要注意:反论题一定要与正题组成矛盾判断,才能运用排中律破假立真;另外,反证法实际上是充分条件假言推理否定式的运用,必须注意按照充分条件假言推理的规则和要求,大前提中前件应是后件的充分条件;没有前件提供的条件，却不一定没有后件所说的结果。因此，如果前件与后件缺乏必然的逻辑联系，就不能运用反证法。

（三）直接反驳

直接反驳，是用事实或理论原理作论据，直接揭露某种观点的虚假和错误，使之不能成立的论证方法。由于辩论包括论点，论据和论证三个要素，三者中有一方面不能成立，则整个辩论就会失败，所以，根据对方的不同情况，可以分别采取以下几种直接反驳的方法：

1. 反驳论点

就是直接抓住对方论点中概念的虚假性、论点的荒谬性和逻辑上的混乱进行揭露和驳斥。

例如，对于社会上一些人散布的“金钱万能”论，一名学生首先抓住“万能”之荒谬这个突破口，直接反驳道：

在那战火纷飞的艰苦岁月里，有多少优秀儿女，他们面对敌人的威胁和利诱，大义凛然，视死如归，表现了共产党员的崇高气节，正如方志敏同志所说的那样：“共产党员不是金钱所能打动的。”

新中国诞生前后，有多少志士仁人，他们身居海外，一心报国，抛弃了国外优裕的生活条件，回到满目疮痍的祖国，他们视金钱如草芥，却为自己的祖国献上了一片赤子之心，这种眷眷爱国心，拳拳报国情，哪里是金钱所能买到的呢？

在我们建设社会主义现代化的今天，又有多少在各自岗位上勤勤恳恳工作着的人们，他们不计较个人得失，不计较报酬，为了振兴中华、实现“四化”而忘我地工作，他们这种精神难道是金钱能够买到的吗？……

这几段话就运用概括的事实直接驳斥所谓“金钱万能”的错误论点，由于所列举的概括的事实是众所周知和大量的，都具有与对方论点相矛盾的性质，也就雄辩地驳倒了对方的论点。这种方法常常用于反驳对方的错误论点比较明显地违背事实和常理的情况。

针对论敌提出的论点，透过现象，由表及里，深入剖析，揭露其例题的错误本质。错误本质一旦曝光，对方的命题自然就难以立足了。

请看王若飞同志在法庭上与敌法官针锋相对的舌战情形：

敌法官：你触犯了危害民国紧急罪法。

王若飞反驳道：什么是民国？是骑在人民头上作威作福的一批强盗！所谓“紧急治罪法”，无非是保护帝国主义、大地主、大资产阶级的法律！试问，制定这种法律的时候，有哪一个工人、哪一个农民、哪一个其他劳动者参加过？你们执行这种法律，只能说明你们是帝国主义、买办阶级、封建势力的工具，是他们忠顺的奴仆而已！敌法官被驳得面红耳赤，又强词夺理地说：我不管你这些歪理，反正你有罪！

王若飞道:我有什么罪?我犯的是反对你们祸国殃民的罪行的罪!是反对你们投敌卖国的罪,是反对你们专制独裁、剥削人民、欺压人民、贪赃枉法的罪行的罪!如果你们真是英雄好汉,如果你们还有一丝一毫的天理良心,咱们就到大庭广众中去,让群众评一评理,是共产党犯罪,还是你们犯了十恶不赦的滔天大罪!

敌法官:你这样目无法纪,我们不让你到街上煽惑群众!

王若飞:原来你们是见不得人的。

在这场法庭辩论中,王若飞同志就是把锋芒直指敌法官的论点,并以犀利的语言,一针见血地指出其反动本质,驳斥了敌人的污蔑。

有时,被反驳的论点中某些概念本身就含混不清,这容易被对方把水搅混。反驳首先就要从澄清这些概念入手,然后再反驳论点。

例如,1936 年 11 月,国民党反动派迫害抗日爱国人士,制造了"七君子"事件。在开庭审判"七君子"时,有这样一段辩论:

敌法官:你们的宣言有句话,"各党派代表进行谈判,建立一个统一的抗日政权",这难道不是不要政府吗?

王造时(七君子之一)驳道:你们把政权、政府混为一谈,真是不知政治为何物!被告是研究政治的,据我所知,政府是一个国家机构,政权为政府行使它的职能力量;政府是具体的,政权是抽象的。政府目前最迫切、最重要、最神圣的任务是抗日。我们要抗日,就不能不使这个作为国家机构的政府有强大的力量。这极强大的力量,必须全国统一才能发生。我们所谈的统一的抗日政权的意义便是如此。

至此,敌法官无言以对,一脸尴尬。

王先生通过辨析"政府"与"政权"两个概念的含义,点明其区别,有力地揭露了敌法官故意混淆概念、欲加之罪的卑劣伎俩,把敌法官驳得哑口无言。

从逻辑的角度看,判断是由概念组成的,概念不准必然判断不能成立。因此,从辨析概念入手,比较正误概念之间的差异,就可抓住对方的"狐狸尾巴",进而使对方论点难以立足,其混淆概念的不良用心昭然若揭、不攻自破。这是一种十分投巧又十分有力的反驳方式。

2. 反驳论据

在辩论中,如果发现论敌赖以支撑其论点的论据有虚假、错误之处,便可直接把矛头指向论据,揭露论据的虚假之处。摧毁了论据,对方的论点就失去了基础,立论的大厦必然倾覆。

(1)揭露论据虚假

不真实的论据是难以证明真实论点的。如果指出对手论据虚假,与事实不符,对方的论点将无以立足,旗帜自然倒地。

比如,在一列火车上,工人领袖倍倍尔听到人们在议论着议会选举。有一个绅士模样的人造谣惑众说,你们听说过吗?倍倍尔可是一个恶魔,他是那样的狂暴,声称要消灭资本!“问题不止于此,这回倍倍尔也出来竞选议员,他竟然对格劳绍的选民许愿,如果选举他,就可望得到双薪和立即实行八小时工作制,以此来收买人心,直是可耻极了!”

倍倍尔忍不住问道:“先生,难道你讲的这些是从倍倍尔本人的演讲中听到的吗?”

绅士一愣,傲慢地说:“当然,我是亲耳听到的。”

倍倍尔大声说:“不,这是无耻的谎言,先生,这样恶意中伤他人能说明您人格的高尚吗?”

绅士有点慌:“您是什么?同倍倍尔……”

“我就是倍倍尔。”他平静地说。对方顿时羞得脸红,哑口无言。车厢的人都用吃惊而敬佩的目光看着这个大名鼎鼎的、举止朴实、谈吐稳重的工人领袖倍倍尔。

再没有比本人直接地站出来揭露谎言更有力了。谎言一旦被揭穿,对方的论点便一文不值了。

再如,在朝鲜战争后期板门店谈判中,美方借口“防卫汉城”,要把开城划到他们一边,理由是:“谈判开始前,开城就不在你们手中。”

我方代表解方立即揭穿说:“你们太健忘了。讨论谈判会址的时候,你们曾争辩说,你们从来不愿在开城谈判,一定要改变会址,理由是开城在我们手中,于你们不利。如今时间才过去两个多月,就改变了你们自己原来说的话,又说不在我们手中,难道当初你们是信口开河吗?”

由于对方论据虚假不实,所以一旦揭露出来,在铁的事实面前必然难以立足,故不得不改口,从原来的阵地上撤退。

在辩论时,数字虚假不实同样可以成为攻击的目标,及时揭穿它,必能扩大战果。如在1990年亚洲大专辩论会上,南京大学队对台湾大学队,就“人类和平共处是一个可能实现的理想”进行辩论。反方台湾大学队指出:“根据统计数字的显示,自从1945年以来,每天12场战争在进行,这包括大大小小的国际战争以及内战。”

正方南京大学队反驳说:“对方同学所说的1945年到现在,每天爆发12场战争,这个数字引用也是不正确的。事实是,60年代总共爆发了约30次战争,而80年代总共爆发不到10次,这不正说明了一种缓和的趋势吗?”

及时指出对方数据的虚假,以虚假数据为依据支撑的论点自然难以成立,对方陷入困境。

(2)指出论据之失真

当发现对方所引论据不准确不全面时,给予当场揭露,失真的论据是不能得出正确结论的,对方的命题就不攻自破了。

李燕杰教授与一位外国语学院学生进行民主问题的对话,有这样一段内容:

学生:哪个国家都比中国民主。

李教授:你认为哪个国家最民主?

学生:英国,英国的海德公园里最民主。

李教授:海德公园我去过,尽管很民主,谁都可以去演讲,但是那里也有四项“基本原则”:谁也不准反对女王,不准攻击别人,不准宣传暴力革命,不准使用麦克风。如果你违反了其中一条,你在这个公园演讲的民主就要被剥夺。

学生:原来如此,这事儿我还得琢磨琢磨呢!

在这段辩论中,学生使用论据——海德公园,说明这里最民主,然而事实有误。所以,一经点明实际情况,他不得不认输。

再如,在一场关于“温饱是谈道德的必要条件”的辩论赛中,有这样一段辩论:

正方剑桥大学队二队:……请问对方刚才说了英国民众在二次大战中发扬道德精神,但是要知道,英国当时所处的社会在资本主义国家中所处的经济地位是世界上领先的,而且据最近的资料表明,二战中英国人民的温饱程度是有史以来没有过的,营养价值在当时食物平均分配制度下是最好的。因此,你不能通过这个例子否认它是在温饱程度上讲道德的。

反方复旦大学队三辩:《丘吉尔传》告诉我们,那时好多穷人是怎么去填饱自己的肚子的呢?是去排队买鸟食,还买不到啊!

剑桥大学队来自英国,他们的论据看似很确凿,坚挺有力,可是当复旦大学队员运用权威人士丘吉尔记述的相反事实轻轻一点,对方论据的失真便昭然若揭,立论也就软弱无力了。

(3)指出论据不可靠

如果论敌的论据来自主观臆测和想象,未经实践证实,用以说明论点是靠不住的,那么只要指出其不可靠性,命题的真实性也就被动摇了。

某单位新调入一位年轻漂亮、打扮入时的女职员,引起机关人员的品评。

甲:瞧吧,又来了一个白吃!

乙:为什么?

甲:还用说吗?漂亮女人多半把精力放在修饰容貌上,哪有心思钻研工作?

乙:你呀,结论下得太早了!漂亮女人不一定都是交际花。再说,对她的言行品德作过调查吗?

甲:这……

甲的论据来自主观想象和片面经验，仅凭人长得漂亮、爱打扮就下结论，显然是经不住推敲的，很容易被戳穿。所以，当对方指出其论据不可靠，与论点之间没有必然联系，不足以支持命题时，其命题就站不住脚了。在这里，只要指出两者之间缺乏必然性，就可以驳倒对方的论点。

再如，在国共两党进行谈判中，一次，国民党代表有意穿着旧布服来参加会议，向我党代表讥笑说："你们说我们代表资产阶级，瞧你们穿得多么漂亮，可比我们讲究多了。"

我党代表周恩来驳斥说："看一个人代表什么阶段，是看他的思想和行为，而不是看他的穿着。你们就是穿得更差些，也代表地主和买办资产阶级；我们就是穿得更漂亮些，仍然代表无产阶级。"

对方哑口无言。

对方以衣着做论据证明阶级属性显然是不可靠的，所以在反驳中，指出穿着与阶级划分之间无必然联系，对方论点的荒谬可笑就暴露无遗了。

总之，在辩论中，在对方的论据上做文章是一种很投巧、很有效的方法。无论多么复杂的辩题，只要把对方的论据驳倒，就等于抽掉了它的脊骨，对方就再也难以挺胸迎战了。

(四)间接反驳

间接反驳的目的也在于反驳，但它采取先证明自己的论点是正确的方法，或先承认对方的论点，再由此引申出荒谬结论的方法，来间接驳倒对方的错误论点。这是对矛盾律的运用。其方法有两种：

1. 肯定否定排除法。

把与自己相反的论点摆出来后，通过论证自己的论点正确，从而证明对立的论点错误。

例如有种议论说绝大多数青年人不关心政治，不求上进。对此有的同志在辩论中是这样反驳的：

> 不关心政治的青年是有的，但只是极少数。目前，绝大多数青年已看清了时代、历史发展的方向，认识到实现社会主义四个现代化是国家、民族和个人的根本利益所在，他们在各个领域里奋发、拼搏。有的在领导岗位上锐意开拓，成了改革开放的佼佼者；有的在业务工作中埋头苦干，成为各条战线上的标兵和模范……这一切，都说明今天的绝大多数青年是关心政治的，而且是时代政治潮流的十分热心的推动者。怎么能说绝大多数青年都不关心政治呢？

在这段话里，虽然反驳的观点是"现在的青年不关心政治"，但论证的着力之处，都是在证明"今天绝大多数青年是关心政治的"。由于双方的论点是互相矛盾的，因此，证明了后者的正确，也就等于驳斥了前者的谬误。

2. 引申归谬法

有些谬论，单独来看，或从表面上看，其谬误之处尚不明显、似乎还有一定的道理，对于这类谬论不妨运用引申归谬的方法加以批驳，并由此出发，按照正常逻辑轨迹加以推论，结果却引出一个荒谬的结论，这时对方的命题自然也就无法立足了。



比如，20 世纪 30 年代时，鲁迅与梁实秋有一次辩论。梁实秋说："好的作品永远是少数人的专利品，大多数人永远是蠢的，永远是与文学无缘。"

鲁迅反驳道："倘若说，作品愈高，知音愈少，那么，推论起来，谁也不懂的东西，就是世界上绝作了。"

在这里，鲁迅先生就是假定对方论点成立，然后按照对方的思路推论下去，最终得出荒谬结论，这样就把对方原本不明显的谬误之点放大了，结论不言自明，对方语塞难言。

再如：在一次竞赛辩论中，双方辩论的辩题是"发展旅游业利多于弊"。正方香港中文大学队的论点是"发展旅游业利多于弊"。

反方北京大学队反驳道："马来西亚的云顶赌场，泰国的人妖艳舞，不都可以算是举世闻名了吗？如果这样发展下去，说发展旅游业利多于弊，不就变成发展色情业、赌博业利多于弊了吗？"

在这里，反方先将对方的论点引申，从事实上引出世界旅游业中赌场、色情性营利的极端事例，而后进行推论，逻辑地得出"发展色情业、赌博业利多于弊"的荒谬结论，从而否定对方的论点。

上述两例，属同类引申归谬形式——即在对方命题范围内加以引申归谬的方法。

此外，还可以进行异类引申归谬，即用与对方论题有比照关系的另一类事物进行引申归类，同样可以收到批驳对方论题的效果。如下例：

在 19 世纪德国的一次立法辩论会上，贪婪自私的森林占有者企图制定一项法律，规定严禁穷孩子在森林里拾枯枝，违犯者将定罪重罚。他们说，因为人们一直不把拾枯枝当作犯罪，所以才会有很多事情发生。

这时一位著名律师驳斥道："如果捡枯枝也算犯罪，而不定罪便不足以制止这种行为的话，那么，我们就应该作出这样的推论：正因为打耳光不算杀人，所以打耳光才成为如此常见的现象。因此必须规定：打耳光就是杀人。"

很显然，把打耳光当成杀人来处置是荒谬的，是人们所不能接受的。把这个荒谬结论，类推回原点——提议把拾枯枝定罪的观点就是同样荒谬的了。不难看出，异类之间的归谬过程，还包含了一层类比推理的关系。

让我们再看一个典型例子：有一个佛教徒宣传"轮回报应"的佛教理论，声称人们不能"杀生"，否则今世杀了什么生物，来世就要变成什么生物，比如杀了牛，要变牛；杀了猪，要变成猪。

这时，有位先生插话说："照你的说法，大家都杀人好了！"

佛教徒说："胡说，我们佛门弟子连蝼蚁都不肯伤害，怎么能杀人呢？"

这位先生说:“你刚才说,杀了什么来世变什么,那么只有杀人,来世才能变人。这不就是号召大家杀人吗?”佛教徒被驳得哑口无言。

在此例中,对于“杀什么变什么”的“轮回报应”的论点,当有人用异类引申归谬推论,得出只有“杀人才能变人”的结论时,“轮回报应”的宣传者就只能张口结舌了。

引申归谬反驳之所以有力量,是因为它以假言推理这一正确的推理形式作为逻辑架构。当人们用这种推理顺理成章地发挥到极端,推出有悖常理、或自相矛盾、或十分荒谬的结论时,论敌方的观点的荒谬就不言自明了。总之,引申归谬反驳方法如同一面“放大镜”,能够揭露出论敌命题的虚伪荒谬,起到由微呈显、由暗呈明的析谬、驳谬作用,且表达诙谐有趣。在辩论中用来“后发制人”,以其人之道还治其人之身,能产生独到的批驳效果。

实战中要注意把握两点:其一是要抓准对方论点的荒谬之处,再发起攻击;其二是引申一定要合乎逻辑,无可挑剔,进而堵住对方之口。要谨防歪曲延伸,强加于人,否则归谬就会变成自谬,引火烧身。

以上阐述的辩论的一些基本方法,我们把它们分别加以说明,是因为它们各有不同的特点、要求和用途。分而述之,加以区别,逐一领会,具体掌握。但实际上,这些论证方法是互相渗透、相互交叉的,有的还只是从不同的角度分类而得出的名目。比如从反驳的途径来看,反驳分为直接和间接两种;从反驳的焦点来看,又分为反驳论点、反驳论据和反驳论证。其实直接反驳本身也就是间接论证自己的论点,所以,这些论证方法既有各自的特殊性,又有相互的交叉性。另外,在辩论中,由于事物的道理是复杂的,根据辩论的需要,我们也常常采取多种辩论方法综合运用的手段来增强“破”与“立”的力量。如证明与反驳结合、类比论证与归纳论证结合、归纳论证与演绎论证结合等等。我们应根据辩论的实际情况,有的放矢,灵活选择和综合运用。

## 第二节　几种语境条件下的辩论技巧

### (一)竞赛辩论

1. 陈词技巧

(1)亮明观点

竞赛者要首先亮出本方观点,做到旗帜鲜明、先声夺人,以定好基调,高扬旗帜,占领阵地。在表述方法上,应从实际出发,既可以用点睛之笔,提出观点,一语叫响,追求振聋发聩的效果;也可以把观点化整为零,层层剖析,娓娓道来,阐释其合理性。阐明观点的一个好方法就是对重要概念进行阐释。如果辩手利用陈述时机抢夺定义权,为重要概念定好基调,就足以影响评委的思想和观众的思维定式。特别是当辩题对己不利时，辩手就要在陈述中通过表述概念定义的方式，把事先策划好的、有利于己的定义准确地表达清楚，在陈述中表现出自信的神态，以十分准确的语言、明晰的语调、肯定的语气，为自己造势，在评委头脑中形成逻辑推论的基点，就可以造成先入为主的效果。

比如，在“温饱是谈道德的必要条件”的辩论中，正方一辩这样陈述本方观点：

各位好！今晚的论题“温饱是谈道德的必要条件”。温饱是人最基本的衣食需要，而谈道德是指推行道德。温饱是谈道德的必要条件，就是说，我们不能脱离温饱而空谈道德。

什么是道德？有人说，道德是判断是非好坏的价值标准。请问对方同学，要判断是非好坏的基础到底是什么？归根结底是看这个事物符合不符合人的需要。再请问对方同学，人要生存，最起码的、最根本的需要是什么？就是温饱。那么再请问对方同学，假如我们谈一种道德，其结果使大家温饱都不能保证是谈道德的必要条件。

什么是道德？有人说，道德是人的行为准则。请问对方同学，人们定出行为准则是干什么的？定出行为准则，是为了满足人们的需要。再请问对方同学，人要生存，最基本、最起码的需要是什么？就是温饱。让我再来问对方同学，假如我们定出一种行为准则，结果是大家的温饱都不能保证，人们还要不要这种行为准则？当然不要。所以说，温饱是谈道德的必要条件。

在这里，辩者陈述发言一开始先把辩题解剖开来，为每个概念定义，而后抓住重要概念——道德，从不同侧面进行定义，并把它们与自己的观点联系起来，逻辑地引出自己的论点：温饱是谈道德的必要条件。并且一再用同样的语句和设问，自问自答，重复表述自己的论点，强化它，说明它，举起它，引导人们的思路跟上自己前进，走进本方的立论殿堂，如此陈述叫人明明白白，印象颇深，效果很好。

(2)旁征博引

在陈述发言中，为了证明观点，陈述者可引用大量事实材料或数字材料，也可引用历史事实，或哲人名言，或史实典故等理论材料，进行论证。如此旁征博引，可以丰富自己论证的内涵和容量，增强说理的力度和强度。事实证明，在陈述词中推出大剂量、高密度的信息内容和知识材料，可以使自己变得更雄辩有力，且有于征服对手，说服观众和评委，使自己处于有利地位。这一点，在立论陈述过程中是十分重要的。如果我们能把自己立论的知识面扩展到更大的范围，甚至超出对方的范围，那就胜对方一筹了。



比如，在“温饱是谈道德的必要条件”的辩论赛中，反方在陈述自己的观点后，迅速展开进行论证。

一辩：古语说，“人无好恶是非之心，非人也。”人有理性，能够谈道德，这正是人和动物的区别所在。无论是饥寒交迫还是丰衣足食，无论是金玉满堂还是家徒四壁，人都能够而且应该谈道德……

二辩：在不同的历史阶段和文化背景下，人们都在谈德。达尔文在环球旅行中就发现，南非的布希曼人即使快饿死了，也不会独吞所发现的一条小鱼，而是要与族人分享。他们有温饱吗？没有。他们谈道德吗？当然谈。正如我们不能超出自己的皮肤一样，人类也不能超出乃至摆脱道德……

三辩：在贫困的条件下，完全可以谈道德。鲁哀公六年，孔子和他的学生“在陈绝粮”，困境之下，孔子是否就不谈道德了呢？不！孔子对子路说：“君子固穷，小人穷斯滥矣。”其实，在中国历史数千年的流变过程中，从不食周粟的伯夷、叔齐到北海牧羊的苏武，从不为五斗米折腰的陶渊明到拒食嗟来之食的朱自清，众多的仁人志士无不以其言行甚至生命，驳斥了认为只有在温饱过后才能谈道德的“肠胃决定论”。

在这三段陈词中，分别引用理论材料、事实材料，进行分析论证，证明“温饱并非是谈道德的必要条件”这一命题，观点与事实结合紧密，很有说服力。

(3)论中有驳

大凡总结发言时，双方的观点已经清楚，所以总结陈述词的任务之一就是针对对方的要害，用精辟的语言，进行画龙点睛般的反驳。打击的重点应放对方立论不足和偏颇之处，甚至要以夸张、扩大的方式，提醒评判人员注意，给判定结果施加影响。

在竞赛辩论总结陈述词中，正、反方四辩都要对对方的不当观点进行逻辑归纳，把其面貌勾画出来，指明点透，打到要害处。这实际上是对评委做工作，在评委脑海里打烙印，直接影响评判结果，甚至产生一锤定音的效果。为此，在自由辩论过程中，不管论战多么激烈，当对方发言时，本方都应在迎战的同时，侧耳倾听，敏感地捕捉疵点。特别是担任结语的辩手要有很强的记忆能力、提炼和概括能力，要把杂乱无章、乱如麻团的问题理出头绪来。其中，需对前面的辩论进行概括，勾出大体的轮廓，记住问题的要点，一边记一边排队，用大观点把小观点管起来，把同一类问题归入其中。这样分出层次，从大到小、由重点到次点排好队。对于重点问题，要抓住不放，对次点问题可以不管。做到了这些，在总结发言时，就能从容不迫、有板有眼、条分缕析地进行陈述了。

比如，在复旦大学队对马来西亚大学队的一场辩论比赛中，前三对辩手之间的辩论实力相当，难分胜负。复旦大学队四辩在结论发言中，一气列举了对方在辩论中所犯的四个错误，给评委以深刻的印象，于是使胜负变得明朗起来。比如：

谢谢主席，谢谢各位！

经过刚才一番唇枪舌剑，我的肚子确实有些饿了，但是今晚仍然要把道德问题谈清楚。

下面我总结对方的几个基本错误。对方犯的第一个错误就是“李代桃僵”。对方用“温饱过”来代替“温饱”，用“温饱”等同于“生存”来建构他们的立论基础，这显然是错误的。对方犯的第二个错误就是“扬汤止沸”。认为一个贫寒的人只要教唆他追求温饱就可以了，而不问用什么手段。我刚才已经说过，如果到麦当劳里面打砸抢的话，这难道就能合法地追求到温饱了吗？这里显然又是荒谬的。对方犯的第三个错误就是“避实就虚”。对方始终只告诉我们温饱能够给谈道德提供更好的条件，但是，没有说不温饱的情况下绝对不能谈道德。对方犯的第四个错误就是“指鹿为马”。把道德和谈道德的效果混为一谈。对方今天的论点可谓是云山雾罩，让我们一头雾水，不知所云。相反，今天我们已从逻辑、理论、事实上论证了：只要基于理性的人类存在就能够谈道德。下面，我主要从价值层面论述我方的立场。

第一，谈道德是基于理性的人。……

第二，谈道德是基于社会整体发展的价值选择。……

第三，谈道德是基于人们摆脱贫困的热望。……

第四，当人类迈向未来世纪的时候，更要基于人的理性来谈道德。……

谈到这里，我不由得想起一百多年前生活在哥尼斯堡的一位叫康德的老人说过的一句话：“这个世界唯有两样东西能让你们的内心感到深深的震撼，一是我们头顶上的灿烂星空，一是我们内心崇高的道德法则！”谢谢各位。

他的总结发言指向明确，观点鲜明。他用四个成语具体形象地概括了对方论证的四个错误，击中了要害，十分有力，自然影响了评委的看法。显然，这些看法是在前面的陈述和自由辩论交锋中表现出来的，经过他的归纳概括，使对方的错误之点变得清晰起来，有一些观点本来在评委头脑中并不一定十分清楚，经过他这样概括提炼，就显得十分清晰集中了，因而必然影响评委对另一方观点的看法，影响评判的结果。应该说，这种画龙点睛式概括总结方式值得借鉴。

2. 攻击技巧

(1)先发制人

在辩论攻击中，辩论者在时间上抢在论敌之前，趁对手未加防范，以突然袭击的方式，发起攻击，打乱其部属，陷对手于被动境地。俗话说，先下手为强，先发制人往往能打乱对方的部署，有助于造成本方的精神优势，掌握辩论的主动权。有时首战的胜利，甚至能影响全局胜负。

采取这种进攻模式，要把握这样几个环节：一是事先应抓住对方立论的要害，或论点偏颇，或论据不实，或知识的盲点等作为攻击点；二是攻击方式通常采用诘问、连问、重问等方式，发起攻势，不给对方喘息的机会；三是把几种逻辑论证方法，如直驳法，举例法、引证法、分析法等有效地编配起来，形成强大的逻辑之力。成功地先发制人,往往取决于不同发问方式与反驳方法相结合的程度。

① 直言诘问,力驳要害　在辩论中,针对对方立论的漏洞,利用优先发言的机会,采用诘问方式提出问题,使对方要么回答不上来,要么无法否认你提出的理由。如此直指要害的诘问,能产生出其不意、攻其不备的佳效,使论敌目瞪口呆,陷入慌乱之中,从而为本方创造出先声夺人的有利态势。

比如,在一次辩题为"传统戏曲配上电子音乐有何褒贬"的竞赛辩论中,自由辩论一开始,正方就向反方发问:"你刚才一再强调这样做就丢了传统的东西,请问,到底戏曲传统的具体内容是什么?"

反方答道:"传统京剧艺术加进电子音乐之后,我看不出京剧的传统味道。至于京剧的传统到底是什么,我也不知道,京剧改革,究竟该怎样改,我也答不出来。因为我从未考虑这个问题。"

正方说:"既然你已经承认不知道什么是京剧的传统,以及加入电子音乐后究竟失去了哪些,我们就没办法与你辩论下去了。你回答不出,我们也就不勉强你回答了。"

正方二辩接着说:"对对方扔回来的问题,现在我来做圆满的回答。我们认为,传统的京剧艺术的传统特点有三个方面:第一就在于它的写意性;第二是它固定的表演程式;第三是它固定的唱腔。方才已经讲过,电子音乐的广泛的表现力完全补充了京剧伴奏三大件阳刚有余、阴柔不足的缺欠。这就是说,加入电子音乐,既没有破坏京剧的写意性,也没有破坏它的固定的表演程式和唱腔,而是使京剧艺术更加符合现代人的欣赏习惯和心理需求,我们为什么不为这种改革尝试拍手叫好,反而要评头品足,甚至泼冷水呢?"

这样,正方对反方关于加入电子音乐伴奏会失去中国京剧艺术的传统的例题,给以当头一棒,反驳十分有力,赢得了观众。

在这里,正方以诘问开辟战场,直指对方立论的"盲点""盲区","哪壶不开提哪壶",陷敌于理屈词穷的境地。之后,又反客为主,回答对方答不上来的问题,据此展开论证自己的观点,有理有据,顺理成章,高敌一筹,取胜无疑。可见,如此先发制人,瞅准对方要害,加以诘问,对方避而不答,或难以答辩,都会陷入被动。

② 重复发问,攻其一点　就是针对对方的要害之点,或难言之隐,抓住时机,一而再、再而三地就同一个问题反复提问,逼对手回答,使之无法回避,直至将其置于困境。

例如,在就辩题"人性本善"辩论的自由辩论阶段,反方一上来就抓住对方的要害之点,提出一个问题:"善花如何结出恶果?"此问击在关键点上,正方避而不答,顾左右而言他。反方则揪住不放,频频发起攻势,四个辩手先后五次向对方发难,提出同一个问题,穷追不舍,逼对方回答,对方要么避而不答,要么回答无力,在这个问题上对方显示出劣势。如此攻其一点,先发制人,压得对手喘不过气来,使之陷于被动挨打的局面。

这是一则运用重复提问成功的实例。在这里,所提的问题必须抓住要害,在语言表述上宜简短明晰,重复提出,逼对方回答。对方越是不答,就越显得心虚,必然影响观众的心理和倾向。为了提高重复提问的效果,有时还要故意把次数点出来。如上例中反方说:“我第三次请问对方辩友,善花如何结出恶果呢?”“我想第四次请问对方辩友,善花是如何结出恶果的?”“我倒想请问,你们开来开去善花如何结出恶果,第五次啊!”如此强调重问,渲染气氛,大大加深了评委和观众的印象,强化了本方的优势,也增强了对对方的心理压力,动摇了对方的立论大厦。这正是重复提问的威力之所在。

(2)诱敌就犯

在辩论交锋中,有时本方预设圈套,着意运用某种“诱饵”,引诱对手上钩,然后一步一步把对方引至对本方有利的预定战场,聚而歼之。这种诱敌就范战法能更多地体现辩论者的主观能动性。它是心智与舌战的结合、谋略与战术配合的产物,运用得当能收到很好的反驳效果。在实际运用中,由于辩驳论点不同,对象不一,诱敌之术也呈现不同途径和形式。

① 诱敌入瓮　当本方已经发现反方辩手的谎言和破绽,如果正面反驳效果不好时,就不要急于戳穿,可以佯装不知,故意设问,诱其谈出所谓事实,并重申肯定,然后本方突然杀个“回马枪”,戳穿其谎言,使其难以改口,只能举手投降。

比如,有两个兄弟在某市做服装生意,一天,弟弟从上海进了一批货,电告其兄次日凌晨两点接站。但哥哥贪睡误了点,没去接,致使弟弟一人费力地把货运回。见面后,哥哥扯谎说去过车站,没有找着人。

弟:昨晚那趟车晚点了,你知道吗?

哥:当然知道。

弟:到站时是两点半还是三点?

哥:大概是两点半吧。

弟:算了吧,昨晚列车正点到达,到站时间是凌晨一点五十九分。哥哥面红耳赤。

在这是,弟弟用了诱敌入瓮术,引诱对方往里钻,而后亮出真情,断其退路,将其“擒获”。

② 放敌入网　在辩论中,有时可事先设计一些陷阱,并网开一面,放敌进入,待论敌深入其中,较为有效,因辩场上的氛围十分紧张,辩手对于对方设计的诱饵往往不易识别,待到发现上钩时,已经不能自退。而且,这种战法还可得到极好的观众效应。

如:在“艾滋病是医学问题不是社会问题”的竞赛辩论中,在自由辩论阶段,有这样一段辩论:

反方：我倒想请对方辩友回答我一个很简单的问题，今年世界艾滋病日的口号是什么？

正方：今年的口号是“更要加强预防”，怎么预防呢？要用医学方法预防啊。

反方：错了！今年的口号是“时不我待”。对方辩友连这个基本问题都不知道，怪不得辩起艾滋病问题来还是不紧不慢的。

在这里，一个平平常常的诱饵，却能产生不平常的效果。可见，有时本方可以漫不经心的方式，提出一个看似并不重要或过于简单，实则暗藏“机关”的问题，一旦对方进入圈套，迅速发起冲击，揭示对方言行的矛盾，便能使其俯首认输。

③ 诱敌上钩　有时在辩论中，本方故意暴露自己似乎准备不足的弱点、破绽，本方则可以亮出早已掌握的有力的证据材料，给对方以沉重的打击。

比如，在第二届亚太辩论赛决赛中，复旦队一辩手讲：“‘父母在，不远游’，这是纯粹的儒家思想吧！照此理，我们不就来不了新加坡了吗？”

台大队立刻反击：“对方同学不要断章取义。《论语》中的下句是‘游必有方’。”

复旦队诙谐地反驳说：“至于‘游必有方’嘛，游来游去不要成为乌节路上的游离少年啊！”

这里的乌节路是新加坡最主要的商业街，游离少年是对那些不服管教的少年的总称，当地人对此十分熟悉。这句话引起了长时间的掌声，收到了好的效果。

在这里，复旦队在引用孔子言论时，先故意不说全，叫对方抓住。对方一旦纠正补充，就成了上钩之鱼，本方趁势发挥，引入自己的立论上来，给对方重重一击。

④ 纵敌上套　在辩论中，当论敌气势旺盛时，来势凶猛，或论敌固守不退，彼此胶着时，本方不妨采取欲擒故纵的方式，使论敌丧失警惕，恣意表现，暴露问题，而后抓住证据，进行反击，将其擒拿。

比如，在“发展旅游业利大于弊”的辩论中，有一段辩论：

正方：香港大旅社总经理陈有生说过，旅游业是无烟工业，不仅可赚取大量外汇，为现代化提供资金，而且增进各国人民的了解和友谊，推动国内有关行业发展，增加就业为数，促进精神文明，请问反方同学，他说得对吗？

反方：对方同学，“君从故乡来，应知故乡事”。我请问，香港发展旅游业的弊处，恐怕你们不会不了解吧？

正方：香港有什么弊处呢？我真的看不出来。我倒想问对方同学，如果你们说，发展一样事，要样样条件都具备的话，那么发展还有什么意义呢？

反方：我想请问对方同学，你们刚才说发展旅游业的后遗症不是人为的，那么，发展旅游业带来的这么多弊处是谁造成的呢？

正方:我们没有说过不是人为的,这些弊处正是人为的。

反方:但这些弊处你如何去消除呢?

正方:我方刚才一直强调的是,发展是一个理智的有计划的过程。现在反问对方同学,有哪些对国家对人民有利的条件是发展旅游业所必须排除,或者有哪些对国家人民有害的条件是发展旅游业所必须建立的呢?

反方:我并不认为这个世界完全是一个理性的世界,如果是这样,我们今天的世界上还会有这么多的罪恶吗?

正方:我方也承认,在目前情况下有些国家是不适宜发展旅游业的,但是,这并不表示它们不适合发展旅游业啊。

反方:那么对于这些不适合于发展旅游业的国家,它们是不是发展旅游业就弊大于利呢?

正方:我想你理解错了我的意思,我只是说不适合旅游业,并不是说不适合发展旅游业。

反方:我看不出来这两个问题有什么区别?

正方:噢,我真的惊讶反方同学,竟然把题目误解到这种地步!一件事的存在和去发展一件事,大家都明白是截然不同的呀!

反方:正是因为你们篡改了题目,把题目说成是在一定条件发展旅游业才是利多弊少,所以才造成这样的误解。

在这里双方进行了七八个回合的交锋,北大队有意抛出"君从故乡来"为诱饵,纵敌发挥。在前四个回合中,北大队虚晃一枪,给对方造成错觉,以为北大队节节败退,实际上是在放纵敌手,让其表演,一步一步把对方引入"具体条件"这个陷阱之中。最后,北大队猛回头给对方致命一击,擒获对手。

在进攻时,还有许多技法可以使用,如后发制人、迂回包抄(将在"法庭辩论"里详讲)等。在辩论交锋中,进攻是夺取胜利的主要手段,没有进攻就没有胜利。但有效的进攻应注意运筹四方面内容:一是攻击目标的确定,或置对方于死地,或扰乱对方的阵线,或消耗时间,或是争取评委与观众;二是攻击点和路线的选择,或是攻击对方立论的要害处,或是攻击对方命题的失误处,或是攻击对方论据的不实之处,或是攻击对方论证的漏洞;三是论证与反驳方式的选择、搭配和运用,瞄准每一个具体目标,从实际出发,选择一种或几种论证和反驳方法,或连用,或套用,将其搭配好,拧成一股劲,以形成持续不断的巨大的杀伤力,从而摧毁对方阵地,把对方置于理亏气短、不能自辩的境地;四是语言表达,特别是发问方式的运用,或直接诘问,或连环提问,或重复提问,或答而后问,等等。

3. 防御技巧

(1)应答完满

辩论防御的基本任务是坚守阵地,巩固立论。面对对方的攻击,得体完满地应答就成了挡住攻势、巩固本方命题的主要手段。从实际情况看，不同的应答方式有不同的效果。最佳的应答同时满足以下四个目标：一是有利于巩固本方立论；二是不给对方留下漏洞和缺口；三是不中对方的圈套，避免陷入新的危机；四是能为本方出击做好铺垫。为此，在应答内容上要做到：立论、论证要缜密、全面、辩证，瞻前顾后，追求完满；结论不过于武断、以偏概全，不能授人以柄；要把握好思维与表达的关系，防止语失。

(2)化解攻势

面对论敌的强大攻势，可以想办法采取有效措施加以化解，减弱其锋芒，并为反攻创造条件。可以借鉴的方法有以下几种：

① 实施搅和战术　当自己遭到打击，无力反驳时，可以抛出一些出奇的问题和事例，或不易解释的事例，迫使对方解释。以此搅乱对方的思路，让对方一时摸不清真意，造成混乱，可以大大地减弱对方的进攻势头。如辩“艾滋病是医学问题不是社会问题”时，正方说“艾滋病是发生在医院里，所以它是医学问题”，反方立即说：“在医院里捡到一串钥匙，这把钥匙是医学问题吗？”正方说，要通过医学参与的才是医学问题时，反方又问：“一个老太婆被人撞倒去了医院，这却是交通事故。”这样不断提出一些难以三言两语解释的问题，意在搅乱对方的阵线，减弱其攻势。

② 收编论据，化害为利　当对方引用大量论据进攻时，应分析事例的多面性，将其转化成为证明我方论点的论据。如此接过话茬，为我所用，就能化解对方的攻势，坚守本方的阵地。例如澳门东亚大学队与南京大学队在对垒时，东亚大学队借用“巧妇难为无米之炊”的俗话，用巧妇比喻儒家思想，南京大学队则拿来为己所用，指出巧妇巧配各种菜谱，正好体现了灵活而正确的战略选择和策略协调。这样就把对方使用的论据收编过来，作为自己观点的佐证。

③ 曲解对方观点　有时故意曲解对方提出的论点，迫使对方不得不重复进行解释说明，从而化解对方的攻势。

④ 捕捉口误　有时抓住对方的语失，轻轻一点，就可以打击对方的锐气。比如，在辩“目前人员设备状况下是否还能提高服务质量”时，反方说：“巧媳妇难为无米之炊，现在设备落后，人员紧缺，业务又极其繁杂，已经再无潜力提高服务质量了。”正方道：“现在的实际情况不是无米之炊，而是少米之炊，我们不是完全没有设备，没有人员。米少不怕，只要真是巧妇，就能发挥出手艺，还是能够补偿一些不足的。”在这里，对方引用成语说“无米之炊”，显然不符合事实，被对手抓住，打了个措手不及，点明无米与少米的差别，提出巧妇可为少米之炊，关键是发挥人的主观能动性，因而收到很好的辩驳效果。

(3)救急自保

在辩论中，经常出现意想不到的情况，使自己陷入被动局面。在失利情况下，由进攻转入防御是一种迫不得已的选择。这时切不可张皇失措，在仓促防御态势下应固守底线，采取一些应急措施，顶住论敌的攻击浪头。

① 万能应答　面对对方刁钻的发问，可以拿出事先准备好的“万能卡”进行应对。万能卡的内容往往是一些不争的事实，或是对方难以解释的矛盾，不管抹在任何一个部位都难以挑剔，不至于招致反扑。这样就可以得到暂时的喘息机会，转危为安。比如：在“提倡购买国货利于经济发展”的竞赛辩论中有这样一段：

正方：“我们现在确实看到的是这样的情况，许多发达国家在我们国家釜底抽薪，跳‘卧槽马’，在这个时候，我们还能在前方‘拱卒’吗？”

正方的有力攻击，反方难以应对，眼见形势不妙，反方便抛出救急之举，拿出一张事先准备的“万能卡”照本宣科道：“那有一个问题我不清楚了。我们的许多国货提倡购买提倡几十年，可是这些产业到了三十而立的年龄，还躺在妈妈的怀里数星星呢！”

猛一听这种应对并无牵强附会之感，其实这段话，接在对方的任何一次发问后，都可以。所以，当本方找不到合适有力的应答材料之前，不妨拿出万能语救急，不失为自我解脱的力招。

② 以退为进　当本方的弱点被对方抓住时，本方也可以如实承认对方说得部分有理，但同时指出还有更重要的一面，而这一面恰是对本方有利的，如此把话题绕到于己有利的范围内，就可以从困境中摆脱出来。比如，在辩“儒家思想可以抵御西方歪风”时，南京大学队针对对方的攻势，说道：“我们非常尊重儒家，儒家思想对于协调人际关系具有积极的作用，却不能推动经济的成长。这就好比铁拐李的宝葫芦，可以治很多的病，却偏偏治不好他自己的拐脚病啊！今天对方辩友硬是把孔夫子与孔方兄联系在一起，这岂不是对儒家的大不恭吗？”

③ 混淆视听　有时，本方明知对方说得很清楚，而且十分有力，自己无法回答，为了摆脱窘境，也可以采取混淆视听的方式，把水搅浑，以便转移视线。例如在“人性本善”的辩论中，正方说：“我们就很担心人性本恶如果成立的话，那样不过是顺性而为，有什么需要惩罚的呢？”

反方说：“对方终于模糊了，……”

本来，正方的思路是清楚的，也很有攻击力。反方故意这样说，目的是把一个本来清楚的问题，冠以模糊的字眼，如此强加于人，似乎对方真的模糊了，其实是意在引导观众的看法，帮自己摆脱困境。

④ 转移话题　处于被动状态时，辩手还可以伺机制造反问机会，转移话题，把战火引到对方的阵地上。比如，在辩论“艾滋病是医学问题不是社会问题”时，正方问：“对方已经说明，我们应该加强教育，但是我想问对方，教育是用什么教育？是不是要用医学的方法来教育呢？”

反方答：“知之为知之，不知为不知。请问对方，你们判断是医学问题还是社会问题的标准是什么?”

在这里,反方先是运用模糊回答,避开难以回答的问题,之后又转移话题,提出一个新的问题,把战火引开来,使自己得到喘息的机会。

(4)交替掩护

在竞赛辩论中,当本方处于不利态势时,本方队员应密切协同,进行互救。特别是当本方某一个队员出现失误,被对方盯上,本方其他队员就挺身而出,交替掩护,阻止对方攻击,防止本方防线在某一薄弱环节上被突破。这时,场上指挥负有更重要的责任。他必须敏捷地判明对方的意图,积极协调,采取措施;其他队员则应心领神会,迅速跟上,进行救护,堵住缺口,摆脱危机。

(二)论文答辩

1. 答辩准备技巧

答辩前的一般准备。写好论文自述报告是答辩准备的重要一环。其内容主要包括:

——自己为什么选择了这个题目?研究这个课题有什么样的科学价值和现实意义?

——对这个课题研究的历史和现状是怎样把握的?也就是说,这个课题过去有什么人做过哪些研究?取得过什么样的成果?有哪些问题还没有得到解决?自己有什么新看法,提出并解决了哪些问题?

——自己论文的基本论点和立论的根据是什么?这是答辩准备的重点,其自述时间要占总自述时间的绝对比重。

——重要引文、参考文献的出版及版本。

——论文还有哪些问题应该涉及或应该解决而自己力所不及。

上述问题,答辩者应很好地思考,经过整理牢记在脑子里。

答辩者的特殊准备。临答辩前,答辩者还可做一些临阵磨枪的准备工作:

——反复推敲,处处设防。作者必须对自己文章的所有部分,特别是主体部分和结论部分进行反复推敲,仔细审查,让自己“八面受敌”,以补其所缺,标其谬误,述其未深,达到处处设防,堵死一切可能被人发现的漏洞,做到滴水不漏。

——摸清专家拟题的一般规律和原则。了解了专家拟题的一般规律和原则后,可以保证答辩场上临阵不乱,沉着应对。专家提问的一般规律是:围绕论文本身的薄弱环节,如属于作者应该具备的基础知识,但又在论文中没有说周全,没有论述清楚的,或者是论文来不及展开评说,或是限于篇幅结构不便详尽细说的问题;围绕文章中涉及的有关基础知识和基本理论方面的内容,如论文的基本概念、重点、难点等;围绕和论文主要内容相关的、探测作者水平高低和知识量的所谓“拔高题”。专家拟题时一般会注意这样几个原则:题意确切含义清楚,富于启发;基础题和应用题相结合;深浅适中,难易搭配;点面结合,形式多样。

2. 答辩技巧

在答辩之前，首先要明白专家的提问意思，不要不懂装懂，胡乱对付。应发挥自己的特长。诸如理论特长、实践特长、专业特长等。答辩如同写文章，论述性文章的基本论证方法也是答辩的基本方法，可借鉴使用。

（1）理论分析法　运用理论分析和逻辑推理的方法进行答辩，诸如演绎推理、归纳推理、类比推理、对比比喻等。

（2）实证论述法　用工作实践中具体事例来证实某些理论、原理、论断的科学有效性。事实可以是他人、他单位的间接事实，也可以是本人、本单位的直接事实。

（3）分析综合法　分析即把一个整体分解成若干组成部分，或把一个基本问题展开为具体细节；综合即把若干部分综合为一个整体，或把一些具体问题抽象为一个基本原理。没有分析，就不会深入、具体；没有综合，就不能找出联系，掌握本质，上升理论。

分析还是一种直接论证的方法，诸如分析特点、分析本质、分析因果、分析意义、分析危害、分析主客观因素、分析条件、分析联系、分析规模等。

（4）对策论证法　即结合实践经验拿出解决新问题的宏观策略或微观战术，发挥自己的生长。但需要指出的是，既然是论文，就必须在“论”字上做文章，不仅要拿出对策方案说明怎样做，还要说明为什么要这样做，论证其合理性与可行性。

（5）以纲带目法　在展开论述一个问题之前，先把这个问题的主要纲目分条列项地述说一遍，然后再逐一展开。该方法对口头答辩有着特殊的效果。可增强条理性、强化记忆力、引导答辩定向展开，使观点与材料有机统一。

（6）适当重复法　答辩如同演讲，其口头语言说过即逝。为强化听觉效果，适当地重复有关内容，是答辩的有效技巧。结尾总结全文是一种特殊的重复，更有归纳全文、突出主题、强化效果的作用。

答辩者灵活运用上述方法技能时，还要特别注意以下事项：充满自信，语气肯定流利；思路明晰，逻辑性强；思维敏捷，灵活应答等。

（三）法庭辩论

竞赛辩论的陈词技巧和攻防技巧大多适用于法庭辩论，但因为法庭辩论的严肃性、紧张性、战斗性等，还有一些技法作用重大，并经常运用。

1. 律条论证法

在法庭辩论中，事实和法律是最有说服力的。所以，法庭陈述发言中，不管控告方还是辩护方，都须列举充分的案情事实、证据，以此作依据，援引有关的法律条文和理论，进行分析论证，阐明自己的观点，以说服法庭采纳自己的意见，作出有利于己的判决。比如，有这样一起杀人案，公诉人以被告人何某故意杀害其妻付某未遂而提出故意杀人未遂的指控。在法庭辩论中，被告律师陈述了以下意见：

根据我国刑法第二十条之规定，犯罪未遂有以下三个特征：犯罪分子已着手实行犯罪：犯罪未得逞；犯罪未得逞是由犯罪分子意志以外的原因。那么，何某在实施犯罪（即掐付的脖子）过程中，有没有意志以外的原因使他的犯罪未得逞呢？没有。何在掐付的脖子时，一边掐一边问："还去不去法院和我离婚?"当何见付不答话、脸色不好时就松手了。此时，何没有意志以外的原因干扰，完全有条件加害于付，置她于死地，但何没有这样做，反而将付抱起痛哭。这一事实说明，何自动地中止了犯罪，并自动有效地防止了犯罪结果的发生，这正符合我国刑法第二十一条犯罪中止的特征。因而被告的行为是犯罪中止，而不是犯罪未遂。

在这一段陈述发言中，律师就是以事实为依据，以法律为准绳，进行分析论证，引导人们根据有关法律分析思考，最后对当事人行为作出准确的定性，很有说服力。

2. 投入情感

法庭辩论中的陈述发言，如果在内容翔实的基础上，较多地注入了感情色彩，情真理实，使人不能无动于衷，从而产生了巨大的力量，赢得人心，赢得胜利。

20 世纪 90 年代初，中国星华实业集团与美国威勒公司签订合同，共同举办北京国际职业拳击冠军赛。中方将 310 万美元如期汇至美国后，却被威勒公司总裁美国名律师威勒和美国大律师特里丝等人瓜分了。1992 年 9 月 25 日，中方向美国西雅图联邦地区法院提出起诉，状告他们的诈骗罪状。

开庭后，在法庭论辩中，局势于我方不利，到第四天，当被告律师问中方的龚永强："龚先生，你为什么今天坐在这里?"

龚永强一愣，不知对方葫芦里卖的什么药，稍作思考后，面对鸦雀无声的法庭，发表了以下精彩动情的陈词：

我为什么坐在这里？威勒夫妇、特里丝夫妇是我们两年前的合作伙伴，我们对他们是那么信任，像朋友一样，像亲戚一样。不幸的是，今天我们竟相会在这样一处场合，这是不该发生的事情！我们不远万里，远涉重洋，来到这陌生的国度，陌生的法庭，面对陌生的面孔，就是为了寻求正义！两个美国人偷走了我们 310 万美元，欺骗了我们的真诚情感。这对于中国人来说是一种极大的屈辱！而我们今天还要坐在这里，花钱、花精力和时间，来证明我们是怎样被欺骗的。这就如同在我们流血的伤口上撒盐。此时此刻，我的母亲还在住院，李总离开他五岁的女儿……（说到这龚永强先生哽咽了，泪水模糊了双眼）在中国，我们最崇敬两种人，一种是教师，他教人怎样读书，怎样做人；一种是律师，他教人什么是"是"，什么是"非"。然而，我们被骗了。欺骗我们的，正是贵国很有名的两位律师！对此，我们不肯相信，所有善良的人，都不愿相信。然而，这却是谁也无法回避的现实。美国人民是伟大的，这样的人不属于这个伟大的民族；西雅图是美丽的，这样的人不属于这座美丽的城市。

（龚先生的语调变得异常激愤）请想一想，310 万美元相当于 3000 万元人民币。这对一些月薪只有 50 到 100 美元的中国人来说，是怎样的一个天文数字？中国人民辛辛苦苦的血汗钱，被这几个黑心人轻而易举地骗走了！我为什么坐在这里？我只觉得这是一件很悲哀的事，一件不该发生的事。我不明白，人类之间为什么会存在着欺骗？

他的发言使陪审团的 12 个成员中有 10 人禁不住热泪滚滚，很多旁听者也情不自禁地低声抽泣。

1994 年 4 月 21 日，法庭判定中方胜诉，龚永强他们终于捍卫了祖国和企业的尊严及权益。不难看出，这次胜诉是正义的胜利，同时与他的这段动情的陈述不无关系。他在陈词中，较多地倾注了感情因素：被人欺骗后的愤怒之情，为讨回公道的急切之情，对公正的人们的信任期待之情以及一个中国人的善良的纯洁之情。这些情感汇聚在时而慷慨激昂、时而低声哽咽的发言之中，形成了情与理的冲击波，终于打动了正义的人们的心灵，赢得了诉讼。可见，在实用辩论中，情是一种可以借助的力量，把情与理糅合在一起，就可以产生巨大的影响力、感染力，促进第三方的心理和情感向动情者倾斜。这正是煽情的作用。

3. 先忍后攻

在法庭辩论中，如果对方自恃优势，咄咄逼人，本方应先稳住阵脚，然而瞅准时机，突发进攻，往往能收到以弱击强、后发制人的效果

（1）细察漏洞，抓住猛击　法庭论辩中，有时发现对方提出一些没有法律依据的论点，本方便可追问对方的法律依据，迫使对方缄口认输。请看事例：

在一起妨害公务罪案中，辩护人提出："按照有关规定和证据学的要求，医院的伤情鉴定是超过了 24 小时才作出的，所以鉴定没有证明力。"

公诉人立即意识到他的观点没有法律依据，于是发问："请辩护人说明'超过 24 小时验伤无效'的法律依据何在？"

辩护人本想蒙混过关，不料为对方抓住，深知失言，于是在答辩时回避。公诉人抓住不放，乘胜追击，在下一轮辩论中明言指出：我国法律从无 24 小时验伤之说，医院的伤情鉴定又是实事求是的，因此，该鉴定完全具有证明力。

至此，辩护人说不出法律依据，实为本人杜撰，因此无法辩解，陷入窘境。

（2）依照还击，巧封敌口　当对方提出谬论进行狡辩时，本方可按照对方的思路和语言，仿造出一个相反且对方难以接受的观点相还击，在鲜明的对比之中，暴露对方的谬误，让对方有口难辩。请看事例：



在某汽车站候车室内，一个青年把痰吐在洁白的墙壁上，管理员对他说："同志，不准随地吐痰的标语你看到了吗？"

青年辩解道:“看到了,我吐到墙上,不是吐在地上。”

管理人员说:“如果依你的说法,那么我有痰就可以吐到你的衣服上了。因为衣服也不是‘地上’。”

青年哑口无言,只得认罚。

(3)后亮底牌,断其退路　在辩论中,摸准对方的心理弱点或顾忌,在最后时刻抛出底牌,对方必然改弦更张,低头认账。

比如,因某公司所供钢材的质量有问题,我方提出索赔。在谈判中,我方出示事实证据、商检证书,对方不得不答应赔偿。但是,在赔偿数额上对方只答应赔150万元,而我方据理提出必须赔偿250万元。

对方说:“再加码,不干。”

我方反驳道:“这绝不是加码!而是照价赔偿损失,这是国际贸易的惯例。为了维护我国的尊严和经济权利,少一文也不行!”

对方怒发冲冠:“我拒绝赔偿!”

我方态度坚决地说:“请部长先生不必激动,贸易界都晓得商检证书是具有仲裁法律效力的,这不是你我可以说了算的!再说,如果部长先生不履行合同,我方有权拒绝付货款!由此而产生的一切后果,我方概不负责!”

我方将商检证书具有仲裁法律效力和不履行合同就拒绝付货款两张王牌一亮,无疑是对对方的沉重一击,对方不得不考虑后果,终于同意赔款250万元,并在协议书上签字,以我方胜利而告终。

4. 迂回包抄

在法庭论辩中,当正面进攻受阻,或预计可能受阻时,就应采取迂回战术,即把进攻的出发点,先在对方难以察觉,或看似无关的话题上,兜个圈子,迂回前进,最终绕到正题,打击对方的核心阵地,一举歼之。

(1)引敌入彀　当本方已经发现对手的谎言和破绽,而正面反驳效果不好时,就不要急于戳穿,可以佯装不知,故意设问,诱其谈出所谓事实,并重申肯定,然后本方杀个“回马枪”,戳穿其诺言,使其难以改口,只能举手投降。请看事例:

有一个名叫阿姆斯特朗的年轻人,被人诬告谋财害命,判定有罪。作为律师的林肯在查阅有关案卷后,愿为被告辩护。

在法庭上,被原告收买的证人福尔逊一口咬定被告用枪击毙了死者,并且发誓说是在18日的晚上月光下亲眼看到的。于是,在法庭论辩中,林肯对其进行质问。

林肯问:“你在草堆后面,被告在大树下,相距二三十米,你能看清楚吗?”

证人:“看得很清楚,因为月光很明亮,我看清了他的脸。”

林肯问:“具体的时间能肯定吗?”

证人:“完全可以肯定,那是11点1刻。”

这时,林肯把身体转向法官和旁听的观众,说道:“我不能不告诉大家,这个证人是彻头彻尾的骗子!”他又说,“请大家想一想,10 月 18 日那天是上弦月,11 点时月亮已经下山,那只能从西向东照射,草堆在东,大树在西,如果被告面向草堆,脸上是不能照到月光的。证人怎么能从二三十米远的草堆后面看清楚被告的脸呢?”

证人顿时傻了眼,有口难辩,只得承认做了伪证。于是,冤案得以推翻。在此例中,林肯本已掌握了事实,但佯装不知,不动声色,通过正常询问,引诱证人一次次对其所说“事实”作出肯定的回答,并当众重申,这就等于严严实实地把证人引进一个牢笼里,并关上了大门,最后,林肯道出事实,并进行严密推理,对方的谎言昭然若揭,不攻自破。

(2)由远及近　就是从离对方主阵地较远的话题入手,而后逐步接近中心,最后点题,击中对方立论支点,使敌就范。

例如,某法院审理一桩人命案,司法人员发现摊贩李某做了伪证,有这样一段对话:

问:你认识投毒杀人的王某吗?

答:认识。

问:怎么认识的?

答:卖馒头认识的。

问:王某从你那儿买过几次馒头?

答:只有一次。

问:你一天能卖多少个馒头?

答:三四百个。

问:一个人大约买几个馒头?

答:三四个。

问:这么说,你一天要接待一百多个顾客,是吧?

答:是的。

问:每个人来买馒头,你都问他叫什么名字,认识他的容貌吗?

答:不,我只管卖馒头,从来不问顾客的名字。

问:那么,你怎么知道王某的姓名的?

李某语塞,露了马脚,不得不如实交代他提供伪证的真情。

在这里,司法人员一开始并不直接点明他与杀人犯早有关系,而是从他本人的正常生意入手,从卖馒头说起,看似“闲话”,无关宏旨,实则已进入迂回路线,在李某不知不觉之中,逐渐绕近主题,最后一语道破,使对方猝不及防,所谓与两个杀人犯没有关系的谎言暴露无遗。



一般来说,由远及近的进攻方式较少遇到反抗,较易达到目的,看似远实则近,这正是此战法的妙处。不过,运用此法一定要选择进攻路线或目标,避开对方的注意力。所以,成功的迂回包抄需要一定的伪装和“欺骗性”,要特别注意选择“进入”时的话题,最好选择对方愿意谈的话题,作为迂回的起点。对于难缠的对象,有时还要同时准备几条迂回路线,以适应变幻的敌我关系和论辩形势的需要,随时使用。另外,还要注意掌握进攻的主动权。在迂回过程中,本方要通过提问,引导话题的走向,防止游离主题。



## 第三节 辩论训练

在辩论的社会实践活动中,赛场辩论是最典型、最激烈、最具挑战性的,如果一个辩者经过辩论竞赛的训练,具备了辩论的知识和技能,在其他辩论活动中,只要结合有关的专业知识和行业规定,就能够施展辩者的辩论才华,达到其辩论的目的。所以,本节我们主要介绍竞赛辩论的训练方法。

### 一、辩论的知识训练

一个人知识的储藏量是他能够灵活、准确乃至幽默辩论的必要条件,知识的渊博固然与一个人的原有的知识结构与平时积累分不开,在涉及具体的辩论事宜时,还应进行高强度的知识训练。

(一)相关的学术讲座

举行有针对性的、高质量的学术讲座,让辩者从以下方面受益:一是了解有关学科的最新动态,长见识,开眼界;二是学习学者们的演讲风格,治学态度与方法。

(二)大量阅读做卡片

在辩论活动前期,辩者应有选择地从多种途径获取应急知识,同时做一些名言警句卡片、数据卡片、观点事例卡片、读后心得卡片等。只有这样,才能厚积薄发。

(三)反复研读案例

辩论者的临场发挥很大程度上依赖于方法技能的联想想象与巧妙运用,而联想的基础是需要类似经验与经历做基础的。研读一些辩论的案例就是增加经验积累的有效方法,为平时的方法训练提供模本,为辩时提供灵活而稳妥的攻防路线。

### 二、辩论的反应训练

辩论反应训练要求达到的目标是快速、准确,即在听到对方的发言之后立即作出是攻击还是防守的决定。

(一)快速反应能力训练

在辩论中,尤其是自由辩论,双方辩手你来我往,争得不亦乐乎。但是内行人却发现,这种貌似热闹的争论未必都是针锋相对,有的只是将自己准备好的材料抛出去而已。所以人们越希望看到真正交锋的辩论出现,这一要求体现在辩手需有快速的反应能力方面。

请一位辩手说一段1分钟的即兴演讲,当然这一演讲必须观点清楚,有稍许论证。然后请第二位辩手就第一位辩手的观点作出反应,进行即时批驳,时间也是1分钟。然后再由第一位辩手反驳,如此循环。要求是辩手间必须互相找出可反驳的攻击点进行反攻,在此过程中没有立论也可以。这一互相反攻过程像在打乒乓球,锻炼的不是手而是反应。

经过一段时间的训练后,可适当缩短辩手发言的时间,可由辩手一个观点开头,即刻投入双方反驳之中,要求是整个反驳过程必须围绕观点。这个难度显然比前一阶段要高,但是渐渐地辩手针锋相对辩论的能力也会增强。

(二)针锋相对的能力训练

同时这也是一个辩论中转换话题的辩论技巧。这一训练方法的操作是这样的:两个辩手为一组,一个辩手先提出一个观点(不作展开论述),第二个辩手马上就观点提出问题(可以是反问,也可以是疑问),第一个辩手再马上回答第二个辩手的提问,如此循环。

在辩论中,这种问与答是经常见到的,有的辩手对问采取回避的态度,直接去讲别的问题,当然引不起针锋芒相对。正确的辩论态度是有问必有答,当然如何答得巧妙就靠反应了,这一有问必答的反应训练就是训练辩手的这一基本功。除有问必答外,辩手也不能总是做被动方,不能总跟着问方辩手走,必须主动地提出问题,这就是有答必有问的辩论技巧。如果对方辩手回答了,那么要立即想好再次进攻的方法;如果对方辩手回避了回答,那么在这一回合中胜方是己方。

(三)“抓漏”能力训练

辩论中,抓漏是很出效果的一种技巧,因为抓到的往往是听众、观众认同的漏洞,即辩手常说的“常识性的错误”。可是抓漏也并非人人能够抓住,反应快的辩手在辩论中常常占的是上风。辩论的抓漏分为:事实抓漏、逻辑抓漏、语法抓漏、表达抓漏等等,这就要求辩手:迅速地判断、迅速地抓漏、迅速地反击。

抓漏的方法是:由指导老师说出命题,由辩手抓漏,第一步先讲出命题有没有错,第二步说出错在哪里,第三步用一句辩论语言进行攻击,这称为“抓漏”三部曲,这三部曲其实也是抓漏的一个反应过程。

在“抓漏”的三部曲完成之后,可进行对辩手训练,让两个辩手就一个命题准备少许时间后展开对辩,要求在发言中必须抓到10个以上对方的发言漏洞。也可以要求辩手把一些看来不是漏洞的地方用逻辑、思维的方法演变成漏洞。

抓漏的训练方法可谓一举两得:首先是加快了辩手的反应;同时,又警告辩手:莫为对方提供漏洞,从而提高了辩手的语言质量。

（四）脑筋急转弯训练

脑筋急转弯是现在流行的一种智力测试，它的意思是不按照常规的逻辑来寻求问题的答案。所以脑筋急转弯在辩论中也能遇到，在辩论中，脑筋急转弯当然不是做智力题，而是一种快速的反应、思维的急转。直到现在，我们还把复旦辩论队严嘉的一段辩词作为经典，那就是对方辩手讲现代化的交通工具给城市带来污染后，严嘉冒出的一句话：难道毛驴就没有污染了吗？这个回答的妙处在于反应快而且问题的答案是众所周知而又难以启口的。从现代的交通工具到毛驴，这一转弯转得好！

脑筋急转弯的操作是：第一步可由指导老师提出一些常规的脑筋急转弯的题目让辩手来做，以开辟辩手的思路；第二步是老师设一些“陷阱”，将话题扯开，扯到有利于辩手的一面；第三步是老师给出命题，请辩手对辩，其中至少要有 5 次脑筋急转弯，或避重就轻，或转换命题。

## 三、辩论的思维训练

一个辩论者的思维能力的强弱直接关系到他辩论能力的强弱。思维能力强的人，能够比较迅速地对对方的论点作出反应，发现对方的漏洞，更重要的，是他同时能迅速反击，从而成为辩论的主动方。辩论的思维训练不等同于一般的思维训练。它的原则是：不仅要使辩手思维敏捷，而且要使辩手思维巧妙。

根据不同的思维类型和辩论思维训练的原则，分为四种辩论思维方法，这些训练方法将从从各个角度来训练辩手的思维，使辩手的思维向既敏捷又巧妙的辩论思维靠拢。

（一）敏捷思维训练

在思维中，最常见的是正向思维，即通过一个起点得到一个结论。其中的方式方法很多，有分析综合性的思维，有归纳演绎性思维，也有从抽象到具体的思维。这些不同方式的思维都属于正向思维，能练就敏捷的正向思维是思维训练对辩手的根本要求。在辩论场上，上述的几种正向思维也的的确确使用频率最高。能有敏捷的正向思维，可以增强辩手的分析、理解能力，语言也会丰富多彩。

（二）联想思维训练

联想思维在日常思维中极为有用，这是一种思维开阔的表现，由 A 联想到 B，同样可以在日常会话中增加谈资。在辩论实战中，联想思维可以将对方的话题转化掉，特别是在对方把己方逼入绝境的时候，运用联想思维的表达可以起到“柳暗花明又一村”的特殊作用。设定一系列比较荒诞的场景，然后由辩手来作想象，回答在这样的场景下会发生什么事情。接下来其余的辩手加以联想，在第一个辩手想象的基础上联想出一些枝节但又是合乎逻辑的问题。这里会闪现思想的火花，思维活了，辩论时也会自然而然地活跃起来，语言也会形象。

（三）逆向思维训练

逆向思维是一种可以产生神奇效果的思维方法，用程式来表示即为：B到A（前提），B到-A（结果）。如果在辩论中一方提出了一个结论非常明确的前提，场上的评委、观众当然会顺着前提想到这个想当然的结论。于是在这样一个不利于另一方的情况下，另一方能提出一个也成立的却是出奇制胜的结论，其效果不是非常妙吗？值得注意的是，逆向思维所要推出的结论必须与正向思维推出的结论相反，不然可能站不住脚，反而弄巧成拙。

给出一个前提一个结论，由辩手从这个前提提出一个相反的结论并讲了理由和进行分析，然后请其他辩手来反驳这个辩手的反结论。在这个训练当中，可以有一个规则：即在反驳当中，一旦遇到结论性的话，辩手必须迅速反应进行逆向思维，然后再驳。这样一来一回，把辩论冲散了，没有一个核心，但这不要紧。因为这毕竟不是辩论，而是一个思维训练，所以大可不必担心。况且这样的训练也可以培养辩手的"散打"意识。

（四）发散性思维训练

发散性思维有点像联想思维，不同的是联想思维推出的是一个结果，而发散性思维可以打出若干个结果，并且可以有跳跃性的联想包含其中。在生活中，发散性思维是富有创造力的一种表现。

发散性思维的训练方法是一种生活化的思维训练。准备好纸和笔给辩手，由指导老师确定几个形状，请辩手在几秒钟内对形状进行排列组合。要求：这些排列组合出的形象必须是有意义的，如动物、人物等等。测试的标准是：看谁在规定的时间内组合得最多。

这种训练方法看似和辩论没有直接的关系，但是它在无形中锻炼了辩手的发散性思维，而且也调节了辩论训练的气氛。适合在辩论训练中士气低落或辩手非常疲倦的情况下使用。

## 四、辩论的逻辑训练

辩论过程中逻辑是一种非常管用的东西。从宏观角度来讲，让本方的立论站住脚跟，首先需要在立论的逻辑上站稳脚跟；而要想在辩论中占有绝对优势，需要的也是将对方的逻辑打败。从微观上讲，逻辑性强的一方在辩论技巧上也会是个强手，因为辩论技巧中的推理、归谬，甚至诡辩术都需要辩手的逻辑。

辩论训练的时间总是很紧张而且量又多，逻辑训练应该是实用且速见成效的，即逻辑训练的原则应该是：以形式逻辑为骨骼，以辩论为肉身。之所以采取这样的原则，是因为：其一，辩论需要的逻辑是从传统的逻辑学发展而来，是实用逻辑的一个组成部分；其二，在传统的逻辑学的基础上，辩论的逻辑又具有更丰富的内涵，它把传统逻辑学中简单的程式化用最精确、最具有表现力的语言表达了出来，其中还蕴含着辩手的幽默和智慧。所以辩论的逻辑训练必须从辩论的效用出发，最好以辩论的形式来进行。

(一)立论能力训练

辩论逻辑训练是为训练辩手的立论逻辑而设计的。立论逻辑分为两个部分：一个部分是对己方辩题的立论，另一部分是对对方辩题的立论。在辩论实战中，虽然有一种共识，认为正方以守为主，反方以攻为主，事实上双方都是需要对对方的立论进行进攻的，光守不攻的辩论不仅不精彩，而且容易占弱势。立论的逻辑是立论中最重要的工作，在完成自己的逻辑立论后，同样也要对对方的观点作若干个假设的逻辑立论。所以辩手的逻辑立论能力将会成为辩论准备时的关键因素。

(二)推理能力训练

在形式逻辑中，推理是一个常用的方法，在辩论中，推理变得更加有用。推理可以衍生出许多辩论技巧，如常用的归谬技巧、抓漏技巧，它们的第一步就是推理。

1. 情景练习

设定一个情景，并假定在这个情景中发生一个事情，由辩手推断这件事情为什么会发生，发展下去将会怎样。情景设定在训练推理的同时又使辩手富于想象，可以激发辩手的灵感。

2. 辩题推断

拟定一个辩题，并讲出第一逻辑，请辩手推理，理清楚辩题的逻辑关系。辩题推理紧扣辩论，能开阔辩手的思维，严密辩手的逻辑推断力。

3. 三级因果推理

指导老师讲一个因，推出果。与造句不同的是，这一因果推理必须有一个推理过程，即：因为A，所以就有B，就有C，乃至还有D。在这项练习中必须请辩手讲出B、C，并讲明B、C为什么可推出D。有的因不一定都可以进行三级因果推理，但是这样的题目能培养辩手的障碍性推理，所以多多益善。三级因果推理让辩手"有事生非"，有利于培养其归谬的技巧。

(三)定义能力的训练

在学术研究中，学者们普遍认为最难的是定义，在辩论的立论中，双方纠缠较多而又难以说清的也同样是定义。定义是用最简明的语句表达内涵，可以检测辩手的逻辑是否清楚。通过对定义的辩驳，可以锻炼辩手的逻辑抓漏能力。指定一样物质为定义对象，然后请辩手定义，其他辩手轮番对定义抓漏批驳。注意：这里的被定义物质可以是自然界可见的，也可以是一个抽象的词，越怪越好，而其他辩手的进攻也可以多轮进攻。逻辑训练是非常有刺激性的，辩手的逻辑能力越强，在短时间内的定义就越少漏洞，反之漏洞就越多。漏洞越多，抓漏就越激烈，所得到的训练效果就越好。

(四)类比推断能力训练

有这样一组推断：如是A可以推出B，那么与A相似的C也同样可以推出

B。这样至少用了两种逻辑方法，即类比、推理。而这样的推断形式在辩论中也很常见。给出一个推理形式，然后由辩手经过短时间思考或不思考后说出一个与之相似的推断，推断必须有场上效果，可以夸张，更可以推到荒谬（归谬），甚至推到逻辑的极点。

这种方法可以训练辩手的类比推断能力，掌握归谬等辩论技巧；培养辩手的"效果意识"，使他们能在实战中蹦出惊人的妙语。

## 五、辩论的程序训练

赛场辩论通常可在赛前见到辩题，并抽签决定正反立场，具有可谋划性。

审题，是辩论的首要环节。因为只有合理审题，才能有的放矢、正确立论，确定正确的战略基础。审题的关键在于抓住辩题的概念做文章，通过对辩题的多层次、多方位的考察，力求发现有利于本方立论的角度，或有利于用之于本方的立论发言，或作为本方的应急救险和向对方突袭的秘密武器。

### （一）弄清辩题，构建整体框架

弄清辩题的内容，主要包括弄清辩题的内容范围，论题词语的意义，概念的内涵和外延，论题的中心要点；明确论题的共认点和争议点及双方辩论的焦点；找准双方的优劣点及打击点等等，从而构建辩题的整体框架。

审题的步骤，可由细部审题入手，最后完成整体审题。所谓细部审题，是将辩题按照可以独立的意义单位（词或词组）分为若干个小节进行研究。这样可使立论达到十分周密的程度。在细部审题中，一要抓住每个意义单位逐一审视；二要抓住最关键、最要害的词或词组大做文章。比如，对"只追求金钱是导致社会风气败坏的根本原因"进行细部审题，就可分解为"金钱""追求金钱""只追求金钱"，"社会风气""社会风气败坏"，"原因""根本原因"等许多意义单位，其中最关键的词是"根本"两字。在对这些"细部"进行概念阐释后，再来提示它们之间的有机联系，进行整体审题。所谓整体审题，主要是对论题进行宏观的把握，综合各细部在论题中的重要意义，以获得最后立论。在此题中，立论就可以准确地限定在社会风气败坏的各种原因中最根本的一个原因是什么上面。这也是争论的焦点。这样，双方可以这样立论：正方立论为，在所有的原因中，"只追求金钱"是最根本的原因，并列举大量事例进行论证。反方可以立论为，有比"只追求金钱"更根本的其他原因，如错误的政策、舆论导向等，同样可以加以论证。

立论，就是确立本方论点，并对此进行论证。由于辩论赛辩题的文字表述比较简洁，这就往往使辩题外延过大，内涵不够明确，辩论双方对同一问题难以作出简单的肯定或否定。因此，审题后可运用"追加前提法"和"明确内涵法"来进一步帮助立论。

"追加前提法"是缩小外延，扩大内涵，从而巩固本方立论，并进而取胜的一个有效手段。例如,1986 年亚洲大专辩论赛香港中文大学队与北京大学队辩论“发展旅游业利多于弊”时,北大队为反方,辩题明显对反方不利,如果仅仅简单地持反对意见,与对方硬争,必定会显得理由不充分。因此,北大队采取了“追加前提”的办法,以“条件论”作为基础,提出:因为世界各国条件不同、基础不同、文化传统不同以及世界政治经济形势变化无常,这些因素无疑对旅游业的发展造成影响。因此,北大的立论是:不分时间、环境,盲目地发展旅游业必定弊多于利。

“明确内涵法”是对辩题中的关键性概念作出阐释和界定,以有利于本方展开论证的一种常用方法。“明确内涵法”使用得好,对于定准立论基调,发挥理论优势,严密本方“防线”、界定攻守阵地具有十分重要的作用。例如,1993 年首届国际大专辩论赛决赛,复旦大学队抽签为反方,被指定维护“人性本恶”的立论。辩题对反方来说极为不利:一是新加坡是一个崇尚“人性本善”的国家,环境不利;二是评判团中大多数专家学者在人性之本的争论中是“本善”论者,评判不利;三是队员自身在感情上难以接受“人性本恶”;等等。可谓“天时、地利、人和”无一有利因素。处于这样的劣势下,复旦队采取“明确内涵法”调整方案,即在“人性本恶”的立场之下,区分人的“自然属性”与“社会属性”,把“恶”界定为本能与欲望的无限制扩张;把“善”界定为对本能与欲望的有理性的节制,强调后天教化的功能与重要性,表达“人性向善”的价值观。因此,决赛中,复旦大学队以 5∶0 的绝对优势夺魁。

(二)编制要略,选择进攻角度

审题立论的最后完成,必须表现在赛前的编制要略上。要略内容可以分为纲目、子目、证据三项。纲目代表辩论问题的要领,即辩论者所要阐述的几个要点。子目就是理由,是纲目成立的依托。证据是证明理由不容否定的资料。

编制要略的过程,实质就是选择进攻角度的过程。一般来讲,论证题目角度可从对象、背景、内容、原因、效果、方法、历史等几个方面展开论述。例如论证:“发展旅游业利多于弊”,既可以从分析发展旅游业利多于弊的原因去证明,可以从众多发展了旅游业国家所取得的效益去证明,也可以从未发展旅游业国家的历史与发展了旅游业的国家的现实去进行纵比;或将发展了旅游业的国家与未发展旅游业的国家进行横比去证明。总之,无论是哪一个辩题,这几个方面都可以作为论述的角度。辩论时,选一个角度,或选两三个角度均可,当然还会有别的角度。例如 1993 年国际大专辩论赛,复旦大学队的基本内容结构便是:一辩侧重逻辑,二辩侧重理论,三辩侧重事实,四辩侧重价值分析。

在编制要略时,要略排列的程式必须纲举目张,整齐有序,能够一目了然。为了说明要略的内容和程式,不妨举一实例加以剖析。

在 1986 年年亚洲大专辩论会决赛中,正方是香港中文大学队,反方是北京大学队,辩题是“发展旅游业利多于弊”。反方要略内容和程式是:(证据省略)

一辩，引论：

A 旅游，旅游业和发展旅游业不是一回事。

B 发展旅游业有利有弊，是由它本身的特点决定的。

C 发展旅游业，必须具备许多客观前提，其中最重要的是一国政府要有适当的政策和规划。

二辩，理由：

发展旅游业并不是在任何时候和任何情况下都是利多于弊。盲目发展旅游业，只能是弊多于利。因为：

A 发展旅游业，见效快、收益大，只是世界经济繁荣上升时期才可能出现，而现在并不处于上升繁荣时期。

B 发展旅游业必须具备自然风光、生活、交通设施等条件，还则无疑是弊多于利。

C 现在世界上汇率变幻莫测，各国发展旅游业收入很难预测。

D 盲目发展旅游业会破坏自然风光，导致环境污染、生态失衡，影响人类生存。

三辩，补充理由：

A 今天的辩题是在客观的现实世界中，而客观现实是大多数国家旅游业的发展都是盲目的。

B 盲目、无节制地发展旅游业，会给民族的传统文化带来冲击和破坏。

四辩，总结：

总述一、二、三辩发言。我们已证明，无论从政治、经济，还是从社会文化的角度讲，盲目地无条件地发展旅游业，肯定是弊多于利。

总之，编制要略的目的在于梳理辩论的次序和思路，构筑辩论体系的骨架，选准进攻的角度，在比赛的实际操作过程中，必须根据赛场形势的变化，对已编制的要略内容有所增删。比如正方可从二辩起，反方可从一辩起，在原定的发言内容前加一段驳斥对方发言的话，也可结合对方前述的内容，改变发言角度，以驳论的方式陈述本方要略规定的内容。另外，要略还要考虑自由辩论的内容。

(三)团结互助，辩手协调配合

有规则的集体辩论与无规则的生活辩论最大的区别在于，生活中的辩论大多发生在两人之间，观点对立清晰，即便有多人在一起辩论，大家也会根据所持立场观点的不同，自然分成两派。因而生活中的辩论伙伴大多是自然组合形成的。而辩论的组成则不可能这样，一支辩论队组成的是逻辑、语言、理论水平，它只可能是一种纯技术性、能力性的组合，因而队员们对某些问题的看法、观点不一定相同，甚至有时可能大相径庭；又由于各人的思维习惯不同，对一个问题即便看法相同，切入角度也会不同；再由于赛场辩论的规则限制，辩论的正反方不能因自己的好恶立场来决定，有时有些队员甚至要为自己完全反对的观点辩护，这就大大加大了辩论队辩论的难度。一个人为一方，辩论观点明确，责任集中，反而较为容易，而辩论赛是四个人甚至整个辩论队的教练团体的集体作战，四个人必须是一个整体，个人的发挥必须符合整个队伍制定的作战方针，是在不越出整个队所持的理论基点上的发挥，个别队员依仗自己反应快忽发奇想，往往会使全队陷于困境。

现在的辩论赛已经越来越科学化、精密化，在高水平的辩论赛中往往有数倍于上场队员的智囊组成教练组，出谋划策，构建理论，轻易不可能被击破，双方的制约与反制约使辩论赛超越了普通辩论的层次，更高地靠抢占理论制高点来掌握辩论的主动权。而要达到这个目的，首先就要看一个队是否把坚如磐石般的观点保持一致。观点一致也是一种能力，在激烈的辩论赛中，并非四个人想一致就能一致，这种一致需要训练来磨合与协调。

一般来说，这种训练可分为赛前与平时两种：

在赛前应做到：

第一步，任何一个辩题到手之后，全队每位队员应竭尽全力单独思考，直到每个人思维可能达到的极限，完全按照自己的思路展开。如一名队员考虑用同步论来反击，那么，应怎么析题，怎么切入，确立怎样的理论框架，可以用什么例子，要考虑穷尽，尽量完整，然后摆出；四名辩手一起摆出后，再找出四个人的根本上的不同点，重点是出发点与思路推进上的差异。

第二步，在比较中，全队共同选择切入角度，确立理论框架，递进层次，随后队员应立即抛弃原来的思路，绝对服从这个框架与思路，这是极其关键的。换言之，这时候必须进入“无我”的境界，强化对既定框架的理解，这是一个强迫自己的过程，必须毫不怀疑全队的智慧。

第三步，教练或陪练队员反复提出对方可能要提出的问题，队员们在反驳这些诘问时，必须依据既定方针与框架。凡不按既定框架的反驳，即便反击再有力，也不应鼓励。

第四步，队员们确已感觉到对己方理论结构的理解牢固之后，才能根据自己的习惯与方式展开更高层次的思索，完整后，再次摆开。

第五步，赛前最后阶段，队员们在教练帮助下确立几条原则，原则确立应根据第一步准备时表现出的差异。原则不是确立队员应怎么说，而是确定什么话和什么问题绝对不能说、不能提。队员必须牢牢记住这些原则。

以上指出的只是赛前强化训练的方法，而配合默契是一个长期努力而达到心灵感应的过程，因而关键还是靠自己平时的训练。在平时自我磨炼时应注意下面几个问题：

——辩论队员要特别注意经常与辩论伙伴一起集体活动，交流思想，相互了解习惯、爱好，这种做法看似很虚，实则在比赛中会起到意想不到的效果。

——平时要经常注意为自己完全相反的观点寻找依据，包括理论依据与事实依据。

——加强否定之否定的自我磨炼，经常注意否定自己，在自己对一个问题形成一个完整的看法之后，立即为否定它寻找依据，以磨炼思维的弹性与思维的转换能力。

——认真学习辩证法，对任何事物不做定性武断分析，要尽可能摆开利弊。

这一切平时的培养磨炼，根本上是一种超越自己思想局限性的努力，辩论队员要切记一个信条，没有自我否定就没有自我超越，没有秩序与规范就没有正确的创造。因此，一个反应敏捷、口齿伶俐的辩手要真正登上辩坛，成为一个优秀辩手，首先不能恃才傲物，要抛弃完全靠个人的才能就能赢得辩论的错误思想，培养集体主义的协调与创造精神。

**图书在版编目(CIP)数据**

教师口语艺术/陈传万,何大海主编.—合肥:合肥工业大学出版社,2017.3(2020.8 重印)
ISBN 978-7-5650-3306-3

Ⅰ.①教… Ⅱ.①陈…②何… Ⅲ.①汉语—口语—高等学校—教材 Ⅳ.①H193.2

中国版本图书馆 CIP 数据核字(2017)第 053190 号

**教师口语艺术**

陈传万 何大海 主编　　责任编辑 朱移山

| | | | |
|---|---|---|---|
| 出 版 | 合肥工业大学出版社 | 版 次 | 2017 年 3 月第 1 版 |
| 地 址 | 合肥市屯溪路 193 号 | 印 次 | 2020 年 8 月第 2 次印刷 |
| 邮 编 | 230009 | 开 本 | 710 毫米×1000 毫米 1/16 |
| 电 话 | 总编室:0551-62903038 | 印 张 | 21.25 |
| | 市场营销部:0551-62903198 | 字 数 | 406 千字 |
| 网 址 | www.hfutpress.com.cn | 印 刷 | 安徽联众印刷有限公司 |
| E-mail | hfutpress@163.com | 发 行 | 全国新华书店 |

ISBN 978-7-5650-3306-3　　定价:39.80 元